浙江省社科规划课题（19NDJC209YB）

浙江省软科学项目（2022C25023）

浙江省属高校基本科研业务费专项资金资助（G21251320031）

浙江工业大学后期资助项目

道德型领导的
培育和影响过程

张光曦　陈　道
　　　　　　　　著
许　勤　李方君

ZHEJIANG UNIVERSITY PRESS
浙江大学出版社

前　言

国内外的商业丑闻层出不穷，企业领导者的不道德型领导引发的事件，给企业、社会及个人带来严重后果。其中比较著名的是欧洲帕玛拉特的"安然事件"。帕玛拉特是意大利的第八大企业，向来以食品生产享誉世界，爆发危机的原因是管理当局进行财务欺诈，管理者伪造会计记录，以虚增资产隐瞒财政亏空，这一丑闻曝出，便葬送了企业的前途。2012 年，卡特彼勒因为下属的一家企业的高级管理人员多年来故意采用不正当的会计核算而损失了近 5.8 亿美元的非现金支出（Newswire，2013）。2015 年，日本汽车零部件大户高田公司供应"死亡气囊"事件，使高管引咎辞职，市值损失近半，产品在全球大范围召回，被罚款 2 亿元，失去了主要客户订单。该事件不仅给企业带来了严重的财务和信誉损失，还给社会大众的生命安全带来了威胁。图灵制药的前 CEO 什克雷利 2015 年在收购了一款已生产了 62 年的治疗艾滋病的药品之后，将其价格卖到每粒 750 美元，提价 50 倍。此消息一出，什克雷利立刻成为公众眼中的恶棍，并且随后遭到 FBI 的拘捕。近年来，国内的食品、药品安全问题一直是大众关注的焦点，不断有道德丑闻爆出。"三鹿毒奶粉事件""地沟油事件""瘦肉精事件""毒胶囊事件"接连发生，严重威胁着民众的健康。在这些事件的背后，除了利益驱动以外，企业领导者的不道德行为也是一个关键的因素。道德型领导的重要性越来越突出，学者们对道德型领导研究也高度关注。学者们从领导者的领导方式角度展开思考研究，将道德型领导看作解决商业道德丑闻的一条途径。

虽然道德型领导在古代哲学家的著作中有诸多讨论，但作为管理学科中一种独立的领导风格开展研究却只有 20 年左右的历史。我国学者关于道德型领导的研究在近几年呈现出快速增长的趋势。但目前还没有对这一领域进行系统梳理和研究的专著。国内关于领导力的书有很多，但关于道德型领导的书籍特别是学者专著很少。领导人的品德是个人取得成就和获得群众支持的关键要素，对组织的影响是深远的、潜移默化的。当今社会迫切需要弘扬社会主义道德，道德型领导研究无疑在教育界、商界、基层组织中具有理论价值和实践意义。这本专著是对我们近几年来研究的梳理，内容具有高度的原创性、前沿性，实证研究也很严谨。中国的文化传统倡导以德服人，重视领导人的道德修养，因此有必要结合中国传统的哲学、智慧、文化和西方的科学研究方法对中国情境下的道德型领导展开深入研究。作者及其研究团队近五年来对道德型领导进行了不同角度的研究，并将研究成果汇总在这部专著中，希望能够抛砖引玉，为这一领域的学术繁荣尽一点微薄之力。

第 1 章是对道德型领导研究的知识图谱分析（张光曦、李博博撰写）。国内的文献在过去对道德型领导研究有过文献回顾，但并没有借助可视化技术，通过图解的方法将大量的数据信息进行有效、清楚的解读，因此研究者将借助国际先进的 CiteSpace 信息可视化软件对国际上道德型领导的研究进行定量分析，并结合文献分析这种定性方法的发展趋势。

第 2 章是对道德型领导研究的文献回顾（张光曦撰写）。作者对道德型领导概念的发展、测量工具、有关道德型领导的国际和国内文献分析、影响道德型领导的因素、道德型领导的影响机制及影响结果进行了系统回顾。通过阅读本章，读者可以对道德型领导研究文献的脉络有一个相对清晰的了解，有助于在前人丰富研究的基础上做出新的研究贡献。

第 3 章分析了道德型领导产生的机制和影响因素（李方君、熊玉双、李斌撰写），具体为：伦理型领导产生机制的理论基础，包括社会学习理论、道德认同理论、人格特质视角、三因素模型、组织认知神经学视角、伦理立场理论、CPM 理论和领导分类理论。伦理型领导及下属伦理型领导感知的影响因素，包括领导者的个人特质、认知因素和下属的公平感、地位感，以及组织和社会情境等。

第 4 章分析了辱虐型领导的产生机制，从组织特征、工作特征、主管因素和下属因素四个方面，论述辱虐管理的影响因素，并概括了七种不同理论视角与解释逻辑，进一步解析了辱虐管理的产生机制。本章提出了辱虐管理产生机制的整合模型，并讨论了未来的研究方向。

第 5 章探讨了影响道德型领导的环境因素（张光曦撰写）。目前文献中过度将道德型领导归因于个体差异，这不仅造成了道德型领导理论的不完整，实质上与领导的定义也是不吻合的。根据"人—情境"互动模型，情境因素与个体因素相互作用以影响道德决策，因而环境因素应对道德型领导有重要影响。作者基于资源依赖理论，讨论了地位冲突、网络资源、团队特征如何促进道德型领导，并讨论了组织通过环境因素培育道德型领导的策略。

第6章是对第3章所提出的理论模型中一个命题——地位威胁对道德型领导的影响的实证检验（张光曦、钟建安、Muammer Ozer 撰写）。作者认为面临地位威胁的领导者可能会对下属表现出道德型领导行为。借鉴权力依赖理论，我们认为经历地位威胁会增强领导者对能够为他们提供地位相关资源的下属的依赖，对下属的依赖进一步激励领导者通过展示道德型领导来吸收资源。通过实证研究和问卷调查的双重印证，我们发现经历更多地位威胁的领导者被下属认为更具道德性，并由领导者对所依赖下属的感知所"中介"；对于那些网络能力较弱的领导者来说，中介效应更强。

第7章是关于下属对道德型领导动机归因的扎根研究（张光曦、朱燕撰写）。由于领导者可能通过印象管理投射积极的自我形象，下属可能怀疑伦理型领导行为的动机。如果下属将领导者道德行为的动机归因为功利的、伪善的，那么对伦理型领导的学习会大打折扣。目前关于伦理型领导的研究显然忽视了下属归因的作用：既没有明确什么因素会影响下属对领导者道德行为的归因，也没有探索下属归因如何影响伦理型领导的作用。作者采用扎根研究与半结构访谈相结合的方式，对下属对道德型领导动机进行归因，将下属对道德型领导的动机归因分为内在动机归因与外在动机归因两个维度，开发了相应的量表，以及检验了这两种归因在道德型领导和组织、公民行为之间的联合调节作用。

第8章是关于道德型领导另一个特殊群体——高校导师的道德型领导如何制约研究生学术不端行为的研究（张光曦、郑梦莎撰写）。导师作为研究生培养的第一责任人，对研究生负有进行学科前沿引导、科研方法指导和学术规范教导的责任，导师的道德品行对研究生的治学态度和科研行为具有重要影响。本研究探讨了导师的道德型领导对研究生学术不端行为的影响及其作用机制，检验道德效能感和道德认同如何中介了导师道德型领导对研究生学术不端行为的影响，以及对团队道德氛围的调节作用。

第9章从社会学习与归因理论的交互视角研究道德型领导的作用过程（张

光曦、朱燕撰写），基于 Bandura（1977）提出了三类强化调节系统。作者提出道德认同体现了个体的内部强化，上下级关系代表了替代性强化的强弱，高质量的道德氛围情境属于对道德行为的外部强化。作者检验了利他归因作为一个具有重要认知和情感意义的心理转化机制，在道德型领导和组织公民行为的关系中对这三类调节变量的中介传导作用。

第 10 章是关于辱虐型领导对下属主动行为的影响研究（许勤、张光曦、陈道撰写）。基于压力的交互作用模型，作者提出组织认同和积极情绪调节辱虐型领导与主动性行为之间的关系。第 9 章中有两项研究，研究一中以个人主动性行为作为因变量，研究二中以组织主动性行为为因变量。研究一和研究二的结果表明，当组织认同较低且积极情绪较高时，辱虐型领导与主动性行为的关系是最消极的。

第 11 章是关于道德型领导的一个特殊群体——民营企业家的道德行为的体现方式的研究（张光曦撰写）。民营企业家的慈善捐赠是道德型领导的行为表现之一，捐赠也有助于满足利益相关者的诉求，巩固民营企业的形象和竞争地位。通过一项实验研究和基于二手数据的实证研究，作者发现与前一年度相比，捐款增加的企业家，后一年度的捐款额往往减少。这些发现说明道德一致出现在绝对水平，而道德平衡出现在相对水平。

本书的目标读者包括组织行为学领域的研究者、管理学其他研究领域以及心理学领域对领导力研究有兴趣的研究者。本书在一定程度上体现了国内学者关于道德型领导研究的最新进展。本书的顺利完成，首先应当感谢各个章节的作者，感谢他们长期的研究积累和通力合作。我还要特别感谢浙江大学出版社的编辑及参与本书校对的工作人员。最后，我要衷心感谢我的家人，没有他们对我长期默默的支持，我就无法专注于这个领域的研究，并通过 5 年的积累形成一本专著。同时，将子女和学生培养成有能力、有情怀、有品德的领导者也是我作为一名母亲和教育工作者的责任，这个责任激励我和我的团队持续关注道德型领导的研究，并勉励自己做创新而有意义的研究。与读者共勉！

张光曦

2021 年 7 月 23 日

目　录

7　下属对道德型领导动机归因的扎根研究

8　导师道德型领导对研究生学术不端行为的影响

1

道德型领导研究的知识图谱 [①]

1.1 引言

  国内外的商业丑闻层出不穷，企业领导者的不道德型领导引发的事件给企业、社会及个人带来了严重后果。近年来，国内的食品、药品安全问题一直是大众关注的焦点，不断有道德丑闻爆出。"三鹿毒奶粉事件""地沟油事件""瘦肉精事件"及"毒胶囊事件"严重地威胁着民众的健康。在这些事件的背后，除了利益驱动以外，领导者的不道德行为也是一个关键的因素，这也使道德型领导的重要性越来越凸显。学者们从领导者的领导方式角度展开思考研究，将道德型领导看作解决商业道德丑闻的途径之一。Treviño 等（2000, 2003）认为道德型领导指领导者被看作道德的个体以及道德的管理者。Brown 等（2005）从社会学习角度将道德型领导定义为"领导者在个人行为和人际关系中所表现出的合乎规范的行为，并通过双向交流、强化、决策来提高下属的道德行为"。Fehr 等（2015）总结了道德型领导的六个基本原则：支持下属的健康幸福，公平对待下属，对集体忠诚，保持身体健康，维持秩序和方向，以及培育下属的自主性和精神纯洁。道德型领导作为领导方式的一种，既与其他领导方式（比如真诚型领导、变革型领导等）有相似之处，又区别于其他的领导方式。由于道德型领导具有其独特的特点、形成机制和作用机制，有必要将道德型领导作为一种领导方式进行研究。国内的文献在过去对道德型领导有过文献回顾（黄静、文胜雄，2016；莫申江、王重鸣、2010；潘清泉、韦慧民，2014；许威、戴春林，2013；张永军、赵国祥、于瑞丽，2016），但并没有借助可视化技术，通过图解的方法将大量的数据信息进行有效而清楚的解读。本书将借助国际先

---

① 本章部分内容发表于《图书情报工作》2017 年第 36 期，作者张光曦、李博博。

进的信息可视化软件 CiteSpace 对国际上道德型领导的研究进行定量分析，并结合文献分析这种定性方法总结相关研究的发展趋势。

1.2　道德型领导的概念和测量

1.2.1　什么是道德型领导？

目前关于道德型领导的大部分研究大多以 Brown 和 Treviño（2006）、Brown 等（2005）的研究为基础。Brown 基于社会学习的角度，将道德型领导定义为："领导者通过个人行为和人际关系中所表现出的合乎规范的行为，并通过双向交流、强化和决策制定等方式来提高下属的道德行为。"他们认为道德型领导由两个维度组成："道德的个人"和"道德的管理者"。"道德的个人"是指领导者的个人特质，譬如诚实、正直、利他，强调了成为一个有道德的人的重要性。"道德的管理者"是指领导者通过不断的努力影响并指导下属的道德行为，比如倡导道德标准和惩处不道德行为，强调道德领导者通过一系列行为积极主动地塑造下属的价值观等。

1.2.2　道德型领导的测量

道德型领导的测量一直以来都是学者们研究和关注的重点。目前直接测量道德型领导的工具主要有三种：道德型领导问卷（the Ethical Leadership Survey）（Brown et al., 2005）、感知的领导正直量表（the Perceived Leader Integrity Scale, PLIS）（Craig & Gustafson, 1998）和道德型领导工作调查问卷（the Ethical Leadership Work Questionnaire, ELW）（De Hoogh & Den Hartog, 2008）。

1.2.2.1　道德型领导量表（简称 ELS）

Treviño 等（2003）让人们来描述道德型领导者的特质，描述项包括诚实、公平对待、倡导道德价值、道德行为角色榜样、奖励道德行为及惩处下属不道德行为等。Brown 等（2005）开发了道德型领导量表，该量表含有 10 个题项，每一个题项都采用了李克特 5 点量表来测量。然而，该量表有一些局限性，如道德型领导的某些方面（比如诚实的交流、行为与信仰的价值一致、公平地分配任务和奖励）没有明确地包含进去。

1.2.2.2 感知的领导正直量表

Craig 和 Gustafson（1998）开发了感知的领导正直量表来测量领导者的正直特质。感知的领导正直量表包含了 31 个题项，描述了几种类型的不道德和虐待行为。该量表在 Parry 和 Proctor-Thoms（2002）最初和后续研究中得到了证实。然而，这个量表最大的局限是缺乏积极的措辞题项。此外，没有不道德行为并不意味着就有高水平的道德行为。另一个局限在于该量表的很多题项中都使用了含糊不清的措辞（比如"可能会剽窃"）。

1.2.2.3 道德型领导工作调查问卷

Kalshoven 等（2011）在后期的研究中对 De Hoogh 和 Den Hartog（2008）的量表进行了修改和发展，新量表称作道德型领导工作调查问卷（Ethical Leadership Work Questionnaire, ELW）。ELW 包含 38 个题项，有 7 个分量表：公平、正直、道德指导、以人为本、权力共享、角色阐明和持续的关心。其中公平、正直、道德指导分量表与道德型领导的相关程度最大。

1.3 国际文献的知识图谱分析

1.3.1 数据来源

本项目团队成员首先对文献中来源于美国科学情报研究所（Institute for Scientific Information，ISI）的 Web of Science 数据库进行检索。检索方法为：标题中有 "ethical leader" 或 "ethical leadership"；数据库为 Social Sciences Citation Index（SSCI），Conference Proceedings Citation Index – Social Science & Humanities（CPCI–SSH）；时间跨度为 2001—2016 年。共检索到文献题录 355 条，操作时间为 2016 年 11 月 9 日。在搜索结果中，67.61% 的文章是在经济管理领域，38.21% 在社会科学领域，23.10% 在心理学领域。每条题录包括作者、机构、摘要、关键词、发表年份、期（卷）及参考文献等。文献分布情况如图 1-1、表 1-1、表 1-2 所示。可以看出，有关道德型领导的研究近年来一直是学术界研究的热点问题之一，而我国学者关于道德型领导的研究则在近几年呈现出快速增长的趋势。接下来，我们采用 CiteSpace 软件对文献进行进一步分析。

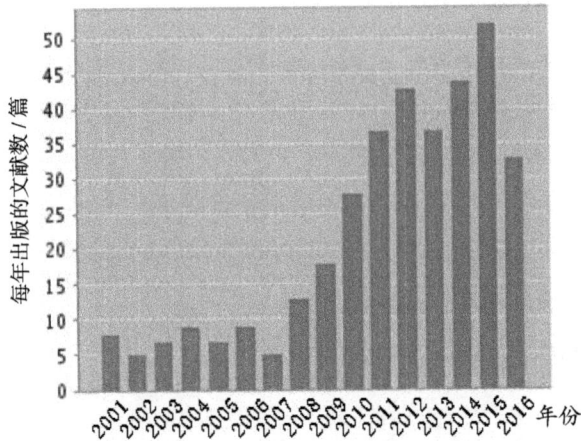

图 1-1　2001—2016 年国际上关于道德型领导的文献数

表 1-1　发表文章前 5 的国家和地区以及前 5 的作者

国家和地区	记录数	占 355 篇文献的百分比 /%	作者	记录数	占 355 篇文献的百分比 /%
美国	146	41.13	D. N.Den Hartog	9	2.53
中国	67	18.87	M. E.Brown	13	3.96
荷兰	24	6.76	L. K.Treviño	8	2.25
加拿大	23	6.48	F. O.Walumbwa	8	2.25
英国	20	5.63	C.Caldwell	6	1.69

表 1-2　文章被引用频次前 10 的作者

序号	作者	标题	期刊	发表年份	合计引用次数	平均引用次数 / 年
1	Brown et al.	Ethical leadership: A social learning perspective for construct development and testing	*Organizational Behavior and Human Decision Processes*	2005	589	49.08
2	Brown & Treviño	Ethical leadership: A review and future directions	*Leadership Quarterly*	2006	446	40.55
3	Mayer, Kuenzi, Greenbaum, Bardes, & Salvador	How low does ethical leadership flow? Test of a trickle-down model	*Organizational Behavior and Human Decision Processes*	2009	282	35.25

序号	作者	标题	期刊	发表年份	合计引用次数	平均引用次数/年
4	Treviño et al	A qualitative investigation of perceived executive ethical leadership: Perceptions from inside and outside the executive suite	*Human Relations*	2003	195	13.93
5	Walumbwa & Schaubroeck	Leader personality traits and employee voice behavior: Mediating roles of ethical leadership and work group psychological safety	*Journal of Applied Psychology*	2009	173	21.62
6	De Hoogh & Den Hartog, 2008	Ethical and despotic leadership, relationships with leader's social responsibility, top management team effectiveness and subordinates'optimism: A multi-method study	*Leadership Quarterly*	2008	147	16.33
7	Mayer, Aquino, Greenbaum & Kuenzi	Who displays ethical leadership, and why does it matter?An examination of antecedents and consequences of ethical leadership	*Academy of Management Journal*	2012	133	26.60
8	Schminke, Ambrose & Neubaum	The effect of leader moral development on ethical climate and employee attitudes	*Organizational Behavior and Human Decision Processes*	2005	124	10.33
9	Piccolo, Greenbaum, Den Hartog & Folger	The relationship between ethical leadership and core job characteristics	*Journal of Organizational Behavior*	2010	117	16.71
10	Walumbwa et al.	Linking ethical leadership to employee performance: The roles of leader-member exchange, self-efficacy, and organizational identification	*Organizational Behavior and Human Decision Processes*	2011	112	18.67

1.3.2　研究方法

科学知识图谱是近年来科学计量学、信息计量学等领域新兴的研究方法。Cite Space 是美国德雷赛尔大学陈超美博士开发的引文网络可视化工具，能够绘制共被引图谱、关键词图谱和时区视图，动态识别共引聚类、关键节点和研究热点。Cite Space 注重以树形图及连线等表示各个主题关系的强弱。我们运用 Cite Space 软件，将规范化的文献题录载入运算，设置时间切片为 2，将 2001—2016 年分为 8 个时段，阈值为前 50，即选择在每个时间区间内出现频次排名在前 50 位的节点组成最终的共生网络。在图 1-2 中较早出现的、中心度最高的节点是 Brown，Treviño 和 Harrison（2005）的 "Ethical leadership: A social learning perspective for construct development and testing"，其根据社会学习理论对道德领导进行了定义和解释，通过 7 项研究发展了道德领导量表。

1.3.3　道德型领导研究的知识基础分析

研究者通过分析 2001 年至 2016 年 10 月的 Web of Science 中 355 篇论文的参考文献，刻画共被引用关系图谱（见图 1-2）。图中每个节点代表被引用的文章，节点由一圈圈年轮构成，年轮的半径越大，表明其被引频次越高，节点间的连线表示共引关系，粗细表明共引的强弱。运用 CiteSpace 得到的最终结果是 252 篇被引文献节点和 1349 条节点间连线。从整体参考文献网络来看，各个参考文献节点都被系于同一网络，没有离群的点群产生，说明近 15 年道德型领导研究的主题比较集中，共同知识基础明确。从时间轴向图谱来看（见图 1-3），近 15 年道德型领导研究的知识来源最早可追溯到 Barnard（1938），Gouldner（1960），Blake（1964），Blau（1964），Fiedler（1967），Bandura（1968）等社会学家和管理学家的经典论著。2010 年后研究进入活跃期，表现为文献节点引用频次的剧增。

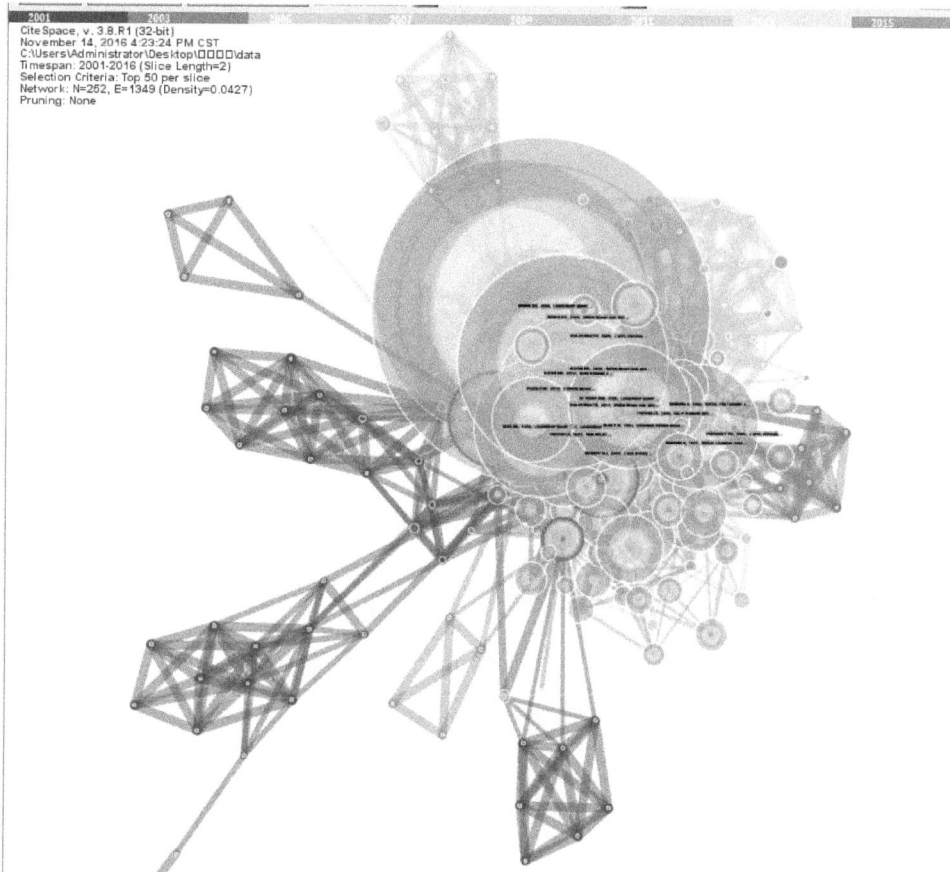

图 1-2　参考文献的网络结构

注：图中的每个节点表示一篇参考文献，节点的半径对应于该节点总的被引用次数。CiteSpace 工具的设置为：Time Slicing: 2 Year；Node Types: Cited Reference、Select Top 50 most cited from each slice；Clusters: Clusering，其他采用默认设置。

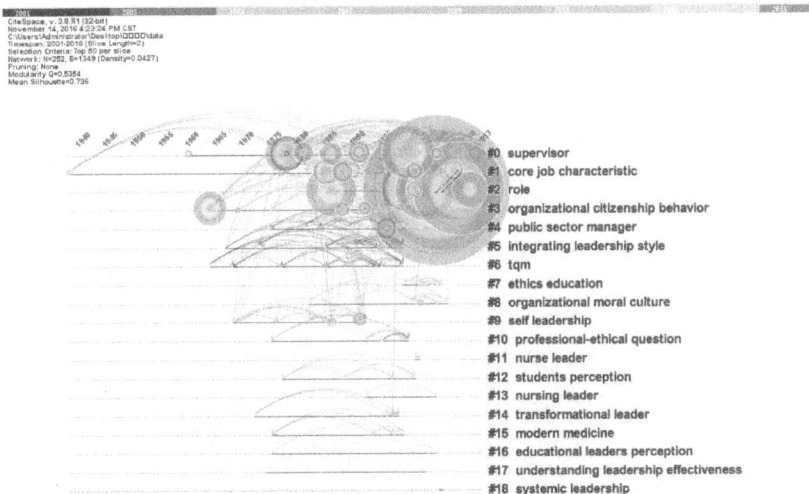

图 1-3　参考文献分类结构时间视图

1.3.4　参考文献共引网络的聚类分析

共引网络聚类分析的目的是将道德型领导研究领域的基础知识绘制出来。我们先用 CiteSpace 又生成了共被引文章的未修剪合并网络，选择节点的标准依然是频次排名在前 50 位的节点。然后通过谱聚类法生成知识聚类，通过算法从引用聚类的相关文献中提取标签词，标签词提取的依据是标题（title）。最后形成自动聚类标签视图（见表 1-3）。

用于标记是否适宜聚类的指标 Modularity Q=0.535（一般认为该值在 0.4~0.8 较好），聚类内部相似程度的指标 Sihouette 的均值为 0.736，该指标为 0 到 1 之间的小数，数值越大，相似度越高（陈超美，2010）。使用聚类算法共得到 23 个类别，其中最大的 9 个大类文献占了共引网络中文献节点的 82%，这九大类的主题、关键词、核心文献整理如表 1-3 所示。聚类 0 的标签是领导（Supervisor），聚类 1 的标签是核心工作特征（core job characteristic），聚类 2 的标签是角色（role），聚类 3 的标签是组织公民行为（organizational citizenship behavior），聚类 4 的标签是公共领域的管理者（public sector manager），聚类 5 的标签是整合领导风格（integrating leadership style），聚类 6 的标签是全面质量管理（TQM），聚类 7 的标签是道德教育（ethics education），聚类 8 的标签是组织道德文化（organizational moral culture）。其中最大的两个聚类是聚类 0 和聚类 1，节点数都是 40。

表1-3 共引网络合并分析中出现的 23 个聚类中前 9 大聚类

聚类	节点数	聚类标签（TFIDF方法）	聚类标签（LLR方法）	相似度（Silhouette）	核心文献作者	平均引用年份
0	40	领导(Supervisor)	道德领导 (ethical leadership)	0.427	Treviño(2000) Neubert(2009) Burns(1978) Bandura(1977) Toor（2009）	2001
1	40	核心工作特征(core job characteristic)	道德领导 (ethical leadership)	0.441	Bass(1985) Treviño(1986,2006) Victor(1988) Walumbwa(2008)	1992
2	28	角色（role）	道德领导 (ethical leadership)	0.688	Brown(2005,2006) Mayer(2012) Treviño(2003)	2004
3	22	公民行为(citizenship behavior)	交易型领导(transactional leadership)	0.745	Blau(1964) Podsakoff(2000) Howell(1992) Dirks(2002)	1991
4	16	公共领域的管理者(public sector manager)	组织(organization)	0.889	Kanungo(1996) Conger(1998) Bass(1990) Avollo(1999)	1992
5	15	整合领导风格(integrating leadership style)	整合领导风格(integrating leadership style)	0.895	Ciulla(1995) Bass(1998,1990) Avollo(1994) Fiedler(1967)	1990
6	14	全面质量管理（Tqm）	全面质量管理（Tqm）	0.954	Carlson(1995) Depree(1989) Bennis(1985) Block(1993)	1988
7	12	道德教育(Ethics education)	道德教育（Ethics education）	1	Adams(1999) Feinstein(2001)	2003
8	10	组织道德文化(organizational moral culture)	组织道德文化(organizational moral culture)	0.98	Sims(2000,2002)	1999

陈超美（2010）认为，CiteSpace 通过自动抽取产生的聚类标识，侧重于选择具体化、具有实义的名词短语，而专家对聚类的标引侧重于选择宽泛性的短

语。这样可能的结果就是，由于 CiteSpace 的聚类自动标引是对整体文章进行的自动抽取，虽然比较全面地反映了某领域的研究热点，但是过于具体化。我们在 CiteSpace 自动聚类标识的基础上，对占节点数一半以上（52%）的前 4 个聚类的施引文献和被引文献进行综合判读。

1.3.4.1　聚类 0 的标签是领导 (supervisor)

引用文献是一些关于领导者道德的经典文献，这些文献主要从领导者的角度阐述道德的重要性，平均引用年份是 2001 年。如 Treviño 等（2000）讨论了高层领导应当注重自己的声誉，做道德的个体和道德的领导。Neubert 等（2009）研究了道德领导对下属工作满意感和组织承诺的直接及间接效应，间接效应是通过下属对组织道德氛围的感知作用于因变量。Bandura（1977）Toor 和 Ofori（2009）提出了"诚信领导"的概念，根据对 32 位领导的问卷调查，讨论了诚信领导对领导个人的心理健康和工作表现的影响。对所引文献的分析表明，这些文献包括对道德领导的综述（Brown & Mitchell, 2010），讨论其他的领导方式（如变革型领导）对道德氛围的影响（Sagnak, 2010），探讨商业伦理的意义，如吸引优秀人才和提高组织声望（Strobel et al., 2015），分析道德领导及企业社会责任的意义（Hansen et al., 2015）等。

1.3.4.2　聚类 1 的标签是核心工作特征 (core job characteristic)

引用文献是一些领导的工作中与道德相关的问题，包括如何取得好的工作绩效、领导的道德决策、企业的道德建设，平均引用年份是 1992 年。核心的引用文献包括 Bass（1985）的专著 *Leadership and Performance Beyond Expectations*。Treviño（1986）提出个体—环境交互作用模型，即领导的道德决策受到个人特征（如道德发展水平）和环境因素的共同影响。Treviño 等（2006）对组织中道德问题的研究进行了回顾，著有 *Behavioral Ethics in Organizations: A Review*。Victor 和 Cullen（1988）对组织的道德氛围进行了分析和分类（分为 5 类），并讨论了组织因素的影响。Walumbwa 等（2008）对诚信领导的测量方法进行了发展和验证。对施引文献的分析表明，聚类 1 的施引文献和聚类 0 的主要施引文献有较大的重合度，但聚类 0 的其他施引文献仍然聚焦讨论道德型领导的意义和影响，而聚类 1 讨论的主题更加广泛，包括了一些 CEO 的道德行为、企业社会责任、道德文化的研究。

1.3.4.3　聚类 2 的标签是角色（role）

引用的文献主要讲述了道德领导的角色要求和原则，平均引用年份是 2004 年，代表了较近期的研究。核心文献包括 Brown、Treviño 和 Harrison（2005）发表的道德型领导奠基之作 "Ethical leadership: A social learning perspective for construct development and testing"，以 及 Brown 和 Treviño（2006）的文献回顾 "Ethical leadership: A review and future directions"， 以 及 Mayer 等（2012） 发 表 的 "Who displays ethical leadership, and why does it matter? An examination of antecedents and consequences of ethical leadership"。最后这篇文章探讨了道德型领导的道德认同对道德领导的影响，以及道德领导对团队不道德行为和关系冲突的影响。Treviño 等（2003）发表了一项定性研究 "A qualitative investigation of perceived executive ethical leadership: Perceptions from inside and outside the executive suite"。这项研究通过访谈表明，对道德领导的感知不仅包括领导的人格特质和价值认知，还包括领导能否通过沟通和奖惩引导道德行为。De Hoogh 和 Den Hartog（2008）发表了论文 "Ethical and despotic leadership, relationships with leader's social responsibility, top management team effectiveness and subordinates' optimism: A multi-method study"。这篇文章对比了道德型领导和专制型领导，发现高社会责任感的领导被评价为高度的道德型领导，并且被认为能够有效管理团队，下属也对组织的前景和自身发展更乐观。对施引文献的分析表明，这些文献与聚类 0 和聚类 1 有中度的重合，但聚类 2 的引用文献研究的主题比较集中，主要是关于道德领导对下属、团队、组织的影响，而且代表了最近的研究进展（发表时间在 2010 年后）。

1.3.4.4　聚类 3 的标签是公民行为（citizenship behavior）

引用的文献主要与社会交换理论和组织公民行为相关，平均引用年份是 1991 年。代表性的引用文献包括 Blau（1964）关于社会交换理论的专著 *Exchange and Power In Social Life*，Podsakoff 等（2000）关于组织公民行为的研究回顾 "Organizational citizenship behaviors: A critical review of the theoretical and empirical literature and suggestions for future research"，Organ（1988）关于组织公民行为的专著 *Organizational Citizenship Behavior: The Good Soldier Syndrome*。而 Howell 和 Avolio（1992）在 "The ethics of charismatic leadership: Submission or liberation?" 中探

讨了魅力型领导的道德维度，以及道德的（或不道德的）魅力型领导对下属的影响。总的来说，这些文献侧重于领导对成员的影响、他们之间的社会交换关系及成员和组织之间的社会交换关系。对这些文献的分析表明，这些研究主要是通过社会交换理论的视角解释道德领导对下属的影响，包括对组织公民行为、工作态度、组织承诺、绩效的影响。

1.4 道德型领导的研究热点分析

CiteSpace 可以检测共引网络中高突变性的文章，这里的突变是指在引文文献（共引网络中的节点）发表后的某段时间内被引用频次突然上升，说明这些文献在某段时间内受到关注，代表了研究的热点。表 1-4 是高突变性的引文汇总。其中突变值最高的是 Mayer 等（2012）对道德型领导的影响因素和结果的探讨，他们认为领导的道德认同是关键的影响因素。Burns（1978）的 *Leadership* 是一部关于领导者的专著，受到广泛引用。Kanungo 和 Mendonca（1996）的 *Ethical Dimensions of Leadership* 是一本关于领导者道德的专著。Schaubroeck 等（2012）研究了道德型领导自上而下的传导机制。Treviño 等人（2003）对道德型领导开展了一项比较深入的定性研究。Nunnally（1978）的 *Psychometric Theory* 是心理测量学的专著。Eisenbeiss（2012）结合中西方的文化背景对道德型领导的四种导向做了归纳。Mayer 等（2010）探讨了道德氛围在道德型领导和下属不恰当行为之间的中介关系。Turner 等（2002）探讨了变革型领导和交易型领导的道德推理。Den Hartog 等（1999）研究了魅力型领导和变革型领导在不同文化中受到认可的程度。

表 1-4 整体网络中高突变性的文献

序号	突发检测	作者及发表年	标题	聚类
1	6.53	(Mayer et al., 2012)	Who displays ethical leadership, and why does it matter? an examination of antecedents and consequences of ethical leadership	2
2	5.17	(Burns, 1978)	Leadership	0
3	4.78	(Kanung & Mendonca, 1996)	Ethical dimensions of leadership	4
4	4.40	(Schaubroeck et al., 2012)	Embedding ethical leadership within and across organization levels	0

序号	突发检测	作者及发表年	标题	聚类
5	4.31	(Treviño et al., 2003)	A qualitative investigation of perceived executive ethical leadership: Perceptions from inside and outside the executive suite	1
6	4.26	(Nunnally, 1978)	Psychometric theory	0
7	4.17	(Eisenbeiss, 2012)	Re-thinking ethical leadership: An interdisciplinary integrative approach	0
8	4.05	(Mayer et al., 2010)	Examining the link between ethical leadership and employee misconduct: the mediating role of ethical climate	0
9	3.97	(Turner et al., 2002)	Transformational leadership and moral reasoning	1
10	3.76	(Den Hartog et al., 1999)	Culture specific and cross-culturally generalizable implicit leadership theories: Are attributes of charismatic/transformational leadership universally endorsed?	1

为了进一步探讨道德型领导的研究热点，我们将节点类型设为关键词和名词短语，并选取每年前 30 位的文献作为热点来源，根据高频主题词的频次来分析该领域的发展趋势和研究热点，以较为准确、全面地把握道德型领导研究的动态演化特征。CiteSpace 软件的运行结果如图 1-4 所示，发现有效关键词 180 个，关键词之间有 309 条连线，这些高频关键词是道德型领导研究领域的代表性术语，表征了该领域热点主题和发展方向。表 1-5 总结了在整体网络中排名前 30 的高频关键词。其中 ethical leadership 出现的频次是最高的，多达 243 次，是该研究领域的主要标签。我们可以看出 mediating role 和 moderating role 出现的频次也较高，这是因为很多道德型领导研究的文章都是关于道德型领导的后果，因此很多学者探讨这个影响过程中的中介和调节因素。有一些高频关键词是关于员工的行为，比如 organization citizenship behavior、affective commitment、job satisfaction、work engagement、followers perception 等。另一些关键词是道德型领导的理论和过程，如 social learning theory、leader-member exchange。还有一些是相关的其他领导类型、企业社会责任、实践意义，如 practial implication、corporate social responsibility、authentic leadership。剩余的一些关键词主要是关于道德型领导的理论维度及领导面临的决策难题，如 ethical dimension、ethical

道德型领导的培育 和 影响过程

challenge、ethical dilemma。

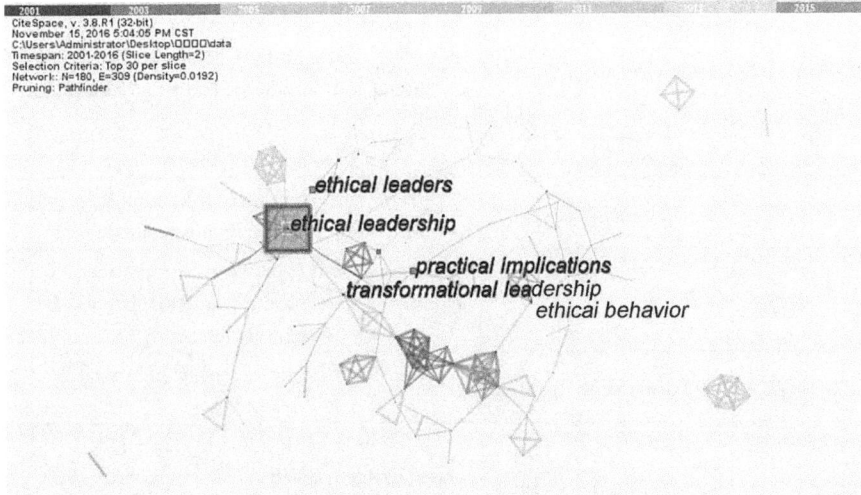

图 1-4 基于整体网络的关键词分析

注：每个时间片段中选取出现频次居前 30 位的关键词，采用寻径算法，修剪整体网络。

表 1-5 关键词网络频率最高的 30 个关键词

序号	关键词	频次	中心度	序号	关键词	频次	中心度
1	ethical leadership	243	0.56	16	ethical leader behavior	11	0
2	practial implication	33	0.14	17	ethical challenge	11	0.02
3	mediating role	31	0.11	18	corporate social responsibility	10	0.14
4	ethical leader	30	0.16	19	ethical issues	10	0.06
5	moderating role	22	0.11	20	mediating effect	9	0
6	ethical climate	20	0.05	21	linking ethical leadership	8	0.02
7	ethical behavior	20	0.22	22	work engagement	8	0
8	transformational leadership	15	0.54	23	management implications	8	0
9	positive leadership	15	0.02	24	indirect effect	8	0.02
10	organization citizenship behavior	14	0	25	negative relationship	8	0.05
11	affective commitment	13	0.29	26	transactional leadership	8	0.36
12	social learning theory	13	0.06	27	authentic leadership	7	0.36
13	ethical leadership scale	13	0.09	28	ethical dimension	7	0.42
14	job satisfaction	13	0.07	29	ethical dilemma	7	0
15	leader-member exchange	11	0.04	30	followers perception	7	0.03

14

1.5　国内关于道德型领导的研究现状

我们在知网的经济管理学科领域以"道德领导"或"道德型领导"为篇名检索到 49 篇文献（包括期刊论文和博 / 硕士论文），以"伦理型领导"为篇名检索到 76 篇文献（包括期刊论文和博 / 硕士论文），操作时间为 2016 年 11 月 26 日。这说明我国对道德型领导的作用机制研究尚处于起步时期，相关的实证研究也相对匮乏。尽管道德型领导引入时间比较短，但近几年来随着社会生活中众多道德缺失问题的存在及其造成的广泛影响，道德型领导得到越来越多学者的关注。国内学者对道德型领导及其相关问题进行了一系列的研究，取得了一定的研究成果，为我们继续研究道德型领导及其相关问题奠定了良好的理论和实践基础。以下对一些代表性的论文加以梳理。

在理论研究方面，许威和戴春林（2013）通过对现有道德型领导理论与实证文献的系统分析和梳理，给出了对道德型领导的定义。同时，他们还对道德型领导的维度及测量进行了梳理说明。孟慧等（2014）则更深层次地探讨了中国情境下的道德型领导内涵，认为中国情境下的道德型领导包括道德品质、尊重与包容、道德奖惩 3 个维度，并根据该内涵编制了中国道德型领导问卷（CELQ）。这些学者的研究加深了我们对道德型领导内涵的理解。

在实证研究方面，学者们的研究主要集中在道德型领导对下属的作用机制上，有少数研究探讨了对团队的影响和对领导个人的影响。芦青等（2011）根据社会交换理论，从领导—成员关系（LMX）的角度研究了道德型领导的影响过程，发现道德型领导显著地正向促进员工的工作态度与工作结果，LMX 在道德型领导与员工工作态度间起到了部分中介作用，组织公平正向调节道德型领导与员工工作态度和组织公民行为之间的关系。刘松博等（2013）以中国组织为背景，通过引入中介变量组织伦理研究道德型领导对员工非道德行为的影响机制，表明道德型领导与员工非道德行为显著负相关且组织伦理氛围中的自利、法律与规则维度在两者之间起到了中介作用。王永跃和祝涛探讨了伦理型领导对员工不道德行为的影响机制（2014）。涂乙冬（2014）分析了道德型领导对领导自身的影响，跨层次分析结果表明：道德型领导令个体层次的员工对领导的认知信任和情感信任，以及团队层次的团队绩效和领导者绩效均有显著正向作用；团队水平的领导—部属交换中介了道德型领导与下属对领导者的认知信任、情感信任及团队绩效的关系，但在道德型领导与领导者绩效关系间无显著中介作用。梁建（2014）提出两种不同的中介变量（责任知觉和心理安全感）来解释道德型领导与员工建言之间的关系，认为权利距离是这个过程中的调节变量。韩亮亮和张彩悦（2015）研究了道德型领导对下属工作态度及行为的影响，结果表明道德型领导正向影响下属公平感知、工作满意度、组织承诺及公民行为。郭一蓉等（2016）研究了道德型领导对员工创造力的作用机制，研究结果表明，道德型领导显著正向影响员工的创造力，内在动机是中介变量。还有一些研究关注了其他的因变量，如知识共享（林巍、严广乐，2013；周飞等，2015）、反馈规避（王震等，2015）、非道德行为（王震等，2015）、组织公民行为（何显富，2011）等。赵瑜莫等（2015）通过资源保存理论，探讨了高压力工作情境下，道德型领导影响员工工作绩效和满意感的过程机制。

　　总的来说，在我国，关于道德型领导的学术研究处于起步阶段，近几年来的研究取得了不小的进步，不仅通过对国外相关文献的研究梳理，使我们对道德型领导的内涵有了深入了解，认识了本土化情境下的道德型领导与西方文化背景下道德型领导的内涵差异，同时国内学者还结合中国情境进行了实证研究，研究了在中国文化背景下道德型领导的作用机制，给出了适合中国文化背景的测量量表，发展了道德型领导理论。但国内对道德型领导的研究还存在很大的进步空间，道德型领导的相关理论仍有待整合，道德型领导的研究角度、方法、问题和道德型领导研究的跨文化问题还需要深入分析，此外，对影响道德型领导的因素还需要进一步研究。

参考文献

[1]　　BANDURA A. Social Learning Theory [M]. Englewood Cliffs: Prentice-Hall, 1977.

[2]　　BASS B M. Leadership and Performance beyond Expectations[M].New York : Free Press, Collier-Macmillan,1985.

[3]　　BLAU P M. Exchange and Power in Social Life[M]. New York: Wiley,1964.

[4]　　BROWN M E, TREVIÑO L K, HARRISON D A. Ethical leadership: A social learning perspective for construct development and testing[J]. Organizational Behavior and Human Decision Processes, 2005, 97(2): 117-134.

[5]   BROWN M E, TREVIÑO L K. Ethical leadership: A review and future directions [J]. Leadership Quarterly, 2006, 17(6): 595-616.

[6]   BROWN M E, MITCHELL M. S. Ethical and unethical leadership: Exploring new avenues for future research[J]. Business Ethics Quarterly, 2010, 20(4): 583-616.

[7]   BURNS J M. Leadership[M]. New Yorker: Harper & Row, 1978.

[8]   CHEN C, IBEKWE-SANJUAN F, HOU J. The structure and dynamics of cocitation clusters: A multiple-perspective cocitation analysis[J]. Journal of the Association for Information Science and Technology, 2010, 61(7): 1386–1409.

[9]   CRAIG S B, GUSTAFSON S B. Perceived leader integrity scale: An instrument for assessing employee perceptions of leader integrity[J]. The Leadership Quarterly, 1998, 9(2): 127-145.

[10]   DE HOOGH A H B, DEN HARTOG D N. Ethical and despotic leadership, relationships with leader's social responsibility, top management team effectiveness and subordinates' optimism: A multi-method study[J]. Leadership Quarterly, 2008, 19(3): 297-311.

[11]   DEN HARTOG D N, HOUSE R J, HANGES P J, et al. Culture specific and cross-culturally generalizable implicit leadership theories: Are attributes of charismatic/transformational leadership universally endorsed? [J]. The Leadership Quarterly, 1999, 10(2): 219-256.

[12]   EISENBEISS S A. Re-thinking ethical leadership: An interdisciplinary integrative approach[J]. Leadership Quarterly, 2012, 23(5): 791-808.

[13]   FEHR R, YAM K C, DANG C. Moralized leadership: The construction and consequences of ethical leader perceptions[J]. Academy of Management Review, 2015, 40(2): 182-209.

[14]   FISHBACH A, ZHANG Y, KOO M. The dynamics of self-regulation[J]. European Review of Social Psychology, 2009, 20(1): 315-344.

[15]   HANSEN S D, DUNFORD B B, ALGE B J, et al. Corporate social responsibility, ethical leadership, and trust propensity: A multi-experience model of perceived ethical climate[J]. Journal of Business Ethics, 2015, 137(4):649-662.

[16]   HEINE B, KUTEVA T. World Lexicon of Grammaticalization[M]. Cambridge:Cambridge University Press, 2002.

[17]   HOUSE R J, HANGES P J, JAVIDAN M, et al. Culture, Leadership, and Organizations: The GLOBE Study of 62 Societies[M]. Thousand Oaks : Sage Publications, 2004.

[18]   HOWELL J M, AVOLIO B J. The ethics of charismatic leadership: Submission or liberation? [J]. The Executive, 1992, 6(2): 43-54.

[19]   KALSHOVEN K, DEN HARTOG D N, DE HOOGH A H. Ethical leadership at work questionnaire (ELW): Development and validation of a multidimensional measure[J]. The

Leadership Quarterly, 2011, 22(1): 51-69.

[20]   KANUNGO R N, MENDONCA M. Ethical Dimensions of Leadership[M]. Thousand Oaks Sage Publications,1996.

[21]   MAYER D M, KUENZI M, GREENBAUM R, et al. How low does ethical leadership flow? Test of a trickle-down model[J]. Organizational Behavior and Human Decision Processes, 2009, 108(1): 1-13.

[22]   MAYER D M, KUENZI M, GREENBAUM R L. Examining the link between ethical leadership and employee misconduct: the mediating role of ethical climate[J]. Journal of Business Ethics, 2010, (95): 7-16.

[23]   MAYER D M, AQUINO K, GREENBAUM R L, et al. Who displays ethical leadership, and why does it matter? an examination of antecedents and consequences of ethical leadership[J]. Academy of Management Journal, 2012, 55(1): 151-171.

[24]   NEUBERT MM J, CARLSON D S, KACMAR K M, et al. The virtuous influence of ethical leadership behavior: Evidence from the field[J]. Journal of Business Ethics, 2009, 90(2): 157-170.

[25]   NISAN M, HORENCZYK G. Moral balance: The effect of prior behavior on decision in moral conflict[J]. British Journal of Social Psychology, 1990(, 29): 29-42.

[26]   NUNNALLY J C. Psychometric Theory[M]. New York: McGraw-Hill, 1978.

[27]   OORGAN D W. Organizational Citizenship Behavior: The Good Soldier Syndrome[M]. Lexington: Lexington Books, 1988.

[28]   PARRY K W, PROCTOR-THOMSON S B. Perceived integrity of transformational leaders in organisational settings[J]. Journal of Business Ethics, 2002, 35(2): 75-96.

[29]   PICCOLO R F, GREENBAUM R,DEN HARTOG D N, et al. The relationship between ethical leadership and core job characteristics[J]. Journal of Organizational Behavior, 2010, 31(2-3): 259-278.

[30]   PODSAKOFF P M, MACKENZIE S B, PAINE J B, et al. Organizational citizenship behaviors: A critical review of the theoretical and empirical literature and suggestions for future research[J]. Journal of Management, 2000, 26(3): 513-563.

[31]   RESICK C J, HANGES P J, DICKSON M W, et al. A cross-cultural examination of the endorsement of ethical leadership[J]. Journal of Business Ethics, 2006, 63(4): 345-359.

[32]   SACHDEVA S, ILIEV R, MEDIN D L. Sinning saints and saintly sinners: The paradox of moral self-regulation[J]. Psychological Science, 2009, 20(4): 523-528.

[33]   SAGNAK M. The relationship between transformational school leadership and ethical climate[J]. Educational Sciences: Theory and Practice, 2010, 10(2): 1135-1152.

[34] SCHAUBROECK J M, HANNAH S T, AVOLIO B J, et al. Embedding ethical leadership within and across organization levels[J]. Academy of Management Journal, 2012, 55(5): 1053-1078.

[35] SCHMINKE M, AMBROSE M L, NEUBAUM D O. The effect of leader moral development on ethical climate and employee attitudes[J]. Organizational Behavior and Human Decision Processes, 2005, 97(2): 135-151.

[36] STROBEL M, TUMASJAN A, WELPE I. Do business ethics pay off? [J]. Zeitschrift für Psychologie, 2010, 218(4):213-224.

[37] TOOR S U R, OFORI G. Authenticity and its influence on psychological well-being and contingent self-esteem of leaders in Singapore construction sector[J]. Construction Management and Economics, 2009, 27(3): 299-313.

[38] TREVIÑO L K. Ethical decision making in organizations: A person-situation interactionist model[J]. Academy of management Review, 1986, 11(3): 601-617.

[39] TREVIÑO L K, HARTMAN L P, BROWN M. Moral person and moral manager: How executives develop a reputation for ethical leadership[J]. California Management Review, 2000, 42(4): 128-142.

[40] TREVIÑO L K, BROWN M, HARTMAN L P. A qualitative investigation of perceived executive ethical leadership: Perceptions from inside and outside the executive suite[J]. Human Relations, 2003, 56(1): 5-37.

[41] TREVÑO L K, WEAVER G R, REYNOLDS S J. Behavioral ethics in organizations: A review[J]. Journal of Management, 2006, 32(6): 951-990.

[42] TURNER N, BARLING J, EPITROPAKI O, et al. Transformational leadership and moral reasoning[J]. Journal of applied Psychology, 2002, 87(2): 304.

[43] VICTOR B, CULLEN J B. The organizational bases of ethical work climates[J]. Administrative Science Quarterly, 1988, 33(1): 101-125.

[44] WALUMBWA F O, AVOLIO B J, GARDNER W L, et al. Authentic leadership: Development and validation of a theory-based measure[J]. Journal of management, 2008, 34(1): 89-126.

[45] WALUMBWA F O, SCHAUBROECK J. Leader personality traits and employee voice behavior: Mediating roles of ethical leadership and work group psychological safety[J]. Journal of Applied Psychology, 2009, 94(5): 1275-1286.

[46] WALUMBWA F O, MAYER D M, WANG P, et al. Linking ethical leadership to employee performance: The roles of leader-member exchange, self-efficacy, and organizational identification[J]. Organizational Behavior and Human Decision Processes, 2011,115(2): 204-213.

[47] 陈超美 . 如何选取 Cite Space 中的各项参数 [EB/OL].[2016-11-11]（2021-03-04）. http://blog.sciencenet.cn/home.php?mod=space&uid=496649&do=blog&id=378974.

[48] 郭一蓉，李晓立，宋继文 . 道德领导对员工创造力的作用机制研究：内在动机与社会交换的中介作用 [J]. 中国人力资源开发，2016（3）：19-27.

[49] 韩亮亮，张彩悦 . 道德领导力对下属工作态度及行为的影响：基于公平感知的中介作用 [J]. 软科学，2015, 29(6): 86-89.

[50] 何显富 . 企业社会责任、道德型领导行为对员工组织公民行为影响及其作用机理研究 [D]. 成都：西南交通大学，2013.

[51] 黄静，文胜雄 . 道德领导的本土化研究综述与展望 [J]. 中国人力资源开发，2016(3): 12-18.

[52] 梁建 . 道德领导与员工建言：一个调节—中介模型的构建与检验 [J]. 心理学报，2014, 46(2): 252-264.

[53] 林巍，严广乐 . 道德型领导、组织承诺与知识分享的关系研究 [J]. 现代管理科学，2013(12): 24-25.

[54] 刘松博，李育辉，杜晓琳 . 道德领导对员工非道德行为的影响机制：组织伦理氛围的中介效应 [J]. 管理学家 (学术版), 2013 (9): 31-41.

[55] 芦青，宋继文，夏长虹 . 道德领导的影响过程分析：一个社会交换的视角 [J]. 管理学报，2011, 12(8): 1802-1812.

[56] 孟慧，宋继文，艾亦非，等 . 中国道德领导的结构与测量初探 [J]. 管理学报，2014,11(8): 1101-1108.

[57] 莫申江，王重鸣 . 国外伦理型领导研究前沿探析 [J]. 外国经济与管理,2010(2): 32-37.

[58] 潘清泉，韦慧民 . 伦理型领导及其影响机制研究评介与启示 [J]. 商业经济与管理，2014, 32(2): 29-39.

[59] 涂乙冬，陆欣欣，郭玮，等 . 道德型领导者得到了什么？道德型领导、团队平均领导—部属交换及领导者收益 [J]. 心理学报，2014, 46(9): 1378-1391.

[60] 王永跃，祝涛 . 伦理型领导、工具主义伦理气氛与员工不道德行为：内部人身份感知的调节作用 [J]. 心理科学，2014(6): 1455-1460.

[61] 王震，宋萌，王崇锋，等 . 道德型领导对下属反馈规避行为的影响及其作用机制 [J]. 管理学报，2015, 12(1): 96-102.

[62] 王震，许灏颖，杜晨朵 . 道德型领导如何减少下属非道德行为：领导组织化身和下属道德效能的作用 [J]. 心理科学，2015, 38(2): 439-445.

[63] 许威 . 道德领导行为问卷的编制及相关研究 [D]. 金华：浙江师范大学，2013.

[64] 许威，戴春林 . 道德领导研究：回顾与展望 [J]. 浙江万里学院学报，2013, 26(5): 47-50.

[65] 张永军, 赵国祥, 于瑞丽. 伦理型领导研究中的前沿问题: 现状与趋势 [J]. 中国人力资源开发, 2016(3): 6–11.

[66] 赵瑜, 莫申江, 施俊琦. 高压力工作情境下伦理型领导提升员工工作绩效和满意感的过程机制研究 [J]. 管理世界, 2015(8): 120–131.

[67] 周飞, 林春培, 孙锐. 道德领导与组织管理创新关系研究: 非正式知识共享的中介作用 [J]. 管理评论, 2015(5): 169–177.

道德型领导的研究回顾

2.1 引言

国内外的商业丑闻层出不穷，都给企业、社会以及个人带来了严重伤害。这些事件一再警示我们，"道德是领导者的核心"（Ciulla, 2006）。脱离道德的领导者可能会导致企业的道德灭失，并给企业带来灾难性后果，这使伦理型领导的重要性越发突出。学者们对伦理型领导的研究也高度关注，将伦理型领导看作解决商业道德丑闻的途径之一。Brown 等（2005）学者将伦理型领导定义为领导者在个人行为和人际关系中所表现出的合乎规范的行为，并通过双向交流、强化和决策制定等方式来提高下属的道德行为。

2.2 道德型领导的概念和测量

2.2.1 什么是道德型领导？

《尚书·多士》的"德治"思想，春秋时期孔子提出的"为政以德"管理思想，古希腊苏格拉底、柏拉图对道德品质的论述都是道德型领导的思想源头。相对于哲学文献的研究，对道德型领导的实证研究还处于早期阶段。Enderle（1987）首次提出道德型领导的概念，将其定义为从思维方式的角度参照道德型领导的原则对领导的决策过程进行描述及规范。Treviño 等（2003）指出道德型领导除了是"有道德的人"，还要成为"道德的管理者"。有道德的人体现在个人特质和个性，如正直、诚实、值得信赖、公正和关怀等；道德的管理者体现在领导者对追随者的道德或不道德行为的主动积极影响，如通过身体力行地传递道德价值观、借助奖励和约束来确保追随者表现出道德行为等。Brown 等（2005）将道德型领导定义为领导者在个人行为和人际关系中所表现出的合乎规范的行为，并通过双向交流、强化和决策制定等方式来提高下属的道德行为。这一定义在后来的实证研究中被广泛采用。

国内学者孙健敏和陆欣欣（2017）将道德型领导的概念定义划分为广义和狭义两种，在研究取向上也有规范取向和科学取向的差别。广义的道德型领导采用规范视角，关注具有普适性的道德型领导内涵，例如道德型领导应当具备的道德品质，包括诚实、正直、利他、可信、仁爱和公正等（Bass & Steidlmeier, 1999; Resick et al, 2006）。狭义的道德型领导以领导自身和下属的规范行为为研究目标，具有明确目的和指向，其中以 Brown 等（2005）提出的概念为代表。

2.2.2　道德型领导的测量

目前直接测量道德型领导的工具主要有三种：道德型领导问卷、感知的领导正直量表、道德型领导工作调查问卷。

（1）道德型领导量表（ELS）。 Treviño 等（2003）让人们来描述道德型领导者的特质，描述项包括诚实、公平对待、倡导道德价值、道德行为角色榜样、奖励道德行为以及惩处下属不道德行为等。在这项研究的基础上，Brown 等（2005）开发了道德型领导量表，该量表含有 10 个题项。然而，该量表具有一些局限性，如道德型领导的某些方面（比如诚实的交流、行为与信仰的价值一致、公平地分配任务和奖励）没有明确地被包含进去。

（2）感知的领导正直量表（PLIS）。 Craig 和 Gustafson（1998）开发了感知的领导正直量表（PLIS）来测量领导者的正直特质。PLIS 量表包含了 31 个题项。然而，这个量表的局限是缺乏措辞积极的题项，缺少不道德行为并不意味着就有高水平的道德行为。另一个局限在于该量表的很多题项中都使用了含糊不清的措辞（比如"可能"会剽窃）。

（3）道德型领导工作调查问卷（ELW）。 Kalshoven 等（2011）在后期的研究中对 De Hoogh 和 Den Hartog（2008）的量表进行了修改和发展，新量表称作道德型领导工作调查问卷。ELW 包含 38 个题项，有 7 个分量表：公平、正直、道德指导、以人为本、权力共享、角色阐明和持续的关心。

在国内有关道德型领导的研究中，孟慧等（2014）开发的中国道德领导问卷（Chinese ethical leadership questionnaire，QELQ）将道德型领导分为道德品质、尊重与包容、道德奖惩三个维度。国内的大部分实证研究主要还是采用了 Brown 等（2005）的定义和测量工具，对道德型领导测量的本土化还需要更多的关注。笔者对道德型领导领域已有的测量工具进行归纳和比较，如表 2-1 所示。

表 2-1　道德型领导的测量工具比较分析

序号	量表名称	作者及发表时间	维度	题项	优势	缺陷
1	道德型领导量表	Brown 等（2005）	单维度	10	与 Treviño 等人 (2003) 道德型领导的定义保持了高度的一致，全面反映了道德型领导的特点；具有良好的信效度和稳定的单维结构	与 Treviño 等人 (2003) 道德型领导的定义相比，该量表并未包括公开沟通、言行一致和公平分配奖励等内容
2	道德型领导问卷	Resick 等（2006）	正直、利他主义、集体主义动机和对下属鼓励	15	量表是规范视角下道德型领导测量工具的代表，首次运用多个国家的样本对道德型领导的跨文化适用性进行了检验，支持了道德型领导概念的普适性	其基于广义道德型领导的定义提出，与科学取向的道德型领导有着本质的差别，因而在实证研究中应用较少
3	道德型领导多维度问卷	DeHoogh & DenHartog (2008)	公平、分权和角色澄清	17	该量表具有稳定的因子结构，且能够在 ELS 之外预测领导的有效性。该量表一定程度上完善了 ELS 的内容，丰富了量表的结构	该量表的三个维度并非道德型领导的核心维度。例如，道德型领导的定义大多不包含权力分享。另外，道德型领导关心员工及运用奖惩强化下属行为，在该量表中并未得到体现

序号	量表名称	作者及发表时间	维度	题项	优势	缺陷
4	工作中的道德型领导问卷	Kalshoven,Den Hartog & DeHoogh (2011b)	公平、分权、角色澄清、以人为导向、正直、道德指导和关心可持续性	38	不同维度对结果的预测效力有显著差异。该量表很大程度上推动了工作情境下道德型领导测量内容的完善，丰富了概念的操作化定义	该量表的7个维度是否为道德型领导的核心构成，研究者并未达成一致。量表维度众多也增加了所测概念与其他领导概念重叠的可能性
5	领导品德问卷	Riggio, Zhu, Reina& Maroosis (2010)	谨慎、坚韧、节制和公正	19	与其他道德型领导测量正相关，并且能够显著预测领导的有效性	采用规范视角关注道德型领导所需要的品格，该量表在实证研究中的应用有限
6	中国情境下开发出了道德型领导测量工具	Zheng, Zhu, Yu, Zhang, Zhang (2011)	个人的道德特质、道德标准构建	14	基于不同样本的分析结果表明，该量表具有良好的内容效度、结构效度和信度	该量表尚未得到广泛的应用
7	道德型领导问卷	Yukl 等 (2013)	诚实和正直；传递和强化符合道德标准的行为；决策和奖励分配过程中的公平；对下属的关心、善意、同情和尊重	15	实证分析表明，该量表具有良好的信效度；与任务导向和变革导向的领导行为不同，但与关系导向行为（如支持型和授权型领导）有一定重叠；能在任务、关系和变革导向的领导行为之外，解释领导有效性额外的方差	该量表的研究视角与主流视角有一定的差异，尚未得到充分的验证
8	中国道德领导问卷	孟慧等 (2014)	道德品质、尊重与包容、道德奖惩	24	该量表具有良好的心理测量学属性，与领导愿景和家长式领导正相关，能够显著预测员工和团队结果	量表与西方道德型领导的等值性和区分效度并未得到验证。该量表与德行领导可能存在重叠

2.2.3　道德型领导的国际和国内文献分析（2000年1月—2019年12月）

研究者首先在美国科学情报研究所的 Web of Science Core Collection 数据库

中检索标题包含关键词 ethical leadership 的文献。时间跨度为 2000 年 1 月至 2019 年 12 月。研究团队检索到 659 篇论文，操作时间为 2020 年 1 月 21 日。415 篇文章属于经济管理领域，196 篇属于社会科学相关领域，187 篇属于心理学领域，103 篇属于行为科学领域，61 篇属于教育学领域。其中中国学者发表了 151 篇论文，占 659 条记录的 22.91%。文献的年份、区域和作者分布情况如图 2-1 和表 2-2 所示。可以看出，有关道德型领导的研究近年来是学术界研究的热点之一，呈现爆发式增长的趋势。我国学者关于道德型领导研究的论文在国际期刊上的发表量在近几年呈现出快速增长的趋势。

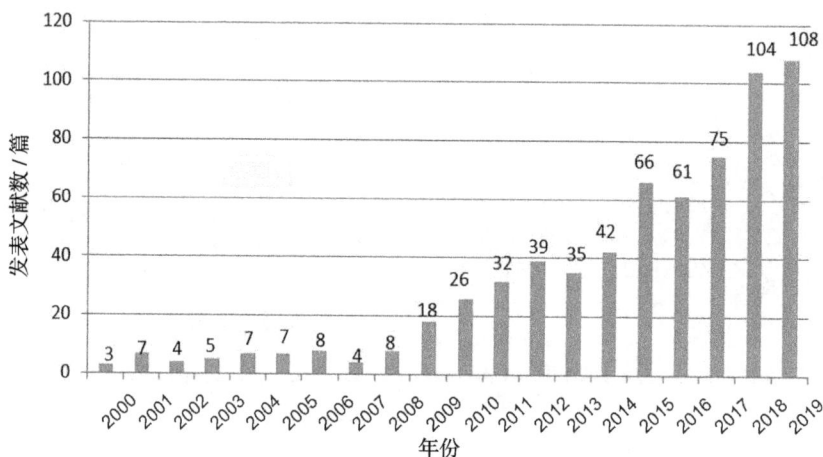

图 2-1　2000—2019 年国际上关于道德型领导的文献数

表 2-2　关于道德型领导和发表文章前 10 的国家及前 10 的作者

国家和地区	记录数	占比 /%	作者	记录数	占比 /%
美国	220	33.38	M. E.Brown	17	2.57
中国	151	22.91	F. O. Walumbwa	17	2.57
澳大利亚	41	6.22	O TreviñoF	16	2.42
荷兰	36	5.46	A. H. De Hoogh	15	2.28
土耳其	36	5.46	D.M. Mayer	9	1.37
加拿大	35	5.31	C.Caldwell	6	9.10
英国	33	5.01	J.Stouten	6	9.10
德国	28	4.25	S.J.Mo	6	9.10
韩国	24	3.64	Y.D.TU	6	9.10
巴基斯坦	22	3.34	S.T.Hannan	6	9.10

中文将 ethical leadership 翻译为"道德型领导"或"伦理型领导"。笔者在中国知网的经济管理学科领域检索标题包含这两个关键词的文献，时间跨度为从2000 年 1 月到 2019 年 12 月，操作时间为 2020 年 1 月 21 日，共检索到 122 篇期刊论文和 55 篇博士、硕士毕业论文（见图 2-2）。可以看出，我国学术界关于道德型领导的研究在近几年来取得了不小进步，不仅通过对国外相关文献的研究梳理，使我们对道德型领导的内涵有了深入了解，认识了本土化情境下的道德型领导与西方文化背景下道德型领导的内涵差异，同时国内学者还结合中国情境进行了实证研究，研究了在中国文化背景下道德型领导的作用机制，发展了适合中国文化背景的测量量表。国内学者还对道德型领导的发展脉络进行了系统的回顾（李方君、熊玉双、李斌，2018）。总体来说，道德型领导的相关理论仍有待整合，研究角度、方法和跨文化问题还需要深入分析。

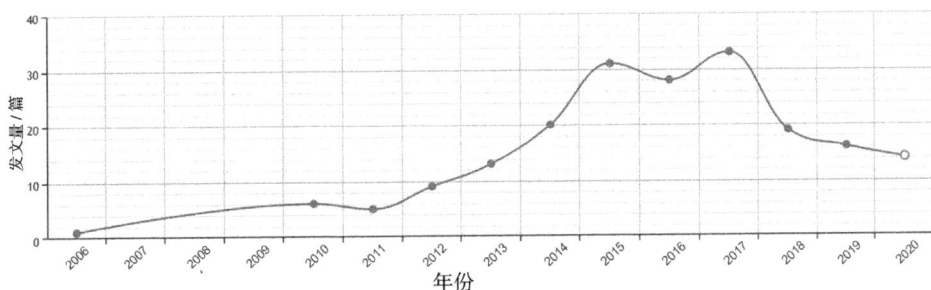

图 2-2　国内道德型领导相关期刊论文的发表趋势

2.3　道德型领导的前因变量

现有的文献对如何形成道德型领导的研究是关注不足的。现有研究认为道德型领导是个人德行的体现，取决于领导自身的人格特质、道德发展水平及道德认同等。Brown 和 Treviño（2006）的研究认为，领导者的个人特质与道德型领导相关联，是影响道德型领导的主要因素，如人格特征、马基雅维利主义、道德判断水平、内外控制倾向等。

（1）**人格特征**。Walumbwa 和 Schaubroeck（2009）研究了大五人格模型的各个维度与道德型领导的关系，结果表明亲和性和尽责性正向影响道德型领导。

（2）**马基雅维利主义**。马基雅维利主义被定义为"在人际交往中使用诡计、欺骗、机会主义"（Christie et al., 1970）。与道德型领导者相反，马基雅维利主义者通过操纵他人去实现自己的目标。Brown 和 Treviño（2006）认为马基雅维利主义与道德型领导负相关。

（3）**道德判断水平**。道德判断是指既定的情境下个体在思考什么是正确的过程中的差异。Ashkanasy 等（2006）认为有原则的管理者会做出更道德的决策，Brown 和 Treviño（2006）认为领导者的道德判断水平与道德型领导正相关。

（4）**内外控制倾向**。内外控制倾向是一个人对其生活中所发生事件的一种感知控制。Treviño 和 Youngblood（1990）认为内部控制倾向相对于外部控制倾向来讲更容易表现出道德行为。Brown 和 Treviño（2006）认为内部控制倾向与道德型领导正相关。

（5）**道德发展水平**。认知道德发展水平是个人看待道德问题时的认知结构和标准。领导者的认知道德发展水平与下属对领导者道德型领导的感知正相关，当领导者的认知道德发展水平高于下属的认知道德发展水平时，领导更容易成为下属的道德楷模（Jordan et al., 2013）。

（6）**道德认同**。道德认同被定义为围绕一系列道德特质（如诚实、关怀和同情心）的自我概念（Aquino & Reed, 2002）。道德认同由道德认同形象化和道德认同内在化两个维度组成。Mayer 等（2012）研究发现道德认同的这两个维度均与道德型领导正相关。

（7）**政治技能**。政治技能是个人的人际交往风格，通过敏锐的社会洞察力，根据不断变化的情景需要调整自身行为（Ferris et al., 2000）。尽管政治技能和道德型领导在概念上有很多的差异，但两者都强调了规范适当的人际行为。Kenneth 等（2014）的研究表明领导者的政治技能和道德型领导感知之间存在正相关关系，提高了下属的组织承诺并减轻了下属的压力。

道德型领导的影响因素除了上述的个体特质以外，也受到环境因素的影响，比如组织中的道德环境（Brown & Treviño, 2006）、组织文化（Fehr et al., 2015）、家庭因素（Rowe, 2014）及角色榜样（Brown & Treviño, 2006）等。Resick 等（2006）和 Martin 等（2009）从区域环境差异的视角指出，地区文化背景也是道德领导形成的重要前因。这些为数不多的关于环境因素的研究基本上还停留在理论构想的阶段，所选择的环境因素也比较宏观笼统（如文化和氛围）。

2.4 道德型领导的影响机制

道德型领导的影响机制的相关理论主要有社会学习理论、社会交换理论、社会认同理论和社会角色理论。

（1）**社会学习理论**。由于领导力是一种影响力（Yukl, 2002），道德型领导者对下属的影响一般是通过社会学习理论解释（Brown et al., 2005; Mayer et al., 2009）。下属可以通过将领导树立为道德榜样，学习什么样的行为在企业里是"正确的"道德行为（Mayer et al., 2013），然后下属会表现出相似的高道德标准、工作态度和工作绩效（Mayer et al., 2010）。

（2）**社会交换理论**。社会交换理论认为，道德型领导者与其下属之间的关系是一种社会交换关系而不是简单的经济关系（Blau, 1964; Homans, 1958）。社会交换理论认为当领导者以道德的方式对待下属时，下属与道德型领导之间会形成积极的交换（Hansen et al., 2013; Neubert et al., 2013）。道德型领导的下属会付出更多的心理投入（如更加信任领导）来回报领导，且会表现出更积极的工作态度，进而表现出更好的工作绩效。

（3）**社会认同理论**。社会认同理论（Tajfel, 1982）将人的自我分为个人的自我和社会的自我两部分，其中个人的自我追求独特性，社会的自我反映出与他人、集体、社会组织保持关系的需求（Ashforth & Mael, 1989）。根据社会认同理论，经验的分享和对道德型领导者行为的关注会加强集体认同感，这是因为在道德型领导者的行为指导下的组织成员表现出相互依赖和信任（Van der Vegt & Bunderson, 2005）。

（4）**社会角色理论**。个人的期望与他所扮演的社会角色有关，比如领导角色。领导角色反映了个人的自我概念或者自我身份认同（Stryker & Burke, 2000; Van Knippenberg et al., 2005），而身份认同则反映了人们对自己所扮演的特定的社会角色的理解。根据社会角色理论，领导角色会使领导者在面对重要的集体目标时产生过度膨胀的责任心和盲目的自信。在这种情形下，集体目标的重要性就被夸大，从而会促使领导者为了实现被夸大的集体目标而偏离道德需求，做出不道德的行为。Hoyt 等（2013）研究了领导角色对领导者制定道德决策过程的影响，结果表明领导的角色需求会导致不道德行为的发生。

2.5　道德型领导的结果变量

相比于道德型领导的影响因素研究的匮乏，学者们更多地关注了道德型领导的影响。过去的研究为我们提供了丰富的素材和理论，使我们能够更好地理解道德型领导的作用。道德型领导的影响主要分为：对下属的影响、对团队的影响、对企业的影响及对领导者个人的影响。

2.5.1　对下属的影响

在个体层面，现有研究表明伦理型领导能够正向预测员工的工作绩效（Mo & Shi, 2017; Yang & Wei, 2017; 王端旭、郑显伟，2014; 郑志强、刘善仕，2017），提升员工的工作态度（Brown et al., 2005; 韩亮亮等，2015）、知识共享（张笑峰、席酉民，2016）、创造力（Chen & Hou, 2016; Gu et al., 2015; Javed et al., 2017; Schaubroeck et al., 2016），增加员工的建言行为（李想等，2018; 王永跃等，2017）及对伦理问题的报告（章发旺、廖建桥，2017）。同时也证明了伦理型领导遏制了员工的反生产行为（Bormann, 2017; Den Hartog & Belschak, 2012; Skubinn & Herzog, 2016; 何静、张永军，2017; 张永军，2015, 2017）和不道德行为（李根强，2016; 伍如昕，2017），有助于降低员工的离职意愿（Lin & Liu, 2017; Wang & Yang, 2016; 金杨华等，2016），减少工作场所的越轨行为（Gok et al., 2017; Neves & Story, 2015; 章发旺，2016）等。比较有代表性的包括：

（1）影响下属的道德决策。道德型领导者制定道德标准，并将其传达给下属。道德型领导者在做决策时还要考虑到利益相关方的需求，并且保证做出的决策必须是公平的和有原则的。因此，道德型领导的下属有机会观察和学习如何做出适当的道德的决策。这些机会支持和鼓励下属的道德决策（Eisenbeiss, 2012）。过去的研究表明，领导者的道德推理可以影响下属的道德推理（Dukerich et al., 1990）。具有较高道德推理能力的道德型领导会使员工做出更多的道德决策。道德型领导者的下属知道领导会让他们对自己的决策负责，并用奖励和纪律来强化道德。因此，道德型领导者的下属会专注于道德问题，从而做出更多的道德决策。

（2）下属的亲社会行为。道德型领导通过社会学习和社会交换过程影响下属的亲社会行为。道德的领导者是有吸引力的、合法的榜样，能够将下属的注意力聚焦在道德标准和规范的行为上。因此，道德型领导者的下属应该能够识别出道德行为并模仿这些行为。此外，道德型领导者和下属的关系不是简单的经济交换，而是一种社会交换。在社会交换的过程中往往会产生个人义务、感激和信任（Blau, 1964）。因为下属会受到领导者的公平对待、关怀和信任，他们会倾向于超越领导者赋予他们的职责需要（Dirks & Ferrin, 2002）。Ruiz-Palomino 等（2011）发现道德型领导对下属的组织公民行为有直接和间接的作用。不过有些学者提出道德型领导和下属组织公民行为的关系是倒 U 形的（Stouten et al., 2013）。

（3）**下属的偏常行为（deviance behavior）和反生产工作行为**。道德型领导者制定适当的行为标准，并清楚阐明违反规则的后果。因为道德型领导者是道德标准和行为的榜样，因而下属应该学习哪些行为是领导者所期望的。根据社会交换理论，下属会因受到领导者的关怀和公平对待而报答并信任领导者，从而降低了下属出现怠工行为的可能性。之前的实证研究也支持了道德型领导会减少员工的偏常行为（Avey et al., 2011）和反生产行为（Avey et al., 2011）。

（4）**下属的态度**。道德型领导也与下属的积极态度有关，因为道德型领导者具有诚实、关怀下属的特点，并且会做出公平和有原则的决策。Brown 等（2005）的研究支持了这个观点，他们的研究认为道德型领导与下属满意度和工作承诺正相关。De Coninck（2015）发现道德型领导影响了销售人员对组织匹配的知觉，增加了对组织的认同，减少了离职率。

（5）**其他行为和结果**。Walumbwa 和 Schaubroeck（2009）发现道德型领导的认知与员工的建言行为有关。Gu 等（2015）发现道德型领导可以提高下属的创造力。Walumbwa 等（2011）发现道德型领导和下属的绩效呈正相关。Miao 等（2013）发现道德型领导和下属的不道德亲组织行为（UPB）是倒 U 形的关系。

总体来看，大多数研究发现道德型领导的作用是积极的。在影响过程中有很多的中介变量，如情感承诺（Ruiz-Palomino et al., 2011）、建言（Avey et al., 2012）、工作投入（Den Hartog & Belschak, 2012）、组织认同（De Coninck, 2015）、工作自主性（Chughtai, 2015）、工作满意感（Ruiz-Palomino et al., 2011）、领导—成员关系（Yang et al., 2016）、心理安全感（Walumbwa & Schaubroeck, 2009）、自我效

能感（Yang et al., 2016）、信任（Chughtai et al., 2015）等。

2.5.2　对团队的影响

在团队层面，实证研究表明伦理型领导促进团队绩效（Peng & Lin, 2017; 王端旭、皮鑫，2018）、知识共享（Walumbwa et al., 2017; 杨齐，2016），增加团队组织公民行为（Mayer et al., 2009），减少团队越轨行为（Mayer et al., 2009）。部分研究认为伦理型领导会影响领导者的升迁（Rubin et al., 2010）和任期（Rowe, 2014）。总体而言，伦理型领导在实际生产管理活动中都产生了或多或少的正向引导作用，同时又规避了某些不利于企业良性发展的团队行为。比较有代表性的包括：

（1）团队的偏常行为。团队偏常行为是对团队中违反工作团队标准及威胁工作团队福祉等行为的统称（Robinson & Bennett, 1995）。社会学习理论和社会交换理论为道德型领导负向影响团队的越轨行为提供了理论依据。从社会学习理论看（Bandura, 1977），下属在奖惩系统中学习合乎规范的行为。他们既可以从自身越轨行为受到的惩处中学习，也可以从他人的越轨行为受到的惩处中学习。从社会交换理论看，领导者通过社会交换过程影响下属，下属的行为也会对领导者产生影响。一些实证研究也支持了道德型领导与团队越轨行为的关系。Mayer 等（2009）通过研究发现，道德型高管和道德型领导减少了团队的越轨行为。

（2）团队的组织公民行为。社会学习理论和社会交换理论加深了我们对道德型领导与团队组织公民行为之间关系的理解。从社会学习的视角来看，领导者是下属学习的榜样，领导者致力于以道德的行为方式并为下属树立规范行为的范例，进而表达对工作组成员的关怀。工作组成员会模仿道德型领导者表现出的积极行为，同时成员之间也会在需要帮助的时候相互支持。从社会交换的视角来看，因为道德型领导者是值得信任的，因此下属知道，如果他们帮助团队中的同事的话，他们也会因该行为在未来受到领导的奖励。一些实证分析研究了领导与团队组织公民行为之间的关系。比如，Ehrhart（2004）认为服务型领导与团队的组织公民行为呈正相关。Mayer 等（2009）发现道德型高管和道德型领导与团队组织公民行为之间呈正相关。

2.5.3 对领导者个人的影响

大部分的文献关注的是道德型领导对下属和团队的影响，而忽略了对领导者本身的影响。少部分研究认为道德型领导会影响领导者的晋升和任期。

（1）对领导者晋升的影响。一些研究表明，那些采用积极领导方式的领导者更容易获得上级的支持，会更迅速地在组织中得到发展（Judge & Piccolo, 2004; Podsakoff et al., 2000）。道德型领导作为一种积极的领导方式，对领导者的晋升会有影响。Rubin 等（2010）研究了道德型领导与领导晋升的关系，发现在短期内表现出更多道德型领导行为的人并不被上级认为更有可能晋升，但道德型领导更可能被上级看成能够达到高级领导职位的潜在人选。道德文化和实现目标的压力在道德型领导与上级对长期晋升的推断之间起调节作用。

（2）对领导者任期的影响。关于道德型领导与领导者任期的关系，Rowe（2014）针对这一问题进行了研究，他分析了公元前 931 年至公元前 586 年期间的犹大王国的国王们的任期规律，发现道德型领导不仅有利于领导者实现长期的任职，还有助于取得经济的繁荣和战争的胜利。

2.5.4 对企业的影响

在企业层面，伦理型领导的作用主要体现在对企业绩效和企业社会资本的影响上。Eisenbeiss 等（2015）研究了 CEO 的伦理型领导对企业绩效的作用机制。Pastoriza 等（2008）研究了组织内部社会资本的形成，将道德的管理行为看作组织社会资本的前因变量。Pastoriza 和 Arino（2013）进一步研究了企业内部社会资本的具体维度，证实了伦理型领导对企业内部社会资本的结构维度、认知维度和关系维度均有显著的影响。唐贵瑶等（2019）基于利益相关者理论，探讨了伦理型领导对企业声誉的影响。比较有代表性的包括：

（1）企业绩效。Zhu 等（2014）研究了企业社会责任的前因变量和影响及道德型领导的调节作用，发现道德型领导强时，道德型领导通过企业社会责任对企业声誉和企业绩效产生的间接作用更强。Eisenbeiss 等（2015）研究了 CEO 的道德型领导对企业绩效的作用机制，发现组织道德文化在两者关系之间起到了中介作用，组织道德规划在两者之间起到了调节作用。

（2）企业的社会资本。如果企业管理者能够影响社会资本的发展及正确地认识社会资本的价值，社会资本就会成为企业竞争优势的最持久的来源（Adler &

Kwon, 2002）。道德型领导能否增加企业的社会资本？针对这一问题，Pastoriza 等人（2008）研究了组织内部社会资本的形成，将道德的管理行为看作组织社会资本的一个前因变量。在其随后的实证研究中，Pastoriza 和 Arino（2013）进一步研究了企业内部社会资本的具体维度，证实了道德型领导对企业内部社会资本的结构维度、认知维度和关系维度均有显著的正向影响。

2.6　总结

通过国内外学者的不断探索，关于道德型领导的研究取得了很大的进步和发展，为未来更深入的研究奠定了坚实的基础，但同时也存在一些不足。现有研究的不足主要归纳为以下几方面。

2.6.1　道德型领导内涵和测量工具不足

Brown（2005，2006）最先基于社会学习的角度给出了道德型领导的定义和测量方法，经过不断的探索，道德型领导的定义在国内外学者的努力下得到了发展（Kalshoven et al., 2011; Resick et al., 2006; Walumbwa et al., 2011; 孟慧等，2014; 许威，2013）。然而，道德型领导的内涵研究和测量还存在以下一些不足。首先，道德型领导的内涵界定模糊。即使是使用最广泛的道德型领导定义（Brown et al., 2005），也是采用了相对模糊的表述方式，如"合乎规范的行为"没有明确的界定。尽管 Brown 等（2005）强调他们特意选择相对模糊的定义是因为规范适当的行为会随着组织或社会文化发生变化，但是模糊的界定有可能会产生背离道德标准的行为。其次，道德型领导的本土化定义缺乏相关研究。中国文化背景与西方文化背景存在着很大的差异，其定义是否能够有效解释中国的道德型领导还有待进一步探索。此外，如何借鉴西方文化背景下的道德型领导测量工具指导中国文化背景下的道德型领导还需进一步研究。

2.6.2　缺少对道德型领导的前因变量及领导者道德行为动态性的研究

关于道德型领导的影响，国内外学者从下属、团队、企业及领导个人等方面进行了大量的研究。但相比于道德型领导的影响和作用机制的研究，道德型领导的前因变量的研究明显不足。现有对道德型领导前因变量的研究大部分是从领导者个人的角度展开，比如领导者的个人特质、道德发展水平和个人的宗教信仰等，缺乏对领导者本身所处的环境因素的研究。已有的理论对道德氛围、榜样的作用等因素进行探讨（Brown & Treviño, 2006），但忽视了制度、社会网络、外部激励、团队特征等因素的影响。最新的动态道德研究表明，道德行为是随时间波动的，因为道德决策会受到相互冲突的目标和道德成本的影响（Fishbach et al., 2009; Nisan & Horenczyk, 1990; Sachdeva et al., 2009），这预示着领导者的道德行为也是不稳定的。因此，未来的研究还可以从动态的视角探索领导者道德行为的变化。

2.6.3　道德型领导的跨文化比较研究不足

社会文化决定了在特定背景下能够接受或不能够接受的行为，并对特定文化背景下得到认可的领导行为类型和特征加以限制（Heine & Kuteva, 2002; House et al., 2004）。跨文化领导的研究发现，虽然领导科学的某些知识在各种文化中具有普遍性，但许多领导实践和期望存在显著的跨文化差异。比如，在一个国家普遍接受的商业惯例可能与另一个国家的道德准则或标准做法相冲突，这对试图在跨文化背景下开展业务的领导者造成道德困境。目前绝大部分道德型领导的研究都是基于单个文化背景开展的，严格的跨文化比较研究非常稀缺。探讨东西方文化的差异，减少合作障碍，构建东西方文化都认可的道德型领导模型是亟待探索的问题。

参考文献

[1]　ADLER P S, KWON S W. Social capital: Prospects for a new concept[J]. Academy of Management Review, 2002, 27(1): 17-40.

[2]　AQUINO K, REED A. The self-importance of moral identity[J]. Journal of Personality and Social Psychology, 2002, 83(6): 1423-1440.

[3]　ASHFORTH B E, MAEL F. Social Identity Theory and the Organization[J]. Academy of Management Review, 1989, 14(1): 20-39.

[4]　ASHKANASY N M, WINDSOR C A, TREVIÑO L K. Bad apples in bad barrels revisited: Cognitive moral development, just world beliefs, rewards, and ethical decision-making[J].

Business Ethics Quarterly, 2006, 16(4): 449-473.

[5]   AVEY J B, PALANSKI M E, WALUMBWA F O. When leadership goes unnoticed: The moderating role of follower self-esteem on the relationship between ethical leadership and follower behavior[J]. Journal of Business Ethics, 2011, 98(4): 573-582.

[6]   AVEY J B, WERNSING T S, PALANSKI M E. Exploring the process of ethical leadership: The Mediating role of employee voice and psychological ownership[J]. Journal of Business Ethics, 2012, 107(1): 21-34.

[7]   BANDURA A. Social Learning Theory[M]. Englewood Cliffs: Prentice-Hall, 1977.

[8]   BASS B M, STEIDLMEIER P. Ethics, character, and authentic transformational leadership behavior[J]. The Leadership Quarterly, 1999, 10(2): 181-217.

[9]   BLAU P M. Exchange and Power in Social Life[M]. New York: Wiley, 1964.

[10]   BORMANN K C. Linking daily ethical leadership to followers' daily behaviour: The roles of daily work engagement and previous abusive supervision[J]. European Journal of Work and Organizational Psychology, 2017, 26(4): 590-600.

[11]   BROWN M E, TREVIÑO L K, HARRISON D A. Ethical leadership: A social learning perspective for construct development and testing[J]. Organizational Behavior and Human Decision Processes, 2005, 97(2): 117-134.

[12]   BROWN M E, TREVIÑO L K. Ethical leadership: A review and future directions[J]. Leadership Quarterly, 2006, 17(6): 595-616.

[13]   CHEN A S Y, HOU Y H. The effects of ethical leadership, voice behavior and climates for innovation on creativity: A moderated mediation examination[J]. Leadership Quarterly, 2016, 27(1): 1-13.

[14]   CHRISTIE W, NOBLE R, MOORE J. Determination of lipid classes by a gas-chromatographic procedure[J]. Analyst, 1970, 95(1136): 940-944.

[15]   CHUGHTAI A, BYRNE M, FLOOD B. Linking ethical leadership to employee well-being: The role of trust in supervisor[J]. Journal of Business Ethics, 2015, 128(3): 653-663.

[16]   CHUGHTAI A A. Creating safer workplaces: The role of ethical leadership[J]. Safety Science, 2015(73): 92-98.

[17]   CIULLA J B. EEthics, the heart of leadership [J]. Praeger, 2006, 30(4):869-871.

[18]   CRAIG S B, GUSTAFSON S B. Perceived leader integrity scale: An instrument for assessing employee perceptions of leader integrity[J]. The Leadership Quarterly, 1998, 9(2): 127-145.

[19]   DE HOOGH A H B, DEN HARTOG D N. Ethical and despotic leadership, relationships with leader's social responsibility, top management team effectiveness and subordinates'

optimism: A multi-method study[J]. Leadership Quarterly, 2008, 19(3): 297-311.

[20]　DECONINCK J B. Outcomes of ethical leadership among salespeople[J]. Journal of Business Research, 2015, 68(5): 1086-1093.

[21]　DEN HARTOG D N, BELSCHAK F D. Work engagement and machiavellianism in the ethical leadership process[J]. Journal of Business Ethics, 2012, 107(1): 35-47.

[22]　DIRKS K T, FERRIN D L. Trust in leadership: Meta-analytic findings and implications for research and practice[J]. Journal of Applied Psychology, 2002, 87(4): 611.

[23]　DUKERICH J M, NICHOLS M L, ELM D R, et al. Moral reasoning in groups: Leaders make a difference[J]. Human Relations, 1990, 43(5): 473-493.

[24]　EHRHART M G. Leadership and procedural justice climate as antecedents of unit-level organizational citizenship behavior[J]. Personnel Psychology, 2004, 57(1): 61-94.

[25]　EISENBEISS S A. e-thinking ethical leadership: An interdisciplinary integrative approach[J]. Leadership Quarterly, 2012, 23(5): 791-808.

[26]　EISENBEISS S A, VAN KNIPPENBERG D, FAHRBACH C M. Doing well by doing good? Analyzing the relationship between ceo ethical leadership and firm performance[J]. Journal of Business Ethics, 2015, 128(3): 635-651.

[27]　ENDERLE G. Some perspectives of managerial ethical leadership[J]. Journal of Business Ethics, 1987, 6(8): 657-663.

[28]　FEHR R, YAM K C, DANG C. Moralized leadership: The construction and consequences of ethical leader perceptions[J]. Academy of Management Review, 2015, 40(2): 182-209.

[29]　FERRIS G R, PERREWE P L, ANTHONY W P, et al. Political skill at work[J]. Organizational Dynamics, 2000, 28(4): 25-37.

[30]　FISHBACH A, ZHANG Y, KOO M. The dynamics of self-regulation[J]. European Review of Social Psychology, 2009, 20(1): 315-344.

[31]　GOK K, SUMANTH J J, BOMMER W H, et al. You may not reap what you sow: How employees' moral awareness minimizes ethical leadership's positive impact on workplace deviance[J]. Journal of Business Ethics, 2017, 146(2): 257-277.

[32]　GU Q X, TANG T L P, JIANG W. Does moral leadership enhance employee creativity? Employee identification with leader and leader-member exchange (LMX) in the chinese context[J]. Journal of Business Ethics, 2015, 126(3): 513-529.

[33]　HANSEN S D, ALGE B, BROWN M E, et al. Ethical Leadership: Assessing the Value of a Multifoci Social Exchange Perspective[J]. Journal of Business Ethics, 2013, 115(3): 435-449.

[34]　HARVEY P, HARRIS K J, KACMAR K M, et al.H The impact of political skill on

employees' perceptions of ethical leadership[J]. Journal of Leadership & Organizational Studies, 2014, 21(1): 5-16.

[35] HEINE B, KUTEVA T. World lexicon of grammaticalization [M].Cambrideg: Cambridge University Press, 2002.

[36] HOMANS G C. Social behavior as exchange[J]. American Journal of Sociology, 1958,63(6): 597-606.

[37] HOUSE R J, HANGES P J, JAVIDAN M, et al. Culture, leadership, and organizations: The GLOBE study of 62 societies[M]. Thousand Oaks:Sage publications, 2004.

[38] HOYT C L, PRICE T L, POATSY L. The social role theory of unethical leadership[J]. Leadership Quarterly, 2013, 24(5): 712-723.

[39] JAVED B, KHAN A A, BASHIR S, et al. Impact of ethical leadership on creativity: The role of psychological empowerment[J]. Current Issues in Tourism, 2017, 20(8): 839-851.

[40] JORDAN J, BROWN M E, TREVIÑO L K, et al. Someone to look up to executive–Follower ethical reasoning and perceptions of ethical leadership[J]. Journal of Management, 2013, 39(3): 660-683.

[41] JUDGE T A, PICCOLO R F. Transformational and transactional leadership: a meta-analytic test of their relative validity[J]. Journal of Applied Psychology, 2014, 89(5): 755.

[42] KALSHOVEN K, DEN HARTOG D N, DE HOOGH A H. Ethical leadership at work questionnaire (ELW): Development and validation of a multidimensional measure[J]. The Leadership Quarterly, 2011, 22(1): 51-69.

[43] LIN C P, LIU M L. Examining the effects of corporate social responsibility and ethical leadership on turnover intention[J]. Personnel Review, 2017, 46(3): 526-550.

[44] MARTIN G S, RESICK C J, KEATING M A, et al. Ethical leadership across cultures: A comparative analysis of German and US perspectives[J]. Business Ethics—A European Review, 2009, 18(2): 127-144.

[45] MAYER D M, KUENZI M, GREENBAUM R,et al. How low does ethical leadership flow? Test of a trickle-down model[J]. Organizational Behavior and Human Decision Processes, 2009, 108(1): 1-13.

[46] MAYER D M, KUENZI M, GREENBAUM R L. Examining the link between ethical leadership and employee misconduct: The mediating role of ethical climate[J]. Journal of Business Ethics, 2010, 95(1): 7-16.

[47] MAYER D M, AQUINO K, GREENBAUM R L, et al. Who displays ethical leadership, and why does it matter? an examination of antecedents and consequences of ethical leadership[J]. Academy of Management Journal, 2012, 55(1): 151-171.

[48] MAYER D M, NURMOHAMED S, TREVIÑO L K,et al. Encouraging employees to report unethical conduct internally: It takes a village[J]. Organizational Behavior and Human Decision Processes, 2013, 121(1): 89-103.

[49] MIAO Q, NEWMAN A, YU J,et al. The relationship between ethical leadership and unethical pro-organizational behavior: Linear or curvilinear effects[J].Journal of Business Ethics, 2013, 116(3): 641-653.

[50] MO S, SHI J. Linking ethical leadership to employee burnout, workplace deviance and performance: Testing the mediating roles of trust in leader and surface acting[J]. Journal of Business Ethics, 2017, 144(2): 293-303.

[51] NEUBERT M J, WU C, ROBERTS J A. The influence of ethical leadership and regulatory focus on employee outcomes[J]. Business Ethics Quarterly, 2013, 23(2): 269-296.

[52] NEVES P, STORY J. Ethical leadership and reputation: Combined indirect effects on organizational deviance[J]. Journal of Business Ethics, 2015, 127(1): 165-176.

[53] NISAN M, HORENCZYK G. Moral balance: The effect of prior behavior on decision in moral conflict[J]. British Journal of Social Psychology,1990(29): 29-42.

[54] PARRY K W, PROCTOR-THOMSON S B. Perceived integrity of transformational leaders in organisational settings[J]. Journal of Business Ethics, 2002, 35(2): 75-96.

[55] PASTORIZA D, ARINO M A, RICART J E. Ethical managerial behaviour as an antecedent of organizational social capital[J]. Journal of Business Ethics, 2008, 78(3): 329-341.

[56] PASTORIZA D, ARINO M A. Does the ethical leadership of supervisors generate internal social capital[J]. Journal of Business Ethics, 2013, 118(1): 1-12.

[57] PENG J C, LIN J L. Mediators of ethical leadership and group performance outcomes[J]. Journal of Managerial Psychology, 2017, 32(7): 484-496.

[58] PODSAKOFF P M, MACKENZIE S B, PAINE J B, et al. Organizational citizenship behaviors: A critical review of the theoretical and empirical literature and suggestions for future research[J]. Journal of Management, 2000, 26(3): 513-563.

[59] RESICK C J,HANGES P J, DICKSON M W, et al. A cross-cultural examination of the endorsement of ethical leadership[J]. Journal of Business Ethics, 2006, 63(4): 345-359.

[60] RIGGIO R E, ZHU W, REINA C,et al. Virtue-based measurement of ethical leadership: The Leadership Virtues Questionnaire[J]. Consulting Psychology Journal: Practice and Research, 2010, 62(4): 235.

[61] ROBINSON S L, BENNETT R J. A typology of deviant workplace behaviors: A multidimensional scaling study[J]. Academy of Management Journal, 1995, 38(2): 555-572.

[62]　ROWE W G. Some antecedents and consequences of ethical leadership: An examination using the kings of judah from 931[J]. Journal of Business Ethics, 2014, 123(4): 557-572.

[63]　RUBIN R S, DIERDORFF E C, BROWN M E. Do ethical leaders get ahead? Exploring ethical leadership and promotability[J]. Business Ethics Quarterly, 2010, 20(2): 215-236.

[64]　RUIZ-PALOMINO P, RUIZ AMAYA C, KNORR H. Employee organizational citizenship behaviour: The direct and indirect impact of ethical leadership[J]. Canadian Journal of Administrative Sciences-Revue Canadienne Des Sciences De L Administration, 2011, 28(3): 244-258.

[65]　SACHDEVA S, ILIEV R, MEDIN D L. Sinning saints and saintly sinners: The paradox of moral self-regulation[J]. Psychological Science, 2009, 20(4): 523-528.

[66]　SCHAUBROECK J M, LAM S S K, PENG A C. Can peers' ethical and transformational leadership improve coworkers' service quality? A latent growth analysis[J]. Organizational Behavior and Human Decision Processes, 2016, (133): 45-58.

[67]　SKUBINN R, HERZOG L. Internalized moral identity in ethical leadership[J]. Journal of Business Ethics, 2016, 133(2): 249-260.

[68]　STOUTEN J, VAN DIJKE M, MAYER D M, et al. Can a leader be seen as too ethical? The curvilinear effects of ethical leadership[J]. Leadership Quarterly, 2013, 24(5): 680-695.

[69]　STRYKER S, BURKE P J. The past, present, and future of an identity theory[J]. Social Psychology Quarterly, 2000, 63(4): 284-297.

[70]　TAJFEL H.. Social Identity and Intergroup Relations[M]. Cambridge: Cambridge University Press, 1982.

[71]　TREVIÑO L K, YOUNGBLOOD S A. Bad apples in bad barrels: A causal analysis of ethical decision-making behavior[J]. Journal of Applied Psychology, 1990, 75(4): 378-385.

[72]　TREVIÑO L K, BROWN M, HARTMAN L P. A qualitative investigation of perceived executive ethical leadership: Perceptions from inside and outside the executive suite[J]. Human Relations, 2003, 56(1): 5-37.

[73]　VAN DER VEGT G S, BUNDERSON J S. Learning and performance in multidisciplinary teams: The importance of collective team identification[J]. Academy of Management Journal, 2005, 48(3): 532-547.

[74]　VAN KNIPPENBERG B, VAN KNIPPENBERG D, DE CREMER D, et al. Research in leadership, self, and identity: A sample of the present and a glimpse of the future[J]. The Leadership Quarterly, 2005, 16(4): 495-499.

[75]　WALUMBWA F O, SCHAUBROECK J. Leader personality traits and employee voice behavior: Mediating roles of ethical leadership and work group psychological safety[J].

Journal of Applied Psychology, 2009, 94(5): 1275-1286.

[76]   WALUMBWA F O, MAYER D M, WANG P, et al. Linking ethical leadership to employee performance: The roles of leader-member exchange, self-efficacy, and organizational identification[J]. Organizational Behavior and Human Decision Processes, 2011, 115(2): 204-213.

[77]   WALUMBWA F O, HARTNELL C A, MISATI E. Does ethical leadership enhance group learning behavior? Examining the mediating influence of group ethical conduct, justice climate, and peer justice[J]. Journal of Business Research, 2017(72): 14-23.

[78]   WANG Y D, YANG C N. How appealing are monetary rewards in the workplace? A study of ethical leadership, love of money, happiness, and turnover intention[J]. Social Indicators Research, 2016, 129(3): 1277-1290.

[79]   YANG C, DING C G, LO K W. Ethical leadership and multidimensional organizational citizenship behaviors: The mediating effects of self-efficacy, respect, and leader-member exchange[J]. Group & Organization Management, 2016, 41(3): 343-374.

[80]   YANG Q, WEI H. Ethical leadership and employee task performance: Examining moderated mediation process[J]. Management Decision, 2017, 55(7): 1506-1520.

[81]   YUKL G, MAHSUD R, HASSAN S, et al. An improved measure of ethical leadership[J]. Journal of Leadership & Organizational Studies, 2013, 20(1): 38-48.

[82]   YUKL G A. Leadership in organizations [M]. Upper Saddle River: Prentice Hall, 2002.

[83]   ZHENG X, ZHU W, YU H, et al. Ethical leadership in Chinese organizations: Developing a scale[J]. Frontiers of Business Research in China, 2011, 5(2): 179-198.

[84]   ZHU Y, SUN L Y, LEUNG A S. Corporate social responsibility, firm reputation, and firm performance: The role of ethical leadership[J]. Asia Pacific Journal of Management, 2014, 31(4): 925-947.

[85]   何静，张永军. 中国情境下伦理型领导影响反生产行为的"瀑布模型"：权力距离导向的调节作用 [J]. 管理评论, 2017, 29(8): 179–186.

[86]   金杨华，谢江佩，朱玥，等. 高层伦理型领导作用机制研究：组织诚信视角 [J]. 应用心理学, 2016, 22(4): 313–324.

[87]   李方君，熊玉双，李斌. 伦理型领导产生机制及影响因素 [J]. 心理科学进展, 2018, 26(5): 886–895.

[88]   李根强. 伦理型领导、组织认同与员工亲组织非伦理行为：特质调节焦点的调节作用 [J]. 科学学与科学技术管理, 2016, 37(12): 125–134.

[89]   李想，时勘，万金，等. 伦理型领导对基层公务员建言与沉默行为的影响机制——资源

保存和社会交换视角下的中介调节模型 [J]. 软科学 , 2018, 32(1): 78–82.

[90]　孟慧 , 宋继文 , 艾亦非 , 等 . 中国道德领导的结构与测量初探 [J]. 管理学报 , 2014, 11(8): 1101–1108.

[91]　孙健敏 , 陆欣欣 . 伦理型领导的概念界定与测量 [J]. 心理科学进展 , 2017, 25(1): 121–132.

[92]　唐贵瑶 , 陈琳 , 袁硕 . 道德型领导对企业声誉的影响 : 一个有调节的中介模型 [J]. 管理评论 , 2019, 31(12): 170–180.

[93]　王端旭 , 郑显伟 . 伦理型领导对员工任务绩效的影响 [J]. 人类工效学 , 2014, 20(5): 3–8.

[94]　王端旭 , 皮鑫 . 伦理型领导与团队任务绩效的关系研究 : 一个有调节的中介模型 [J]. 浙江大学学报 (人文社会科学版), 2018, 48(1): 49–60.

[95]　王永跃 , 葛菁青 , 柴斌锋 . 伦理型领导影响员工建言的多重中介效应比较研究 [J]. 心理科学 , 2017, 40(3): 692–698.

[96]　伍如昕 . “人治” 和 “法治” 谁更有效 ?——组织伦理制度、伦理型领导对员工非伦理行为影响的比较研究 [J]. 中南大学学报 (社会科学版),2017, 23(4): 134–144.

[97]　许威 . 道德领导行为问卷的编制及相关研究 [D]. 金华 : 浙江师范大学 , 2013.

[98]　杨齐 . 伦理型领导影响员工知识共享行为机理研究——一个调节中介模型 [J]. 生产力研究 , 2016(3): 131,135,139.

[99]　张笑峰 , 席酉民 . 伦理型领导对员工知识隐藏的影响机制研究 [J]. 软科学 , 2016, 30(10): 96–99.

[100]　张永军 . 伦理型领导对员工反生产行为的影响 : 基于组织的自尊的中介检验 [J]. 中国管理科学 , 2015(23): 646–650.

[101]　张永军 . 伦理型领导与员工反生产行为 : 领导信任、领导认同与传统性的作用 [J]. 管理评论 ,2017, 29(12): 106–115.

[102]　章发旺 . 伦理型领导对员工伦理问题报告的作用机制研究 [D]. 武汉 : 华中科技大学 , 2016.

[103]　章发旺 , 廖建桥 . 伦理型领导与伦理问题报告 : 道德效力与道德认同的作用 [J]. 管理评论 , 2017, 29(12): 94–105.

[104]　郑志强 , 刘善仕 . 好的领导能带来好的绩效吗——对伦理型领导有效性的元分析 [J]. 科技进步与对策 , 2017, 34(15): 148–153.

道德型领导的产生机制及影响因素 ①

3.1　引言

　　安然公司曾经是世界上最大的能源、商品和服务公司之一，2001 年却被曝出财务造假的丑闻，公司的高级管理层被指控存在疏于职守、虚报账目、误导投资人及牟取私利等不道德行为，最终导致安然公司迅速走向破产。三鹿集团、麦当劳、大众等公司，也曾因为领导者的非伦理行为而遭到消费者的抵制。领导者非伦理行为致使组织遭受严重损害的现象不仅引发了公众的普遍关注，也引起了学者对道德型领导的研究兴趣。

　　过往的实证研究大多关注于道德型领导的结果。这些研究结果发现，道德型领导无论是在组织层面还是在员工个体层面都发挥了积极作用。在组织层面，道德型领导改善伦理文化、增强组织社会责任感、促进群体学习行为、营造组织公平氛围、提升组织绩效、增加组织公民行为（Wu et al., 2015; Walumbwa et al., 2017; Shin et al., 2015）。在个体层面，道德型领导可以提升员工工作态度（如组织认同、自我效能感、心理安全感等），增加积极工作行为（如组织公民行为、领导成员交换、建言行为等），减少员工消极行为（如不道德行为、反生产行为、关系冲突等）（Zoghbi-Manrique-de-Lara & Suárez-Acosta, 2014; Walumbwa et al., 2011; Mayer et al., 2012; Walumbwa & Schaubroeck, 2009）。相对于成熟的研究来说，关于道德型领导产生机制及影响因素的探讨较少。道德型领导有什么样的特质？会受到哪些情境因素的影响？为什么下属会把领导者定义为道德型领导？道德型领导背后的产生机制是什么？这些问题依然没有得到有效解决。本章旨在对道德型领导的产生机制及影响因素进行系统梳理，以期对未来的研究

---

① 本章部分内容参见：李方君，熊玉双，李斌. 伦理型领导产生机制及影响素 [J]. 心理科学进展，2018, 16（5）.

有所启示。

目前的研究中，Brown 等（2005）对道德型领导的定义和测量方法应用最为广泛（孙健敏、陆欣欣，2017）。Brown 等（2005）将道德型领导定义为，领导者通过个人行为和人际沟通模仿出合乎道德规范的适当行为，并通过双向的沟通、激励和决策的制定促使员工去模仿这些行为。道德型领导行为同样采用道德型领导的问卷来测量，可以认为道德型领导行为和道德型领导是同一个概念（Demirtas & Akdogan, 2015）。另外，目前国内关于道德型领导的研究中，有的也将此概念翻译为伦理型领导（涂乙冬等，2014）。Brown 和 Treviño（2006）提出道德型领导的影响因素有两个方面：领导者的个人因素和情境因素。领导者的个人因素包括领导者的宜人性、责任心、神经质、马基雅维利主义、道德推理和控制点；情境因素包括组织的伦理背景、伦理强度和伦理榜样。

Brown 等（2005）从行为方面对道德型领导进行概念的界定，然而对于道德型领导来说，仅仅表现出伦理行为是不够的，还应当考虑到下属对领导行为的理解和接受程度。只有当领导的伦理行为被下属识别和认可时，下属才会认为该领导是道德型领导，从而追随领导，表现出伦理行为（Giessner et al., 2015）。领导力的研究表明，下属自身的认知框架会影响他们对领导行为的看法（van Quaquebeke, van Knippenberg & Brodbeck, 2011）。领导者在对复杂的伦理问题和伦理情境做出回应时，应考虑到他们和下属的伦理认知之间的差异，领导者对于自身行为和决策的伦理性的看法是基于自身视角的，而下属并不一定能理解领导的伦理决策和行为（Brown, 2007）。因此，为了避免评价的偏差，道德型领导必须关注下属对自己行为的感知和评价。再者，道德型领导的测量是采用下属评价领导行为的方式，也反映出其内涵应当是道德型领导和下属感知的结合。

通过对前人研究的梳理，本章回顾了道德型领导产生机制的理论基础。在此基础上，从领导者因素、情境因素、下属因素 3 个方面来阐述道德型领导及下属感知道德型领导的影响因素。了解道德型领导的产生机制和影响因素是理解道德型领导产生或者发展的前提（Waldman et al., 2017），从实践意义上来讲，这有利于组织选拔和培养道德型领导，增加组织的名誉和竞争力，并且对领导者自身的管理实践也有一定的启示作用。

3.2 道德型领导产生机制的理论基础

社会学习理论。根据 Bandura 的社会学习理论（1977），学习不仅可以通过直接经验进行，也可以通过观察他人行为和后果进行替代学习来完成，榜样的权力和地位会提高个体模仿学习的可能性。因此，领导者可以通过观察他（她）的上级领导（高地位者）的行为及其结果进行替代学习，进而表现出和他（她）类似的领导行为。按此理，道德型领导可能通过社会学习习得，职场中的伦理角色榜样有助于道德型领导的产生和发展，道德型领导的伦理特质和伦理行为都可以通过向伦理角色榜样学习而习得（Brown & Treviño, 2014）。

道德认同理论。道德认同代表道德对自我的重要性，是联结道德认知和道德行为的自我调节机制，道德认同感高的人会把道德认同作为自我概念的核心，它可以随时处理信息及规范自己的行为（Aquino & Reed, 2002），道德认同感高的领导者会按照道德规范来约束自己，这对于领导者做出伦理决策和伦理行为会有积极的影响（Mayer et al., 2012）。

人格特质的视角。人格特质会影响到个体的心理和行为，并且具有跨时间和跨情境的稳定性（Roberts & DelVecchio, 2000）。道德型领导也不例外，某些稳定的人格因素可能会促使领导者做出伦理领导行为。道德型领导作为一个伦理的个人，需要在各种情境中都表现出稳定的伦理行为，才会被认为是道德型领导。因此，基于人格特质的稳定性，其很适合用来预测道德型领导(Kalshoven et al., 2011）。

三因素模型。Marsh（2013）用访谈的方法对道德型领导及其发展进行了定性研究，发现该概念包含 4 个维度：正念（mindfulness，即知道对和好）、参与（engagement，即做正确的事）、真实性（authenticity，即有做对和好的事的品格）和持续（sustainment）。道德型领导的产生和发展是一个经验学习的过程，受到创伤经历（experiences with trauma）、多样性经历（encounters with diversity）、社会支持（experiences with supportive community）3 个因素的相互作用。创伤经历使人认识到社会的多样性，产生了被支持的需要；受到社会支持使人们更愿意帮助他人，以缓解来自挫折的创伤；多样性的经历使人们理解他人，能够面对挫折，为社会支持行为奠定基础。道德型领导的经验获得可以从 3 个因素中的任何一个开始，并在 3 个因素中不断循环。

组织认知神经科学的视角。神经学理论认为，个体复杂的认知、情绪或行为现象，如道德判断和道德决策，可以用一个基于大脑不同区域之间相互联系的网络结构来解释；这一方法可以更好地丰富和发展相关领导力的结构和理论，进而预测相关的领导力（Ashkanasy et al., 2014）。神经科学的评估能够提供更高的生态学效度，这是传统的研究方法，比如基于问卷调查的研究所做不到的（Waldman et al., 2016）。最近的研究显示，道德型领导也有其神经机制，大脑的默认模式网络（default mode network）连通性越高，道德型领导水平也就越高（Waldman et al., 2017）。默认模式网络是大脑区域的一个神经网络，当大脑在清醒状态时，能够反映出个体在认知和行为等方面的状况（Buckner & Vincent, 2007）。其子系统包括内侧颞叶、内侧前额叶皮质和后扣带回的部分皮质，以及相邻的腹侧楔前叶及内侧、外侧和顶叶皮质（Buckner et al., 2008）。神经机制的研究有助于加强对道德型领导产生机制的理解，帮助人们更好地识别和预测道德型领导。

伦理立场理论（ethical position theory）。伦理立场理论认为，伦理思想有两个维度——相对主义（relativism）和理想主义（idealism）。相对主义是指个体根据情境来决定自己的道德原则和行为，理想主义是指个体在所有的情况下都避免对他人造成伤害或负面影响（Forsyth et al., 2008）。相对主义的领导者会根据情境来随时改变自己的伦理原则，理想主义者则不想伤害任何人，想要以绝对公平的方式对待所有人，但职场中的公平应当是与贡献相对应的，理想主义的领导可能会伤害一些下属的利益，使他们得到的奖励和自己的贡献不对等。因此，相对主义较高的领导者和理想主义较高的领导者都会让人觉得是没有伦理原则的，从而影响下属对自己的道德型领导评价（Waldman et al., 2017）。

CPM 理论。CPM（Performance, maintenance, Character and Moral，工作绩效、团队维持、个人品德）理论认为，中国人对领导的期望不仅包括工作绩效和团队维持，还包括一个重要的方面，即个人品德（凌文辁等，1987）。基于该理论，若领导表现出的道德行为与下属内隐领导认知相匹配，下属将更愿意追随，表现出较高的工作满意度、动机和绩效（李明等，2013）。

下属道德型领导感知方面的理论视角总体较少，值得一提的是领导分类理论（leadership categorization theory）。领导分类理论认为，个体对他人的认知会受到对方地位和等级的影响，下属会因为领导者的地位高而对他们做出过高的估计（Levine & Butler, 1952）。也就是说，如果地位高的领导者和地位低的领导者做出同样的伦理行为，那么下属对前者的评价可能会更为积极（Pucic, 2015）。

3.3　道德型领导及下属道德型领导感知的影响因素

3.3.1　道德型领导的影响因素

3.3.1.1　领导者人格特质

Kalshoven 等（2011）检验了五大人格和道德型领导的关系，发现宜人性、责任心和情绪稳定性越高的领导者中，道德型领导也越多。宜人性反映了个体的合作和利他，高责任心和情绪稳定性的个体则会有更多的自控。另外，管理者的核心自我评价对道德型领导的产生有积极影响（王震、孙健敏、张瑞娟，2012）。管理者的核心自我评价是管理者对自我人格的潜在的、深层次的觉知，核心自我评价比较高的管理者会用引导、授权和鼓励的方式去影响下属（Resick et al., 2009）。

3.3.1.2　神经生理机制

研究表明，大脑的默认模式网络和道德型领导存在正相关关系（Waldman et al., 2017）。另外，大脑的任务积极网络（task positive network）和默认模式网络之间的相互作用可能是道德型领导的重要神经机制（Rochford et al., 2017）。大脑的任务积极网络主要和分析性思维相关，默认模式网络主要和社会情感性思维相关。道德型领导的一个关键性问题是达到分析性思维（任务积极网络）和社会情感性思维（默认模式网络）的平衡。当我们运用分析性思维时，就会抑制自己的社会情感性思维，反之亦然（Boyatzis et al., 2014）。组织文化常常鼓励用非人性化的思维去处理道德问题（即分析性思维），使领导者不得不抑制自己的情感来处理道德困境，从而导致其对同事，特别是下属和客户的非人性化对待（Rochford et al., 2017）。

3.3.1.3　领导者认知因素

Mayer 等（2012）把社会认知理论引入领导力领域，发现道德认同是道德型领导的一个重要影响因素。领导者的道德认同对道德型领导有积极的影响，并且当下属的道德认同比较高时，这种积极影响会更强（Giessner et al., 2015）。道德认同是激发道德行为的重要动机，道德认同感高的人会去做他认为有道德的人应该做的事，即道德的行为，做出非道德的行为会导致他们的内部认知不协调及自我谴责，这使他们被视为道德领袖（Aquino & Reed, 2002）。

领导者的伦理思考和道德认知发展对道德型领导的产生有积极的影响，领导者如果能在一个更高的道德认知发展阶段进行思考，那么就更可能被视为道德型领导，道德认知发展高的领导者不仅会对事件有较多的伦理思考，也会把这种伦理思考应用到交流和行动中去影响下属对他的看法（Jordan et al., 2013）。并且此类领导会关心下属的需求、重视下属的观点、公平对待下属，因此更可能被看作是有伦理的领导者（Kohlberg, 1981）。

Hoogh 和 Hartog（2008）的研究发现，高社会责任感的领导者更可能会被视为道德型领导。社会责任感反映了个体的道德和合法的行为标准、内部责任、关心他人、关心结果和自我判断五个方面（Winter, 1992）。高社会责任感的个体会有比较高的道德标准，他们会表现出利他行为，高度关注他人，因此社会责任感会成为道德利他动机的基础，也是道德型领导的道德基础（Kanungo, 2001）。

领导者的伦理思想也会对道德型领导有所影响，低相对主义[①]的领导者会把自己的伦理原则一致地应用在所有情境中，会以平等和公正的方式对待所有人，低理想主义的领导者会考虑到下属的实际贡献和奖励对等，因此会被下属认为是有伦理原则的（Forsyth et al., 2008）。当领导者的理想主义和相对主义都较低时，下属对领导的道德型领导感知会最大化（Waldman et al., 2017）。

3.3.1.4 组织及社会情境因素

道德型领导不仅受领导者个体因素的影响，同时也受所处的组织和社会环境的影响（Greenbaum et al., 2014）。近几年来，一些学者对影响道德型领导的情境因素进行了探讨，有以下发现。

---

① 理想主义和相对主义是道德行为的关键维度，解释了道德判断方法的个体差异。理想主义被定义为关注最大限度地减少负面后果，最大限度地增加收益。相对主义是指个人在做出决定时强调道德规则和原则。高度相对论的人倾向于根据他们所评估的特定情况和行动的背景进行道德判断。

领导者在组织中面临的角色压力、短期绩效压力、上级的越轨行为和职场排斥都会降低道德型领导水平（Greenbaum et al., 2014）。Greenbaum 等（2014）强调组织情境特别是绩效压力对道德型领导的影响，他认为一些预期的负面后果（如短期绩效下滑）可能会导致领导者的不道德管理，不道德管理是道德型领导受到阻碍的结果，不道德管理者在某些时候可能受伦理动机的驱使进行了伦理实践，然而如果这种伦理实践受到角色压力和短期利益下滑的阻碍，成为上级领导越轨行为的受害者或者受到工作场所的排斥，那么领导者就会放弃道德型领导转而进行不道德管理。

Brown 和 Treviño（2014）发现，在领导者的职业发展中的伦理角色榜样会对道德型领导有积极影响，伦理角色榜样会促进道德型领导的产生和发展。伦理角色榜样对道德型领导的影响有两种：职场伦理角色榜样和童年伦理角色榜样。年长的领导者受职场伦理角色榜样的影响更大，而年轻的领导者受童年伦理角色榜样的影响更大。另外，Mayer 等（2009）的研究表明，道德型领导是一个从高层到中层再到下属的瀑布模型，中层道德型领导会受到高层道德型领导的影响。

Frisch 和 Huppenbauer（2014）通过对道德型领导的访谈，发现道德型领导受到很多社会情境因素的影响，比如消费者、供应商、公司所有者、自然环境和社会法规等。教育和伦理角色榜样在道德型领导的成长中起到了重要作用，受访的道德型领导大多具有良好的教育背景，且受到过伦理角色模型或宗教人物的影响，如甘地、曼德拉、耶稣和佛陀等。最后，公司的其他利益相关者也会对道德型领导有所影响。比如，政府对道德型领导的公司减免税赋，客户更愿意选择道德型领导的公司的产品，这些因素都有利于道德型领导的产生和发展。

3.3.2 下属道德型领导感知的影响因素

道德型领导是被感知到的领导者的规范行为，并强化下属表现这种行为（Brown et al., 2005）。该定义偏向领导者行为，但当领导者表现出行为后，下属并不一定能感知到，这种情况下道德型领导就起不到应有的效果（Walumbwa & Schaubroeck, 2009）。

3.3.2.1 不公平对待

研究发现，下属感知到的不公平对待，对道德型领导的评价有消极影响

（Zoghbi et al., 2014）。Mayer 等（2012）认为道德型领导的概念有 3 个核心模块，即伦理榜样、公平待人和积极管理道德。公平对待下属是道德型领导的核心概念之一，领导者不仅要和下属交流，而且要给下属提供谏言的通道和程序上的公平。因此下属是否受到公平对待会影响到他们对道德型领导的评价。

3.3.2.2 下属地位

Pucic（2015）发现下属的地位和他们对主管的道德型领导的感知正面相关，地位低的下属对道德型领导感知较低，地位高的下属对道德型领导感知较强。领导分类理论认为，领导的效能是由下属的理解决定的，下属对于较低级别领导的预期尤为具体，而越是具体的预期越难以达到（Lord et al., 1980）。这表明，低级别的领导在下属给予他们积极的领导特征之前，需要去满足下属相对具体的期望，这增加了他们被评价为道德型领导的难度。社会认知理论认为下属对于领导的评价，存在由领导地位所带来的光环效应（Levine & Butler, 1952）。因此，地位高的领导者更可能被认为是伦理型和有效的领导。

3.3.3 道德型领导产生机制中的中介、调节效应

3.3.3.1 相对主义和理想主义

相对主义思想会终结大脑的默认模式网络对道德型领导的积极影响，大脑的默认模式网络联通性越高，相对主义思想就越低，道德型领导水平就越高。而理想主义思想会调节相对主义对道德型领导的消极影响，低相对主义和低理想主义的领导者会表现出强的道德型领导（Waldman et al., 2017）。

3.3.3.2 下属的道德认知发展

Jordan 等（2013）发现，下属的道德认知发展会调节对道德型领导的感知。当下属的道德认知发展低于领导者的道德认知发展时，更容易意识到并理解领导者的伦理行为；当下属的道德认知发展比领导者高时，下属可能不会认为领导者的行为是非常符合伦理的。有研究表明，有相当一部分领导行为是由主体认知基础的影响来解释的（Lord et al., 1980），因此，下属对领导者的评价很有可能部分取决于下属对领导者行为的认知理解。

3.3.3.3　下属的伦理认同

下属的伦理认同会调节领导者伦理认同对道德型领导的积极影响，下属伦理认同比较高时，更可能把领导者感知为道德型领导；伦理认同低的下属对领导者伦理行为的关注和理解相对较低，他们对道德型领导的感知也会较少受到领导者伦理行为的影响（Giessner et al., 2015）。伦理认同高的下属对领导者的伦理行为会有更高的关注，并且会更加规范自身的行为（van Gils et al., 2015）。

综上，我们对可能会影响道德型领导的因素进行归纳和总结（虚线的部分是未来一些可能的研究方向），包括组织因素、领导者因素、下属因素三个方面，有些因素会影响到道德型领导本人，而有些因素则会影响下属的道德型领导感知，还有一些因素会调节两者之间的相互影响，如图 3-1 所示。

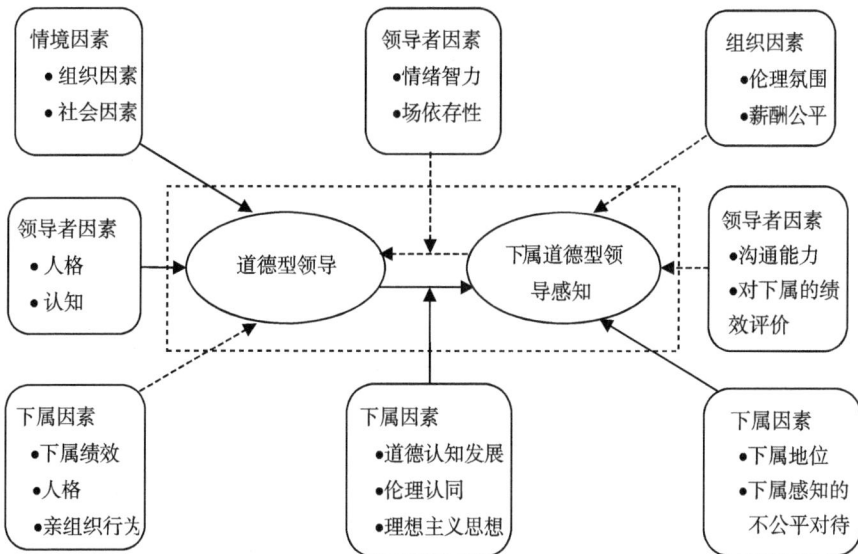

图 3-1　道德型领导的影响因素

3.4　研究展望

组织的伦理问题一直广受社会的关注，道德型领导产生机制和影响因素还需要进一步的实证研究，以帮助人们更深入地理解道德型领导，进而在一定程度上预防组织的非伦理问题。此外，道德型领导的研究也应考虑到本土的特色。具体而言，未来的研究还可以重点在以下几个方面进行探讨。

3.4.1 下属因素对道德型领导的影响

有研究表明，下属的宜人性、情绪稳定性和责任心同领导者的辱虐行为存在负相关，高宜人性的下属会有更多的助人行为，和上司的相处更加融洽；高情绪稳定性的下属会有更少的反常行为；高责任心的下属会对工作更加认真、组织性强，会让上司更加省心（Henle & Gross, 2014）。领导者在对待此类下属时，可能会用更加伦理的方式，因此下属的宜人性、情绪稳定性和责任心可能会对道德型领导有积极的影响。

下属的绩效。有研究表明，根据情绪诱发理论，下属过高的绩效会诱发领导者的嫉妒，而下属过低的绩效会诱发领导者的愤怒，最终都导致领导者对下属产生辱虐行为（Li et al., 2015）。因此，下属过高的绩效和过低的绩效都可能会对道德型领导造成负向影响。

下属的组织公民行为和反生产行为。有研究发现，下属的反生产行为会引发领导者的辱虐管理（Lian et al., 2014）。当下属表现出反生产行为时，出于对下属的惩罚，领导者可能会做出非伦理行为。而下属的组织公民行为会对组织产生积极的影响，出于对下属的激励和示范，领导者可能会表现出更多的伦理行为。因此，下属的组织公民行为对道德型领导可能有积极的影响，而反生产行为对道德型领导可能有消极的影响。

3.4.2 领导者因素对下属道德型领导感知的影响

领导者的沟通能力。领导者沟通能力较强，有利于建立良好的上下级关系，减少下属感知到的辱虐行为（Sager, 2015）。沟通能力强的领导者能减少下属对其的误解，因此，领导者的沟通能力可能会影响到下属的道德型领导感知，领导者向下的沟通能力越强，下属的道德型领导感知也会越强。

领导者对下属的绩效评价。领导者对下属的绩效评价越低，对下属的辱虐行为就会越多（Tepper et al., 2011）。领导者对下属的绩效评价较高，代表领导者对下属的认可，这样的下属会让领导者的工作更加轻松。出于社会交换机制，这可能会影响到下属对领导者的积极感知和认可，使下属的道德型领导感知更高。

3.4.3　组织因素对下属道德型领导感知的影响

组织的伦理氛围。组织的伦理氛围会影响下属的工作态度和行为，强伦理氛围会使下属对工作更加满意，表现出更多的伦理行为（Treviño et al., 1998）。从社会比较的视角来看，如果组织的伦理环境较强，出于对比效应，领导者的伦理行为在一定程度上会被认为是一般行为，从而减弱下属的道德型领导感知。

下属的薪酬。薪酬是下属在企业里工作最看重的因素之一（May et al., 2002）。研究表明，薪酬公平会影响下属的工作态度，如工作满意度、组织承诺感和离职意愿（Deconinck & Bachmann, 2007）。在组织中，如果下属感受到薪酬公平，即便领导者做出一些非伦理行为，下属也更偏向于选择忍受和理解，从而减少对领导者的负面评价。

3.4.4　领导者因素对下属伦理领导感知和道德型领导的调节作用

情绪智力。领导者的情绪智力是指领导者管理下属情绪、满足下属情感需求的能力（George, 2000）。情绪智力高的领导者能够及时了解到下属的道德型领导感知，并通过做出伦理行为来管理下属的道德型领导感知，而情绪智力较低的领导者往往不能及时察觉或恰当管理下属的道德型领导感知。

场依存性。场依存性高的人会更具有人际关系的取向，在做决策和行为时更多地利用外部社会的参照物，更加注重社会线索，在感情上也比较开放（Witkin & Goodenough, 1977）。在注意到下属的道德型领导感知后，场依存性高的领导者在做出行为和决策时可能会受到下属道德型领导感知的影响，从而表现出更多的伦理行为，而场依存性较低的领导者则不易受到下属伦理领导感知的影响。

3.4.5　下属的伦理感知对道德型领导的影响

研究表明，下属的认知框架会影响到下属对道德型领导的感知（Jordan et al., 2013），领导者的伦理行为会影响下属对其的伦理领导感知（Giessner et al., 2015）。那么下属对领导的感知是否会影响到道德型领导？换言之，领导者如果知觉到下属认为他（她）是道德型领导，是否会因此而增强自己的道德型领导？未来可以进行一些相关的研究，以深化人们对下属道德型领导感知和道德型领导之间关系的认识。

3.4.6 组织道德型领导和群体道德型领导的影响因素和产生机制的差异

组织道德型领导和群体道德型领导的地位和职责是不一样的，因此他们在做出行为和决策时受到的影响因素也不一样。组织中不同层次的领导者需要做出不同类型的决定（Lawton & Páez, 2015）。因此，组织道德型领导和群体道德型领导的产生机制和影响因素可能存在差异。另外，道德型领导对组织的伦理文化和伦理氛围会有积极的影响（Demirtas & Akdogan, 2015; Schaubroeck et al., 2012; Shin, 2012）。那么组织的伦理文化和伦理氛围是否会反过来影响道德型领导？这些问题都有待日后研究。

3.4.7 应用多种研究方法降低评价偏差

目前领导力的研究方法还不完善，下属评价领导的方式可能会存在信息不充分的问题，而领导自我评价可能会出现社会期望和自我偏差的问题。有研究表明，自我报告可能会造成偏差（Viswesvaran & Ones, 1999）。因此在对领导者进行评价时，需要采用多种方法及多个来源的评价者来降低评价偏差，更加全面客观地对领导者进行评价和研究。神经科学的方法给组织行为学的研究提供了新的视角，未来或许可以更多地应用神经科学的研究方法帮助人们深入理解组织和管理现象。

3.4.8 道德型领导产生的中介、调节机制及其作用机制

领导者需要按照伦理原则行事（Brown et al., 2005）。然而领导者的决定可能是深谋远虑、复杂、高风险的，这就要求领导者做出判断和决策，而不仅仅是对规则的应用，因此，领导者需要考虑组织内外部的情境。道德型领导可以理解为一个包含了很多伦理行为的复杂的领导结构（Lawton & Páez, 2015）。我们已经知道，人格会影响到道德型领导（Kalshoven et al., 2011）。那么，当领导者表现出伦理领导行为时，下属如何分辨这种道德型领导是基于人格还是基于情境？基于不同目的的道德型领导对下属的影响及其作用机制是否会有差异？此外，目前的研究中对道德型领导产生机制的中介效应和调节效应的研究还比较少，而探讨其中介和调节机制，对于进一步理解道德型领导的产生有重要的理论和现实意义。

3.4.9 本土道德型领导的发展

中西方存在文化的差异，中国人对领导的评价中，不可避免地要提及道德，它普遍出现在本土的领导力概念中，然而现有的研究还没有形成对道德型领导的本土化定义。今后应该结合道家和法家的经典思想，发展基于本土文化的道德型领导概念，更多探讨本土道德型领导在影响因素、产生机制、作用机制方面的独特性，并开发出符合中国文化背景的道德型领导量表。

参考文献

[1]   AQUINO K, REED II A. The self-importance of moral identity[J]. Journal of Personality and Social Psychology, 2002, 83(6): 1423–1440.

[2]   ASHKANASY N M, BECKER W J, WALDMAN D A. Neuroscience and organizational behavior: Avoiding both neuro-euphoria and neuro-phobia[J]. Journal of Organizational Behavior, 2014, 35(7):909–919.

[3]   BANDURA A.Social Learning Theory[M]. Englewood Cliffs: Prentice-Hall, 1977.

[4]   BOYATZIS R E, ROCHFORD K, JACK A I. Antagonistic neural networks underlying differentiated leadership roles[J]. Frontiers in Human Neuroscience,2014(8): 114.

[5]   BROWN M E. Misconceptions of ethical leadership:How to avoid potential pitfalls[J]. Organizational Dynamics, 2007, 36(2): 140–155.

[6]   BROWN M E, TREVIÑO L K. Ethical leadership: A review and future directions[J]. The Leadership Quarterly, 2006, 17(6): 595–616.

[7]   BROWN M E, TREVIÑO L K. Do role models matter? An investigation of role modeling as an antecedent of perceived ethical leadership[J]. Journal of Business Ethics, 2014, 122(4): 587–598.

[8]   BROWN M E, TREVIÑO L K, HARRISON D A. Ethical leadership: A social learning perspective for construct development and testing[J]. Organizational Behavior and Human Decision Processes, 2005, 97(2): 117–134.

[9]   BUCKNER R L, ANDREWSHANNA J R, SCHACTER D L.The brain's default network: Anatomy, function, and relevance to disease[J]. Annals of the New York Academy of Sciences, 2008(1124): 1–38.

[10]   BUCKNER R L, VINCENT. Unrest at rest: Default activity and spontaneous network correlations[J]. NeuroImage, 2007, 37(4): 1091–1096.

[11]   DE HOOGH A H B, DEN HARTOG D N. Ethical and despotic leadership, relationships

with leader's social responsibility, top management team effectiveness and subordinates' optimism: A multi-method study[J]. The Leadership Quarterly, 2008, 19(3): 297–311.

[12]　DECONINCK J, BACHMANN D. The impact of equity sensitivity and pay fairness on marketing managers? Job satisfaction, organizational commitment and turnover intentions[J]. Marketing Management Journal, 2007, 17(2): 134–141.

[13]　DEMIRTAS O, AKDOGAN A A. The effect of ethical leadership behavior on ethical climate, turnover intention, and affective commitment[J]. Journal of Business Ethics, 2015, 130(1): 59–67.

[14]　FORSYTH D R, O'BOYLEJR E H, MCDANIEL M A. East meets west: A meta-analytic investigation of cultural variations in idealism and relativism[J]. Journal of Business Ethics, 2008, 83(4): 813–833.

[15]　FRISCH C, HUPPENBAUER M. New insights into ethical leadership: A qualitative investigation of the experiences of executive ethical leaders[J]. Journal of Business Ethics, 2014, 123(1): 23–43.

[16]　GEORGE J M. Emotions and leadership: The role of emotional intelligence[J]. Human Relations, 2000, 53(8): 1027–1055.

[17]　GIESSNER S R, VAN QUAQUEBEKE N, VAN GILS S, et al. In the moral eye of the beholder: The interactive effects of leader and follower moral identity on perceptions of ethical leadership and LMX quality[J]. Frontiers in Psychology, 2015(6): 1126.

[18]　GREENBAUM R L, QUADE M J, BONNER J. Why do leaders practice amoral management? A conceptual investigation of the impediments to ethical leadership[J]. Organizational Psychology Review, 2014, 5(1): 26–49.

[19]　HENLE C A, GROSS M A. What have I done to deserve this? Effects of employee personality and emotion on abusive supervision[J]. Journal of Business Ethics, 2014, 122(3): 461–474.

[20]　JORDAN J, BROWN M E, TREVIÑO L K, et al. Someone to look up to executive–follower ethical reasoning and perceptions of ethical leadership[J]. Journal of Management, 2013, 39(3): 660–683.

[21]　KALSHOVEN K, DEN HARTOG D N, DE HOOGH A H B. Ethical leader behavior and big five factors of personality[J]. Journal of Business Ethics, 2011, 100(2): 349–366.

[22]　KANUNGO R N. Ethical values of transactional and transformational leaders[J]. Canadian Journal of Administrative Sciences, 2001, 18(4): 257–265.

[23]　KOHLBERG L. The philosophy of moral development: Moral stages and the idea of justice[M]. New York: Harper & Row, 1981.

[24] LAWTON A, PAEZ I. Developing a framework for ethical leadership[J]. Journal of Business Ethics, 2015, 130(3): 639–649.

[25] LEVINE J, BUTLER J. Lecture vs. group decision in changing behavior[J]. Journal of Applied Psychology, 1952, 36(1):29–33.

[26] LI Y N, ZHANG M J, LAW K S, et al. Subordinate performance and abusive supervision: The role of envy and anger[J]. Academy of Management Proceedings, 2015(1): 16420.

[27] LIAN H W, FERRIS D L, MORRISON R, et al. Blame it on the supervisor or the subordinate? Reciprocal relations between abusive supervision and organizational deviance[J]. Journal of Applied Psychology, 2014, 99(4): 651–654.

[28] LORD R G, PHILLIPS J S, RUSH M C. Effects of sex and personality on perceptions of emergent leadership, influence, and social power[J]. Journal of Applied Psychology, 1980, 65(2): 176–182.

[29] MARSH C. Business executives' perceptions of ethical leadership and its development[J]. Journal of Business Ethics, 2013, 114(3): 565–582.

[30] MAY T Y M, KORCZYNNSKI M, FRENKEL S J. Organizational and occupational commitment: Knowledge workers in large corporations[J]. Journal of Management Studies, 2002, 39(6): 775–801.

[31] MAYER D M, AQUINO K, GREENBAUM R L, et al. Who displays ethical leadership, and why does it matter? An examination of antecedents and consequences of ethical leadership[J]. Academy of Management Journal, 2012, 55(1): 151–171.

[32] MAYER D M, KUENZI M, GREENBAUM R, et al. How low does ethical leadership flow? Test of a trickle-down model[J]. Organizational Behavior and Human Decision Processes, 2009, 108(1): 1–13.

[33] PUCIC J. Do as I say (and do): Ethical leadership through the eyes of lower ranks[J]. Journal of Business Ethics, 2015, 129(3): 655–671.

[34] RESICK C J, WHITMAN D S, WEINGARDEN S M, et al. The bright-side and the dark-side of CEO personality: Examining core self-evaluations, narcissism, transformational leadership, and strategic influence[J]. Journal of Applied Psychology, 2009, 94(6): 1365–1381.

[35] ROBERTS B W, DELVECCHIO W F. The rank-order consistency of personality traits from childhood to old age: A quantitative review of longitudinal studies[J]. Psychological Bulletin, 2000, 126(1): 3–25.

[36] ROCHFORD K C, JACK A I, BOYATZIS R E, et al. Ethical leadership as a balance between opposing neural networks[J]. Journal of Business Ethics, 2017,144(4): 755–770.

[37] SAGER K L. Looking down from above: Measuring downward maintenance communication

and exploring Theory X/Y assumptions as determinants of its expression[J]. Revista de Psicología del Trabajo y de las Organizaciones, 2015, 31(1): 41–50.

[38] SCHAUBROECK J M, HANNAH S T, AVOLIO B J, et al. Embedding ethical leadership within and across organization levels[J]. Academy of Management Journal, 2012, 55(5): 1053–1078.

[39] SHIN Y. CEO ethical leadership, ethical climate, climate strength, and collective organizational citizenship behavior[J]. Journal of Business Ethics, 2012, 108(3): 299–312.

[40] SHIN Y, SUNG Y S, CHOI J N, et al. Top management ethical leadership and firm performance: Mediating role of ethical and procedural justice climate[J]. Journal of Business Ethics, 2015, 129(1): 43–57.

[41] TEPPER B J, MOSS S E, DUFFY M K. Predictors of abusive supervision: Supervisor perceptions of deep-level dissimilarity, relationship conflict, and subordinate performance[J]. Academy of Management Journal, 2011, 54(2): 279–294.

[42] TREVIÑO L K, BUTTERFIELD K D, MCCABE D L. The ethical context in organizations: Influences on employee attitudes and behaviors[J]. Business Ethics Quarterly, 1998, 8(3): 447–476.

[43] VAN QUAQUEBEKE N, VAN KNIPPENBERG D, BRODBECK F C. More than meets the eye: The role of subordinates' self-perceptions in leader categorization processes[J]. The Leadership Quarterly, 2011, 22(2): 367–382.

[44] VAN GILS S, VAN QUAQUEBEKE N, VAN KNIPPENBERG D, et al. Ethical leadership and follower organizational deviance: The moderating role of follower moral attentiveness[J]. The Leadership Quarterly, 2015, 26(2): 190–203.

[45] VISWESVARAN C, ONES D S. Meta-analyses of fakability estimates: Implications for personality measurement[J]. Educational and Psychological Measurement, 1999, 59(2): 197–210.

[46] WALDMAN D A, WANG D, FENTERS V. The added value of neuroscience methods in organizational research[J]. Organizational Research Methods, 2019, 22(1): 223-249.

[47] WALDMAN D A, WANG D, HANNAH S T, et al. A neurological and ideological perspective of ethical leadership[J]. Academy of Management Journal, 2017, 60(4): 1285-1306.

[48] WALUMBWA F O, HARTNELL C A, MISATI E. Does ethical leadership enhance group learning behavior? Examining the mediating influence of group ethical conduct, justice climate, and peer justice[J]. Journal of Business Research, 2017(72): 14–23.

[49] WALUMBWA F O, MAYER D M, WANG P, et al. Linking ethical leadership to employee

performance: The roles of leader–member exchange, self-efficacy, and organizational identification[J]. Organizational Behavior and Human Decision Processes, 2011, 115(2): 204–213.

[50] WALUMBWA F O, SCHAUBROECK J. Leader personality traits and employee voice behavior: Mediating roles of ethical leadership and work group psychological safety[J]. Journal of Applied Psychology, 2009, 94(5): 1275–1286.

[51] WINTER D G. Scoring system for responsibility[M]// Motivation and personality: Handbook of thematic content analysis. New York: Cambridge University Press, 1992: 506–511.

[52] WITKIN H A, GOODENOUGH D R. Field dependence and interpersonal behavior[J]. Psychological Bulletin, 1977, 84(4): 661–689.

[53] WU L Z, KWAN H K, YIM F H K, et al. CEO ethical leadership and corporate social responsibility: A moderated mediation model[J]. Journal of Business Ethics, 2015, 130(4): 819–831.

[54] ZOGHBI-MANRIQUE-DE-LARA P, SUAREZ-ACOSTA M A. Employees' reactions to peers' unfair treatment by supervisors: The role of ethical leadership[J]. Journal of Business Ethics, 2014, 122(4): 537–549.

[55] 李明, 凌文辁, 柳士顺. CPM 领导理论三因素动力机制的情境模拟实验研究 [J]. 南开管理评论, 2013, 16(2): 16–25.

[56] 凌文辁, 陈龙, 王登. CPM 领导行为评价量表的建构 [J]. 心理学报, 1987, 19(2): 199–207.

[57] 孙健敏, 陆欣欣. 伦理型领导的概念界定与测量 [J]. 心理科学进展, 2017, 25(1): 121–132.

[58] 涂乙冬, 陆欣欣, 郭玮, 等. 道德型领导者得到了什么？道德型领导、团队平均领导——部属交换及领导者收益 [J]. 心理学报, 2014, 46(9): 1378–1391.

[59] 王震, 孙健敏, 张瑞娟. 管理者核心自我评价对下属组织公民行为的影响：道德式领导和集体主义导向的作用 [J]. 心理学报, 2012, 44(9): 1231–1243.

4

辱虐型领导的产生机制和影响因素

4.1　引言

　　传统的领导研究主要关注能够给个体和组织带来积极结果的领导特征和行为。然而，近年来，研究者们开始关注领导行为的阴暗面（Tepper, 2007）。学者们提出了不同的概念来表示这一行为，包括暴君行为（Ashforth, 1997）、主管侵犯（Schat et al., 2006）和主管损害（Duffy et al., 2002）等，但是大多数研究都采用了"辱虐管理"这一概念。辱虐管理是指管理者持续表现出的敌意言语或非言语行为，但不包括身体接触（Tepper, 2000）。作为一种破坏性的领导行为，辱虐管理普遍地存在于组织之中（Tepper et al., 2006），据统计，大约有10%~16%的雇员受到主管不同程度的辱虐管理，并且这一现象呈现出逐年上升趋势（Harvey et al., 2007）。大量研究表明辱虐管理会对员工的态度和行为产生负面影响，例如，降低员工工作满意度（Tepper et al., 2004）、工作绩效（Tepper, 2007）和组织公民行为（Zellars et al., 2002），增加离职意愿（Tepper, 2007），出现情绪耗竭（Tepper et al., 2006）和反馈规避行为（Whitman et al., 2014）。最近的一项元分析结果显示，辱虐管理对员工的态度、幸福感、绩效甚至家庭都会有一定程度的负面影响，包括员工的工作满意度、组织承诺、离职意愿、工作绩效、组织公民行为、建言行为、工作投入和工作家庭冲突等（Zhang & Liao, 2015）。在中国的组织情景下，研究者们也发现了辱虐管理的负面影响，并较为全面地综述了辱虐管理的破坏性后果（孙雨晴等，2016；魏峰等，2016；刘斌，2016；李爱梅等，2013；龙立荣、周浩，2007）。

　　鉴于辱虐对组织及其成员的破坏性影响，大量研究开始探讨辱虐管理的影响因素及其形成机制，以帮助学界和商界更好地认知、预测和预防辱虐管理。相关研究在近几年纷纷涌现，并取得了丰硕成果。例如，Eissa 和 Lester（2016）

基于情感事件理论发现，过重的工作负担会导致个体角色超载，进而引发挫折情绪，最终导致辱虐管理；Lin 等（2016）从道德许可的视角研究发现，前期的不道德行为会使个体获得表现不道德行为的心理许可，从而导致辱虐管理；又如，Khan 等（2016）研究表明，社会支配倾向较高的主管在与下属互动的过程中，容易因为下属的高绩效表现感受到自身阶层受到威胁，从而倾向于对其采取辱虐管理以维护阶层间的差异。Zhang 和 Bednall（2016）对辱虐管理的影响因素进行了量化综述，即采用元分析手段揭示了主管压力和消极的情绪状态，下属的情绪稳定性、责任心、神经质和外向性等人格特质及组织氛围等因素对辱虐管理的普遍预测力。然而，目前有关辱虐管理形成机制的理论性综述还比较缺乏。通过对不同研究层面和理论视角进行梳理，理论性综述有助于深入认识辱虐管理前因变量和形成机制，进而有利于组织和研究者进一步探索应对和减轻辱虐管理消极影响的措施，并应用到实际的管理工作中，尽可能地规避辱虐管理给个体和组织带来的消极后果，具有十分重大的理论和现实意义。

因此，为了对现有辱虐管理前因变量和产生机制的研究进行全面的理论性综述，同时对辱虐管理产生机制的最新研究进展进行探究梳理，本章重点整理了自 2010 年以来发表在国内外知名期刊上的关于辱虐管理产生机制的 40 余篇实证文章，从组织因素、工作特征、主管因素和下属因素四个层面分别对辱虐管理的前因变量进行梳理，并归纳了其中的理论基础与解释逻辑，试图建构一幅研究框架蓝图，以期将辱虐管理各个层面的影响因素有机地整合在一起。最后，对未来开展辱虐管理的影响因素研究提供了几点建议。

4.2　不同层面下辱虐管理前因变量的研究

现有关于辱虐管理产生机制的理论框架主要以 Padilla 等（2007）的毒三角模型（破坏性管理者、易感性下属和诱发性环境）为代表。本研究通过整理和分析发表在国内外知名期刊上的关于辱虐管理成因的 40 余篇实证文章，在毒三角模型的基础上做了进一步推衍，将诱发性环境进一步细分为组织特征和工作特征，从以下四个层面对辱虐管理前因变量的研究进行梳理：组织特征层面、工作特征层面、主管层面和下属层面（见表 4–1）。

表 4-1　不同层面下辱虐管理产生机制的实证研究

文献	层面	理论视角	研究方法	前因变量	调节变量
Restubog 等（2011）	组织特征	社会认知视角	配对、滞后研究	攻击性规范	
Mawritz 等（2014）	组织特征	社会认知视角	配对研究	故意工作氛围	责任感（主管）
Wei 和 Steven（2013）	组织特征	社会交换视角	配对研究	心理契约破裂	负向互惠信念（主管）
Hoobler 和 Brass（2006）	组织特征	攻击视角	配对研究	心理契约违背	敌意归因偏差（主管）
Klaussne（2013）	组织特征	社会交换视角	理论演绎	上司的不公平对待	权力自卑感（主管）
Tepper（2006）	组织特征	攻击视角	配对研究	程序不公正	
Mawritz 等（2012）	组织特征	社会认知视角	配对研究	上司的辱虐管理	
Mawritz 等（2014）	工作特征	攻击视角	配对研究	极其困难的目标	
毛江华等（2014）	工作特征	攻击视角	配对研究	任务难度和效价	
Eissa 和 Lester（2016）	工作特征	情绪和情感视角	配对研究	角色超载	神经质、宜人性、责任心（主管）
Burton 等（2012）	工作特征	攻击视角	配对研究	工作压力	锻炼（主管）
Yam 等（2016）	工作特征	资源视角	配对研究	与客户互动中的表层行为	特质自我控制（主管）
Kiazad 等（2010）	主管	攻击视角	配对、纵向研究	马基雅维利主义	组织自尊（下属）
Hansorough 和 Jones（2014）	主管	攻击视角	配对研究	自恋	
Hu 和 Liu（2017）	主管	权力视角	理论演绎	社会支配倾向	
Breevaart 和 Vries（2017）	主管	道德视角	配对研究	诚实谦卑、宜人性	
Kiewitz（2012）	主管	社会认知视角	多源数据、配对研究	家庭侵害经历	自我控制（主管）
Courtright 等（2016）	主管	资源视角	配对、纵向、滞后研究	工作家庭冲突	女性（主管）、环境控制
Barnes 等（2015）	主管	资源视角	配对、纵向研究	睡眠数量和质量	
Pan 和 Lin（2016）	主管	攻击视角	配对研究	消极情绪	领导成员交换
Lin 等（2016）	主管	道德视角	配对、滞后研究	道德行为	

文献	层面	理论视角	研究方法	前因变量	调节变量
Harris 等（2011）	主管	攻击视角	配对研究	同事冲突	领导成员交换
Sager 等（2015）	主管	攻击视角	个体研究	主管向下的沟通能力	
Tepper 等（2011）	主管	道德视角	配对研究	主管与下属的深层次差异	
Lam 等（2017）	主管	资源视角	配对、滞后研究	情绪损耗	下属绩效、自我监督能力（主管）
Wee 等（2017）	主管	权力视角	配对、纵向、滞后研究	权力依赖状态	
Henle 和 Gross（2014）	下属	攻击视角	个体研究	责任感、情绪稳定性、宜人性	
Wang 等（2015）	下属	攻击视角	个体研究	责任心、神经质	
Aquino 和 Bradfield（2000）	下属	攻击视角	个体研究	攻击性	消极情绪（下属）
Chan 和 Mcallister（2014）	下属	攻击视角	理论演绎	偏执	
Martinko 等（2011）	下属	社会认知视角	个体研究	故意归因风格	领导成员交换
Harvey 等（2013）	下属	社会认知视角	个体研究	心理权利	
Khan 等（2017）	下属	攻击视角	配对研究	危险世界观	主管对下属的绩效评价
Neves（2014）	下属	攻击视角	配对研究	核心自我评价	公司裁员
Khan 等（2016）	下属	权力视角	配对研究	下属绩效	主管的社会支配倾向
刘超等（2017）	下属	资源视角	配对研究	下属绩效和政治技巧	
Li 等（2015）	下属	攻击视角	配对研究	下属绩效	自我控制（主管）
Lian 等（2014）	下属	攻击视角	滞后研究	下属的组织偏差行为	下属的自我控制能力和离职意愿
Simon 等（2015）	下属	攻击视角	配对、纵向、滞后研究	下属主管指向的反生产行为和反馈规避行为	

与毒三角模型相比，本研究的特色在于：第一，近年来，学者们渐渐关注到工作负荷或者工作压力对辱虐管理的消极影响，因此在毒三角模型"诱发性环境"的基础上，本研究将工作特征单独列出来，进一步区分了组织特征层面

和工作特征层面辱虐管理的前因变量，为环境层面的研究拓展提供了一个新思路。第二，主管方面的前因变量包含两个方面，一方面是影响主管发动辱虐管理的主管特质和经历，另一方面则是影响下属辱虐感知的主管特质或经历。第三，下属对辱虐管理的影响不仅体现在"易感性方面"（辱虐感知），还表现在下属的某些特性行为能激发上级的辱虐行为。该理念在毒三角模型里没有得到很好的阐释。第四，本研究还进一步归纳梳理了现有实证研究分别用到的理论视角，并提出了辱虐管理产生机制的整合模型，对辱虐管理的产生机制进行了较为全面的解析，这有利于理论的融合与发展。

4.2.1　组织特征层面

组织特征层面的影响因素是指影响辱虐管理的企业内外部环境，其中企业内部环境包括组织氛围、组织与主管的互惠关系及组织中上司与主管的互动等，企业外部环境包括行业环境、社会文化等。现有研究主要集中在企业内部环境对辱虐管理的影响。

4.2.1.1　组织规范/气氛

在工作中，企业内部环境会对上下级之间的关系造成影响（Restubog et al., 2011）。作为企业内部环境的重要内容，组织规范自然能够影响上下级间的互动。有研究显示，组织成员在人际互动过程中展露出的攻击行为能够在组织中形成攻击性规范，这种攻击性规范的传播会使主管感知到组织的侵犯倾向，并习得攻击性行为，进而表现出辱虐管理（Restubog et al., 2011）。为了获取多源数据，研究者们对组织规范进行了两次测量，第一次采用主管报告，第二次采用主管同事报告，两次结果都证明了攻击性规范对辱虐管理的影响。除了外显的攻击性组织规范，组织氛围作为组织成员对组织政策、惯例和程序的共同感知，对个体的工作行为也具有重要的指引。在敌意的工作氛围中，嫉妒、不信任和对组织成员的敌意攻击是被组织所支持甚至鼓励的，因此，主管会发动对下属的攻击来适应这种组织期望，从而使下属感知到更多的辱虐管理（Mawritz et al., 2014）。主管的责任感作为攻击行为的内部控制机制，会在一定程度上削弱敌意工作氛围对辱虐管理的负面影响。另外，上级的行为也会营造出不良的组织气氛，进而影响辱虐管理。作为主管的直接领导，上司行为是主管的榜样，因此主管会对上司的行为模式进行学习，以确保自己的行为符合组织规范。Mawritz 等（2012）的研究就支持了这一观点，即经理、主管和雇员之间存在三层滴漏模型，来自经理层的辱虐管理会导致主管层辱虐管理的增加，进而增加主管层所在团队中雇员的人际偏差行为。

4.2.1.2 组织与员工的心理契约

不同于明确的合同、制度的规定，心理契约是雇员根据雇主做出的明确或含蓄的承诺对自身权利的心理看法和信念（Hoobler & Brass, 2006）。组织对心理契约的违背会打破主管与组织间的互惠规范，从而使个体通过降低承诺、降低忠诚感和减少组织公民行为来降低其投入，取得投入与回报的平衡。Wei 和 Steven（2013）通过对 6 家中国企业的 268 对下属与其直接主管的调查证明了这一关系。同时，研究结果还表明，这种关系还会随着主管负向互惠信念的增强而增强。Hoobler 和 Brass（2006）则将主管体验到的心理契约违背看作一种挫折，组织的心理契约违背会使主管感到愤怒和不满，从而做出攻击行为。当主管的敌意归因偏差越强时，这种愤怒、不满就越强烈，下属感知到的辱虐管理也就越多。

4.2.1.3 组织公平

作为组织内部环境的重要部分，组织公平是影响辱虐管理产生的重要因素。Klaussne 等（2013）认为，上司的不公平对待会使主管通过辱虐管理的方式减轻不公平感，这又会促使其上司进一步加强对主管的不公平对待，形成一个恶性循环。主管的权力自卑感越强烈，对这种不公平感的应对越强烈（Klaussne, 2013）。除了公平对待员工，组织公平还体现在组织程序公正上。研究表明，程序不公正通过诱发主管的抑郁情绪，也会导致辱虐管理（Tepper, 2006）。

4.2.2 工作特征层面

除了组织环境的因素，主管自身的工作特征也会对辱虐管理产生影响。根据现有研究，工作特征层面的影响因素主要集中在工作目标、工作压力、任务特征等方面，即工作中的种种压力和要求导致个体产生挫折和损耗，进而引发了主管的破坏性行为。

4.2.2.1　工作目标和任务

同组织和上级带给主管的挫折一样，工作本身的特性作为一个挫折来源，也会引发个体的不良行为。例如，Mawritz 等（2014）通过对不同行业中多个公司的 215 对主管与其下属进行调查发现，由于无法完成且没有成长价值，极其困难的目标会给主管带来阻断性压力，这种过大的压力使主管感到焦虑和愤怒，从而对下属发动辱虐管理。我国学者毛江华等（2014）也发现，面对难以轻易完成又十分重要的任务，主管会产生挫折感和负面情绪，进而对下属实施辱虐管理。同工作目标过于困难一样，过多的工作任务也会使某些心理承受力较弱的主管受挫。通过对不同行业的 190 对下属及其直接主管分别进行调查，研究者们发现，在组织中，为了保持企业竞争力并维持业绩，主管负担了过重的工作，这些工作导致主管角色超载进而引发大量的挫折情绪，而相比于高宜人性和有责任心的主管，神经质水平较高的主管心理承受力更弱，更倾向于把这种挫折情绪发泄给下属（Eissa & Lester, 2016）。

4.2.2.2　工作压力

除了工作目标和任务，研究者们通过对 98 对共事时间超过两个月的上下级进行调查发现，工作时长、工作负荷或其他与工作相关的需求的增加也会给主管带来很大的心理压力，进而影响辱虐管理。当然，不是所有的主管都会受到这种压力的影响，通过适当的方式，这种工作压力能够得到缓解。锻炼在恢复精力和减压方面有着积极作用，能够在一定程度上减轻工作压力对辱虐管理的消极影响（Burton et al., 2012）。较为遗憾的是，目前关于锻炼在减轻压力的作用上还没有一个确切的机制，因此，对锻炼是通过何种机制减轻攻击行为还需要进一步的研究。

4.2.2.3　情绪劳动

除了基本的工作需要，某些岗位特殊的工作要求也会影响辱虐管理。通过对客户服务和销售行业的 184 对上下级进行调查，研究者发现，当主管的工作需要与客户打交道、维持良好客户关系时，主管与客户互动中的表层行为会消耗其大量的心理能量，以至于主管无法控制其辱虐管理行为。不过，这种影响因人而异，主管的自我控制能力能够在一定程度上减轻资源损耗的不良影响（Yam et al., 2016）。由此可以看出，高情绪劳动的工作可能更易导致辱虐管理，对主管个人的自我控制能力要求较高。

4.2.3 主管层面

作为辱虐管理的发起者，主管个人的因素对辱虐管理起着最为直接的作用。现有主管层面的影响因素主要包括主管的个人特质、家庭因素、个人状态和行为及人际冲突与互动等。

4.2.3.1 个人特质

某些人格特质更易激发个体的攻击性想法，使个体更倾向于表现出攻击行为。例如，高马基雅维利主义的主管倾向于抑制人际互动，在人际互动中多表现出冷漠、缺乏情感，也更易被其下属感知为权威领导风格，进而表现出更多的辱虐管理。相对于高组织自尊的下属来说，低组织自尊的下属更多依赖外部线索进行自我概念认知，因此对主管的独裁行为也更为敏感（Kiazad et al., 2010）。除此之外，自恋特质也能够激发主管的辱虐管理。原因是自恋者往往更加缺乏同情心，以自我为中心，也更为虚荣、更有优越感，这些因素使自恋者认为组织规则仅仅是用来规范他人的，因而更倾向于对下属采用暴政，进而使下属感知到更多的辱虐管理（Hansorough & Jones, 2014）。类似于以上两种特质，有研究者提出，高社会支配倾向的主管往往表现出较高的地位增强动机，对他人更为冷漠，因此更有可能实施辱虐管理（Hu & Liu, 2017）。不同于对主管攻击性特质的研究，Breevaart 和 Vries（2017）更为关注主管的积极特质与辱虐管理的负向关系，通过对 107 组上下级进行调查分析，研究者们发现，诚实谦卑和高宜人性的特质能够负向预测下属感知到的辱虐管理。一方面，从主管角度讲，这两种特质与道德型领导特质正相关，因而这些特质使主管倾向于表现出更多积极的领导行为；另一方面，下属对这两种特质的感知也使主管更少被感知为辱虐管理。较为可惜的是，研究者们并未深入探讨这两种特质对辱虐管理的具体影响机制。

4.2.3.2 家庭因素

个体的家庭生活经历是职场行为表现的重要影响因素。作为社会学习的重要来源，主管儿时的家庭侵害经历会使主管习得攻击性行为，在与下属的关系中，把童年的父母与子女的关系投射到下属与主管的关系中，对下属实施辱虐管理。自我控制能力能够使主管主动抑制自身的负面行为，对家庭侵害经历的不良影响起到缓冲作用（Kiewitz et al., 2012）。主管成年后的工作—家庭冲突也会对其辱虐管理行为造成影响。Courtright 等（2016）对某金融服务公司的 134 位中层领导进行调查发现，主管的工作—家庭冲突能够正向预测辱虐管理，自我损耗在其中起中介作用。女性由于在家庭中承担了更多的社会期望和关注，更容易受到工作—家庭冲突的负面影响，将时间和心理能量从工作转移到家庭，导致工作中的自我管理能力下降，辱虐管理增加。环境控制作为攻击行为的外部控制机制，能够在一定程度上减轻工作—家庭冲突对辱虐管理的影响。这一结果在多组织的样本中也得到了验证和拓展。

4.2.3.3 个人状态和行为

身体状态作为个体行为的影响因素，对辱虐管理具有十分重要的作用。通过对主管睡眠情况和自我损耗的为期两周的追踪研究，研究者们发现，不充分和低质量的睡眠会引发主管的自我损耗，进而导致辱虐管理（Barnes et al., 2015）。因此，研究者们认为辱虐管理行为是不稳定的，受主管自身状态的影响，而非一种管理者特质。除了睡眠，消极情绪也能够激发主管的辱虐管理。Pan 和 Lin（2016）通过对 5 个酒店的 180 组上下级进行调查发现，主管工作中的消极情绪能够激活其攻击倾向。领导成员交换起到一个缓冲作用，领导成员交换质量较差的下属更容易遭受辱虐管理。个体的行为也会影响辱虐管理。一项对主管的追踪研究发现，主管前期的道德行为能够正向预测其后期的辱虐管理：道德行为会损耗个体的心理能量，从而使个体无法抑制自身的攻击行为；前期的道德行为使个体获得表现出不道德行为的心理许可（Lin et al., 2016）。

4.2.3.4 人际冲突与互动

人际关系冲突，尤其是与同事和下属的冲突，可能会引发主管的辱虐管理。一方面，在工作中，主管不可避免地会经历与同事的冲突，进而产生挫败感，由于同事相对具有一定的权势地位，发动对同事的攻击会给主管带来麻烦，因此辱虐管理就成为主管发泄情绪的方式。为了对这一关系进行考量，Harris 等（2011）在两个政府部门收集了 72 组数据，结果表明，主管与同事间的冲突确实会给主管带来愤怒和挫折情绪，进而引发辱虐管理，相对于高质量领导成员交换的下属，主管更倾向于选择领导成员交换质量较低的下属作为替代性攻击的目标。另一方面，主管与下属之间的关系冲突也会引发辱虐管理。比如，主管向下的沟通能力较差会影响其与下属的沟通和理解，不利于双方建立良好关系，进行冲突管理，从而导致辱虐沟通（Sager et al., 2015）。与下属的深层次差异能够引发上下级间的关系冲突。研究表明，主管感知到与下属的深层次差异会导致上下级间的关系冲突，这种冲突又会导致主管对下属绩效评价降低，这些因素共同作用，使下属被排除在主管的道德范围的心理边界之外，从而遭受到辱虐管理（Tepper et al., 2011）。除此之外，主管自身的情绪损耗也会引发关系冲突。情绪损耗带来的资源损失感会使主管不愿在自我监督上投入资源，导致辱虐管理（Lam et al., 2017）。而低绩效的下属更容易拖累和激怒主管，加深情绪损耗的负面影响。此时，如果主管自身的自我监督能力较弱，将进一步加深情绪损耗对辱虐管理的影响。不同于这些引起冲突的因素，上下级之间权力依赖的不平衡也会引发主管的攻击行为。相对于主管对下属绩效表现和能力的依赖，下属对主管的权力依赖更高，这种权力依赖的不平衡会激发主管表现出更多的辱虐管理行为（Wee et al., 2017）。

4.2.4　下属层面

下属的个人特质、认知和工作表现会影响辱虐管理。一方面下属的某些个人特征和行为可能会激发主管的攻击倾向，从而使其成为辱虐管理的受害者；另一方面相对于其他同事，具有某些个人特征的下属可能对主管的攻击行为更为敏感，从而感知到更多的辱虐管理。

4.2.4.1　人格特质

作为辱虐管理的受害者，下属的某些人格特质能够激发主管的辱虐管理。研究者们通过对下属大五人格与辱虐管理关系的研究发现，下属的宜人性、情绪稳定性和责任感能够负向预测辱虐管理（Henle & Gross, 2014）。Wang 等（2015）在此基础上深入研究了下属大五人格特质对辱虐管理的影响机制，他们发现：一方面，下属的神经质和低责任心使其表现出更多的焦虑、烦躁、冲动和不可靠，从而激发主管的辱虐管理；另一方面，这些特质使其无法很好地完成自身工作绩效，从而激发上级的辱虐管理。同大五人格类似，下属的攻击性和消极情绪也能够正向预测辱虐管理（Aquino & Bradfield, 2000）。具有攻击性的下属在应对攻击性和威胁性的环境刺激时更容易攻击他人或具有攻击准备性，从而推动来自他人的攻击行为。高消极情绪的员工一方面会因为其违背规则的社会行为引起别人的厌恶和愤怒，另一方面由于展示了高水平的焦虑、压力和不满等负面情绪而更易成为被辱虐的目标。

4.2.4.2　认知因素

下属认知因素对辱虐管理的影响表现在两方面：一方面，下属的某些认知因素可能会使个体对外界的认识存在一定偏差，进而影响辱虐感知。例如，在特定情境下，下属对负面事件的感知会唤起下属的偏执状态，进而激发偏执认知，这种偏执状态和认知不仅会使下属更加关注主管的消极行为，影响到其对辱虐管理的主观估计，同时，还会通过激发下属的安全寻求行为和侦探行为，进一步加深主管实际的辱虐行为（Chan & Mcallister, 2014）。除了偏执认知，敌意归因风格作为一种自我服务偏差，也能够正向预测下属感知到的辱虐管理，在下属偏好稳定归因时这一关系会更加强烈（Martinko et al., 2011）。而低质量的领导成员交换无疑会加深下属对主管的消极反馈，从而在调查中报告更多的辱虐管理。除此之外，下属的高心理特权感也可能会在无意识中启动其认知自我欺骗，将上级的某些不重视或者批评知觉为恶意，进而感知到更多的辱虐管理（Harvey et al., 2013）。为了将这种辱虐感知与主管实际的辱虐行为做区分，研究者们进一步对下属的同事感知到的辱虐管理进行测量，结果表明，在面对同一个主管的情况下，高心理权利的员工会比其他员工更易感受到辱虐管理。另一方面，某些认知因素能够通过影响下属行为，进而引发辱虐管理。例如，Khan 等（2017）研究发现，怀有危险世界观的下属更易成为辱虐管理的目标，主管对下属的绩效评价越差，这种关系越强烈。原因是下属的危险世界观使其更倾向于认为其所在的组织是危险的，也更容易服从于权威，这种人格特质上的软弱使其成为主管辱虐管理的目标。下属对自身的看法也会影响主管的辱虐行为。相对于低核心自我评价的员工，高核心自我评价的员工会表现出一系列行为来维持积极的自我形象，对自己和自己的能力也更为自信，从而避免了成为辱虐管理的对象（Neves, 2014）。当公司面临裁员时，高核心自我评价员工的这种优势会更为明显。研究者探讨裁员这一组织情境的调节作用也为辱虐管理产生机制的深入研究提供了一个新的思路。

4.2.4.3 工作表现

在与主管的互动过程中，下属的工作表现会成为主管辱虐管理的诱因。首先是下属的绩效表现。Khan 等（2016）通过对 45 个主管及其 140 个下属的调查研究发现，社会支配倾向较高的主管在与下属互动的过程中，容易因为下属的高绩效表现感受到自身阶层受到威胁，这种阶层差异受到挑战的感觉会使主管倾向于对高绩效的下属采取辱虐管理，从而维护阶层间的差异。与此相反，我国学者刘超等（2017）则发现，下属过低的绩效表现作为一种违背组织规范的行为，也会激发主管的辱虐管理。有研究者进一步将绩效表现区分为高绩效表现和低绩效表现，下属的绩效过高或过低都会通过触发主管的不良情绪进而导致辱虐管理，不同的是，下属的高绩效会诱发主管的嫉妒情绪，而下属的低绩效则会诱发主管的愤怒情绪。主管的自我控制能力作为一个内部控制机制能够减轻这种情绪触发的不良影响（Li et al., 2015）。相比绩效表现，下属在工作场所的不良行为与主管辱虐管理之间则会通过相互刺激不断加重。从主管角度，下属的组织偏差行为能够激发其辱虐管理，以获得下属的顺从并纠正下属的这种违规行为（Lian et al., 2014）。但是从下属的角度，在遭受辱虐后，下属并不会停止其偏差行为，反而会为了保全自身的面子而继续加深这种行为作为对主管的反击，从而激发主管进一步的辱虐管理，形成恶性循环。尤其是当下属的自我控制能力较弱且离职意愿较强时，下属对主管辱虐管理行为的反抗更为强烈。与此类似，Simon 等（2015）也发现主管的辱虐管理会导致下属—主管指向的反生产行为和反馈规避行为，下属的这些行为又会进一步加深主管的辱虐管理。

4.3 辱虐管理的产生机制

现有研究基于不同理论视角对辱虐管理的产生机制进行了解释（见表 4–2）。从不同理论视角的发展脉络来看，最初，学者们将辱虐管理看作一种攻击行为，仅从攻击行为产生的角度解析辱虐管理的不同起因。随着辱虐管理这种破坏性领导行为得到学者们越来越多的关注，研究者们不再局限于将辱虐管理看作一种攻击行为，转而从社会认知视角、社会交换视角和道德视角等角度对辱虐管理的产生进行解释。近几年，随着自我损耗理论和权力支配理论等理论的兴起，有研究者开始关注于主管的资源损耗及上下级之间的权力关系对辱虐管理的影响。从理论视角的成熟度来看，攻击视角一直是辱虐管理产生机制研究所采用的主要视角，得到了学者们大量的关注，发展较为成熟，其他理论视角则尚处于发展阶段。

表4-2　辱虐管理产生机制不同理论视角的发展历程

理论视角	2000—2007 年	2008—2013 年	2014 年至今
攻击视角	3 篇	3 篇	13 篇
社会认知视角	—	5 篇	1 篇
社会交换视角	—	2 篇	—
道德视角	—	1 篇	2 篇
情绪和情感视角	—	—	1 篇
资源视角	—	—	5 篇
权力视角	—	—	3 篇

概括来说，自 2000 年 Tepper 提出辱虐管理这一概念以来，学者们对辱虐管理产生机制的研究以攻击视角为主要视角，逐渐拓展和丰富了其他不同的理论视角，包括社会认知视角、社会交换视角、道德视角、情绪和情感视角、资源视角、权力视角。

4.3.1　攻击视角

辱虐管理作为一种攻击行为，其产生机制可以用攻击理论来解释。根据攻击理论，环境、主管和下属等许多方面的因素都有可能对主管造成刺激，给主管带来不良的心理体验，激发主管的攻击倾向，从而引发辱虐管理。现有研究用到的攻击理论主要包括替代性攻击理论、情感事件理论、攻击的认知神经关联模型、一般攻击模型、受害者促发理论和攻击的社会互动理论。

4.3.1.1　替代性攻击理论

Dollard 等的挫折—攻击理论认为，攻击行为的发生总是以挫折的存在为条件，两者之间存在着必然的因果关系（龙立荣、周浩，2007）。替代性攻击（Dollard, 1939）是攻击行为的一种特定模式，是指由于一些因素的抑制作用，受到挫折的个体无法直接对挫折来源发泄其情绪，转而对替代对象施以攻击。在组织情境中，辱虐管理就是一种替代性攻击行为。原因是，在工作中，个体可能会遭受到许多挫折且无法直接对挫折来源进行发泄，比如，工作压力或者上司的程序不公正等，而下属由于缺乏权势、相对弱小因而不太可能会反抗，通常会成为主管最佳的发泄对象，承受其辱虐管理（Burton et al., 2012; Tepper, 2006）。

4.3.1.2　攻击的认知神经关联模型

在消极事件的基础上，攻击的认知神经关联模型更为直接地关注个体各种消极事件背后的消极情绪。攻击的认知神经关联模型认为，在记忆中，消极情绪、消极思想和消极记忆储存在同一个情绪网络中，当个体经历消极情绪时，攻击倾向就会被激活，消极情绪越强烈，攻击倾向引发攻击行为的可能性就越高（Pan & Lin, 2016）。由此可知，工作中的消极情绪会导致辱虐管理。Pan 和 Lin（2016）的研究就证明了这一点，即主管工作中的消极情绪能够激活其攻击倾向，引发辱虐管理。

4.3.1.3　一般攻击模型

不同于对消极事件和情绪的关注，一般攻击模型（Anderson & Bushman, 2002）认为，攻击是由多种因素共同引发的，在理解一个单独偶发的攻击行为时，一般攻击模型强调三个关键的阶段：（1）人和情境的输入；（2）当前内部状态（认知、唤醒、情感）；（3）判断和评价加工的结果。根据一般攻击模型，某些人格特质更易激发个体的攻击性想法，从而更倾向于表现出攻击行为，也更易被感知到攻击行为。例如，高马基雅维利主义的主管在人际互动中表现出的冷漠和缺乏情感，更易被其下属感知为权威领导风格，进而知觉到辱虐管理。相对于高组织自尊的下属来说，低组织自尊的下属更多依赖外部线索进行自我概念认知，因此对主管的独裁行为和辱虐管理也更为敏感（Kiazad et al., 2010）。

4.3.1.4　受害者促发理论

受害者促发理论（Lewis, 1978）关注下属的人格特质如何影响辱虐管理。该理论认为，有两种类型的人容易成为受害者。第一类是被动的或顺从型的受害者，他们简单脆弱，在遭受凌虐时没有能力保护自己，且由于人格特质上的软弱，如低自尊、神经质、焦虑和缺乏安全感，没有能力实施报复，更易成为攻击者认为的安全目标。第二类是煽动型的被害者，他们在表达其态度、情感和行为时更容易被他人知觉为具有敌意的、攻击性的和有威胁感的，从而推动他人的攻击行为。因此，在组织中表现过于软弱或者过于挑衅的下属都有可能遭受上级的辱虐管理。例如，下属的低责任感，责任感较低的人由于自身的不小心、无组织性和笨拙使其上司要完成更多的工作，其冲动和不可靠也更容易激起暴力和敌意的社会规范，成为主管辱虐管理的对象（Henle & Gross, 2014）。类似的还有下属的低情绪稳定性、低宜人性和攻击性等特质（Henle & Gross, 2014; Aquino & Bradfield, 2000）。

4.3.1.5　攻击的社会互动理论

Tedeschi 和 Felson（1994）提出攻击的社会互动理论，该理论关注下属行为对辱虐管理的激发作用。该理论认为攻击行为是个体为了完成三个主要目标所故意采取的行为，包括：影响他人顺从自己，创造和维护期望得到的身份和维护公正世界的信念（Lian et al., 2014）。因此，在工作场合中，面对不配合的下属，主管可能会有意识地采取辱虐管理来获得下属的顺从，或者通过辱虐管理纠正下属的违规行为。而下属在遭受辱虐后，并不会停止其违规行为，反而会为了保全自身的面子、重新恢复内心的公平感，选择继续加深自己的行为作为对主管的攻击，从而激发主管实施进一步的辱虐管理。例如，主管为了纠正下属的组织偏差行为而采取辱虐管理，反而会刺激下属继续组织偏差行为（Lian et al., 2014）。

4.3.2　社会认知视角

从社会认知的视角，辱虐管理是个体对外界信息进行学习和解读从而形成认知并指导自身行为的结果。现有社会认知视角的研究主要以社会学习理论、社会信息加工理论和归因理论为理论基础。

4.3.2.1　社会学习理论

根据社会学习理论（Bandura, 1973），人们通过观察榜样的行为并进一步模仿这些行为进行学习，通过观察这些行为的后果对其是否适合特定环境做出判断，并对得到有利结果的行为进行模仿。因此，在个体的成长过程中，家庭和社会环境中的榜样，如父母和上级，他们的攻击行为可能会给个体树立不良的行为榜样，从而促使个体习得辱虐行为（Restubog et al., 2011; Mawritz et al.,

2012）。基于这一理论，Mawritz 等（2012）发现在经理、主管和雇员之间存在三层滴漏模型，来自经理层的辱虐管理会导致主管层辱虐管理的增加，进而增加主管层所在团队中雇员的人际偏差行为。

4.3.2.2 社会信息加工理论

社会信息加工理论（Salancik & Pfeffer, 1978）认为，个体会从周围环境中寻求对自身行为期望的线索，然后改变自身行为去迎合外界期望。因此，外界环境对塑造管理者的行为具有十分重要的作用。在组织中，个体会从组织氛围等因素中获取行为线索，从而调整自身的行为。而在敌意的工作氛围中，嫉妒、不信任和对组织成员的敌意攻击是被组织所支持甚至鼓励的，当感知到这种工作氛围时，主管会发动对下属的攻击行为来适应这种组织期望，从而使下属感知到更多的辱虐管理（Mawritz et al., 2014）。

4.3.2.3 归因理论

此外，下属对外界信息的解读也能使其感知到辱虐管理。根据 Weiner 的归因理论，归因倾向包括三个方面的内容：内因和外因、稳定性、可控性。自我服务偏差由个体在长期过程中形成的比较稳定的归因倾向所决定，具有自我服务偏差的人为了维护自尊，倾向于将失败归结于外部，否定自己对失败负有责任。在组织中，具有自我服务偏差的下属在与上司共事的过程中，很有可能会将上级的许多行为知觉为恶意，从而保护自己。敌意归因风格是指人们在试图寻找事件发生的原因时，总是以一种特殊的、充满敌意的方式去思考。作为一种自我服务偏差，下属的敌意归因风格会使其更易感受到辱虐管理，尤其是在下属偏好稳定归因时（Martinko et al., 2011）。

4.3.3 社会交换视角

社会交换理论（Blau, 1964）认为，在社会关系中，人们之间的互动是一种相互依存关系和对他人行为的一种反应，而不是一个人单独做出的行为。这种互动遵循公平原则和互惠规范：一方面，个体会对交换中的成本和报酬的比值进行主观判断；另一方面，当一方为另一方提供帮助或给予某种资源时，后者有义务回报给予其帮助的人（Gouldner, 1960），即社会交换是一种互惠性质的行为互动。因此，主管与其上级或者组织的消极互惠关系会使其感到付出和回报之间不公平，从而通过减少付出或者采取负面行为的方式减轻这种不公平感，以达到公平交换的状态，从而导致辱虐管理。例如，主管感知到上司的不公平对待和心理契约破裂都会使主管采取辱虐管理的方式减轻这种不公平感（Klaussne, 2013; Wei & Steven, 2013）。

4.3.4　道德视角

基于道德视角的研究将辱虐管理看作一种不道德行为，试图从不道德行为产生的原因来解释辱虐管理的成因。现有研究用到的道德理论包括道德排除理论和道德许可效应。

4.3.4.1　道德排除理论

根据道德排除理论（Opotow, 1990），个体只会对某些特定的对象做出不道德行为。道德排除理论认为每个人心中都有正义的范围，即用来区分值得我们公平对待的目标和不值得我们公平对待的目标的心理边界。对于那些处于我们正义范围内的目标，我们会用规则和道德规范来管理自己的行为；排除在道德范围外的目标则被认为是不配的和不相干的，得到我们的区别对待甚至是伤害和攻击行为。例如，主管感知到与下属的深层次差异会导致上下级间的关系冲突，这种冲突又会导致主管对下属的绩效评价降低，这些因素共同作用，使下属被排除在主管的道德范围的心理边界之外，从而遭受到辱虐管理（Tepper et al., 2011）。

4.3.4.2　道德许可效应

道德许可效应是指个体过去做了道德行为，会允许自己在未来减少做道德行为或者出现不道德行为的现象。不同于其他的理论视角，该理论试图研究主管的积极行为可能带来的破坏性后果。因此，主管的道德行为表现能够正向预测其后的辱虐管理行为：一方面道德行为会损耗个体的心理能量，给人带来精神疲劳，从而使个体无法抑制自身的攻击行为；另一方面前期的道德行为使个体获得表现出不道德行为的心理许可（Lin et al., 2016）。

4.3.5 情绪和情感视角

在组织情境下，许多因素都是通过情绪和情感来影响员工的态度和行为的。情感事件理论（Weiss & Cropanzano, 1996）关注个体在工作中情感反应的结构、诱因和后果，认为稳定的工作环境特征会导致积极或者消极工作事件的发生，对这些工作事件的体验又会引发个体的情感反应，从而进一步影响个体的态度与行为。情感反应对行为的影响有两条路径：一是直接影响员工的行为，二是通过影响员工的工作态度间接影响其行为（段锦云等，2011）。因此消极的工作事件可能会引发个体不良的行为反应。例如，工作负担过重导致的角色超载会诱发个体的挫折情绪，从而导致辱虐管理（Eissa & Lester, 2016）。

4.3.6 资源视角

从资源的视角，个体所拥有的心理资源是有限的，资源损失会使个体不愿意投入心理资源进行自我监督，甚至没有能力进行自我监督，从而表现出辱虐管理。具体的理论基础包括资源保存理论和自我损耗理论。

4.3.6.1 资源保存理论

资源保存（conservation of resources）是指个体会努力维持、保护和获取有助于实现个人目标的资源（Hobfoll, 1989）。当这些资源可能遭受实际或潜在的损失时，个体会感受到压力，并投入更多的资源对环境加以控制，以避免进一步的资源损失（Hobfoll, 1989）。因此，在组织中，员工在应对工作需求的过程中可能会面临资源失衡，从而引发一些负面问题（曹霞、瞿皎皎，2014）。例如，情绪损耗带来的资源损失感会使主管不愿在自我监督上投入资源，从而导致辱虐管理（Lam et al., 2017）。

4.3.6.2 自我损耗理论

根据自我损耗理论，不同的自我管理活动会损耗同一种心理能量，而心理能量是有限的，所以人们在短期内只能进行有限的自我控制（Baumeister et al., 2000）。在缺乏自我控制的情况下，个体倾向于表现出更多的不良行为。在组织情境中，许多因素都会导致主管自我控制这一资源的损耗，进而引发其辱虐管理行为，比如主管每天的睡眠数量和睡眠质量（Barnes et al., 2015），或是主管经历的工作—家庭冲突（Courtright et al., 2015）。

4.3.7 权力视角

权力理论认为，主管与下属既是一种支配与被支配的关系，同时也存在依赖关系。这种支配关系和依赖关系会影响主管的权力感知，从而影响辱虐管理。现有研究所用到的权力理论包括社会支配理论和权力依赖理论。

4.3.7.1 社会支配理论

社会支配（social dominance）理论试图解释以群体为基础的不平等是如何产生的，以及按阶层形式组织的社会是如何延续下来的。该理论认为人类社会的平等受到两种相互制约的力量的影响：一种是减少阶层间差异的力量，它使社会趋于平等；另一种是增加阶层间差异的力量，它导致并维持了以群体为基础的不平等：大部分群体间不平等的形式都是一种基本人格倾向的表现，即社会支配倾向（Khan et al., 2016）。因此，高社会支配倾向的个体倾向于维护阶层间的差异。在组织中，社会支配倾向较高的主管在与下属互动的过程中，容易因为下属的高绩效表现而感受到阶层威胁，从而倾向于对高绩效的下属采取辱虐管理，维护阶层间的差异（Khan et al., 2016）。

4.3.7.2 权力依赖理论

不同于主管单方面的支配需求，权力依赖理论从主管与下属的权力关系角度对辱虐管理的成因进行了解析。根据权力依赖理论，权力是指一个人能够控制自身和他人目标和资源的能力，在组织中，管理者与追随者之间在权力上是相互依赖的，一个人需要依靠另一个人来实现自身目标，或者获取实现目标的资源。下属需要上级提供薪金增长、晋升等机会，上级同样需要依赖下属的工作能力和绩效表现。当主管感知到与下属的权力不平衡时，即下属对其的权力依赖高于其对下属的权力依赖时，主管对自身不良行为的抑制就会减弱，从而表现出更多的辱虐行为。例如，Wee 等（2017）通过对 219 对上下级的调查发现了这种权力依赖的不平衡对主管辱虐管理的预测作用。

4.4 总结和研究展望

4.4.1 总结

通过对辱虐管理前因变量和产生机制的梳理，我们发现，目前学术界对辱虐管理前因变量的认识已经十分丰富，学者们也分别从不同影响层面和不同理论视角对辱虐管理的产生机制进行了解释，但是依然缺乏一个较为全面的理论模型。因此，本章在辱虐管理前因变量的现有研究层面和理论视角的基础上，提出辱虐管理产生机制整合模型，将辱虐管理的前因变量和不同理论视角整合起来，对辱虐管理的产生机制进行较为全面的解释。

辱虐管理产生机制整合模型（如图4-1所示）分为三个阶段。第一个阶段是信息感知阶段。面对不同的情境和刺激，个体会有不同的行为选择来适应环境、应对刺激，因此辱虐管理行为是主管感知到特定的情境和刺激下的产物。这一阶段，主管会感知到其自身因素、下属因素及两者的交互作用与所处环境条件（包括组织特征和工作特征）。第二阶段是主管的认知和情绪反应阶段。在这一阶段，主管会对感知到的信息做出认知或者情绪上的反应。一方面，这些信息可能使主管产生压力、挫折、威胁、不公平等不良认知；另一方面，这些信息也会给个体带来焦虑、愤怒等负面情绪。第三阶段即主管行为结果输出的阶段。这一阶段是在第一阶段信息感知和第二阶段认知与情绪反应的基础上进行的，在前两个阶段的作用下，一方面，主管将在消极认知的指导下做出辱虐管理行为；另一方面，主管会选择将其负面情绪发泄给下属，对下属实施辱虐管理。

通过整合，本理论模型将辱虐管理的前期信息感知阶段、认知和情绪反应阶段及辱虐管理行为输出阶段有机地组织在一起，不仅强调了辱虐管理不同层面的前因变量，还关注辱虐管理形成的整个过程，很好地保证了模型的整体性和动态性。

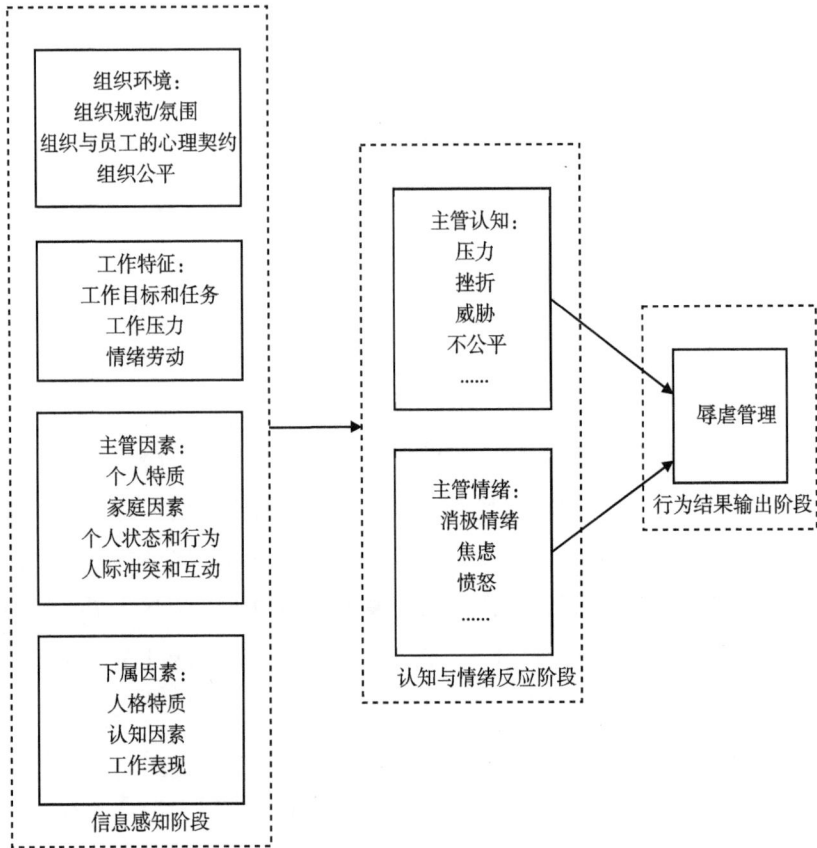

图 4-1 辱虐管理产生机制整合模型

4.4.2 研究展望

大量实践和理论研究均表明，辱虐管理会给个体和组织带来一系列破坏性后果，不断深入研究辱虐管理的前因变量和产生机制将有利于组织更加深刻地了解辱虐管理，并采取相应的措施尽可能地规避辱虐管理及其不良后果，因此辱虐管理是一个十分重要的管理课题。通过对辱虐管理前因变量和产生机制的梳理，我们发现，现有研究从不同的理论视角对组织特征、工作特征、主管和下属层面的变量分别进行了研究，并取得了丰富的成果，但是大多数研究仅基于其中的某一层面，较少考虑不同层面变量的交互作用，对辱虐管理与其消极后果的双向因果关系也缺乏深入探究。同时，由于文化背景的差异和研究方法的选取，未来还可以对中国儒家文化与辱虐管理的关系进行深入研究，并采取动态的研究方法，探究辱虐管理的波动性及影响因素。因此，未来辱虐管理前因变量和产生机制研究可以从以下几个方面进一步探讨。

4.4.2.1 不同层面变量的交互作用

从现有辱虐管理前因变量的研究中可以发现，辱虐管理是组织、工作、主管和下属等多个层面的因素共同作用的结果。例如，高马基雅维利主义的主管更易被其下属感知为权威领导风格，进而下属将报告出更多的辱虐管理情况。相对于高组织自尊的下属来说，低组织自尊的下属更多依赖外部线索进行自我概念认知，因此对主管的独裁行为也更为敏感（Kiazad et al., 2010）。由此可看出，主管与下属的不合理匹配才是导致辱虐管理的原因。因此，未来研究可以从不同层面变量的交互作用着手，从人与组织匹配、人与领导匹配的视角去揭示辱虐管理的产生机制，进一步探索辱虐管理的边界条件。例如，经历自我损耗的主管可能并不会对所有下属发动辱虐管理，而是选择绩效较差或者不配合的下属作为辱虐管理的对象。又比如，在面对高工作强度和工作压力时，抗压能力或者情绪调节能力较差的主管才会对下属采取辱虐管理。

4.4.2.2 辱虐管理与消极后果的双向因果关系

现有研究表明辱虐管理与某些消极后果是成双向因果关系的，例如主管的辱虐管理会导致下属主管指向的反生产行为和反馈规避行为，下属的这些行为又会进一步加深主管的辱虐管理，形成恶性循环（Simon et al., 2015）。又比如，下属的组织偏差行为和主管的辱虐管理行为也会相互促进，导致关系不断恶化（Lian et al., 2014）。而许多被看作辱虐管理消极后果的变量渐渐被证明也有可能是辱虐管理的前因变量，比如，辱虐管理会降低下属的绩效表现，而下属的绩效表现也可能会诱发主管的辱虐管理（Li et al., 2015），又比如，主管的辱虐管理会激发下属的辱虐管理，而来自上级的辱虐也会导致主管的辱虐管理（Mawritz et al., 2012）。因此，未来还需要研究者从不同角度对辱虐管理的产生进行分析考虑，采用多次测量或追踪研究等方法对辱虐管理的成因和边界条件进行更进一步的研究。

4.4.2.3 中国儒家文化背景下的特色研究

现有研究多是在西方文化背景下进行的，这些研究成果在中国特色的儒家文化背景下是否一致，以及中国儒家文化背景下辱虐管理是否有其独特的产生机制，都还需要更加深入的研究。例如，中国传统儒家文化强调"三纲五常"，在这种文化熏陶下，人们很容易接受集权领导和官僚结构，表现出较高的权力距离（power distance，指人们对组织中权力分配不平等的接受程度），对于权力距离指数较高的员工，他们在与领导互动中较为拘谨和被动，对领导也更加敬畏（廖建桥等，2010；李浩澜等，2015）。这就可能使员工对辱虐管理接受度更高，从而纵容主管的辱虐行为。与此同时，在儒家文化影响下，中国人具有很强的长期观念倾向，即人们倾向于节俭、积累、容忍和传统，追求长期稳定和高水平的生活。因此，主管更有可能控制自己的情感和承受更多压力，表现出儒家文化抑制辱虐管理的一面。因此，中国儒家文化对辱虐管理的影响表现出不一致性，既有可能对这种破坏性行为起到抑制作用，也有可能强化这种行为，这就需要学者们在这方面做进一步的探索和研究。

4.4.2.4 基于下属视角的辱虐管理动态研究

随着辱虐管理前因变量的研究不断丰富，学者们在研究方法的选取上出现了一些新的趋势。研究者们不再局限于采用静态的研究方法，也不再只是将辱虐管理看作一种固定的领导风格，转而采用滞后研究或者追踪研究的方式，更加强调变量之间的因果关系和辱虐管理的状态性。例如，Barnes 等（2015）将辱虐管理看作一种受个体自我控制影响的状态而非主管的固定行为风格，认为辱虐管理在某个特定的主管身上是波动出现的，从而发现主管的睡眠时间和质量对辱虐管理的影响，为辱虐管理的研究提供了一个新的思路和方向。而许多研究者从下属视角出发，强调下属行为对主管辱虐管理的激发作用，比如下属的绩效表现、组织偏差行为和反生产行为等（Li et al., 2015; Lian et al., 2014; Simon et al., 2015）。因此，未来研究者们可以把两者结合起来，从下属视角出发，将辱虐管理看作主管的一种状态，对下属的激发行为和主管的辱虐管理进行纵向研究，发现影响主管辱虐管理的因素，进一步拓宽辱虐管理前因变量和产生机制的研究。

4.4.3 结语

本章回顾了辱虐管理前因变量的现有研究，通过文献梳理从组织特征、工作特征、主管因素和下属因素 4 个层面对辱虐管理前因变量进行了综述，并从攻击视角、社会认知视角、社会交换视角、道德视角、情绪和情感视角、资源视角和权力视角 7 个视角阐述了辱虐管理产生机制的发展脉络。在对前因变量和产生机制进行梳理的基础上，本章提出了辱虐管理产生机制的整合模型，最后，指出未来的研究方向。

参考文献

[1]   ANDERSONCA, BUSHMAN B J. The effects of media violence on society[J]. Science, 2002, 295(5564):2377-2379.

[2]   AQUINO K, BRADFIELD M. Perceived victimization in the workplace: The role of situational factors and victim characteristics[J]. Organization Science, 2000, 11(5):525-537.

[3]   ASHFORTH B E. Petty tyranny in organizations: A preliminary examination of antecedents and consequences[J]. Canadian Journal of Administrative Sciences, 1997, 14(2):126-140.

[4]   BANDURA A. Aggression: A social learning analysis by Albert Bandura[J]. American Journal of Sociology, 1974, 26(5):1101–1109.

[5]   BARNES C M, LUCIANETTI L, BHAVE D P, et al. "You wouldn't like me when I'm sleepy": Leaders' sleep, daily abusive supervision, and work unit engagement[J]. Academy of Management Journal, 2015, 58(5):1419-1437.

[6]   BAUMEISTER R F, MURAVEN M, TICE D M. Ego depletion: A resource model of volition, self-regulation, and controlled processing[J]. Social Cognition, 2000, 18(2):130-150.

[7]   BLAU P M. Justice in social exchange[J]. Sociological Inquiry, 2007, 34(2):193-206.

[8]   BREES J, MARTINKO M, HARVEY P. Abusive supervision: Subordinate personality or supervisor behavior?[J]. Journal of Managerial Psychology, 2016, 31(2):405-419.

[9]   Breevaart K, Vries R E D. Supervisor's HEXACO personality traits and subordinate perceptions of abusive supervision[J]. Leadership Quarterly, 2017, 28（5）: 691-700.

[10] BURTON J, HOOBLER J, SCHEUER M. Supervisor workplace stress and abusive supervision: The buffering effect of exercise[J]. Journal of Business and Psychology, 2012, 27(3):271-279.

[11] CHAN M E, MCALLISTER D J. Abusive supervision through the lens of employee state paranoia[J]. Academy of Management Review, 2014, 39(1):44-66.

[12] CHIU S F, PENG J C. The relationship between psychological contract breach and employee deviance: The moderating role of hostile attributional style[J]. Journal of Vocational Behavior, 2008, 73(3):426-433.

[13] COURTRIGHT S H, GARDNER R G, SMITH T A, et al. My family made me do it: A

cross-domain, self-regulatory perspective on antecedents to abusive supervision[J]. Academy of Management Journal, 2016, 59(5): 1630-1652.

[14]   DUFFY M K, GANSTER D C, PAGON M. Social undermining in the workplace[J]. Academy of Management Journal, 2002, 45(2): 331-351.

[15]   EISSA G, LESTER S W. Supervisor role overload and frustration as antecedents of abusive supervision: The moderating role of supervisor personality[J]. Journal of Organizational Behavior, 2016, 38(3):307-326.

[16]   GARCIA P R J M, WANG L, LU V, ET AL. When victims become culprits: The role of subordinates' neuroticism in the relationship between abusive supervision and workplace deviance[J]. Personality & Individual Differences, 2015(72):225-229.

[17]   Gonzalez-Morales M G, Kernan M C, Becker T E, et al. Defeating abusive supervision: Training supervisors to support subordinates[J]. Journal of Occupational Health Psychology, 2018,23(2):151-162.

[18]   GOULDNER A W. The norm of reciprocity: A preliminary statement[J]. American Sociological Review, 1960, 25(2):161-178.

[19]   HANSBROUGH T K, JONES G E. Inside the minds of narcissists: how narcissistic leaders' cognitive processes contribute to abusive supervision[J]. Zeitschrift Für Psychologie, 2014, 222(4):214-220.

[20]   HARRIS K J, HARVEY P, KACMAR K M. Abusive supervisory reactions to coworker relationship conflict[J]. Leadership Quarterly, 2011, 22(5):1010-1023.

[21]   HARRIS K J, KACMAR K M, ZIVNUSKA S. An investigation of abusive supervision as a predictor of performance and the meaning of work as a moderator of the relationship[J]. Leadership Quarterly, 2007, 18(3):252-263.

[22]   HARVEY P, HARRIS K J, GILLIS W E, et al. Abusive supervision and the entitled employee[J]. Leadership Quarterly, 2014, 25(2):204-217.

[23]   HARVEY P, STONER J, HOCHWARTER W, et al. Coping with abusive supervision: The neutralizing effects of ingratiation and positive affect on negative employee outcomes[J]. Leadership Quarterly, 2007, 18(3):264-280.

[24]   HENLE C A, GROSS M A. What have i done to deserve this? Effects of employee personality and emotion on abusive supervision[J]. Journal of Business Ethics, 2014, 122(3):461-474.

[25]   HOBFOLL S E. Conservation of resources: A new attempt at conceptualizing stress[J]. American Psychologist, 1989, 44(3): 513-524.

[26]   HOBFOLL S E. The influence of culture, community, and the nested‐self in the stress pro-

cess: Advancing conservation of resources theory[J]. Applied Psychology, 2001, 50(3):337-421.

[27] HOOBLER J M, BRASS D J. Abusive supervision and family undermining as displaced aggression[J]. Journal of Applied Psychology, 2006, 91(5):1125-1133.

[28] HU L, LIU Y. Abuse for status: A social dominance perspective of abusive supervision[J]. Human Resource Management Review, 2017, 27(2): 328-337.

[29] KIAZAD K, RESTUBOG S L D, ZAGENCZYK T J, et al. In pursuit of power: The role of authoritarian leadership in the relationship between supervisors' machiavellianism and subordinates' perceptions of abusive supervisory behavior[J]. Journal of Research in Personality, 2010, 44(4):512-519.

[30] KIEWITZ C, RESTUBOG S L D, ZAGENCZYK T J, et al. Sins of the parents: Self-control as a buffer between supervisors' previous experience of family undermining and subordinates' perceptions of abusive supervision[J]. Leadership Quarterly, 2012, 23(5):869-882.

[31] KHAN A K, QURATULAIN S, CRAWSHAW J R. Double jeopardy: Subordinates' worldviews and poor performance as predictors of abusive supervision[J]. Journal of Business & Psychology, 2017, 32(2):165-178.

[32] Khan A K, Moss S, Quratulain S, et al. When and how subordinate performance leads to abusive supervision: A social dominance perspective[J]. Journal of Management, 2016,44（7）: 2801-2826.

[33] KLAUSSNER S. Engulfed in the abyss: The emergence of abusive supervision as an escalating process of supervisor-subordinate interaction[J]. Human Relations, 2014, 67(3):311-332.

[34] LAM C K, WALTER F, HUANG X. Supervisors' emotional exhaustion and abusive supervision: The moderating roles of perceived subordinate performance and supervisor self - monitoring[J]. Journal of Organizational Behavior,2017, 38(8): 1151-1166.

[35] LEWIS D O. Aggression in the schools: Bullies and whipping boys[J]. Journal of the American Academy of Child Psychiatry, 1978, 20(1):205-206.

[36] Li Y N, Zhang M J, Law K S, et al. Subordinate performance and abusive supervision: The role of envy and anger[C]. Briarcliff Manor:Academy of Management Annual Meeting Proceedings, 2015:16420.

[37] LIAN H, FERRIS D L, MORRISON R, et al. Blame it on the supervisor or the subordinate? Reciprocal relations between abusive supervision and organizational deviance[J]. Journal of Applied Psychology, 2014, 99(4):651-664.

[38] LIN S J, MA J, JOHNSON R E. When ethical leader behavior breaks bad: How ethical

leader behavior can turn abusive via ego depletion and moral licensing[J]. Journal of Applied Psychology, 2016, 101(6):815-830.

[39]   MARTINKO M J, HARVEY P, SIKORA D, et al. Perceptions of abusive supervision: The role of subordinates' attribution styles[J]. Leadership Quarterly, 2011, 22(4):751-764.

[40]   MAWRITZ M B, DUST S B, RESICK C J. Hostile climate, abusive supervision, and employee coping: Does conscientiousness matter? [J]. Journal of Applied Psychology, 2014, 99(4):737-747.

[41]   MAWRITZ M B, FOLGER R, LATHAM G P. Supervisors' exceedingly difficult goals and abusive supervision: The mediating effects of hindrance stress, anger, and anxiety[J]. Journal of Organizational Behavior, 2014, 35(3):358–372.

[42]   Mawritz M, Greenbaum R, Butts M. I Just Can't Control Myself: A Self-Regulation Perspective on the Abuse of Deviant Employees[J]. Academy of Management Journal, 2017,60(4):1482-811.

[43]   MAWRITZ M B, MAYER D M, HOOBLER J M, et al. A trickle-down model of abusive supervision[J]. Personnel Psychology, 2012, 65(2):325–357.

[44]   NEVES P. Taking it out on survivors: Submissive employees, downsizing, and abusive supervision[J]. Journal of Occupational and Organizational Psychology, 2014, 87(3):507-534.

[45]   OMAR F, HALIM F W, ZAINAH A, et al. Stress and job satisfaction as antecedents of work place deviant behavior[J]. World Applied Sciences Journal, 2011(12):46-51.

[46]   PADILLA A, HOGAN R, KAISER R B. The toxic triangle: Destructive leaders, susceptible followers, and conducive environments[J]. Leadership Quarterly, 2007, 18(3):176-194.

[47]   Pan S Y, Lin K J. Who suffers when supervisors are unhappy? The roles of leader–member exchange and abusive supervision[J]. Journal of Business Ethics,2018,151(3):799-811.

[48]   RESTUBOG S L D, SCOTT K L, ZAGENCZYK T J. When distress hits home: the role of contextual factors and psychological distress in predicting employees' responses to abusive supervision[J]. Journal of Applied Psychology, 2011, 96(4): 713-729.

[49]   SAGER K L, WALLACE E A, JARRETT B, et al. Exploring the role of communication competence in abusive supervision: A test of a model linking downward communicative adaptability to downward abusive communication[J]. SAGE Open, 2015, 5(3).

[50]   SALANCIK G R, PFEFFER J. A social information processing approach to job attitudes and task design[J]. Administrative Science Quarterly, 1978, 23(2):224-253.

[51]   SIMON L S, HURST C, KELLEY K, et al. Understanding cycles of abuse: A multimotive approach[J]. Journal of Applied Psychology, 2015, 100(6):1798-1810.

[52]   Schat A C H, Desmarais S, Kelloway E K. Exposure to Workplace Aggression from Multiple

Sources: Validation of a Measure and Test of a Model[M]. Unpublished manuscript, McMaster University, Hamilton, Canada, 2006, http:www.ncbi.nlm.nih.gov/pmc/artiles/pmc3105890/.

[53]   TEPPER B J. Consequences of abusive supervision[J]. Academy of Management Journal, 2000, 43(2):178-190.

[54]   TEPPER B J. Abusive supervision in work organizations: Review, synthesis, and research agenda[J]. Journal of Management, 2007, 33(3):261-289.

[55]   TEPPER B J, DUFFY M K, HENLE C A, et al. Procedural injustice, victim precipitation, and abusive supervision[J]. Personnel Psychology, 2006, 59(1):101–123.

[56]   TEPPER B J, DUFFY M K, HOOBLER J, et al. Moderators of the relationships between coworkers' organizational citizenship behavior and fellow employees' attitudes[J]. Journal of Applied Psychology, 2004, 89(3):455-465.

[57]   TEPPER B J, MOSS S E, DUFFY M K. Predictors of abusive supervision: Supervisor perceptions of deep-level dissimilarity, relationship conflict, and subordinate performance[J]. Academy of Management Journal, 2011, 54(2):279-294.

[58]   TETT R P, GUTERMAN H A. Situation trait relevance, trait expression, and cross-situational consistency: Testing a principle of trait activation[J]. Journal of Research in Personality, 2000, 34(4):397-423.

[59]   WANG G, HARMS P D, MACKEY J D. Does it take two to Tangle? Subordinates' perceptions of and reactions to abusive supervision[J]. Journal of Business Ethics, 2015, 131(2):487-503.

[60]   Wee E X M, Liao H, Liu D, et al. Moving from abuse to reconciliation: A power-dependency perspective on when and how a follower can break the spiral of abuse[J]. Academy of Management Journal, 2017, 60(6) : 2352-2380.

[61]   WEI F, SI S. Tit for tat? Abusive supervision and counterproductive work behaviors: The moderating effects of locus of control and perceived mobility[J]. Asia Pacific Journal of Management, 2013, 30(1):281-296.

[62]   WEISS H M, CROPANZANO R. Affective events theory: A theoretical discussion of the structure, causes and consequences of affective experiences at work[J]. Research in Organizational Behavior, 1996, 18(3):1-74.

[63]   WHITMAN M V, HALBESLEBEN J R B, HOLMES O. Abusive supervision and feedback avoidance: The mediating role of emotional exhaustion[J]. Journal of Organizational Behavior, 2014, 35(1):38-53.

[64]   YAM K C, FEHR R, KENG-HIGHBERGER F T, et al. Out of control: A self-control per-

spective on the link between surface acting and abusive supervision[J]. Journal of Applied Psychology, 2016, 101(2):292-301.

[65] ZELLARS K L, TEPPER B J, DUFFY M K. Abusive supervision and subordinates' organizational citizenship behavior[J]. Journal of Applied Psychology, 2002, 87(6):1068-1076.

[66] ZHANG Y, BEDNALL T C. Antecedents of abusive supervision: A meta-analytic review[J]. Journal of Business Ethics, 2016, 139(3): 455-471.

[67] ZHANG Y, LIAO Z. Consequences of abusive supervision: A meta-analytic review[J]. Asia Pacific Journal of Management, 2016, 139(4):1-29.

[68] 曹霞, 瞿皎姣. 资源保存理论溯源、主要内容探析及启示 [J]. 中国人力资源开发, 2014（15）: 75–80.

[69] 段锦云, 傅强, 田晓明, 等. 情感事件理论的内容、应用及研究展望 [J]. 心理科学进展, 2011（19）: 599–607.

[70] 李爱梅, 华涛, 高文. 辱虐管理研究的"特征—过程—结果"理论框架 [J]. 心理科学进展, 2013（21）:1901–1912.

[71] 李浩澜, 宋继文, 周文杰. 中国文化背景下变革型领导风格对员工追随力的作用机制 [J]. 中国人力资源开发, 2015（15）:47–55.

[72] 廖建桥, 赵君, 张永军. 权力距离对中国领导行为的影响研究 [J]. 管理学报, 2010（7）: 988–992.

[73] 刘斌. 辱虐管理研究评述与未来展望 [J]. 中国人力资源开发, 2016（9）: 28–34.

[74] 刘超, 刘军, 朱丽, 等. 规则适应视角下辱虐管理的成因机制 [J]. 心理学报, 2017（49）: 966–979.

[75] 龙立荣, 周浩. 职场攻击行为研究探讨 [J]. 外国经济与管理, 2007（29）: 42–49.

[76] 毛江华, 廖建桥, 刘文兴, 等. 辱虐管理从何而来? 来自期望理论的解释 [J]. 南开管理评论, 2014（17）: 4–12.

[77] 孙雨晴, 郭一蓉, 李朋波. 辱虐管理的破坏性在家族企业与非家族企业中的对比研究 [J]. 中国人力资源开发, 2016（17）:62–72.

[78] 魏峰, 倪宁, 贡小妹. 辱虐管理和领导认同对非伦理行为的影响: 职业伦理标准的调节作用 [J]. 中国人力资源开发, 2016（9）:15–20.

5

影响道德型领导的环境因素

5.1 引言

    领导科学在经历了魅力型领导、变革型理论、交易型领导、服务型领导、家长式领导、辱虐型领导等发展后，在近些年兴起了新的概念——"道德型领导"，并成为人们关注的焦点。虽然道德型领导在古代哲学家的著作中有过诸多讨论，但作为管理学科中一种独立的领导风格而对其开展研究，只有 20 年左右的历史。Treviño 等（2000, 2003）认为道德型领导既是道德的"个体"，又是道德的"管理者"。Brown 等人（2005）从社会学习角度将道德型领导定义为"领导者在个人行为和人际关系中所表现出的合乎规范的行为，并通过双向交流、强化、决策来提高下属的道德行为"。过去关于道德型领导的大多数研究探索了道德型领导对下属和团队的影响，但对"为什么有些管理者比其他管理者更道德"这个问题的理解还很不深入。Brown 等（2006）曾在文献回顾中指出道德型领导的前因变量应该包括领导者个体特征因素及情境因素两大类，但目前几乎所有的实证研究都集中在领导者的个体特征，比如亲和性和尽责性（Walumbwa & Schaubroeck, 2009）、道德认同（Harvey et al., 2014; Mayer et al., 2012; Skubinn & Herzog, 2016）、高度的道德认知发展水平（Jordan et al., 2013）。笔者认为这些研究仅从领导者的道德偏好和个性特征出发，却忽略了环境因素的作用。

    过度将道德型领导归因于个体差异不仅造成了道德型领导理论的不完整，实质上与"领导"的定义也是不吻合的：领导是一个影响共同目标达成的过程（Bass, 1990; Hollander, 1985），因为过程是动态的，个人和环境因素应该都是解释变量。根据进化博弈模型（Smith, 1982），领导的产生是一个演化的过程，是为了解决社会中的协调问题而产生的，因而情境因素应该是领导风格形成的解释变量（Day, 2000; Van Vugt, 2006）。根据"人—情境"互动模型（Endler &

Magnusson, 1976），情境因素与个体因素相互作用以影响道德决策（Treviño, 1986; Treviño et al., 2014），因而环境因素应对道德型领导有重要影响（Liden & Antonakis, 2009; Porter & McLaughlin, 2006）。我们认为环境因素对道德型领导的影响是广泛的：（1）环境因素可以通过社会学习的方式培育道德型领导（如形成道德氛围、树立榜样）；（2）环境因素可以通过外部奖惩的方式激励道德型领导，同时也满足了领导者的内在需要（如经济利益、表扬、地位）；（3）环境因素还可以通过对外部资源的配置使道德型领导成为更有效的领导方式（如社会网络和团队构成）。总之，笔者认为环境因素提供了领导道德行为的外部动机，对道德型领导成因的理解离不开对环境因素的探讨。组织在很多时候可能寄希望于管理者的自律，或通过道德教育来提高领导者的道德水平，然而个人的道德水平是相对稳定的，建设能够促进领导道德行为的环境比单纯依靠道德教育更有可操作性。笔者从资源依赖理论的视角出发，提出环境因素会产生道德型领导行为的外部动机，会激励领导者以更加道德的方式对待下属。换句话说，领导者的道德行为不仅是为了满足内在需要，还因为他们所处的环境激励或迫使他们必须这样做。本章将重点探讨 3 类环境因素（地位冲突、社会网络、团队特征）如何激发道德型领导行为。

5.2 资源依赖理论的视角

在影响道德型领导的前因变量的研究中，Brown 和 Treviño（2006）从理论上构建了道德型领导的前因模型。在该模型中，前因变量主要包括 2 个：环境因素和个体特征因素。其中环境因素包括以下 3 个因素：伦理的角色榜样设定、组织的伦理情景和领导者在工作中面对问题的角色强度，这三者可以提供导致道德型领导产生和发展的学习机会。个体因素方面，他们认为领导的亲和力、尽责性、利他主义及道德推理水平、自控能力都会提高道德型领导的水平。然而在理论上提出的这些命题，目前还缺乏实证的研究。

在实证研究方面，Mayer 等（2009）研究学者发现领导者自身的认同对于道德型领导具有促进的作用，Jordan 等（2009）的研究证实领导者的认知道德开发对于道德型领导有着促进的作用，Schaubroeck 等（2012）学者在对美国海军士兵的研究中，发现道德型领导存在从中高层向低层级传播的现象。尽管这些研究对道德型领导的影响因素进行了探讨，但关于道德型领导的前因因素还需要进一步的研究。

Pfeffer 和 Salancik（1978）在《组织的外部控制——资源依赖观》一书中对资源依赖理论进行了系统阐述。他们认为当组织无法完全控制某种行为或取得某种结果的条件时，就会对外界环境产生依赖。由于组织的行为受到其他组织和外部环境的影响，因此，组织会对环境产生资源依赖，并对资源的不确定性做出反应。资源依赖理论为本项目提供了理论框架。虽然资源依赖理论通常被应用到组织的层面来解释组织吸收资源的行为（Hallen et al., 2014），但该理论的基础是微观的理论（如社会交换理论和权力理论）。最近学者们也对资源依赖理论进行了拓展，将它运用到个人层面（Amalou–Dopke & Suss, 2014）和国家层面（Xia, 2011）。在本项目中，我们将应用资源理论的视角来看为什么外部环境会塑造领导的方式（即道德型领导的产生）。

资源依赖理论指出，获取和维持关键资源的能力是社会主体生存的关键。资源依赖理论背后的假设是，社会主体不能控制他们所需要的全部相关资源，需要与其他社会主体进行交换，因此依赖于他们所处的外部环境。然而，社会主体不能完全被动地依赖于外部环境，必须实现对环境的控制。在资源依赖理论中，"相互依赖"（interdependence）和"不确定性"（uncertainty）是两个相关的概念。对环境的依赖性增加了资源供给的不确定性，资源供给的不确定性又增加了对环境的依赖（Hillman et al., 2009）。因此，个体具有强烈的动机减少环境的不确定性和对环境的依赖。我们认为资源依赖理论可以解释领导者的行为是如何被环境和对环境的依赖所塑造的：如果领导者表现出道德行为，表明他们是好的交换伙伴（Kacmar et al., 2011; Mahsud et al., 2010），因此道德型领导可能作为减少资源约束和应对环境不确定性的一种领导方式。

5.3　地位冲突与道德型领导

基于资源依赖理论（Pfeffer & Salancik, 1978），我们从环境的角度解释为什么管理者会出现道德型领导行为时。我们提出当领导者与同事产生地位冲突（希望获得地位或者地位受到威胁）时，为了保持或者提升地位，领导者会依赖下属（因为下属的绩效、忠诚、信任可以帮助领导者获得地位）。随着对下属依的增加，领导者会遵守对下属的道德准则。因此，我们提出领导者对下属的依赖是中介机制，中介作用会受到领导者的网络能力和损耗敏感性的影响（见图5-1）。

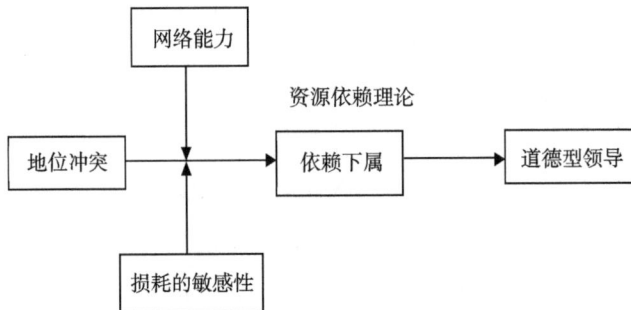

图 5-1　地位冲突对道德型领导的影响路径

5.3.1　地位冲突作为激发道德型领导的外部动机

地位是指"根据个体工具性的社会价值，他人给予的尊重、钦佩及自愿的服从"。根据马斯洛经典的需求理论（1943），对地位的渴望是人类根本的动机。然而，地位作为社会资源是有限的，个人需要通过竞争来获得地位，这就产生了地位冲突。地位冲突的定义是对组织阶层结构中相对地位的争夺（Bendersky & Hays, 2012）。研究表明，提升地位的方式包括表现出团队导向（Meeussen & van Dijk, 2016; Ridgeway, 1978, 1982）和受欢迎的个性（Anderson et al., 2001; Flynn, 2003; Flynn et al., 2006），展现个人能力（Anderson & Kilduff, 2009; Berger et al., 1972），或者笼统地说是遵守符合集体利益的标准和规则（Hollander, 1958）。因此当领导者经历地位冲突时，他们会努力提升自己在组织中的价值，遵守组织的规则。

一些实证研究表明，道德行为可以帮助个体获得地位。例如，"慷慨"是一种受到广泛赞许的品格（Hancock, 2008; Klein & Epley, 2014），因此行为慷慨的人往往被授予更高的社会地位（Flynn, 2003; Flynn et al., 2006; Harbaugh, 1998）。再比如，有实验表明最利他的成员在小组中获得了最高的地位，并且被认为是合作伙伴（Hardy & Van Vugt, 2006）。因此，既然地位冲突成为促使领导者提升或维持自身地位的外部动机，而道德的领导者又更容易获得地位，那么道德型领导就可以成为一种应对地位冲突的领导方式：领导道德地对待下属会获得下属的关键性资源（如绩效、信任、忠诚），这些资源可以帮助领导巩固地位。

5.3.2 对下级的依赖作为中介机制

下级是地位相关资源的提供者。这些资源包括下属的专业知识、忠诚、绩效，这些都可以提高领导的有效性和领导者对组织的贡献。下级控制着部分与地位相关的资源，也就意味着领导者依赖下属。在我们的研究背景下，地位冲突增加了领导者所处环境的不确定性，从而促使领导者通过一系列的适应性行为减少环境的不确定性。虽然领导者可以从不同的来源寻求资源去巩固自身的地位，但来自下属的资源和支持是相对可控的。在社会交换中（包括领导—成员的交换），那些能为下属提供更多价值（如公平、正直、尊重）的领导者，反过来将会获得更多的资源（Homans, 1958）。地位冲突越激烈，下属的忠诚和支持就越重要，所以领导者将会更加依赖下属提供的与地位相关的资源，要通过形成更好的关系来吸收关键资源。道德型领导让领导者与下属建立更好的关系（Mahsud, Yukl & Prussia, 2010），因此道德型领导有助于吸收下属的资源，解决地位冲突。

5.3.3 领导的网络能力作为调节变量

对下属的依赖受到领导者参与交换的动机和交换伙伴可替代性的影响（Emerson, 1962）。我们预测，面临地位冲突的领导者可以获得除了下属以外的替代资源，对下属的依赖会减少。因此，我们将研究领导网络能力的调节作用。

"网络能力"是一种政治技能，高网络能力的人可以建立多元化的关系（Ferris et al., 2005）。Ferris 等（2005, 2007）认为网络能力帮助个体培育多样化的社会关系。网络能力强的人在社会网络中占据了好的位置，比那些不擅长交际的人能更好地利用机会。他们还具有较强的谈判、达成交易和解决冲突的能力（Ferris et al., 2007）。我们认为地位冲突和对下属的依赖之间的正向联系会随领导者的网络能力而变化。网络能力强的领导者能够在组织的交流网络中占据中心位置，给予他们更多的机会来影响重要决策的制定者和利益相关者。网络能力帮助领导者积累社会资本和智力资本（Coleman, 1988; Nahapiet & Ghoshal, 1998），可以使他们更好地应对地位冲突。如果具有强网络能力的领导者拥有更多的知识，或者有更多解决问题的资源，那么他们就不会那么依赖某一种渠道的资源提供者。此外，具有很强网络能力的领导者在面临地位冲突时会感受到较少的不安全感，因而领导对下属的资源依赖会减少。

5.3.4 损耗的敏感性作为调节变量

自我损耗（ego depletion）指个体缺少通常所具有的资源的一种状态（Hagger et al., 2010）。处于自我损耗状态的个体容易出现不良的人际关系，难以应对关系冲突，抵制不道德行为诱惑的控制能力也会下降（Buck & Neff, 2012）。Salmon 等（2014）提出个体面对损耗的任务和环境时是有差异性的，体现为个体对"损耗的敏感性"（depletion sensitivity）。高损耗敏感性的个体会更快地陷入自我损耗的状态。我们认为缘于地位的冲突是一种压力情境，会引起自我损耗，从而产生对下属的依赖。高损耗敏感性的个体不能够很好地承受损耗（或压力），因而增强了地位冲突与依赖下级之间的正向联系。

5.4 网络资源与道德型领导

有一些研究探讨了社会网络与个人道德行为的关系（Brass et al., 1998），但还没有实证研究来检验社会网络对道德型领导的影响。作为对之前研究的突破，研究模块 2 是从社会网络和资源依赖理论的视角出发，探索网络资源与道德型领导的关系。图 5-2 是命题 2 的研究模型。

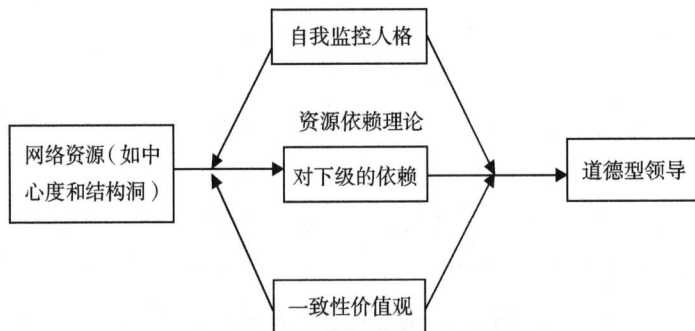

图 5-2　网络资源对道德型领导的影响路径

5.4.1 "网络资源—对下级依赖—道德型领导"的关系

网络资源是一个多维度的概念。根据 Lee（2007）的分类，网络资源可以分为三类，包括资源的质量（如关系嵌入、网络密度）、数量（如网络效率、中心度、结构洞）、信息多元化（如结构洞、冗余性、复杂性）。在本章中，笔者考虑两种最具代表性的网络资源中心度和结构洞。中心度指主体与其他个体的连接程度（Brass, 1984; Gould, 2002），结构洞指不相互连接的节点之间的空隙（Burt, 1992）。处于不同网络位置的个体对环境的依赖程度也是不一样的，笔者认为网络资源对道德型领导的影响可以通过结合网络视角和资源依赖理论来解释。

5.4.2　中心度对于塑造道德型领导既有有利的方面，也有不利的方面

有利的是，处于网络中心的个体受到的监督更多，因此需要服从更严格的道德规范（Graffin et al., 2013）。不利的是，处于中心位置意味着领导有更多的权力（Ibarra & Andrews, 1993），可以获得更多的资源（Sparrowe & Liden, 2005），因此对下属的依赖会降低。上下级依赖关系不平衡会导致有权力的一方（领导者）做出对缺少权力的一方（下属）的不道德行为。

我们认为结构洞不利于塑造道德型领导。结构洞有两种基本的优势，即信息优势和控制优势。信息优势指占据了结构洞位置的主体能够更好地接触非冗余的资源。控制优势来源于利用伙伴之间被切断的资源和信息流：不相互连接的伙伴必须通过中间人才能沟通。因此，结构洞所具有的丰富资源减少了个体对环境的依赖。从资源依赖和社会网络的视角来看，占据较多结构洞的领导者对下级的依赖性降低，而且他们的机会主义行为不易被发现（Burt, 1992）。因此，我们预测在工作网络中结构洞多的领导被下属认为是道德型领导的概率较低。

5.4.3　自我监控人格和一致性价值观的调节作用

过去对社会网络的研究主要是在宏观水平上的，最近有学者提出对社会网络作用的理解需要结合个体的特征（Casciaro et al., 2015）。我们认为网络资源与道德型领导的关系强度在一定程度上取决于个体的心理特征。可以探讨的个体特征有很多，在本项目中我们探索两种特征，即自我监控人格和一致性价值观。

自我监控是指个体对自身心理与行为的主动掌握，调整自己的动机与行动，

以达到预定的模式或目标的自我实现过程。一致性价值观指个人对那些可能惊吓或伤害他人，以及违反社会期望或规范的行为、倾向、冲动的抑制（Schwartz, 1992）。笔者认为自我监控人格和一致性价值观强的个体对环境中的资源和信息更加敏感，或者更加在意他人的看法，这是有利于促进道德行为的。高自我监控人格对社会网络中的结构和内容更加敏感，能够调节中心度和结构洞与道德型领导之间的关系。一致性价值观强的个体对中心度产生的监督更加敏感，会避免结构洞造成的投机机会，因而也能够调节中心度和结构洞对道德型领导的作用。

5.5　团队特征与道德型领导

团队的因素（知识的多元化、团队的流动率、成员的可替代性）可能也会影响领导实施道德领导的意愿。我们用资源依赖理论来解释团队特征对道德型领导的塑造作用。在资源依赖理论中，一方对另一方的依赖程度是由资源的不可替代性和关键性决定的（Pfeffer & Salancik, 1978）。领导对下属的依赖程度与下属所具有的资源的关键性成正比。因此我们推论:（1）如果团队成员的知识是多元化的，团队的沟通和协调则很重要，领导对下属的依赖程度将会上升，因此道德型领导是一种适应团队知识多元化的领导方式。（2）如果团队成员的流动性高，领导需要采取更加以人为本的领导方式提高下属的满意度，因此高流动率导致领导对下属的依赖性高，领导就会以更加道德的方式对待下属。（3）如果团队成员的可替代性高，则领导对下属的依赖性低，领导相对下属显得更加有权力，可以通过权力来控制下属，因此通过道德型领导产生正向社会交换的需求降低（见图5-3）。

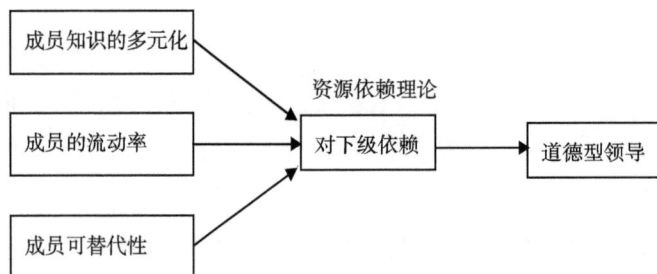

图 5-3　团队特征对道德型领导的影响路径

5.6 中国文化环境对道德型领导的影响

5.6.1 集体主义和个人主义对道德型领导的影响

在中国这样的高集体主义文化情境下研究道德型领导具有学术意义和实践意义。Erez 和 Earley（1993）将个人主义和集体主义定义为："一套关于个人考虑与集体或群体关系的共同信仰和价值观。它代表了个人在社会中与他人相联系的方式，它反映了个体对特定社会网络的情感归属和认知归属。"Treviño（1986）提出的道德决策模型包括三个元素：道德问题的感知、道德判断、道德行为。因为集体主义和个人主义体现了个人利益还是集体利益优先的信念，会影响领导者的道德感知和道德判断，从而影响领导者的道德行为。笔者认为在影响领导者的道德行为方面，个人主义和集体主义的维度比其他文化维度更重要，因为这涉及领导者解决利益冲突并优化共同利益的方式。高集体主义导向的领导者遵从集体规范、重视团队目标、关注他人利益（Jackson et al., 2006）。在集体主义文化的影响下，领导者更可能对那些影响集体利益的不道德行为做出警示。组织可以利用中国文化中集体主义的传统，通过强化团队目标和集体意识等方式提升领导者的集体主义导向，让他们的行为能够减少"自私"的成分，促使行为符合集体的利益和期待。

5.6.2 儒家思想对道德型领导的影响

儒家思想的核心，就个体讲，有仁、义、礼、智、圣（信）、恕、忠、孝、悌等思想；就社会而言，主要是德道思想，即博爱、厚生、公平、正义、诚实、守信、革故、鼎新、文明、和谐、民主、法治等，这些是我们社会核心价值观的基石。有研究通过对儒家思想的深入研究探索儒家思想是如何促进道德型领导的。例如"仁"是一种完美的德性，表现为个体适应他人的需求并构建与他人的和谐关系（Hwang，2000）。在组织中，领导者需要考虑他们的行为如何影响他人，需要与规范角色相一致并体现高尚的道德（Farh & Cheng，2000）。再例如，中庸思想也是儒家的代表性思想。中庸思想讲求不偏不倚，崇尚矛盾的调和统一，反映了东方人思维方式的整体性和辩证性（Senzaki et al., 2014），这对道德型领导做出公平和平衡的决策也是有指导意义的。我们将对管理者开展访谈来探索他们受到哪些儒家文化的影响、哪些儒家思想对道德型领导影响更显著，以及它们是如何产生影响的。

5.6.3 道家思想对道德型领导的影响

道家思想主张道法自然，"居善地，心善渊，与善仁，言善信，政善治，事善能，动善时"。老子强调待人真诚，说话要遵守信用，这是道法自然、诚信不欺的德育思想的体现。道家思想认为，最高的善良应该是匿名的、纯粹以他人为导向的。因此，真正的道德行为都应该低调地进行（Chan，1963）。这样的思想深深地影响着对一个人的社会评价（Martin，2005）。道德高尚的人不应该夸大自己在外界的声誉，指出别人的缺点，或者揭示自己的善行。道家思想可能会影响道德型领导在中国文化背景下展现和传播的方式。根据 Brown 等（2005）的观点，道德型领导应该既是"道德的个体"，又是"道德的管理者"；其中道德的管理者需要领导者双向沟通、传播道德准则、惩罚不道德行为。在西方文化背景下，道德的领导者所采用的方式可能比中国文化背景下更加直接和公开。在中国文化影响下的领导者可能会避免将明确的沟通、直接的展示、不留情面的批评作为促进道德行为的方式。

5.7 总结

5.7.1 研究的意义

目前关于道德领导的研究，国外还处在起步阶段，而国内的研究也相对更少。过去关于道德型领导的大多数研究探索了道德型领导对下属的影响，而对于前因变量的探索少之又少。Brown 等（2006）就在文献回顾中指出道德型领导的前因变量应该包括领导者个体特征因素及情境因素两大类。但当前几乎所有的实证研究都主要集中在领导者的个体特征，比如亲和性和尽责性、道德认同、高度的道德认知发展水平。笔者认为这些研究要么忽略了组织环境的影响，要么将组织环境泛化理解为组织的道德氛围和榜样。笔者提出组织环境（不仅局限于道德氛围、榜样、制度文化）会产生领导行为的外部动机，会激励领导者以更加道德的方式对待下属。本章从环境因素分析道德领导的形成机制，可以进一步发展道德型领导理论，也有助于领导理论的发展和完善。本研究可以指导企业通过环境因素的改变来鼓励道德型领导行为，具有实践意义和可操作性。

第一，对道德型领导研究本土化进行了新探索。领导学理论的研究是丰富多彩的，它包括领导风格理论、领导特质理论、领导权变理论及领导行为理论等。道德型领导就属于领导风格理论中的一种。道德型领导理论的研究大多源于西方，样本数据也大多采自西方，而在中国情境下，相关的研究比较少。国内学者的关注点在道德领导力的概念、维度、影响等方面，实证方面的研究不是很多。本研究采取多种研究方法（实验、问卷、二手数据、案例），有助于推进本土化的道德型领导理论的发展。

第二，提出环境因素对道德型领导的塑造作用，而且环境因素所包括的范围不止于过去研究所讨论的道德氛围（Brown & Treviño, 2006; Riivari & Lamsa, 2014）。通过文献回顾我们注意到，相比于道德型领导，学者在解释非道德型领导时更关注环境方面的原因。可是当学者们预测道德型领导时，他们主要关注内生的、相对稳定的偏好（如 Brown & Treviño, 2006; Eisenbeiss, 2012; Walumbwa & Schaubroeck, 2009）。不好的行为用情景因素解释，而好的行为用特质解释，这或许体现了人类普遍存在的归因偏差（Feather, 1969; Miller, 1976）。这项研究可以说明环境因素对理解道德型领导具有重要的作用。未来的研究可以从不同层面去探索环境因素的影响，可以检验更加丰富多样的假设。

第三，首次提出地位冲突可能有正面的作用。过去对地位冲突的研究主要关注消极影响，如团队中的地位冲突导致低效的知识共享和个人绩效下降（Bendersky & Hays, 2012）、欺骗（Edelman & Larkin, 2015）、团队效率降低（Groysberg et al., 2011）。然而 Chun 和 Choi（2014）发现地位冲突与团队绩效之间的相关性不显著，表明地位冲突的影响可能比原先预想的要复杂。笔者认为由于地位冲突是一种普遍现象（有地位的层次结构，就必然会有地位冲突），它可能也有一定的积极作用。当管理者面临地位冲突时，他们可能会对自己的位置感到不确定，而这种不确定性会导致对下属的依赖，使道德型领导成为更优的领导方式。

第四，本研究在一定程度上拓展了资源依赖理论的应用。虽然资源依赖理论是产生于战略领域的宏观理论，主要用来解释企业的吸收行为，比如联盟的形成和收购，但近年来该理论也延伸到不同的领域，并与不同的理论相互补充

（Lin et al., 2009）。由于资源依赖理论认为权力和互惠是在给定的环境中取得成功的重要因素，这不仅适用于解释宏观现象，也适用于解释微观现象。笔者认为资源依赖理论可以解释领导者的行为如何被环境影响。由于道德行为可以表明领导是好的交换伙伴（Kacma et al., 2011; Mahsud et al., 2010），因此道德型领导可能作为一种减少资源依赖和环境的不确定性的应对方式。

5.7.2 中国企业如何通过组织环境培育道德型领导

从组织的激励措施考虑，由于对领导者的道德行为的外部激励有许多不同的形式（如物质奖励或精神奖励），组织可以采用多种可行的方案来激励领导者的道德行为，例如，地位作为领导者职业生涯上升的外部激励，组织可以将晋升制度与领导者的道德行为联系起来。

从组织的上下级关系考虑，领导对下属的依赖与下属资源的重要性正向关联，因此，组织可以尽量增加领导者对下属的依赖，例如，组织可以鼓励员工发展自己的技能和能力，而改变团队的构成和任务分配也可以改变领导者对下属的依赖，从而增加领导者展示道德行为的外部动机。

从组织的社会网络考虑，由于高中心度对道德型领导有积极影响也有消极影响，组织可以通过内部的监察机制制约高中心度领导者的权力，并减少组织内部层级之间的权力距离。由于社会网络中的结构洞对道德型领导的作用是负面的，组织可以通过内部的信息网络的改造、组织结构的网络化和扁平化设计及组织文化的建设，减少网络中的结构洞。

从组织的发展阶段考虑，道德型领导对员工的影响可能随着组织处于不同的发展阶段而发生变化。在组织发展的早期和后期，道德型领导对员工的影响可能更强；而在组织发展的中期，道德型领导对员工的影响可能会变弱。

参考文献

[1]　ANDERSON C, JOHN O P, KELTNER D, et al. Who attains social status? Effects of personality and physical attractiveness in social groups[J].Journal of Personality and Social Psychology, 2001, 81(1): 116-132.

[2]　ANDERSON C, KILDUFF G J. Why do dominant personalities attain influence in face-to-face groups? The competence-signaling effects of trait dominance[J]. Journal of Personality

and Social Psychology, 2009, 96(2): 491-503.

[3]　BASS B M. Bass and Stogdill's handbook of leadership: Theory, research, and managerial applications [M].3rd ed New York: Free Press, 1990.

[4]　BENDERSKY C, HAYS N A. Status conflict in groups[J]. Organization Science, 2012, 23(2): 323-340.

[5]　BERGER J, COHEN B P, ZELDITCH M. Status characteristics and social interaction[J]. American Sociological Association, 1972, 37(3): 241-255.

[6]　BRASS D J. Being in the right place: A structural analysis of individual influence in an organization[J]. Administrative Science Quarterly, 1984, 29(4): 518-539.

[7]　BRASS D J, BUTTERFIELD K D, SKAGGS B C. Relationships and unethical behavior: A social network perspective[J]. Academy of Management Review, 1998, 23(1): 14-31.

[8]　BUCK A A, NEFF L A. Stress spillover in early marriage: The role of self-regulatory depletion[J]. Journal of Family Psychology, 2012, 26(5): 698-708.

[9]　BURT R S. Structural Holes: The Social Structure of Competition[M]. Cambridge: Harvard University Press, 1992.

[10]　CASCIARO T, BARSADE S G, EDMONDSON A C, et al. The integration of psychological and network perspectives in organizational scholarship[J].Organization Science, 2015, 26(4): 1162-1176.

[11]　COLEMAN J S. Social capital in the creation of human capital[J]. American Journal of Sociology, 1988（94）: 95-120.

[12]　DAY D V. Leadership development: A review in context[J]. Leadership Quarterly, 2000, 11(4): 581-613.

[13]　EMERSON R M. Power-dependence relations[J]. American Sociological Review, 1962, 27(1): 31-41.

[14]　ENDLER N S, MAGNUSSON D. Toward an interactional psychology of personality[J]. Psychological Bulletin, 1976, 83(5): 956-974.

[15]　FERRIS G R, TREADWAY D C, KOLODINSKY R W, et al. Development and validation of the political skill inventory[J]. Journal of Management, 2005, 31(1): 126-152.

[16]　FERRIS G R, TREADWAY D C, PERREWE P L, et al. Political skill in organizations[J]. Journal of Management, 2007, 33(3): 290-320.

[17]　FLYNN F J. How much should I give and how often? The effects of generosity and frequency of favor exchange on social status and productivity[J]. Academy of Management Journal, 2003, 46(5): 539-553.

[18]　FLYNN F J, REAGANS R E, AMANATULLAH E T, et al. Helping one's way to the top:

Self-monitors achieve status by helping others and knowing who helps whom[J]. Journal of Personality and Social Psychology, 2006, 91(6): 1123-1137.

[19] GOULD R V. The origins of status hierarchies: A formal theory and empirical test[J]. American Journal of Sociology, 2002, 107(5): 1143-1178.

[20] GRAFFIN S D, BUNDY J, PORAC J F, et al. Falls from grace and the hazards of high status: The 2009 British MP expense scandal and its impact on parliamentary elites[J]. Administrative Science Quarterly, 2013, 58(3): 313-345.

[21] HAGGER M S, WOOD C, STIFF C, et al. Ego depletion and the strength model of self-control: A meta-analysis[J]. Psychological Bulletin,2010,136(4): 495-525.

[22] HALLEN B L, KATILA R, ROSENBERGER J D. How do social defenses work? A resource-dependence lens on technology ventures, venture capital investors, and corporate relationships[J]. Academy of Management Journal, 2014, 57(4): 1078-1101.

[23] HANCOOK P. Embodied generosity and an ethics of organization[J]. Organization Studies, 2008, 29(10): 1357-1373.

[24] HARBAUGH W T. What do donations buy? A model of philanthropy based on prestige and warm glow[J]. The Journal of Public Economics, 1998, 67(2): 269-284.

[25] HARDY C L, VAN VUGT M. Nice guys finish first: The competitive altruism hypothesis[J]. Personality and Social Psychology Bulletin, 2006, 32(10): 1402-1413.

[26] HARVEY P, HARRIS K J, KACMAR K M, et al. The impact of political skill on employees' perceptions of ethical leadership[J]. Journal of Leadership & Organizational Studies, 2014, 21(1): 5-16.

[27] HILLMAN A J, WITHERS M C, COLLINS B J. Resource dependence theory: A review[J]. Journal of Management, 2009, 35(6): 1404-1427.

[28] Hollander, E. P. 1958. Conformity, status, and idiosyncrasy credit[J]. Psychological Review, 1958, 65(2): 117-127.

[29] HOLLANDER E P. Leadership and power[M]. // G. Lindzey & E. Aronson (Eds.), The handbook of social psycholog.New York: Random House, 1985:485-537.

[30] HOMANS G C. Social behavior as exchange[J]. American Journal of Sociology, 1958, 63(6): 597-606.

[31] IBARRA H, ANDREWS S B. Power, social influence, and sense making: Effects of network centrality and proximity on employee perceptions[J]. Administrative Science Quarterly, 1993 (8): 277-303.

[32] JORDAN J, BROWN M E, TREVIÑO L K, et al. Someone to look up to: Executive-follower ethical reasoning and perceptions of ethical leadership[J]. Journal of Management,

2013, 39(3): 660-683.

[33]   KLEIN N, EPLEY N. The topography of generosity: Asymmetric evaluations of prosocial actions[J]. Journal of Experimental Psychology : General, 2014, 143(6): 2366-2379.

[34]   LEE G K. The significance of network resources in the race to enter emerging product markets: The convergence of telephony communications and computer networking, 1989-2001[J]. Strategic Management Journal, 2007, 28(1): 17-37.

[35]   LIDEN R C, ANTONAKIS J. Considering context in psychological leadership research[J]. Human Relations, 2009, 62(11): 1587-1605.

[36]   MAHSUD R, YUKL G, PRUSSIA G. Leader empathy, ethical leadership, and relations-oriented behaviors as antecedents of leader-member exchange quality[J]. Journal of Managerial Psychology, 2010, 25(6): 561-577.

[37]   MASLOW A H. 1943. A theory of human motivation[J]. Psychological Review, 1943, 50(4): 370-396.

[38]   MAYER D M, AQUINO K, GREENBAUM R L, et al. Who displays ethical leadership, and why does it matter? an examination of antecedents and consequences of ethical leadership[J]. Academy of Management Journal, 2012, 55(1): 151-171.

[39]   MEEUSSEN L, VAN DIJK H. The perceived value of team players: A longitudinal study of how group identification affects status in work groups[J]. European Journal of Work and Organizational Psychology, 2016, 25(2): 200-211.

[40]   NAHAPIET J, GHOSHAL S. Social capital, intellectual capital, and the organizational advantage[J]. Academy of Management Review, 1998, 23(2): 242-266.

[41]   PFEFFER J, SALANCIK G R. The external control of organizations: A resource dependence perspective[M]. New York: Harper and Row, 1978.

[42]   PORTER L W, MCLAUGHLIN G B. Leadership and the organizational context: Like the weather? [J]. The Leadership Quarterly, 2006, 17(6): 559-576.

[43]   RIDGEWAY C L. Conformity, group-oriented motivation, and status attainment in small-groups[J]. Social Psychology, 1978, 41(3): 175-188.

[44]   RIDGEWAY C L. Status in groups: The importance of motivation[J]. American Sociological Review, 1982, 47(1): 76-88.

[45]   SALMON S J, ADRIAANSE M A, DE VET E, et al. "When the going gets tough, who keeps going?" Depletion sensitivity moderates the ego-depletion effect[J]. Frontiers in Psychology, 2014(5) : 1-8.

[46]   SCHWARTZ S J. Universals in the content and structure of values: Theory and empirical tests in 20 countries[M]// Advances in Experimental Social Psychology, New York:

Academic Press, 1992: 1-65.

[47]　SENZAKI S, MASUDA T, NAND K. Holistic versus analytic expressions in artworks: Cross-cultural differences and similarities in drawings and collages by canadian and japanese school-age children[J]. Journal of Cross-Cultural Psychology, 2014, 45(8): 1297-1316.

[48]　SKUBINN R, HERZOG L. Internalized moral identity in ethical leadership[J]. Journal of Business Ethics, 2016, 133(2): 249-260.

[49]　SMITH J M. Evolution and the theory of games[M]. Cambridge:Cambridge University Press, 1982.

[50]　SPARROWE R T, LIDEN R C. Two routes to influence: Integrating leader-member exchange and social network perspectives[J]. Administrative Science Quarterly, 2005, 50(4): 505-535.

[51]　TREVIÑO L K. Ethical decision making in organizations: A person-situation interactionist model[J]. Academy of Management Review, 1986, 11(3): 601-617.

[52]　TREVIÑO L K, HARTMAN L P, BROWN M. Moral person and moral manager: How executives develop a reputation for ethical leadership[J]. California Management Review, 2000, 42(4): 128-142.

[53]　TREVIÑO L K, BROWN M, HARTMAN L P. A qualitative investigation of perceived executive ethical leadership: Perceptions from inside and outside the executive suite[J]. Human Relations, 2003, 56(1): 5-37.

[54]　TREVIÑO L K, DEN NIEUWENBOER N A, KISH-GEPHART J J. (Un)Ethical Behavior in Organizations[J]. Annual Review of Psychology, 2014(65): 635-660.

[55]　VAN VUGT M. Evolutionary origins of leadership and followership[J]. Personality and Social Psychology Review, 2006, 10(4): 354-371.

[56]　WALUMBWA F O, SCHAUBROECK J. Leader personality traits and employee voice behavior: Mediating roles of ethical leadership and work group psychological safety[J]. Journal of Applied Psychology, 2009, 94(5): 1275-1286.

6

地位威胁对道德型领导的影响

6.1 引言

领导者是否、何时、如何通过道德型领导来应对地位威胁？笔者认为面临地位威胁的领导者可能会对下属表现出道德型领导行为。借鉴权力依赖理论，笔者认为经历地位威胁会增强领导者对能够为他们提供地位相关资源（例如绩效、忠诚度和信任）的下属的依赖。对下属的依赖进一步激励领导者通过展示道德型领导来吸收资源。但是，如果领导者能够获得替代资源来应对地位威胁，他们对下属的依赖就会减弱。本章的研究一发现，当参与者经历地位威胁时，他们表现出更多的道德型领导行为，尤其当他们的奖励结构是以团队而不是个人为基础时。本章的研究二是一项实地研究，使用了中国500强民营企业中2家企业里104个团队的样本。研究发现，经历更多地位威胁的领导者被下属认为更具道德性，并由领导者对依赖下属的感知所中介。对于那些网络能力较弱（较强）的领导者来说，中介效应更强（更弱）。

6.2 道德型领导研究中的逻辑缺位

公众越来越认识到，为了保持健康和可持续的经济，应该严格遵守良好的道德规范。因为领导者通常被视为公司的代表，并且他们的行为会比普通员工产生更深远的影响（Eisenberger et al., 2010），领导者的道德规范在学术界和商界都受到了极大的关注。研究人员进行了研究来理解道德型领导如何影响下属（e.g., Walumbwa et al., 2011）及它如何为组织（e.g., Mayer et al., 2009）或公

---

① 本章内容参见：Zhang G X J A&Ozer M.Status threat and ethical leadership:A Power-dependence perspective[J].Journal of Business Ethics,2020,16(3):665-685.

司（Eisenbeiss et al., 2015; Pastoriza et al., 2008）创造利益。商学院的教育工作者主张在本科课程和 MBA 课程中加入更多的道德培训（Arce & Gentile, 2015; Ryther, 2016）。从业者一直致力于在公众眼中建立道德声誉，例如雇用"正确"的管理人员并投资企业的道德项目（Treviño et al., 1999; Weaver et al., 1999）。总的来说，研究、教育和实践工作强调了道德型领导的重要性。

道德型领导传统上包括两个部分：道德主体和道德行为。Treviño 等（2000, 2003）认为，一个领导者要被视为道德的，必须同时被视为道德人（主体）和道德管理者（行动）。大多数过去的道德型领导研究都考察了道德型领导对下属的影响。但是，我们对其原因的理解相当有限。而对其原因的理解有限可能使教育工作者难以设计有针对性的课程或培训项目，这可能会让组织在鼓励道德型领导方面的努力失去方向。正如 Brown 和 Mitchell（2010）所指出的那样，"显然，在未来的研究中，有很多机会可以了解什么影响了道德型领导"。

少数研究通过关注领导者的个性特征来检验道德型领导的前因，例如将更高水平的友善和责任感（Walumbwa & Schaubroeck, 2009）、道德认同（Harvey et al., 2014; Mayer et al., 2012; Skubinn & Herzog, 2016）或道德认知发展的高级阶段（Jordan et al., 2013）作为道德型领导的预测因素。虽然一些研究调查了环境因素，例如道德文化（Fehr et al., 2015）、角色榜样（Brown & Treviño, 2006）和家庭影响（Rowe, 2014），但这些因素相对抽象，并且它们的机制主要基于社会学习过程。

总之，由于环境因素在许多管理和组织研究中的重要性开始凸显，道德型领导文献中对环境因素的关注开始增加。从理论上讲，人—环境适应理论（Kristof, 1996; Schneider, 1987）和人—情境互动模型（Endler & Magnusson, 1976）表明，环境因素是领导和道德行为的重要考虑因素。环境因素不仅通过社会学习过程对道德型领导产生影响，而且还提供外部激励（例如经济回报、尊重、地位），激励领导者对下属实施道德行为。

组织奖励制度中一种有效的外部激励是地位。地位是"基于感知的工具社会价值，他人对个体提供的尊重、钦佩和自愿的服从"（Anderson et al., 2015）。在组织中，地位竞争可能是激烈和持久的（Bendersky & Hays, 2012），从而对地位占有者（如领导者）造成地位威胁。因此，我们将地位威胁定义为对一个人地位的挑战，可能导致潜在的地位丧失（Kellogg, 2012）。地位威胁可能创造一种环境以激励领导者采用道德型领导来保护其受威胁的地位。因此，我们的研究问题是：地位威胁是否、何时及如何引起道德型领导行为？

地位威胁对道德型领导的直接作用主要是基于威胁会引起社会适应性行为及道德型领导的影响。地位威胁预示着当前地位等级的排斥风险，这可能会引发建构社会联系的动机（Derfler-Rozin et al., 2010）和社会服从（Phillips & Zuckerman, 2001; Williams et al., 2000）。因为领导者和直接下属被嵌入在团队中，在团队中频繁的交往使大家能够深入了解到声誉信息，并且团队成员会对不道德行为进行惩罚（Boehm, 1993; Hammerstein, 2003）。鉴于道德型领导为追随者和组织带来诸多利益，领导者道德地对下属是理性的。

地位威胁如何导致道德型领导的机制可以用权力依赖理论来解释（Emerson, 1962）。根据这一理论，一方对另一方的权力与对另一方的依赖成反比，依赖是一方对另一方所要调节的目标的激励性投资函数。例如，如果领导者高度依赖下属的知识、绩效或忠诚度，他/她对下属施加的权力就会减少。领导者对下属的依赖程度随其通过下属实现有价值目标（如地位）的动机程度而变化。地位威胁创造了一种威胁氛围，增加了领导者对下属的依赖，并激励领导者在与下属交往时表现出对道德规范的承诺。

笔者进一步探讨地位威胁何时可能会使领导产生对下属的依赖。基于权力依赖理论（Emerson, 1962），对另一方的依赖性受到替代资源的影响。因此，地位威胁引起的领导者对其下属的依赖随着领导者—成员关系之外的替代资源的可用性而发生变化。因此，我们提出领导者的网络能力，即发展和使用不同人群网络的技能（Ferris et al., 2005），可以减少地位威胁对领导者依赖下属的正向影响。笔者提出了一个被调节的中介模型，并在实地调查研究中验证模型。

本研究做了理论和实证贡献。首先，本研究将传统的道德型领导关注点从个人因素转移到环境因素，为道德型领导文献做出贡献。与过去主要将个人偏好视为道德型领导的主要原因的研究不同，本研究认为环境变量也可能引发展示道德型领导的需求，这种观点使道德型领导的理论预测更加完整。其次，先前关于地位威胁的研究集中在其负面后果上，例如放弃组织改革（Kellogg, 2012）、比赛中的冒险（Bothner et al., 2007）、承受不良生理反应（Scheepers et al., 2009）。本研究记录了地位威胁未经检验的积极后果，对地位文献做出了独特的贡献。最后，借鉴权力依赖理论，本研究提供证据解释了环境变量为什么及如何引发道德型领导。这种观点加深了我们对情景化是如何发生的理解，代表了环境与道德型领导文献的深入结合。

6.3　理论和假设

作为管理研究中的独立领导风格，道德型领导有着短暂的历史。Enderle（1987）首先提出了道德型领导的概念，并将其定义为一种有两个目标的思维方式：（1）阐明并明确管理决策中的道德原则；（2）形成和证明道德原则。Treviño等（2003）进行了40次半结构式访谈，并提出了一系列道德型领导者的特征，如以人为本，制订道德标准和问责制，以及广泛的道德意识。在 Brown 等（2005）开发了可靠的量表后，道德型领导的实证研究逐渐进入了一个活跃的阶段。他们正式将基于领导过程的道德型领导定义为"通过个人行为和人际关系展示规范适当的行为，并且通过双向沟通，强化和决策向追随者宣传这些行为"。在这项研究中，领导过程是动态和灵活的，道德型领导行为受到个性和环境因素的影响。因此，本研究采用了 Brown 等（2005）的定义。根据这一定义，道德型领导是根据他人对领导者行为的感知来定义和衡量的，这使这些行为背后的动机不那么重要。

在大多数关于道德型领导的前因的实证研究中，学者们研究了领导者的内在偏好。然而将道德型领导过度归因于个体差异，与商业道德的宏观研究形成了一个鲜明的对比，因为研究表明商业道德受到外部力量的强烈推动（Joyner & Payne, 2002）。集中于内在偏好的研究倾向也与领导是一个实现共同目标的影响过程的定义不一致（Bass, 1990; Hollander, 1985）。因此，探索环境因素如何鼓励、塑造或维持道德型领导行为有助于更全面地理解道德型领导，并提供能够鼓励道德型领导的替代实践方法。Brown 和 Treviño（2006）的理论框架中提到了两个环境因素，即道德氛围和行为榜样。然而，环境因素应该超越通过社会学习过程产生影响的因素。虽然各种环境因素可能通过各种机制促进道德型领导，但本研究中只关注一种特定的环境因素（即地位威胁），并提出道德型领导有可能成为一种可以帮助领导者保护他们地位不受威胁的适应性领导风格。

6.3.1 地位威胁和道德型领导

拥有较高的社会地位有很多好处，包括有更多的生存机会、对他人有更大的影响及对资源更多的控制（Simonton, 2003）。因此，人们自然希望提升地位或维持高地位（Anderson et al., 2015; Chapais, 2015; Maslow, 1943）。由于地位取决于他人的授予，地位的占有者具有向外性特征（Hays & Blader, 2017），即他们对与他人的关系及如何被他人看待比较敏感。获得地位的过程和地位占有者的向外性暗示了地位获得的一项前提是需要遵守被广泛接受的规范，特别是道德规范。

地位作为组织中有限的社会资源，很容易引致地位竞争，并对已经拥有地位的人（例如领导者）造成地位威胁（Bendersky & Hays, 2012; Marr & Thau, 2014）。地位威胁是失去地位的潜在风险，而不是真正的地位损失（Kellogg, 2012）。例如，当地位低的同事去竞争领导者所占据的高地位时，当领导者感知到高地位群体对自己的低接受度时，当领导者违背他/她的意愿被视为低地位成员时，当领导者认为他/她的声望与低地位群体的区别不大时，领导者都可能会感知到地位威胁（Kellogg, 2012）。根据神经科学的研究，人类具有对地位信息敏感的神经机制（Koski et al., 2015）。与追随者相比，领导者对地位威胁更为敏感，因为地位对领导者的自我认同来说更为重要（Spataro et al., 2014），对领导者的地位威胁会导致他们参与旨在维持或提高其地位的社会适应行为。

实现地位的途径主要有三条：支配、能力和道德（Bai, 2017）。支配策略是引入恐吓和胁迫来引发恐惧。能力策略是基于任务技能和专业知识的展示来获得尊重。道德策略是要引起对道德行为人的友爱、钦佩和自愿的服从。这三种策略是独立的，但并不相互排斥。然而，在现代社会中，支配策略并不是很受欢迎和被接受（Cheng et al., 2013）。道德策略可能在塑造理想的印象方面比能力策略发挥更重要的作用（Fiske et al., 2007）。大量证据表明，道德（例如慷慨、利他主义或自我牺牲）与地位的提高正相关（Flynn, 2003; Flynn et al., 2006; Grant, 2013）。此外，在强调社会性和相互依赖性的集体主义文化中（Triandis, 1995），采用道德策略取得地位的偏好比个人主义文化中的更强（Torelli et al., 2014）。因此，我们认为，中国文化背景下领导者更有可能选择道德策略来解决地位威胁。

第一，领导者的道德行为表明，在给予他们更高的地位后，他们愿意放弃自身利益并提高他人的福利。人们在两个截然不同的基本维度上形成对他人的社会认知，即温暖和能力（Fiske et al., 2007），这也可能是获得地位的不同基础（Torelli et al., 2014）。温暖维度（例如社交性和道德）代表他人感知到的一个人对善或恶的意图，而能力维度（例如智力和技能）代表了他人感知到的一个人追求这些意图的能力。与基于能力的信息相比，基于温暖的信息通常在形成对他人的总体印象方面发挥着更为核心的作用（Abele & Wojciszke, 2007），并且温暖维度中的道德成分在社会判断中占主导地位（Brambilla & Leach, 2014）。因此，道德型领导很可能是处理地位威胁的优选策略。具体地说，我们认为，面临地位威胁的领导人很可能通过道德型领导来显示他们的温暖，因为道德型领导是一种主要的适应性策略。一方面，温暖的判断优先于能力判断，因为从人类进化发展的角度来看，其他人的有利/不利意图对个体生存的重要性要大于他们根据这些意图采取行动的能力（Fiske et al., 2007）。另一方面，虽然领导者的能力相对稳定，但温暖的方式更灵活，这意味着道德—社会行为（即道德型领导）比能力更容易被社会环境所塑造和改变（即地位威胁）。

第二，由于地位的价值对于那些占据地位的人来说更为重要（Duguid et al., 2012），所以对领导者地位的威胁可能会导致不安全感，从而服从于社会规范（Phillips & Zuckerman, 2001）。地位威胁与服从社会规范之间的积极联系源于地位的定义和获得的过程：地位是通过服从组织期望而获得的（Hollander, 1958）。Hollander（1958）认为，个体遵守群体规范有助于通过增加他人眼中的积极印象（即"特殊信用"）来维持和提高个体的地位。因此，面临地位威胁的领导者有强烈的动力来提高在他人眼中的声望并遵守道德规范。对于领导者而言，展示道德型领导行为提供了作为良好的交换伙伴和良好的组织公民的信号，这反过来会导致地位授予从而提供解决地位威胁的可能。

第三，面临地位威胁的领导者面临来自当前地位等级的某种排斥风险，这种风险引发了旨在解决地位威胁的社会适应性行为。一种可采用的适应性行为是加强与同事的联系（Derfler-Rozin et al., 2010），特别是那些能够提供与地位相关的资源的人（例如下属）。最近关于社会排斥风险的研究为本研究的论证提供了支持，有证据表明，处于排斥风险中的个体有动机提高对社会期望的遵守（Phillips & Zuckerman, 2001）、参与重新建构关系的行为（Molden et al., 2009），并展示对他人的互惠和信任（Derfler-Rozin et al., 2010）。因此，由于道德型领导符合组织期望，传达以人为本的想法，并有助于加强人际关系，所以在策略上它可能被用作对地位威胁的适应。这个观点也符合进化伦理学家的观点，即认为道德是由环境塑造来解决适应性问题的（Mesoudi & Danielson, 2008）。

第四，在处理地位威胁时，对下属的道德行为比不道德行为更符合领导者自身的利益。如果领导者选择对下属表现出不道德的行为，那么这种行为就不符合组织成员所期望的道德准则，这将导致下属的领导导向的偏离行为（Tepper et al., 2009）。如果下属已经有意辞职或有其他工作机会，那么这种偏离将更加强烈。在极端情况下，由于下属强烈的报复和惩罚，领导者的不道德行为可能导致"逆支配层级"（Boehm, 1993）。因此，与不道德的行为相比，道德行为是一种更安全、更理性、更长期的达到地位的途径。道德型领导得到更多的赞赏（Walumbwa et al., 2011）和更多追随者的贡献（Hartog & Belschak, 2012; Walumbwa et al., 2011）。道德型领导能与追随者建立高质量的关系，其特点是忠诚、情感联系和相互支持（Erdogan et al., 2006; Walumbwa et al., 2011）。此外，道德型领导者通过在组织内部发展内部社会资本（Pastoriza & Arino, 2013; Pastoriza et al., 2008）、创建安全的工作场所（Chughtai, 2015）、提高公司绩效（Eisenbeiss et al., 2015）、培养道德气氛（Mayer et al., 2012; Mayer et al., 2009）的方式为组织做出积极贡献。道德型领导对领导者自身的好处也已被实证研究证明：表现出道德型领导行为的领导者被认为具有填补高级领导职位的潜力（Rubin et al., 2010）和实现更长的任期（Rowe, 2014）。因此，道德型领导行为可以使领导者本人、追随者和组织都受益，并提供了解决地位威胁的方案。

一种相反的见解是：由于下属的资源对领导者的地位的影响比对团队以外的成员更为关键，地位威胁可能会鼓励领导者的内部团队导向行为，从而引发他们亲组织不道德行为或亲团队不道德行为。但是，我们认为面临身份威胁的领导者应该避免表现这种不道德的行为，因为他们的地位不仅要得到本团队内成员的评价，还要受到团队以外的成员的评价。此外，领导者是该组织的代表；因此，他们的行为比团队成员的行为更显眼，这会增加参与不道德行为的显著性和成本（Graffin et al., 2013）。因此，地位威胁更有可能鼓励领导者的道德行为而不是不道德行为。总而言之，地位威胁创造了一个需要领导者具有社会适应能力的环境，并且对下属进行道德型领导可以成为保护或维持地位的解决方案。我们提出如下假设。

假设 6-1：领导的地位威胁与道德型领导正相关。

6.3.2　权力依赖理论

艾默生的权力依赖理论（1962）为我们的模型提供了理论框架。这一理论表明，一方对另一方的权力与依赖呈反向关系。个体的依赖性是对目标的动机性投资及获得替代交换伙伴途径的乘法函数。这些目标可能包括有意识或无意识地寻求的任何结果。例如，如果一个领导者将地位评估为一个有吸引力的结果，他/她将增加对能够帮助他/她获得地位的人的动机投资。但是，如果该领导者能够构建广泛的社交关系，其中每个资源提供者都可以替换另一个，那么他/她对单个资源提供者的依赖将减少。在二元关系中，如果一方比另一方控制更多的关键资源，后者就更加依赖前者。然后，依赖方通过两种策略来解决不平衡关系中的紧张关系：降低成本或重新平衡。第一种策略减少了服务强大的伙伴的痛苦，而第二种策略实质上减少了依赖（Emerson, 1962）。

值得注意的是，尽管地位和权力在概念和实证研究中是相关的（例如，拥有权力通常带来地位的占有），但它们是截然不同的概念：权力是通过控制有价值的资源来决定的，而地位则描述了一个人在社会阶层中的相对位置（Anderson et al., 2012）。因此，地位和权力对社会认知和行为有不同的影响。我们研究中的关键自变量是地位威胁而不是地位，我们根据权力依赖理论将地位威胁概念化为领导者对通过成员实现目标的投资动机，从而避免了对地位和权力在概念上的混淆。

权力依赖理论是一个适当的框架，用于解释地位威胁如何引起道德型领导的机制。首先，鉴于依赖是动机投资和替代资源可获得性的函数，我们将地位威胁概念化为一种增加对团队成员关系的动机投资的背景，将网络能力作为获取替代资源的能力，它们相互作用并产生对下属的依赖。其次，鉴于由地位威胁而产生的对下属的依赖需要解决方案以减少依赖性，道德型领导有两个重要的目标：吸收资源并保护受威胁的地位。总而言之，本研究的四个关键变量（地位威胁、网络能力、依赖、道德型领导）紧紧抓住了权力依赖理论的原理和逻辑。

6.3.3 领导对下属的依赖作为中介机制

如果领导者期望的结果取决于下属的行为，领导者对下属的依赖就会增加。根据权力依赖理论（Emerson, 1962），领导者对下属的依赖程度因领导者通过下属实现目标的投资动机而异。领导者投资与下属关系的动机受到领导者所处的社会背景的影响。具体而言，地位威胁为领导者在地位等级中的相对地位创造了一个具有挑战性的环境，这促使他们采取各种策略来提高或维持其地位。解决地位威胁需要领导者展示他们的声望（Cheng et al., 2013）、美德（Bai, 2017）或满足组织的其他期望（Hollander, 1958），这些都与追随者的支持、尊重和努力密不可分。因此，地位威胁使下属在产生地位相关的资源方面的价值更加突出，从而增加了领导者对下属的依赖。下属在解决领导者地位威胁方面的重要性表现在两方面：首先，由于地位是社会赋予的，并且通过他人的评价而出现，下属是领导者地位的评价者之一。当领导者的地位存在争议时，领导者对在其他人心中的形象更敏感，这使他们在心理上依赖他们的下属。其次，下属提供关键资源，例如专业知识、忠诚、社会资本、良好绩效，所有这些因素都会提高领导者对组织的有效性和贡献，从而使领导者在很大程度上依赖于他们的下属。虽然领导者可以从其他来源寻求资源来巩固他们的地位，但是与远距离或通过薄弱的关系获得的资源相比，来自下属的资源和支持更加可控和可及，因为领导者经常与他们的下属互动并且可以通过各种方法来影响下属，例如任务分配和奖励（Keller & Szilagyi, 1978; Shi et al., 2013）。我们推断，经历地位威胁的领导者将增加对实现目标和从与下属的关系中获益的投资动机，从而使他们越来越依赖于他们的下属。

对下属的依赖要求解决方案以减少依赖性。减少依赖意味着增加对所需关键资源的控制，必须与拥有这些关键资源的人合作（Thau et al., 2004）。在宏观层面，合作行为包括组建联盟或实施收购（Pfeffer & Salancik, 1978）。同样，在微观层面，领导者需要与他们所依赖的人进行交换。为了实现这一目标，领导者必须遵循社会交换中的道德规范，并表明他们的可靠性来展现合作姿态。展示道德型领导行为提供了信号，表明领导者是具有某些道德特征的可靠的交换伙伴，这会引起下属对美德的赞赏，并鼓励下属对交换关系的承诺。由于大多数社会行为的本质是物质商品和非物质商品的交换（Homans, 1958），对下属表现出道德的领导者将获得更多的资源作为回报，并且这种关系可能会更持久。这一点得到了大量证据的支持，这些证据表明道德型领导能够让领导者与下属建立更好的关系（Mahsud et al., 2010），并与下属许多期望的结果正相关（Chen & Hou, 2016; Tu & Lu, 2013; Wang & Sung, 2016）。因此，我们能够预测道德型领导是一种通过促进领导者与下属的更好的交换关系来解决领导者对下属的依赖的方法。总之，由于下属对恢复地位有帮助，道德型领导可能成为一种吸收下属相关资源的适应性策略。总而言之，笔者提出如下假设。

假设 6-2：领导者对下属的依赖是地位威胁与道德型领导之间的中介机制。

6.3.4 领导者网络能力的调节作用

对权力依赖理论的讨论表明，除了动机投资之外，依赖性也是替代资源可获得性的函数。我们预测，如果能够在其他地方获得替代资源，面临地位威胁的领导者就会减少对下属提供的资源的依赖。对替代资源的获取取决于领导者所在的更大的交换网络，特别是交换伙伴的数量、可用性、价值这三方面（Molm et al., 2001）。为了更全面地反映这些网络特征，我们选择研究领导者的网络能力，这是一种建立和使用与其他人之间的多种关系的能力（Ferris et al., 2005）。根据定义，网络能力表明一个人能够构建资源丰富的多样化网络，增加合作伙伴的可用性并接近有价值的资源提供者的能力（Ferris et al., 2000）。因此，领导者的网络能力充分反映了他们获得替代资源的能力。正如权力依赖理论所预测的，本研究认为领导者的网络能力可能会抵消地位威胁对领导者的下属依赖的正面影响。

在社会关系的数量方面，具有强大网络能力的领导者可以在社交网络中获得中心地位，这使他们能够积累多样化的资源，包括社会资本和知识资本（Coleman, 1988; Nahapiet & Ghoshal, 1998）。大量的知识和社会资本可能使领导者更善于应对地位威胁，从而减少对下属的依赖。例如，熟练的网络构建者可以建立稳定的公司间的管理或政治关系，从而提高领导者的绩效和对组织的贡献（Li & Zhang, 2007; McDonald & Westphal, 2003; Nesheim et al., 2017）。因此，如果通过其他社会关系可以解决地位威胁，领导者对下属的需求就会减少。

在合作伙伴的可用性方面，具有高网络能力的领导者可以在需要时建立和利用社会资本。由于熟练的网络构建者可以轻松发展友谊（Ferris et al., 2007），他们可以有效地提高合作伙伴的可用性。熟练掌握网络知识的领导者也善于谈判、达成交易和解决冲突，因此，他们会与他人进行交流，其他人可能会对领导人的要求做出回应。随着合作伙伴的可用性增加，当地位威胁出现时，领导者会感到更安全，因为他们的网络能力为他们提供了更多可用的应对资源。在这种情况下，对下属的资源的需求降低，且领导者将更少地依赖下属。

在合作伙伴的价值方面，具有高网络能力的领导者比没有这种能力的领导者更能识别和接近有价值的合作伙伴（Brouer et al., 2016）。他们积累社会资本的能力也增加了他们在目标人群中的良好声誉，这有助于他们成功地从他们的网络合作伙伴那里获得宝贵的资源（Zinko et al., 2012）。例如，网络能力使领导者有机会接触并影响重要决策者和利益相关者（Fang et al., 2015）。因此，当领导者面临地位威胁时，如果他们可以获得高价值的替代资源，就会减少对下属资源的依赖。

假设 6-3：对于具有高（低）网络能力的领导者来说，地位威胁对依赖下属的道德型领导的间接影响较弱（强）。

6.4 研究一

研究一通过其他人对领导者地位的不同意见来操控地位威胁。本研究通过过程调节的实验设计建立了地位威胁对道德型领导的影响机制。当被试处在模拟情景中时，由于可能没有生动的依赖体验，或者他们可能不愿意承认他们感觉到了依赖，因此研究者难以准确地测量依赖性。据 Spencer 等（2005）的意见，当中介变量难以衡量但更容易控制时，过程调节设计是合适的。调节变量应该对所提出的中介机制产生影响，而且这必须是调节变量可以产生影响的唯一机制。我们将奖金结构作为调节变量进行控制，因为不同奖金结构下的领导者（基于个人和基于团队）应该对他们的团队有不同程度的依赖（Fan & Gruenfeld, 1998）。如果我们能够观察到，比起基于个人的奖金结构，在基于团队的奖金结构下，地位威胁导致了更多的道德型领导行为，我们就有证据证明依赖是中介机制。

6.4.1　方法

6.4.1.1　研究设计和被试

中国东部一所大学的 157 名非全日制 MBA 学生参加了本研究。参与者被随机分配到 2（低地位威胁，高地位威胁）×2（基于个人的奖金结构，基于团队的奖金结构）的被试间因素设计。参与者的年龄介于 26 至 40 岁（38.1% 为 26~30 岁，31.6% 为 31~35 岁，21.3% 为 36~40 岁），56.8% 为男性。平均工作经验为 10.17 年，63.2% 担任管理职位。其中两名学生对最终任务的回应是不认真和不完整的，并被排除在分析之外。

6.4.1.2　实验步骤和材料

实验材料以普通话呈现。参与者被告知他们将参加一项解决管理问题的研究。研究者告诉参与者他们的回答将严格用于研究目的，鼓励他们沉浸在情景中并提供真实的回应。他们阅读的第一个场景包括地位威胁控制。然后，他们完成两项测量，即一致性价值（Schwartz, 1992）和积极情绪（Watson et al., 1988）。将这些测量作为协变量的结果和下面报告的结果是一致的。 接下来，被试阅读的第二个场景是解决道德困境。

6.4.1.3　地位威胁的操控

研究者通过使用同事与领导者地位的分歧来操控地位威胁，因为如果威胁来源于类似的同行，地位威胁是显著的（Bothner et al., 2007; Edelman & Larkin, 2015）。处于低（高）地位威胁状况的参与者阅读了以下提示：

　　　想象一下，你是一家大型 IT 公司研发团队的经理。最近，你被升职到一个更重要的位置。其他同事表示钦佩并且他们中的大多数人认为你的辛勤工作值得升职。

　　　想象一下，你是一家大型 IT 公司研发团队的经理。最近，你被升职到一个更重要的位置。但是，私下你听说其他研发团队的两位经理对你的升职提出异议，因为他们认为他们的表现并不逊色于你。

6.4.1.4　地位威胁操控检验

在阅读第一个场景（高 / 低地位威胁）后，参与者使用有四个题项的 7 点量表来评估他们对地位威胁的感受程度。这些项目包括："有些同事不同意我的升职"，"我的一些同事可能会采取行动挑战我的地位"，"其他团队经理可能会与我竞争影响力"，"我需要更加努力地保护我在组织中的地位"。我们删除了第四项以提高克伦巴赫的α系数。删除此项目后，α系数为0.71。

6.4.1.5 奖金结构的操控

领导者对下属的依赖受其奖金结构的影响（Fan & Gruenfeld, 1998）。基于团队的奖金使领导者比基于个人的奖金更多地依赖下属，因为他们的奖励直接受下属绩效的影响。相比之下，基于个人的奖金结构使下属绩效不再是领导者关注的主要问题（Barnes et al., 2011; Bloom, 1999; Shaw et al., 2002）。

在基于团队的奖金条件下，参与者阅读以下内容：

> 根据贵公司的薪酬制度，作为研发团队的领导者，年度奖金占您年收入的50%。实际上，80%的奖金由团队绩效决定，其余20%由您自己的绩效决定。

在基于个人的奖金条件下，参与者阅读以下内容：

> 根据贵公司的薪酬制度，作为研发团队的领导者，年度奖金占您年收入的50%。实际上，20%的奖金是由团队绩效决定的，剩下的80%是由您自己的绩效决定的，很少受到其他团队成员的影响。

6.4.1.6 奖金结构操控检验

研究者设计了三个问题来检查参与者是否注意到奖金结构及在不同奖金结构中感知到的不同依赖程度。三个项目的主成分分析产生一个解释了59.42%的方差（α = 0.70）的因子。这些项目包括以下内容："如果没有我下属的支持，我将很难增加个人收入"，"我觉得我需要依靠我的下属来获得良好的收入"，"如果一些有能力的下属离开我的团队，对我来说这将是一个重大的打击"。

6.4.1.7 解决道德困境

接下来，参与者被告知他们需要解决一项管理问题，这个情境改编自 Flynn 和 Wiltermuth（2010）的正义与仁慈困境。参与者被赋予负责测试新软件包的领导者的角色。由于该产品将在一个月内推出，他们将进行全天候测试。参与者被要求将人员分别分配给两个在白天和夜班工作的小组。然而，5 个下属都有自己的理由（身体状况、家庭问题、资历）想要被分配上白班。鉴于道德型领导者是以人为本的，他们应该在这种情况下做出平衡的决定（Treviño et al., 2003）。

研究者要求参与者担任团队领导的角色并向下属发送电子邮件。研究者建议发给下属的电子邮件分成 5 个部分：（1）团队打算做什么？（2）打算如何将日夜班安排给团队成员（可能包括作为领导者的你）？（3）你认为需要理由来解释这个安排吗？（4）你需要激励你的下属和表达你的期望。（5）任何需要在电子邮件中添加的其他信息（例如，他们可以获得的支持）。此提纲是参考性的，参与者可以自由决定电子邮件的结构和内容。最后，感谢参与者，并向他们赠送一个小礼物。

6.4.1.8 道德型领导的测量

研究者从 10 个题项的道德型领导量表中改编了 7 个题项（Brown et al., 2005），赋值从 1（非常不同意）到 7（非常同意）。这些项目包括以下内容："管理者关心员工的利益"，"管理者做出公平和平衡的决定"，"管理者不仅通过结果而且通过获得的方式判断成功"，"管理者愿意听取员工对任务分配的意见"，"管理者可以向下属传达商业道德或价值观"，"管理者树立了如何以道德的方式做正确的事情的榜样"，"管理者值得信任"。

两名评委接受了培训，以了解道德困境和评价标准。为了便于评级，研究者为道德型领导量表中的每个项目提供了示例。例如，如果参与者在电子邮件中表示愿意接受来自下属的反馈或建议，那么这被认为与上述第四项一致。评委独立评判了从 1（非常不一致）到 7（非常一致）的 7 个项目。所有 4 种条件下参与者的电子邮件的评价顺序是随机的。评估解决方案时，评委对实验条件都不知情。评定者间信度（r_{wg}）表现出高水平的一致性（平均 r_{wg} = 0.96，范围为 0.86~1.00）。

6.4.2 统计结果

6.4.2.1 操控检查

正如预期的那样，处于低地位威胁状态的参与者报告的威胁（M = 4.66，SD = 0.93）低于高地位威胁的参与者（M = 5.17，SD = 0.74），$t(153)$ = -3.79，$p < 0.001$。基于个人的奖金条件的参与者报告的依赖性（M = 4.51，SD = 1.07）比基于团队的奖金条件的参与者要低（M = 4.90，SD = 1.07），$t(153)$ = -2.27，$p < 0.05$。

6.4.2.2 假设检验

我们使用方差分析检验了假设 6–1。假设 6–1 预测地位威胁会导致更多的道德型领导。处于低地位威胁状态的参与者（M = 4.56，SD = 0.67）比处于高地位状态威胁状态的参与者表现出较少的道德型领导（M = 5.00，SD = 0.75），t（153）= –3.81，$p < 0.001$。地位威胁的主要影响是显著的：F（1, 151）= 26.47，$p < 0.001$，$\eta^2 = 0.15$。因此，假设 6–1 得到了支持。

研究一的目的是提供初步证据，以说明依赖下属是解释地位威胁可能导致道德型领导的机制。首先，我们观察到奖金结构对道德型领导有显著影响 [F（1, 151）= 93.58，$p < 0.001$，$\eta^2 = 0.38$]。基于个人的奖金结构的参与者表现出的道德型领导（M = 4.37，SD = 0.52）低于基于团队奖金条件的参与者（M = 5.22，SD = 0.69），t（153）= –8.78，$p < 0.001$。

其次，地位威胁与奖金结构之间的相互作用也很显著 [F（1, 151）= 6.00，$p < 0.05$，$\eta^2 = 0.04$]。简单效应分析表明，当奖金结构以个体为基础时，高地位威胁条件下的参与者（M = 4.48，SD = 0.49）比低地位威胁条件下的参与者表现出更多的道德型领导（M = 4.24，SD = 0.52），t = –2.13，$p < 0.05$。在基于团队的奖金结构下，这种差异更大：处于高地位威胁状态的参与者比低地位威胁情况（M = 4.89，SD = 0.66），t = –4.86，$p < 0.001$）表现出更多的道德型领导（M = 5.57，SD = 0.55）。图 6–1 显示了 4 种情况的条形图。因此，结果提供了支持假设 6–2 的证据。

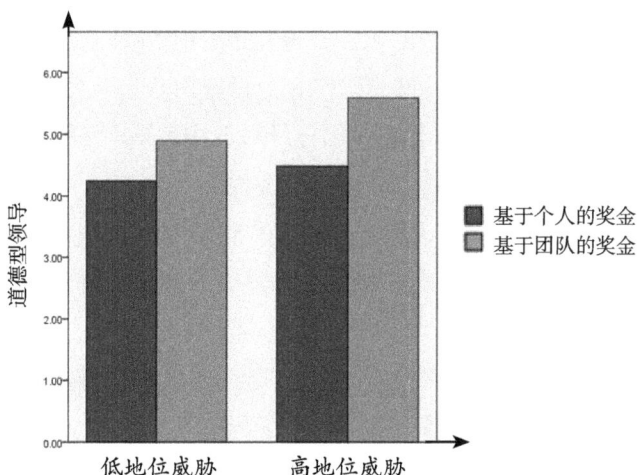

图 6–1 由奖金结构调节的地位威胁对道德型领导的影响

6.4.3 对研究一的讨论

研究一通过情景模拟的方式检验了地位威胁是否为领导者提供了一种情境激励，促使他们表现出道德型领导。我们在实验中使用了一个过程调节设计，在这个实验中，通过让参与者想象不同类型的奖励结构来控制参与者对下属的依赖性。研究发现，基于团队的奖金结构的参与者更依赖于团队成员，并且地位威胁导致了在电子邮件任务中表现出道德型领导行为。在基于团队的奖金结构中，地位威胁与道德型领导之间的正向关系是强烈的。在高地位威胁情景中，基于团队的奖金结构比基于个人的奖金结构引起了显著的道德型领导，但这种差异在低地位威胁情景中并不那么显著。虽然研究一提供了地位威胁和道德型领导的因果关系的证据，但它没有直接衡量依赖性，实验的生态有效性值得进一步测试。为了克服这些局限性，笔者进行了另一项实地调查，通过直接测量领导者对下属的依赖程度来检验这些结果。

6.5 研究二

6.5.1 样本和程序

研究二通过两家公司收集了 105 个工作团队的样本数据，这些公司在"中国 500 强私营企业"的名单上。第一个数据来源包括中国一家连锁酒店集团的 3 个子公司的 77 个团队。该公司在中国酒店业中名列前三，在全国拥有 170 多家酒店和 2.4 万名员工，大多数团队领导是基层和中层管理人员。第二个数据源是石化行业的一家大型上市公司总部的 28 个管理团队。该公司拥有 8000 多名员工（大多数是蓝领工人），并且在中国化纤行业中名列前三。第二个样本中的团队领导者具有相对较高的地位，从中等到高级。

研究人员在调查前两周联系了各自的人力资源部门，解释了研究目的、工作团队的定义、样本要求和调查过程。在人力资源部门的帮助下，本研究收到了用于匹配问卷的团队名单。本研究没有要求参与者在问卷上注明他们的名字，而是在问卷的背面分配了一个唯一的编号，以识别他们的身份。之后根据名单和为每个团队和参与者创建的唯一编号匹配领导和下属。

所有调查均在现场收集。在会议前一天收到人力资源部门发出的通知后，参与者在工作时间被邀请到安静的会议室。当参与者进入房间时，两名研究助理根据每个信封上的唯一编号将调查问卷分发给他们。在向参与者分发问卷之前，研究人员解释了完成问卷的研究目的和程序，并强调，数据是由学术机构为了学术目的独立收集的，公司没有机会获得调查问卷，他们的匿名性将得到很好的保护。一旦参与者填完问卷，研究人员会检查缺失的答案，然后参与者将完成的问卷放在一个没有标记的密封信封中。最后，参与者被感谢并获得礼物。对于当天不在公司的一小部分参与者，研究人员将问卷留给了人力资源部门，并在一周内收回了问卷。整体响应率为94%。正如先前的研究表明，3个成员的响应足以聚合为团队（Klein & Kozlowski，2000），因此本研究中排除了一个只有两个下属响应的团队。最终样本由 104 个团队中的 541 名下属组成，平均每个团队有 5.20 名下属。

6.5.2 测量

研究人员将英语量表翻译成中文。这些项目首先由商学院教授翻译成普通话，一位研究助理帮助改善了措辞，然后项目由独立翻译员反向翻译成英文。接下来，其中一位研究人员比较了调查工具的英文和中文版本，以确保版本具有可比性。我们请商学院的 8 名 MBA 学生和 2 名教授评论量表措辞和问卷设计的适当性，然后根据他们的评论做了一些修改。

6.5.2.1 道德型领导的测量

我们使用 Brown 等（2005）编制的 10 个题项的量表（$\alpha = 0.93$）来衡量道德型领导。我们将下属对道德型领导的测量进行了聚合，以获得团队级别的道德型领导。我们通过计算 r_{wg} 统计值来评估与道德型领导测量的一致程度。鉴于数据可能存在潜在的反应偏差（例如宽松偏差），即被评级的领导者可能被认为具有积极的属性，可能会违反零分布（LeBreton & Senter, 2008）。参考先前的研究（Meyer et al., 2014），我们通过使用统一零分布作为高端估计来计算 r_{wg}，然后将轻微的偏态分布作为低端估计。统一零分布的道德型领导的平均 r_{wg} 值为 0.93，轻微偏态分布的均值为 0.86。此外，ICC1 值为 0.25，这表明在团队内部对道德型领导看法一致，将成员评价聚合到团队水平是适当的（Bliese, 2000），ICC2 值为 0.64。

6.5.2.2　地位威胁的测量

我们改编了 Bendersky 和 Hays（2012）编制的地位冲突量表，以衡量组织内领导者的地位威胁。地位冲突量表最初有 4 个题项，以测量团队成员对组织内相对地位的争议。这些项目是从组织成员的角度构建的。然而，个人层面地位冲突具有双向表现：（1）一个人挑战他人的地位；（2）其他人挑战个体的地位。后一种形式是地位威胁。鉴于这些内在关系，地位冲突量表提供了合适的改编基础。

我们通过使用"我"作为主语来重新改编题项，并对内容进行了微小的改动以使其能反映地位威胁。因此，这些项目包括"我觉得有些同事串通起来挑战我在公司的地位""我觉得我在工作中的主导地位受到其他同事的威胁""有些同事与我竞争，以提高他们在公司的影响力""我觉得有些同事不同意我对公司的贡献的相对价值"（$\alpha= 0.80$）。

6.5.2.3　对下属依赖的测量

我们采用了 Shi 等（2013）应用的 4 个题项的量表来衡量主管对下属的整体依赖性。这些项目包括"总的来说，我的下属具有良好的专业知识或整体素质""当我完成任务时，我依赖于我的下属的支持""我对下属有很高的期望""如果我的很多下属离开他们的工作，很难找到人来替换他们"。我们删除了第一项以提高克伦巴赫的 α 分数。删除此项目后，α 系数为 0.70。

6.5.2.4　网络能力的测量

网络能力通过政治技能量表中的子量表网络能力量表来衡量，有 6 个题项（Ferris et al., 2005）。样本题项包括"我善于利用我的关系和网络来完成工作"和"我已经在工作中建立了一个庞大的同事和伙伴网络，当我真的需要完成工作时，我可以邀请他们提供支持"（$\alpha= 0.89$）。

6.5.3　控制变量

我们控制了可能混淆地位威胁、依赖和道德型领导之间关系的变量。

6.5.3.1　绝对地位

地位等级中的个人的初始地位可能会影响他们在经历地位丧失后的行为（Marr & Thau, 2014; Neeley, 2013）并且与他们的道德决策相关（Edelman & Larkin, 2015; Piff et al., 2012）。因此，我们使用主观评级方法控制绝对地位（e.g., Neeley, 2013; Smith et al., 2012），要求领导者在五点量表上标记他们的地位：低级别（22.1%），介于低级别和中等级别之间（39.4%），中等级别（26.9%），介于中等级别和高级之间（10.6%），高级别（1%）。

6.5.3.2　团队规模

较大团队中的管理者可能拥有更多的资源，这使他们对下属的依赖性降低，并且更不太可能道德地对待下属，因为团队凝聚力在大群体中受到削弱（Boehm, 1993; Hammerstein, 2003）。因此，我们使用从人力资源部门获得的信息来控制团队规模。

6.5.3.3　个人道德取向

根据道德立场理论（Forsyth, 1980），个人道德观影响在道德困境中的道德判断、行为和情感，并可能影响领导者的道德行为及其应对地位威胁的方式（Wang & Calvano, 2015）。我们使用 Forsyth（1980）的 10 题项道德立场问卷（EPQ）来控制个人道德取向的两个维度，即理想主义（7 题项，$\alpha = 0.83$）和相对主义（3 题项，$\alpha = 0.81$）。高度理想化的个体认为总是能够通过正确的行动，获得理想的后果（Forsyth, 1980）。相比之下，高度相对主义的人倾向于根据他们正在评估的特定情况和行动的背景来设定他们的道德判断。

6.5.3.4　公司虚拟变量

当我们在两家公司收集数据时，每个数据集都可能具有其独特的特征。因此，我们添加了一个虚拟变量来控制它们对道德型领导的独特影响。

6.5.3.5　人口统计变量

不同特征的人的道德型领导力可能各不相同（Brown & Treviño, 2006）。之前的研究表明，领导者的性别、年龄和教育水平会影响他人对其道德行为的看法（Deshpande, 1997）。因此，我们监控了领导者的年龄、性别、教育和婚姻状况，因为它们可能会影响领导者的道德态度和下属对道德型领导的感知。

6.5.4　共同方法偏差

共同方法偏差是一个重要的误差，过去的研究提供了一些方法来解决它（e.g., Ozer & Zhang, 2015）。研究通常采用 Podsakoff 等（2003）提出的事前和事后控制措施。我们从不同来源的自变量和因变量的数据，通过预测试提高量表的清晰度，并向参与者保证他们所提供的信息的保密性。我们还采取了一些事后措施。例如，Harman 的单因素检验表明，10 个不同的因素占总方差的 73.16%，没有一个因素占据了方差的大部分。由于 Harman 的单因素检验是一种不敏感的检验，我们在控制了一个单独的未测量的潜在方法因素（它代表了常见的方法偏差，并将所有测量题目预置相关）后，重新检验了我们的假设，并发现了一致的结果（Podsakoff et al., 2003）。最后，研究表明，涉及调节变量的模型对共同方法偏差不太敏感（Siemsen et al., 2010）。考虑到采用了事前和事后的措施，以及我们研究的是受调节的中介模型，常见的方法偏差并不构成我们分析中的主要问题。

6.5.5 数据分析

表 6-1 给出了概念的描述性统计和它们之间的相关性。在对角线条目的括号中提供了克伦巴赫的 α 可靠性值。可以看出，地位威胁与依赖（$r = 0.29, p < 0.01$）和道德型领导（$r = 0.23, p < 0.01$）呈正相关。依赖与道德型领导正相关（$r = 0.35, p < 0.01$）。然后，我们使用 Stata 12 中的"coldiag2"命令检查了所有中心化后的自变量、中介变量、调节变量、名义人口统计变量和虚拟变量的条件指数。条件指数为 9.78，远低于 Belsley（1991）建议的保守上限 20。该结果表明多重共线性不是我们研究中的问题。

表 6-1　所有变量的均值、标准差和相关系数

变量	均值	标准差	最小值	最大值	1	2	3	4	5	6	7	8	9	10	11	12
1. 道德型领导	5.93	0.64	2.66	6.83	(0.93)											
2. 地位威胁	4.80	0.81	2.25	6.00	0.23*	(0.80)										
3. 依赖	4.88	0.59	3.5	6.28	0.35**	0.29**	(0.70)									
4. 网络能力	5.52	0.83	3.00	7.00	0.18	0.50**	0.14	(0.89)								
5. 绝对地位	2.29	0.96	1.00	5.00	-0.17	0.11	-0.09	0.18	—							
6. 团队规模	5.52	2.45	3.00	12.00	-0.06	-0.06	-0.05	-0.07	0.15	—						
7. 理想主义	6.18	0.78	3.71	7.00	0.13	0.37**	0.05	0.25**	-0.07	0.02	(0.83)					
8. 现实主义	4.09	1.58	1.00	7.00	0.02	0.12	-0.12	-0.02	-0.15	-0.13	0.11	(0.81)				
9. 年龄	3.41	1.57	1.00	8.00	-0.15	0.04	-0.12	0.10	0.25**	-0.04	-0.06	-0.16	—			
10. 性别	0.36	0.48	0	1.00	-0.01	-0.04	-0.10	-0.32**	-0.12	0.12	0.06	0.02	-0.20*	—		
11. 教育	2.93	1.00	1.00	5.00	-0.08	-0.03	-0.10	-0.05	-0.51**	0.01	-0.22*	-0.35**	0.06	0.03	—	
12. 婚姻	0.81	0.40	0	1.00	-0.08	0.03	-0.13	0.00	0.34**	0.23*	-0.08	-0.07	0.31**	-0.10	0.09	—
13. 公司	0.74	0.44	0	1.00	0.24*	0.20*	0.18	0.14	-0.46**	-0.02	0.24**	0.29**	0-.28**	-0.02	-0.70**	-0.29**

注：$N = 104$，* $p < 0.05$，** $p < 0.01$；双侧检验。

因为结构方程模型（SEM）可以恰当地处理变量的测量误差，在提供准确的交互效应估计方面优于传统的 OLS 回归（Little et al., 2006），我们通过使用 Mplus 7.0 软件中的 SEM 来分析数据。我们首先测试了测量模型的适当性，然后检验了包含提出关系的结构模型。

6.5.5.1　测量模型

为了检验提出的假设，我们首先建立了测量模型。该模型包括四个潜在变量，地位威胁、依赖，网络能力和道德型领导，有 27 个指标。因为没有任何强有力的理论，所以我们没有关联误差项（Bagozzi & Yi, 2012）。测量模型显示出较高的整体模型拟合度 $[\chi^2 (224) = 367.45, RMSEA = 0.08, CFI = 0.92, NNFI = 0.91]$。所有标准化负荷都很显著，范围从 0.60 到 0.93（$p < 0.01$）。组合信度得分超过 0.70 的基准，平均方差提取值（AVE）大于 0.50。由于依赖性量表是新开发的，AVE 略低于满意水平（AVE = 0.42）。这些证据表明了充分的聚合效度（Fornell & Larcker, 1981）。

此外，我们将假设的四因素模型与几种可能的替代模型进行了比较。例如，因为善于社交的人可能被认为是真诚和道德的，所以可以将这网络能力量表和道德型领导量表组合成一个新的因子 $[\chi^2(227) = 705.90, RMSEA = 0.14, CFI = 0.73, NNFI = 0.69]$。$\chi^2$ 差异检验表明，四因素基线模型的拟合度明显优于三因素模型 $[\Delta\chi^2_{(3)} = 338.45, p < 0.01]$。因此，这些结果证实了我们测量的区分效度。

6.5.5.2　结构模型

我们将我们提出的调节中介模型与其他各种模型进行了比较。我们检验了一个仅有直接效应的模型、一个仅有间接效应的模型、一个没有控制变量的被调节的中介模型来测试结果的稳健性。所提出的调节中介模型的结果如图 6-2 所示。根据之前的研究（e.g., Boehm et al., 2014; Richardson & Vandenberg, 2005），我们指定了从控制变量到中介变量和因变量（依赖和道德型领导）的路径。

假设 6-1 预测地位威胁与道德型领导正相关。在表 6-1 的相关性中两者的相关是显著的，在仅有直接效应模型中是显著的（$\beta = 0.22, p < 0.05$）。假设 6-1 再次得到了支持。假设 6-2 预测依赖性可以调节地位威胁与道德型领导之间的关系。在仅有间接效应的模型中，地位威胁对道德型领导的直接影响变得不显著了（$\beta = 0.02$, n.s.）。间接效应是积极和显著的（$\beta = 0.21, p < 0.05$, CIE [0.02,

0.40]）。这些结果意味着完全的中介效应。因此，假设 6-2 得到支持。

假设 6-3 提出，网络能力通过依赖下属来负向调节地位威胁对道德型领导的间接影响。在被调节的中介模型中（见图 6-2），我们使用 Marsh 等（2004）提出的无约束方法，从两组潜变量的测量项中构造了对交互项。地位威胁和网络能力的相互作用与对下属的依赖显著相关（$\beta = -0.33, p < 0.05$）。我们进一步设定了两个模型，一个包含高水平的网络能力（一个高于平均值的标准差），另一个包含低水平的网络能力（一个低于平均值的标准差）。根据我们的预测，在低网络能力的条件下，地位威胁对依赖道德型领导的间接影响（$\beta = 0.30, 95\%$ CI $\in [0.07, 0.53]$）比在高网络能力条件下更强（$\beta = .07, 95\%$ CI $\in [-0.21, 0.35]$）。图 6-3 显示了交互图：当领导者的网络能力更高时，地位威胁和道德型领导之间的关系较弱。这些结果支持假设 6-3。最后，我们通过在结构方程模型中排除控制变量来重新检验这些假设，结果在本质上是相同的。

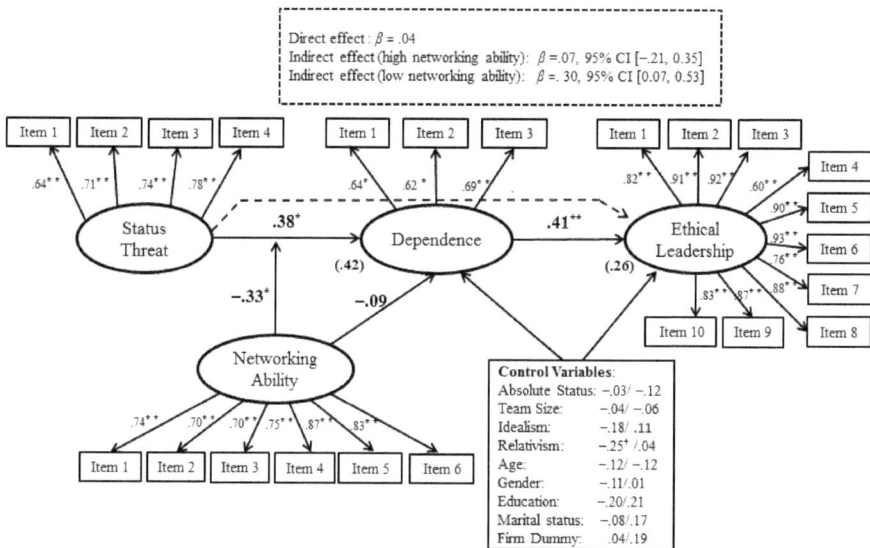

图 6-2　有调节的中介模型路径

注：$N= 104$；$^* p < 0.1$；$^{*} p < 0.05$；$^{**} p < 0.01$；括号中是多元相关平方。

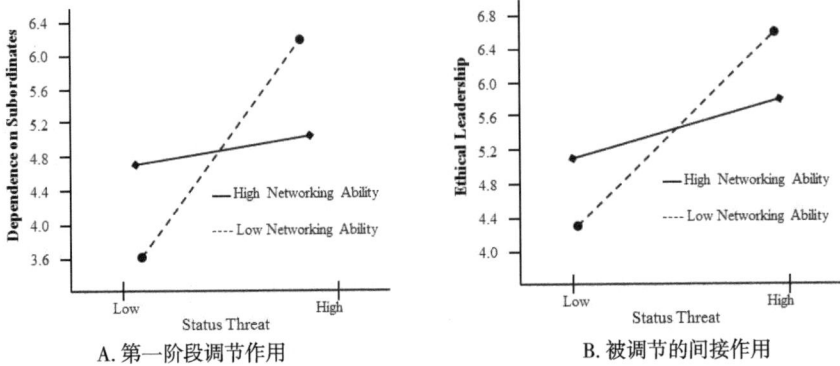

A. 第一阶段调节作用   B. 被调节的间接作用

图 6-3　网络能力的调节作用

6.5.5.3　事后分析

在我们的论证中隐含的假设是道德型领导能够帮助领导者获得地位并解决地位威胁。我们使用升职作为领导者是否提升了他们在组织中的地位的指标。以前的研究表明，提升到更高级别是地位实现的指标（e.g., Baron et al., 1986; Lyness & Heilman, 2006）。组织中地位的非正式顺序层级通常导致正式的职位区分（Sauder et al., 2012）。Rubin 等（2010）提供的证据表明，道德型领导者可能会受到其主管的高度评价，但其潜力是否真正实现尚未经过检验。我们在初步调查开始一年半内收集了关于领导者晋升的额外数据（1 = 在时间间隔内晋升，0 = 在时间间隔内没有晋升），这为因果推断提供了足够的时延。我们对道德型领导的晋升进行了二项逻辑回归，并加入了在图 6-2 中的控制变量。道德型领导对晋升的影响是积极而重要的（$\beta = 0.37, p < 0.001$），证明了道德型领导者可能会晋升到更高职位。因此，道德型领导有助于解决地位威胁。

6.6　总结

本章探讨了地位威胁是否、如何及何时形成了一种推动道德型领导的环境。使用不同测量方法的实验室研究和实地调查支持了我们的预测。在研究一中，我们发现了对我们预测的地位威胁导致的道德型领导行为。使用过程调节设计，我们通过让参与者想象不同类型的奖金结构来控制参与者对下属的依赖性。与我们的预期一致的是：在基于团队的奖金结构中，地位威胁与道德型领导之间的积极关系更强。在研究二中，我们分析了两个大企业中 104 个工作团队的样本，发现地位威胁促进了道德型领导行为。依赖的中介作用也是显著的，这种间接联系受到领导者网络能力的影响。这些研究结果支持了从权力依赖理论中得出的预测。

6.6.1 理论意义

本研究第一个也是最重要的贡献是检验了一个理论模型，该模型改变了关于道德型领导的共识。与传统的观点相悖，即道德型领导是由稳定的个人因素影响的领导者偏好，我们关注了尚未被探索的为领导者的道德行为提供外部激励的背景因素。我们调查了一个特殊的环境因素，即地位威胁，并发现它与下属对道德型领导的看法正相关。虽然背景变量的作用在更广泛的个人道德（e.g., Brass et al., 1998; Flynn & Wiltermuth, 2010）和商业道德（e.g., Joyner & Payne, 2002）文献中得到广泛认可，但情境因素在道德型领导文献中研究不足。我们对文献的回顾表明，与道德型领导相比，研究人员在解释不道德的领导时似乎关注不同的原因。一方面，当研究人员解释不道德的领导（例如辱虐型领导、独裁领导）时，他们更倾向于将不道德的领导解释为不利环境的结果（e.g.,Burton & Hoobler, 2011; Kiewitz et al., 2012; Mawritz et al., 2012; Tepper et al., 2011）。另一方面，当学者预测道德型领导时，他们主要研究内部相对稳定的偏好（e.g.,Burton & Hoobler, 2011; Kiewitz et al., 2012; Mawritz et al., 2012; Tepper et al., 2011）。因此，探索环境因素特别是社会学习过程之外的因素是如何塑造道德型领导的，能够提供对道德型领导的更全面理解。

第二个贡献是本研究改变了当前对地位威胁的看法。过去对地位威胁的研究主要集中在其负面后果上。例如，地位威胁导致医院改革失败（Kellogg, 2012）、NASCAR 赛车比赛里的更多意外（Bothner et al., 2007））和压力性生理反应（Scheepers & Ellemers, 2005; Scheepers et al., 2009）。笔者认为，由于地位威胁是一种普遍现象（只要存在地位等级，就存在地位威胁），它可能会产生一些在过去的研究中没有引起足够重视的积极影响。组织中的地位威胁作为一种压力背景可能会持续相当长的时间，想要适应它的人需要理性思维和长期导向。地位威胁还表示当前地位等级中被排斥的风险，需要加强与关键资源提供者的联系。拓展这一逻辑，我们认为当领导者面临地位威胁时，他们对自己的位置感到不确定，这种不确定性可能导致对下属的关系的投资动机增加。道德型领导成为一种优秀的领导风格，可以吸收下属的资源，从而保护领导者的地位。

第三个贡献是我们通过提供新的理论见解来解释道德型领导力的动机，从而为道德型领导研究做出贡献。像前文提到的，关于道德型领导的主流研究侧重于领导者对道德行为的内在需求（例如道德偏好和角色榜样的社会学习）；然而，领导者对道德行为的外在需求却被忽视了。人们有时会表现出道德，因为他们依赖别人并且必须证明他们是道德的（Barclay & Willer, 2007）。例如，商业领袖有时会向慈善机构捐赠，因为他们希望增加他们在公众中的声望。因此，对道德型领导的研究需要一种可以解释环境因素如何引起依赖和道德行为，以此作为一种适应的视角。由于权力依赖理论捕捉了环境所强加的作用和激励，它有助于解释领导者的适应性行为，并对在道德型领导研究文献中广泛应用的社会学习理论形成补充。由于对环境的依赖具有不同的形式和来源及边界条件，因此权力依赖理论提供了一个独特的框架，可以解释鼓励及抑制道德型领导的各种背景变量，这为未来研究中提出和检验许多假设提出了新方向。

6.6.2 局限性和未来研究方向

这项研究有几个局限：第一，考虑到道德型领导的目标，领导者可能在面对地位威胁时以道德的方式对待他们的团队成员。但是，领导者也可能会对其他团队中的成员不那么道德，特别是那些属于竞争对手阵营的成员（Chapais, 2015）。根据道德平衡理论（Nisan & Horenczyk, 1990），一个人在一个领域中表现道德，允许其在另一个领域中表现得不那么道德，这种差异意味着同一领导者的道德和不道德行为的组合（e.g., Lin et al., 2016）。话虽如此，我们无法根据本研究中的不同评估者明确区分领导者的道德行为，因为道德型领导的衡量是从同一组中的下属获得的。因此，未来调查的一个有趣的方向是调查群体外的成员如何评价领导者的道德行为，并将这些结果与领导者下属的评价进行比较。

第二，我们没有衡量领导者的团队内导向及从事不道德行为的倾向，这可能有助于排除替代性解释和相反的可能。地位威胁增加了领导者想被团体成员所喜爱和尊重的动机。因此，地位威胁是否有可能鼓励群体内部导向并鼓励领导者参与亲组织不道德行为或亲团队不道德行为？面临地位威胁的领导者可能对实施不道德行为产生犹豫，因为他们的行为比一般员工的行为更明显，并且被发现的可能性很大，会严重损害他们的地位。领导者的地位同样受到广泛观众的评价，包括本团队以外的成员，因此，从事亲组织不道德行为或亲团队不道德行为可能会进一步威胁他们的争议地位。但是，由于我们的数据不包含这些指标，我们鼓励未来的研究进行额外的检验以验证和扩展我们的研究。

第三，地位威胁的衡量是对 Bendersky 和 Hays（2012）编制量表的调整，它没有具体说明地位威胁的来源，而只是描述了地位威胁的整体现象。因为地位的基础可以建立在不同的方面，包括成为一个温暖的人（例如良好的人格和道德）和一个有能力的人（例如能力和良好的绩效），所以地位威胁可能来源不同。因此，探索不同类型地位威胁的不同自适性策略是有趣的。例如，旁观者可能感到领导不温暖，也可能感到其能力不强，领导者对地位的保护策略可能有所不同。另一个例子是，如果地位威胁来自不同水平，领导者应对地位相似的同事的策略可能和应对地位较低的同事的策略不同。

即使在这种情况下，地位威胁与道德型领导之间的积极联系的讨论仍然适用。首先，如果下属能够威胁领导者的地位，他们可能拥有一些关键资源，如专业知识和社会资本（Deshpande et al., 2008）。如果领导者使用不道德的方式排挤这些下属，领导者将无法从他们那里获得宝贵的资源，并会激起下属的反叛（Boehm, 1993）。其次，领导者对下属的不道德行为将向其他下属提供信号，表明领导者心胸狭窄，这将损害其他下属的信任和承诺，从而恶化地位威胁的状况。因为我们的研究是探索地位威胁对道德型领导的影响的第一次实证尝试，并且由于地位威胁的测量处于初级阶段，所以没有根据威胁的来源对地位威胁进行分类，我们希望未来的地位威胁研究可以考虑这些情况。

此外，我们使用主观方法测量地位威胁和绝对地位，这是有争议的（Piazza & Castellucci, 2014）。地位威胁来自领导人的自述，这可能会受到个人敏感性、容忍度和解决地位威胁能力的影响。在这项研究中，除了领导者本身之外，我们无法获得更可靠的来源。然而，地位和地位威胁的主观评估可能仍然是可靠的，因为之前的研究表明，个人通常能准确地感知地位（Anderson et al., 2008），并且领导者自己拥有地位威胁的最佳信息。

第四，尽管我们从多个来源获得了数据，这有助于减少常见的方法偏差（Podsakoff et al., 2003），但是在同一时间点收集了检验模型的数据，这属于横截面设计。这种研究设计限制了因果关系的结论：地位威胁或对下属的依赖是否出现在道德型领导之前？由于缺乏强有力的理论基础来解释道德型领导会增加/减少对下属的依赖，我们认为从道德型领导到依赖的因果关系比从依赖到道德型领导的因果关系弱得多。如果未来的研究能够在地位威胁、依赖、道德型领导之间建立时间差（例如 3 个月），那么我们讨论的结果可能会更加稳健。

最后，我们在中国进行了这项研究，中国以其集体主义文化和家长式领导风格而闻名（Pellegrini & Scandura, 2008）。正如地位特征理论（Berger et al., 1980）所提出的：地位获得的决定因素受文化影响。集体主义文化中的人强调社会认知的社会道德维度，而个人主义文化中的人则更多地将能力特征与地位联系起来（Fiske et al., 2007; Torelli et al., 2014）。因此，在集体主义文化中，道德特征更可能导致对美德的赞赏和获得地位，因此地位威胁与道德型领导之间的积极关系可能比个人主义文化中的更强。中国古代哲学家也提出成为一个道德人是管理家庭和国家的先决条件。因此，中国领导人有可能倾向于将道德型领导作为应对地位威胁的主要方式。在这项研究中，我们没有控制文化变量，因为参与者处于类似的文化环境中。然而，由于不同的文化对道德型领导和道德型领导的功能价值的不同解释（Resick et al., 2006），未来需要更多跨文化研究，并且研究文化效应也有其价值。

6.6.3　实践意义

我们的研究为培养组织中的道德型领导做出了一些实际贡献。首先，我们发现道德型领导受环境因素的影响，这些因素可能会产生一种需要展现道德行为来适应的强制性力量。尽管我们的研究仅提供了证据证明一种特定类型的外部激励，即地位威胁，但可以利用各种有希望的方法（例如经济或非经济奖励）来鼓励道德型领导。传统上，组织可能更愿意向领导者和追随者提供道德教育，其理论基础是社会学习理论。然而，我们认为，鉴于个人道德价值观的稳定性，构建一个可以控制领导者行为，并为领导者提供道德行为激励的环境，比单纯依靠道德教育更为实际。例如，由于地位是领导者职业发展的外部激励，组织可以将晋升制度与领导者的道德行为评级联系起来。在晋升制度中，被认为是道德人和道德管理者的领导者可以更多地被考虑晋升到更高级别的职位。正如我们的研究所表明的那样，对领导者的地位威胁也可以用来鼓励道德型领导行为。结果，组织可能试图阻止形成稳定和硬性的权力结构。相反，允许在地位层级上下移动的灵活性将对领导者施加更多地位威胁，并引起他们对外部评估系统的关注，从而导致领导者的亲社会行为及对道德规范的遵守。同时，由于地位威胁会带来一些负面后果，组织应避免极高水平的地位威胁，因为它会造成非常紧张的局面，并使地位威胁的消极方面十分显著，如冒险和抵制变化（Bothner et al., 2007; Kellogg, 2012）。极高的地位威胁很可能很快地转变为实际的地位损失，与对领导者的地位施加长期和轻微的威胁相比，极高的地位威胁带来渺小的扭转局势的希望，并使领导者的适应性策略失去作用。

其次，我们发现领导者对下属的依赖性是道德型领导的强有力预测变量。领导者对下属的依赖与下属资源（例如人力资本或社会资本）的关键性成比例。因此，人力资源管理实践应考虑增加领导者对下属的依赖。例如，组织可以鼓励员工发展他们的技能和能力，从而提高团队成员对领导者绩效的重要性。领导者的依赖可以通过改变团队组成或任务分配来实现。例如，如果每个团队成员都具有独特的价值并且他/她不能被其他人替代，那么领导者应该更加以人为本来协调具有多种能力的团队。此外，如果可以获得替代资源，领导者对下属的依赖可能会减少，组织应该限制领导者获取可以取代下属努力的有效性的替代资源渠道，或者确保领导者将寻求下属的支持作为首要选择。

虽然我们提出领导者对下属的单方面依赖可能使他们更加以人为本，但组织应该强制领导者和他/她的下属之间相互依赖，因为相互依赖是二元关系中的稳定力量（Casciaro & Piskorski, 2005; Mohr et al., 2016），而权力不平衡是破坏性力量（Michaels & Wiggins, 1976）。那些对下属的依赖大于下属对他/她的依赖的领导者可能不太愿意惩罚下属的不道德行为（Deshpande et al., 2008）。因此，组织应该鼓励领导者和下属之间的相互依赖。

最后，我们发现地位威胁有一些积极的方面。虽然过去的研究发现了地位威胁的一些阴暗面，但组织不应该完全消除地位威胁。对领导者施加地位威胁将增加他们在地位比较系统中的向外性，鼓励领导者遵守道德规范，并引导他们注意与他人建立良好的关系（Hollander, 1958）。因此，组织应该明智地利用领导者的地位威胁。我们的研究表明，地位威胁导致对下属的依赖和道德型领导行为。研究还表明，地位威胁是否会对下属产生强烈依赖取决于领导者是否可以获得替代资源来取代其下属的资源。因此，为了确保对领导者的地位威胁转变为对下属的依赖而不是对下属的剥削，组织应确保下属的资源对领导者的地位至关重要，并且这些资源不易被替代。但是，这并不意味着组织应该阻止领导者通过他们的网络能力获得其他资源，因为领导者获取宝贵资源的能力有利于组织的利益。相反，组织应该鼓励领导者将寻求团队资源作为他们的首要考虑。

参考文献

[1]   ABELE A E, WOJCISZKE B. Agency and communion from the perspective of self versus others[J]. Journal of Personality and Social Psychology, 2007, 93(5): 751-763.

[2]   ANDERSON C, AMES D R, GOSLING S D. Punishing hubris: The perils of overestimating one's status in a group[J]. Personality and Social Psychology Bulletin, 2008, 34(1): 90-101.

[3]   ANDERSON C, WILLER R, KILDUFF G J, et al. The origins of deference: When do people prefer lower status?[J]. Journal of Personality and Social Psychology, 2012, 102(5): 1077-1088.

[4]   ANDERSON C, HILDRETH J A, HOWLAND L. Is the desire for status a fundamental human motive? A review of the empirical literature[J]. Psychological Bulletin, 2015, 141(3): 574-601.

[5]   ARCE D G, GENTILE M C. Giving voice to values as a leverage point in business ethics education[J]. Journal of Business Ethics, 2015, 131(3): 535-542.

[6]   BAGOZZI R P, YI Y. Specification, evaluation, and interpretation of structural equation models[J]. Journal of the Academy of Marketing Science, 2012, 40(1): 8-34.

[7]   BAI F. 2017. Beyond dominance and competence: A moral virtue theory of status attainment[J]. Personality and Social Psychology Review, 2017, 21(3): 203-227.

[8]   BARCLAY P, WILLER R. Partner choice creates competitive altruism in humans[J]. Proceedings of the Royal Society of London: Biological Sciences, 2007, 274(1610): 749-753.

[9]   BARNES C M, HOLLENBECK J R, JUNDT D K, et al. Mixing individual incentives and group incentives: Best of both worlds or social dilemma?[J]. Journal of Management, 2011, 37(6): 1611-1635.

[10]   BARON J N, DAVISBLAKE A, BIELBY W T. The structure of opportunity: How promotion ladders vary within and among organizations[J]. Administrative Science Quarterly, 1986, 31(2): 248-273.

[11]   BASS B M. 1990. Bass and Stogdill's handbook of leadership: Theory, research, and managerial applications (3rd ed.)[M]. New York: Free Press, 1990.

[12]   BENDERSKY C, HAYS N A. Status conflict in groups[J]. Organization Science, 2012, 23(2): 323-340.

[13]   BERGER J, ROSENHOLTZ S J, ZELDITCH M. Status organizing processes[J]. Annual Review of Sociology, 1980(6): 479-508.

[14]   BLIESE P D. Within-group agreement, non-independence, and reliability: Implications for data aggregation and analysis//In K. J. Klein & S. W. J. Kozlowski (Eds.), Multilevel theory, research and methods in organizations: Foundations, extensions, and new directions.[M].San Francisco, CA: Jossey-Bass,2000: 349-381.

[15]   BLOOM M. 1999. The performance effects of pay dispersion on individuals and organizations[J]. Academy of Management Journal, 1999, 42(1): 25-40.

[16]   BOEHM C. 1993. Egalitarian behavior and reverse dominance hierarchy[J]. Current Anthropology, 1993, 34(3): 227-254.

[17]   BOEHM S A, DWERTMANN D J, KUNZE F, et al. Expanding insights on the diversity climate–performance link: The role of workgroup discrimination and group size[J]. Human Resource Management, 2014, 53(3): 379-402.

[18]   BOTHNER M S, KANG J H, STUART T E. Competitive crowding and risk taking in a tournament: Evidence from NASCAR racing[J]. Administrative Science Quarterly, 2007, 52(2): 208-247.

[19]   BRAMBILLA M, LEACH C W. On the importance of being moral: The distinctive role of morality in social judgment[J]. Social Cognition, 2014, 32(4): 397-408.

[20]   BRASS D J, BUTTERFIELD K D, SKAGGS B C. Relationships and unethical behavior: A social network perspective[J]. Academy of Management Review, 1998, 23(1): 14-31.

[21]   BROUER R L, CHIU C Y, WANG L. Political skill dimensions and transformational leadership in China[J]. Journal of Managerial Psychology, 2016, 31(6): 1040-1056.

[22]   BROWN M E, TREVIÑO L K, HARRISON D A. Ethical leadership: A social learning perspective for construct development and testing[J]. Organizational Behavior and Human Decision Processes, 2005, 97(2): 117-134.

[23]   BROWN M E, TREVIÑO L K. Ethical leadership: A review and future directions[J]. Leadership Quarterly, 2006, 17(6): 595-616.

[24]   BROWN M E, MITCHELL M S. Ethical and unethical leadership: Exploring new avenues for future research[J]. Business Ethics Quarterly, 2010, 20(4): 583-616.

[25]   BURTON J P, HOOBLER J M. Aggressive reactions to abusive supervision: The role of

interactional justice and narcissism[J]. Scandinavian Journal of Psychology, 2011, 52(4): 389-398.

[26]　CASCIARO T, PISKORSKI M J.Power imbalance, mutual dependence, and constraint, absorption: A close look at resource dependence theory[J]. Administrative Science Quarterly,2005,50(2): 167-199.

[27]　CHAPAIS B. Competence and the evolutionary origins of status and power in humans[J]. Human Nature, 2015, 26(2): 161-183.

[28]　CHEN A S Y, HOU Y H. The effects of ethical leadership, voice behavior and climates for innovation on creativity: A moderated mediation examination[J]. The Leadership Quarterly, 2016(27): 1-13.

[29]　CHENG J T, TRACY J L, KINGSTONE A, et al. Two ways to the top: Evidence that dominance and prestige are distinct yet viable avenues to social rank and influence[J]. Journal of Personality & Social Psychology, 2013, 104(1): 103-125.

[30]　CHUGHTAI A A. Creating safer workplaces: The role of ethical leadership[J]. Safety Science, 2015(73): 92-98.

[31]　COLEMAN J S. Social capital in the creation of human capital[J]. American Journal of Sociology, 1988(94): 95-120.

[32]　DEN HARTOG D N, BELSCHAK F D. Work engagement and machiavellianism in the ethical leadership process[J]. Journal of Business Ethics, 2012, 107(1): 35-47.

[33]　DERFLER-ROZIN R, PILLUTLA M, THAU S. Social reconnection revisited: The effects of social exclusion risk on reciprocity, trust, and general risk-taking[J]. Organizational Behavior and Human Decision Processes, 2010, 112(2): 140-150.

[34]　DESHPANDE S P. 1997. Managers' perception of proper ethical conduct: The effect of sex, age, and level of education[J]. Journal of Business Ethics, 1997, 16(1): 79-85.

[35]　DESHPANDE S P, JOSEPH J, PRASAD R. Impact of managerial dependencies on ethical behavior[J]. Journal of Business Ethics, 2008, 83(3): 535-542.

[36]　DUGUID M M, LOYD D L, TOLBERT P S. The impact of categorical status, numeric representation, and work group prestige on preference for demographically similar others: A value threat approach[J]. Organization Science, 2012, 23(2): 386-401.

[37]　EDELMAN B, LARKIN I. Social comparisons and deception across workplace hierarchies: Field and experimental evidence[J]. Organization Science, 2015, 26(1): 78-98.

[38]　EISENBEISS S A, VAN KNIPPENBERG D, FAHRBACH C M. Doing well by doing good? Analyzing the relationship between ceo ethical leadership and firm performance[J]. Journal of Business Ethics, 2015, 128(3): 635-651.

[39] EISENBERGER R, KARAGONLAR G, STINGLHAMBER F, et al. Leader-member exchange and affective organizational commitment: The contribution of supervisor's organizational embodiment[J]. Journal of Applied Psychology, 2010, 95(6): 1085-1103.

[40] EMERSON R M. Power-dependence relations[J]. American Sociological Review, 1962, 27(1): 31-41.

[41] ENDERLE G. 1987. Some perspectives of managerial ethical leadership[J]. Journal of Business Ethics, 1987, 6(8): 657-663.

[42] ENDLER N S, MAGNUSSON D. Toward an interactional psychology of personality[J]. Psychological Bulletin, 1976, 83(5): 956-974.

[43] ERDOGAN B, LIDEN R C, KRAIMER M L. Justice and leader-member exchange: The moderating role of organizational culture[J]. Academy of Management Journal, 2006, 49(2): 395-406.

[44] FAN E T, GRUENFELD D H. When needs outweigh desires: The effects of resource interdependence and reward interdependence on group problem solving[J]. Basic & Applied Social Psychology, 1998, 20(1): 45-56.

[45] FANG R L, CHI L, CHEN M L, et al. Bringing political skill into social networks: Findings from a field study of entrepreneurs[J]. Journal of Management Studies, 2015, 52(2): 175-212.

[46] FEHR R, YAM K C, DANG C. Moralized leadership: The construction and consequences of ethical leader perceptions[J]. Academy of Management Review, 2015, 40(2): 182-209.

[47] FERRIS G R, PERREWE P L, ANTHONY W P, et al. Political skill at work[J]. Organizational Dynamics, 2000, 28(4): 25-37.

[48] FERRIS G R, TREADWAY D C, KOLODINSKY R W, et al. Development and validation of the political skill inventory[J]. Journal of Management, 2005,31(1): 126-152.

[49] FERRIS G R, TREADWAY D C, PERREWE, et al. Political skill in organizations[J]. Journal of Management, 2007, 33(3): 290-320.

[50] FISKE S T, CUDDY A J C, GLICK. Review: Universal dimensions of social cognition: warmth and competence[J]. Trends in Cognitive Sciences, 2007(11): 77-83.

[51] FLYNN F J. How much should I give and how often? The effects of generosity and frequency of favor exchange on social status and productivity[J]. Academy of Management Journal, 2003, 46(5): 539-553.

[52] FLYNN F J, REAGANS R E, AMANATULLAH E T, et al. Helping one's way to the top: Self-monitors achieve status by helping others and knowing who helps whom[J]. Journal of Personality and Social Psychology, 2006, 91(6): 1123-1137.

[53]　FLYNN F J, WILTERMUTH S S. Who's with me? False consensus, brokerage, and ethical decision making in organizations[J]. Academy of Management Journal, 2010, 53(5): 1074-1089.

[54]　FORNELL C, LARCKER D F. Evaluating structural equation models with unobservable variables and measurement error[J]. Journal of Marketing Research, 1981, 18(1): 39-50.

[55]　FORSYTH D R. A taxonomy of ethical ideologies[J]. Journal of Personality and Social Psychology, 1980, 39(1): 175-184.

[56]　GRAFFIN S D, BUNDY J, PORAC J F, et al. Falls from grace and the hazards of high status: The 2009 British MP expense scandal and its impact on parliamentary elites[J]. Administrative Science Quarterly, 2013, 58(3): 313-345.

[57]　GRANT A M. Give and take: A revolutionary approach to success[M]. New York:Penguin Group, 2013.

[58]　HAMMERSTEIN P. Genetic and cultural evolution of cooperation[M].Cambridge:MIT press, 2003.

[59]　HARVEY P, HARRIS K J, KACMAR K M, et al. The impact of political skill on employees' perceptions of ethical leadership[J]. Journal of Leadership & Organizational Studies, 2014, 21(1): 5-16.

[60]　HAYS N A, BLADER S L. To give or not to give? Interactive effects of status and legitimacy on generosity[J]. Journal of Personality and Social Psychology, 2017, 112(1): 17-38.

[61]　HOLLANDER E P. Conformity, status, and idiosyncrasy credit[J]. Psychological Review, 1958, 65(2): 117-127.

[62]　HOLLANDER E P. Leadership and power[M]//The handbook of social psychology. New York: Random House, 1985: 485-537.

[63]　HOMANS G C. Social behavior as exchange[J]. American Journal of Sociology, 1958, 63(6): 597-606.

[64]　JORDAN J, BROWN M E, TREVIÑO L K, et al. Someone to look up to: Executive-follower ethical reasoning and perceptions of ethical leadership[J]. Journal of Management, 2013, 39(3): 660-683.

[65]　JOYNER B E, PAYNE D. Evolution and implementation: A study of values, business ethics and corporate social responsibility[J]. Journal of Business Ethics, 2002, 41(4): 297-311.

[66]　KELLER R T, SZILAGYI A D. A longitudinal study of leader reward behavior, subordinate expectancies, and satisfaction[J]. Personnel Psychology, 1978, 31(1): 119-129.

[67]　KELLOGG K C. Making the cut: Using status-based countertactics to block social movement implementation and microinstitutional change in surgery[J]. Organization

Science, 2012, 23(6): 1546-1570.

[68]   KIEWITZ C, RESTUBOG S L D, ZAGENCZYK T J, et al. Sins of the parents: Self-control as a buffer between supervisors' previous experience of family undermining and subordinates' perceptions of abusive supervision[J]. Leadership Quarterly, 2012, 23(5): 869-882.

[69]   KOSKI J E, XIE H L, OLSON I R. Understanding social hierarchies: The neural and psychological foundations of status perception[J]. Social Neuroscience, 2015, 10(5): 527-550.

[70]   KRISTOF A L Person-organization fit: An integrative review of its conceptualizations, measurement, and implications[J]. Personnel psychology, 1996, 49(1): 1-49.

[71]   LEBRETON J M, SENTER J L. Answers to 20 questions about interrater reliability and interrater agreement[J]. Organizational Research Methods, 2008, 11(4): 815-852.

[72]   LI H, ZHANG Y. The role of managers' political networking and functional experience in new venture performance: Evidence from china's transition economy[J]. Strategic Management Journal, 2007, 28(8): 791-807.

[73]   LIN S H, MA J, JOHNSON R E. When ethical leader behavior breaks bad: How ethical leader behavior can turn abusive via ego depletion and moral licensing[J]. Journal of Applied Psychology, 2016, 101(6): 815-830.

[74]   LITTLE T D, BOVAIRD J A, WIDAMAN K F. On the merits of orthogonalizing powered and product terms: Implications for modeling interactions among latent variables[J]. Structural Equation Modeling, 2006, 13(4): 497-519.

[75]   LYNESS K S, HEILMAN M E. When fit is fundamental: Performance evaluations and promotions of upper-level female and male managers[J]. Journal of Applied Psychology, 2006, 91(4): 777-785.

[76]   MAHSUD R, YUKL G, PRUSSIA G. Leader empathy, ethical leadership, and relations-oriented behaviors as antecedents of leader-member exchange quality[J]. Journal of Managerial Psychology, 2010, 25(6): 561-577.

[77]   MARR J C, THAU S. Falling from great (and not-so-great) heights: how initial status position influences performance after status loss[J]. Academy of Management Journal, 2014, 57(1): 223-248.

[78]   MARSH H W, WEN Z, HAU K T. Structural equation models of latent interactions: Evaluation of alternative estimation strategies and indicator construction[J]. Psychological Methods, 2004, 9(3): 275-300.

[79]   MASLOW A H. A theory of human motivation[J]. Psychological Review, 1943, 50(4): 370-396.

[80]   MAWRITZ M B, MAYER D M, HOOBLER J M, et al. A trickle-down model of abusive supervision[J]. Personnel Psychology, 2012, 65(2): 325-357.

[81]   MAYER D M, KUENZI M, GREENBAUM, et al. How low does ethical leadership flow? Test of a trickle-down model[J]. Organizational Behavior and Human Decision Processes, 2009, 108(1): 1-13.

[82]   MAYER D M, AQUINO K, GREENBAUM R L, et al. Who displays ethical leadership, and why does it matter? an examination of antecedents and consequences of ethical leadership[J]. Academy of Management Journal, 2012, 55(1): 151-171.

[83]   MCDONALD M L, WESTPHAL, J D. Getting by with the advice of their friends: CEOs' advice networks and firnns' strategic responses to poor perfornnance[J]. Administrative Science Quarterly, 2003, 48(1): 1-32.

[84]   MESOUDI A, DANIELSON P. Ethics, evolution and culture[J]. Theory in Biosciences, 2008, 127(3): 229-240.

[85]   MEYER R D, MUMFORD T V, BURRUS C J, et al. Selecting null distributions when calculating r(wg): A tutorial and review[J]. Organizational Research Methods, 2014, 17(3): 324-345.

[86]   MICHAELS J W, WIGGINS J A. Effects of mutual dependency and dependency asymmetry on social-exchange[J]. Sociometry, 1976, 39(4): 368-376.

[87]   MOHR A, WANG C G, FASTOSO. The contingent effect of state participation on the dissolution of international joint ventures: A resource dependence approach[J]. Journal of International Business Studies, 2016, 47(4): 408-426.

[88]   MOLDEN D C, LUCAS G A, GARDNER W L, et al. Motivations for prevention or promotion following social exclusion: Being rejected versus being ignored[J]. Journal of Personality and Social Psychology, 2009, 96(2): 415-431.

[89]   MOLM L D, PETERSON G, TAKAHASHI N. The value of exchange[J]. Social Forces, 2001, 79(2): 159-185.

[90]   NAHAPIET J, GHOSHAL S. Social capital, intellectual capital, and the organizational advantage[J]. Academy of Management Review, 1998, 23(2): 242-266.

[91]   NEELEY T B. Language matters: Status loss and achieved status distinctions in global organizations[J]. Organization Science, 2013, 24(2): 476-497.

[92]   NESHEIM T, OLSEN K M, SANDVIK A M. Never walk alone: Achieving work performance through networking ability and autonomy[J]. Employee Relations, 2017, 39(2): 240-253.

[93]   NISAN M, HORENCZYK G. Moral balance: The effect of prior behavior on decision in

moral conflict[J]. British Journal of Social Psychology, 1990(29): 29-42.

[94]   OZER M, ZHANG W. The effects of geographic and network ties on exploitative and exploratory product innovation[J]. Strategic Management Journal, 2015, 36(7): 1105-1114.

[95]   PASTORIZA D, ARINO M A, RICART J E. Ethical managerial behaviour as an antecedent of organizational social capital[J]. Journal of Business Ethics, 2008, 78(3): 329-341.

[96]   PASTORIZA D, ARINO M A. Does the ethical leadership of supervisors generate internal social capital?[J]. Journal of Business Ethics, 2013, 118(1): 1-12.

[97]   PELLEGRINI E K, SCANDURA T A. Paternalistic leadership: A review and agenda for future research[J]. Journal of Management, 2008, 34(3): 566-593.

[98]   PFEFFER J, SALANCIK G R. The external control of organizations: A resource dependence perspective[M]. New York: Harper and Row, 1978.

[99]   PHILLIPS D J, ZUCKERMAN E W. Middle-status conformity: Theoretical restatement and empirical demonstration in two markets[J]. American Journal of Sociology, 2001, 107(2): 379-429.

[100]   PIAZZA A, CASTELLUCCI F. Status in organization and management theory[J]. Journal of Management, 2014, 40(1): 287-315.

[101]   PIFF P K, STANCATO D M, COTE S, et al. Higher social class predicts increased unethical behavior[J], Proceedings of the National Academy of Sciences of the United States of America,2012(109): 4086-4091.

[102]   PODSAKOFF P M, MACKENZIE S B, LEE J Y, et al. Common method biases in behavioral research: A critical review of the literature and recommended remedies[J]. Journal of Applied Psychology, 2003, 88(5): 879-903.

[103]   RESICK C J, HANGES P J, DICKSON M W, et al. A cross-cultural examination of the endorsement of ethical leadership[J]. Journal of Business Ethics, 2006, 63(4): 345-359.

[104]   RICHARDSON H A, VANDENBERG R J. Integrating managerial perceptions and transformational leadership into a work-unit level model of employee involvement[J]. Journal of Organizational Behavior, 2005, 26(5): 561-589.

[105]   ROWE W G. Some antecedents and consequences of ethical leadership: An examination using the kings of judah from 931[J]. Journal of Business Ethics, 2014, 123(4): 557-572.

[106]   RUBIN R S, DIERDORFF E C, BROWN M E. Do ethical leaders get ahead? Exploring ethical leadership and promotability[J]. Business Ethics Quarterly, 2010, 20(2): 215-236.

[107]   RYTHER C. 'I'm not going to cross that line, but how do I get closer to it?' A hedge fund manager's perspective on the need for ethical training and theory for finance professionals[J]. Ethics and Education, 2016, 11(1): 67-78.

[108] SAUDER M, LYNN F, POODOLNY J M. Status: Insights from organizational sociology[J]. Annual Review of Sociology, 2012(38): 267-283.

[109] SCHEEPERS D, ELLEMERS N. When the pressure is up: The assessment of social identity threat in low and high status groups[J]. Journal of Experimental Social Psychology, 2005, 41(2): 192-200.

[110] SCHEEPERS D, ELLEMERS N, SINTEMAARTENSDIJK N. Suffering from the possibility of status loss: Physiological responses to social identity threat in high status groups[J]. European Journal of Social Psychology, 2009, 39(6): 1075-1092.

[111] SCHNEIDER B. The people make the place[J]. Personnel Psychology, 1987, 40(3): 437-453.

[112] SCHWARTZ S J. Universals in the content and structure of values: Theory and empirical tests in 20 countries[M]// M. Zanna (Ed.), Advances in experimental social psychology. New York: Academic Press, 1992(25):1-65.

[113] SHAW J D, GUPTA N, DELERY J E. Pay dispersion and workforce performance: Moderating effects of incentives and interdependence[J]. Strategic Management Journal, 2002, 23(6): 491-512.

[114] SHI J Q, JOHNSON R E, LIU Y H, et al. Linking subordinate political skill to supervisor dependence and reward recommendations: A moderated mediation model[J]. Journal of Applied Psychology, 2013, 98(2): 374-384.

[115] SIEMSEN E, ROTH A, OLIVEIRA P. Common method bias in regression models with linear, quadratic, and interaction effects[J]. Organizational Research Methods, 2010, 13(3): 456-476.

[116] SIMONTON D K. Scientific creativity as constrained stochastic behavior: The integration of product, person, and process perspectives[J]. Psychological Bulletin, 2003, 129(4): 475-494.

[117] SKUBINN R, HERZOG L. Internalized moral identity in ethical leadership[J]. Journal of Business Ethics, 2016, 133(2): 249-260.

[118] SMITH E B, MENON T, THOMPSON L. Status differences in the cognitive activation of social networks[J]. Organization Science, 2012, 23(1): 67-82.

[119] SPATARO S E, PETTIT N C, SAUER S J, et al. Interactions among same-status peers: Effects of behavioral style and status level[J]. Small Group Research, 2014, 45(3): 314-336.

[120] SPENCER S J, ZANNA M P, FONG G T. Establishing a causal chain: Why experiments are often more effective than mediational analyses in examining psychological processes[J]. Journal of Personality and Social Psychology, 2005, 89(6): 845-851.

[121] TEPPER B J, CARR J C, BREAUX D M, et al. Abusive supervision, intentions to quit, and

employees' workplace deviance: A power/dependence analysis[J]. Organizational Behavior and Human Decision Processes, 2009, 109(2): 156-167.

[122] TEPPER B J, MOSS S E, DUFFY M K. Predictors of abusive supervision: Supervisor perceptions of deep-level dissimilarity, relationship conflict, and subordinate performance[J]. Academy of Management Journal, 2011, 54(2): 279-294.

[123] THAU S, BENNETT R J, STAHLBERG D, et al. Why should I be generous when I have valued and accessible alternatives? Alternative exchange partners and OCB[J]. Journal of Organizational Behavior, 2004, 25(5): 607-626.

[124] TORELLI C J, LESLIE L M, STONER J L, et al. Cultural determinants of status: Implications for workplace evaluations and behaviors[J]. Organizational Behavior and Human Decision Processes, 2014, 123(1): 34-48.

[125] TREVIÑO L K, WEAVER G R, GIBSON D G, et al. Managing ethics and legal compliance: What works and what hurts[J]. California Management Review, 1999, 41(2): 131-151.

[126] TREVIÑO L K, HARTMAN L P, BROWN M. Moral person and moral manager: How executives develop a reputation for ethical leadership[J]. California Management Review, 2000, 42(4): 128-142.

[127] TREVIÑO L K, BROWN M, HARTMAN L P. A qualitative investigation of perceived executive ethical leadership: Perceptions from inside and outside the executive suite[J]. Human Relations, 2003, 56(1): 5-37.

[128] TRIANDIS H C. Individualism and Collectivism[M]. Boulder : Westview Press, 1995.

[129] TU Y D, LU X X. How ethical leadership influence employees' innovative work behavior: A perspective of intrinsic motivation[J]. Journal of Business Ethics, 2013, 116(2): 441-455.

[130] WALUMBWA F O, SCHAUBROECK J. Leader personality traits and employee voice behavior: Mediating roles of ethical leadership and work group psychological safety[J]. Journal of Applied Psychology, 2009, 94(5): 1275-1286.

[131] WALUMBWA F O, MAYER D M, WANG P, et al. Linking ethical leadership to employee performance: The roles of leader-member exchange, self-efficacy, and organizational identification[J]. Organizational Behavior and Human Decision Processes, 2011, 115(2): 204-213.

[132] WANG L C, CALVANO L. Is business ethics education effective? An analysis of gender, personal ethical perspectives, and moral judgment[J]. Journal of Business Ethics, 2015, 126(4): 591-602.

[133] WANG Y D, SUNG W C. Predictors of organizational citizenship behavior: Ethical leadership and workplace jealousy[J]. Journal of Business Ethics, 2016, 135(1): 117-128.

[134] WATSON D, CLARK L A, TELLEGEN A. Development and validation of brief measures of positive and negative affect: The PANAS scales[J]. Journal of Personality and Social Psychology, 1988, 54(6): 1063-1070.

[135] WEAVER G R, TREVIÑO L K, COCHRAN P L. Corporate ethics practices in the mid-1990's: An empirical study of the Fortune 1000[J]. Journal of Business Ethics, 1999, 18(3): 283-294.

[136] WILLIAMS K D, CHEUNG C K T, CHOI W. Cyberostracism: Effects of being ignored over the Internet[J]. Journal of Personality and Social Psychology, 2000, 79(5): 748-762.

[137] ZINKO R, FERRIS G R, HUMPHREY S E, et al. Personal reputation in organizations: Two-study constructive replication and extension of antecedents and consequences[J]. Journal of Occupational and Organizational Psychology, 2012, 85(1): 156-180.

7

下属对道德型领导动机归因的扎根研究

7.1 引言

不道德的领导可能会导致企业的道德缺失，同时给企业带来不可避免的灾难性社会后果，这使学者们高度关注对道德型领导的研究。以往的研究中对道德型领导的影响机制的解释主要来自社会学习理论。但社会学习的逻辑强调领导者若想要成为对下属有吸引力的榜样，其行为必须具有"利他性"。"利他"是下属对领导者行为动机的归因，目前大部分关于道德型领导的研究都忽视了下属归因偏好的作用。因此，本章将试图把归因理论与社会学习理论相结合，对这一机制提出更完整和深入的解释。

基于整合社会学习理论与归因理论的视角，本研究总共分为两个部分：首先，通过对以往文献的回顾，我们发现现有研究中有关下属对上级行为归因量表都与我们的预期不符，因此在本章的研究一中，我们采用扎根研究与半结构访谈相结合的方式，构建了下属对道德型领导动机归因的概念，将下属对道德型领导的动机归因分为内在动机归因与外在动机归因两个维度，并且开发了相应的量表。

在本章的研究二中，我们通过实证数据检验了下属归因偏好对道德型领导与下属组织公民行为之间关系的调节作用。通过对278名员工样本的分析发现：（1）下属对道德型领导的内在归因正向调节了道德型领导与下属组织公民行为之间的正向关系。（2）下属的外在归因不能独立调节道德型领导与下属组织公民行为之间的关系。（3）道德型领导、内在归因与外在归因之间存在三重交互作用：在下属高内在归因的情况下，高外在归因会强化道德型领导对下属组织公民行为的积极影响；在下属低内在归因的情况下，高外在归因会削弱道德型领导对下属组织公民行为的积极影响。

本研究的理论贡献主要是：第一，将归因理论与社会学习理论整合来研究道德型领导的影响，拓宽了社会学习理论框架下道德型领导的影响机制。第二，基于中国情境，在西方学者基础上开发和检验了下属对道德型领导动机归因量表，为本土化研究提供了测量工具。第三，通过构建内在归因、外在归因与道德型领导之间的三重交互作用框架，丰富了领导归因理论的研究内涵。

7.2 研究背景和问题的提出

7.2.1 研究背景

中华传统文化中似乎对企业有着一种根深蒂固的"成者为王，败者为寇"的考量标准，对于那些取得辉煌成就的企业，公众往往无意于追究其过程的道德性，这在很大程度上助长了企业领导者的功利意识，而这一现象几乎成为阻碍许多新生企业走向成熟的痼疾。从"毒奶粉"到"假疫苗"，中国企业的商业丑闻屡见不鲜，与企业领导者的道德滑坡保持了一致性。三鹿奶粉破产清算，原董事长田文华被判处无期徒刑；"假疫苗"的生产者长生生物被深交所强制退市，董事长高俊芳等人终身禁入市场。这些都一再警示我们，"道德是领导者的核心"（Cuilla, 2004）。脱离道德的领导者可能会导致企业的道德灭失，同时带来企业不可避免的灾难性后果。在这一背景下，"道德型领导"这一概念逐渐成为学者们关注的焦点。Brown 等（2005）基于社会学习的角度将道德型领导定义为"领导者通过个人行为和人际关系中所表现出的合乎规范的行为，并通过双向交流、强化和决策制定等方式来提高下属的行为"，这一定义在未来的研究中得到了广泛采用。

由于领导力是一种影响力（Yukl, 2002），道德型领导者对下属的影响一般通过社会学习理论进行解释。社会学习理论认为道德型领导通过与下属的交往，向下属展示什么是规范合理的行为。下属注意到领导者（即榜样）的行为特征后产生的认知可能会形成长期记忆，引起态度和行为的改变，从而演变成稳定的行为模式（Bandura, 1977）。Wood 和 Bandura（1989）认为成功的榜样通常应当具备两个要素：一是榜样本身有吸引力，二是行为本身有吸引力。Brown 等（2005）对这一观点进行了补充，认为领导者若想要成为对下属有吸引力的榜样，其行为必须具有利他性。"利他"是下属对领导者行为动机的归因，但目前大部分关于道德型领导的研究都忽视了下属归因偏好的作用：既没有明确什么因素会影响下属对领导者道德行为的归因，也没有探索下属的归因偏好如何影响道德型领导的效果。因此，我们认为在目前的文献中，基于社会学习理论对道德型领导作用的解释是不完整的，而归因理论恰好可以成为社会学习理论的有效补充。在解释道德型领导的影响力方面，社会学习理论与归因理论是兼容的，两者都认为下属对上级行为有模仿学习或者归因的欲望，同时这些欲望又会反过来影响下属的态度和行为。

现有对道德型领导的实证研究中普遍采用下属报告的测量方式（Brown et al., 2005; De Hoogh et al., 2008; Resick et al., 2006），背后的假设是下属只针对领导者外显的道德行为做出判断，而无法直接评价或推测领导者的内在道德观（Mayer et al., 2012），但下属却可以通过归因过程来推测和评价领导者道德行为的内隐动机。因此，我们的研究认为将社会学习理论与归因理论相结合可以帮助我们更好地理解下属对道德型领导行为评价学习机制，以及道德型领导产生影响的过程。

归因，就是观察者对他人行为过程或自己行为过程的因果解释和推理（Heider, 1958; Kelley, 1973; Kelley et al., 1980）。以往关于下属对领导行为的归因研究表明，下属对领导者行为背后动机的归因是真实存在的（Dasborough et al., 2002; Li et al., 2017; Martinko et al., 2007）。下属会综合考量领导行为背后的目的与动机，并且采取适当的行为对归因结果予以回应（Yang et al., 2019; Martinko et al., 1987; Martinko et al., 2007; 买热巴·买买提、李野，2018）。Li 等（2017）首次将归因理论引入道德型领导的研究领域，他们的研究认为下属对上级的利他动机归因中介了道德型领导对下属情感承诺的影响。但下属做出归因时并不是严格按照客观信息进行合乎逻辑的推断，而是从掺入了许多个人的主观因素（Halabi et al., 2014）。归因作为下属对领导者行为直接观察评价之外独立的辅助评价机制，本研究认为其作为边界条件更为合适。此外，Li 等（2017）仅仅研究了单一的归因动机，而没有全面考察下属归因的具体维度。为了取得理论上的突破，我们的研究将比较全面地探索下属对道德型领导动机归因的具体维度，以及归因偏好的调节作用，从而进一步理解道德型领导的评价学习机制。

7.2.2 研究问题

本研究将以社会学习理论与归因理论为基础，试图探索以下两个问题：

第一，下属如何对道德型领导的动机进行归因？

针对这一问题，我们采取了扎根理论与半结构化深度访谈相结合的方式，收集了下属对道德型领导行为动机归因的看法，通过手工编码的方式提出关键概念，将下属对道德型领导动机归因分为内在归因与外在归因两个维度，并编制这一量表，且通过探索性因子分析和验证性因子分析探索和检验了下属对感知的道德型领导动机归因量表，以便在我们的主要研究中使用。

第二，下属的归因偏好将如何调节道德型领导对下属组织公民行为的作用？

由于归因理论的一个显著特点是，内在归因与外在归因并不是一对相互矛盾的归因，它们之间具有一种共存关系（Story et al., 2015; 马晨，2015）。一般来说，就领导者履行道德行为这一事件来判断，很少有人将其单纯地归因于内在动机或者外在动机。因此，我们要研究的具体问题包括：内在归因如何调节道德型领导与组织公民行为？外在归因如何调节道德型领导与组织公民行为？道德型领导与组织公民行为之间的关系如何随着内在归因与外在归因的各种组合而发生改变（例如高内在归因与高外在归因组合；高内在归因与低外在归因组合；低内在归因与高外在归因组合；低内在归因与低外在归因组合）？

7.2.3 研究意义

7.2.3.1 理论意义

本研究在理论上的意义主要有：

首先，本研究试图在道德型领导的社会学习框架中补充归因视角，有助于加深对道德型领导作用机制理解的研究。就道德型领导而言，若上级的道德行为被下属归因为表里如一的利他，就会加强下属对上级的信任，从而促进道德型领导产生积极的作用；反之，如果道德型领导行为被归因为一种利己的手段，则会被认为是情境因素引发的伪善行为，对道德型领导的行为产生负向作用。整合社会学习理论和归因视角可以帮助我们更好地理解道德型领导对下属的影响机制。

其次，本研究试图为领导归因理论提供实证支持。学术界对上下级之间归因的探讨，大都仍集中在理论层面，实证研究并不多见。现有的实证研究多关注领导者对下属的归因，而从下属视角对领导者行为的归因就寥寥无几（Martinko et al., 2007; 买热巴·买买提、李野，2018）。本研究将从实证研究的角度指出道德型领导在工作中的表现会引发下属对上级道德行为的归因，并且下属会根据这些归因偏好做出不同的反应。

再次，本研究将有助于理解下属对道德型领导内在归因、外在归因，以及内外动机归因联合调节对道德型领导作用力的影响机制。本研究将 Weiner（1985）的稳定性归因逻辑应用到了领导力研究领域，将有助于拓展稳定性归因的应用范围。我们的研究将丰富下属归因理论的框架，同时充实道德型领导影响的边界条件。

最后，本研究试图为后续有关道德型领导影响力的研究提供可靠的测量工具。通过对相关文献的回顾，我们发现现有文献中所提供的下属对感知的道德型领导行为动机归因的量表仍存在不足，本研究试图通过扎根研究与半结构化访谈，在西方学者的理论基础上提出基于中国情境的关于下属对道德型领导动机归因的内容结构，编制本土化测量量表。

7.2.3.2 实践意义

现阶段的研究中，企业领导者早已意识到道德型领导方式对团队绩效、企业整体绩效的促进作用，但是对于如何开展道德型领导才能有效提升下属的组织公民行为方面的认知还知之甚少，因此本研究的实践意义主要体现在以下两个方面：

第一，通过对道德型领导与下属组织公民行为间关系的研究，提醒领导者在日常工作中应当具有高尚的道德，加强对组织中员工的道德影响，为员工树立道德榜样，做出表率。这一方面可以促进下属更积极地表现出组织公民行为，另一方面也有助于提升员工对领导的认同度，促进企业整体绩效的提高。

第二，下属归因偏好对道德型领导对下属组织公民行为之间的调节效应研究，有助于领导者更好地理解内在归因在道德型领导的作用机制中的重要性，因此上级可以多与下属进行沟通，交换彼此的真实想法，尽量减少下属对其行为存在功利性的怀疑。

7.3　文献综述

7.3.1　道德型领导

道德型领导自产生之日起就受到哲学、社会学、心理学和组织行为学等不同领域学者及其理论的影响，其定义繁多且不一致。Enderle（1987）首次提出了道德型领导的概念，从思维方式的角度，参照道德领导的原则对领导的决策过程进行描述及规范，其在定义道德型领导时特别指出，其内涵应当包含影响他人的个体层面和影响组织的组织层面。Treviño 等（2003）在其研究中指出道德型领导除了是"有道德的人"，还要成为"道德的管理者"。 Brown 等（2005）将道德型领导定义为"在个人行为及人际关系中表现出规范性的、适当的行为，并且通过双向沟通、巩固和决策并在其下属中促进这一行为"，这一定义在未来的实证研究中被广泛应用。

在道德型领导操作化层面，研究者们开发了不同的测量量表。其中 Brown 等（2005）提出了包含 10 个题项的单维度伦理型领导量表，由于其较为全面地反映了道德型领导的特征，在国内的研究中得到广泛的应用；Resick 等（2006）开发的道德型领导问卷关注具有普适性的道德型领导内涵，并且首次运用多个国家的样本对道德型领导的跨文化适用进行了检验，但该量表在实证研究领域的应用较少。De Hoogh 和 Den Hartog（2008）将道德型领导分为公平、分权和角色澄清 3 个维度，该量表在一定程度上完善了 ELS 的内容，丰富了量表的结构，但道德型领导的定义中大多不包含权力分享，且该量表未得到广泛的应用。在国内有关道德型领导的研究中，孟慧等（2014）开发的中国道德领导问卷将道德型领导分为道德品质、尊重与包容、道德奖惩 3 个维度，该量表具有良好的心理学属性，能够显著地预测员工和团队的结果。道德型领导的测量量表在内容和结构上存在一定的分歧，这些都可能妨碍对道德型领导的研究，同时国内的大部分实证研究主要还是采用 Brown 等（2005）的定义和测量工具，对道德型领导测量的本土化还需要更多的关注和投入。

7.3.2　组织公民行为

7.3.2.1　组织公民行为的定义

组织公民行为（Organizational Citizenship Behavior, OCB）这一概念的定义最早可以追溯到 Barnard（1938）的研究，他提出组织的活力依赖于组织中的个体为合作而贡献自身力量的意愿程度，而不同个体之间的意愿程度是不同的。结合前人的研究，Organ（1988）最早正式提出了"组织公民行为"的概念，并在1997 年对原先的定义进行了修正，他认为，组织公民行为指组织成员自发做出的工作职责以外的，但有利于组织目标实现的行为。这一定义将组织公民行为归纳为如下三个特征：（1）组织公民行为是员工自发形成的，并不明确记载于工作说明书中；（2）组织公民行为并不受到组织报酬体系的奖励；（3）组织公民行为有利于提升组织的营运效果。尽管后续不同学者对其概念的定义各有不同，但是大都沿袭了 Organ 最初的这一定义。

国内最早对组织公民行为的概念开展研究的是台湾地区学者樊景立教授。他通过对台湾企业中的员工进行长时间的观察，发现员工中存在一类尽管没有在岗位说明书中体现，但会对组织绩效产生积极影响的行为，他将这类行为称为组织公民行为（Farh, 1997）。结合上述的定义，我们认为组织公民行为是一种角色外的行为，完全属于员工的自发行为，组织并不强迫员工做出该行为，没有相应的正式激励制度对该种行为进行直接奖励，并且这种行为有助于提高组织的效能。在近 20 年的研究中，学者们对组织公民行为的研究越来越丰富，对其概念的定义也越来越宽泛。

7.3.2.2　组织公民行为的测量

目前学术界对组织公民行为的测量存在两个维度的争议。首先，学者们对组织公民行为具体包含几个维度存在不同的看法。Smith（1983）最早提出"组织公民行为"的二维结构：一个是利他性，主要是帮助他人，包括帮助领导、同事及顾客；另一个是总体顺从，即完成自己的本职工作的行为，并且据此开发了一份组织公民行为的量表，共计 16 个题项，也是最早测量组织公民行为的量表。Organ（1988）将组织公民行为划分为 5 个维度：运动员精神、事先知会、公民道德、利他性、责任意识，同时开发了一个 5 维量表。这一量表为后续众多学者的研究奠定了基础。William 和 Anderson（1991）将组织公民行为分为两个维度：有利于组织的行为和直接有利于特定个人的行为。Podsakoff 等（1997）概括出 7 个维度的组织公民行为评价量表，这 7 个维度分别为：自愿帮助组织内其他成员、组织忠诚、运动员精神、个人主动性、组织服从、公民道德、自我发展。上述两个量表得到了大多数学者的认同，并且在组织公民行为研究领域得到了广泛的应用。

国内学界的研究，受到儒家文化和价值观的影响，对组织公民行为的维度进行了不同的探索。林淑姬（1992）参考了 Organ（1988）的 5 维模型，最早提出了组织公民行为的 6 个维度，分别为公私分明、敬业守法、自我充实、帮助同事、认同组织和不生事争利。樊景立等（1997）以台湾企业为样本，构建了 20 个题项的组织公民行为量表，这一量表中将组织公民行为归纳为公司认同、利他行为、敬业精神、人际关系协调和保护资源 5 个维度。随后他们又以大陆 3 个城市的 72 家企业作为研究样本，将组织公民行为分为 4 个层面：个体层面、群体层面、组织层面和社会层面，最终构建了一个 9 维度、共 32 个题项的大陆文化背景下的组织公民行为量表（Farh, 2004）。武欣（2005）在此基础上进一步提出了中国情境下组织公民行为的三维量表，3 个维度分别是：个人行为、人际行为、组织行为。

其次，影响组织公民行为测量的另一个主要因素是测量的视角。上级评定法、同事评定法和自我评定法是现有关于组织公民行为研究中常用的 3 种测量视角。3 种评定方式各有优势：采用自我评定法可以较为准确地反映出员工个体的组织公民行为，但是也可能存在自我报告固有的主观偏好的特点；采用上级评价或同事评价，能较为客观准确地收集到全面的信息，但是容易受到人际关系的影响。结合本研究的研究目的，本研究对员工组织公民行为的测量将采用自我评定的方法。

7.3.3 道德型领导与组织公民行为

社会学习理论、社会交换理论及社会认知理论构成道德型领导与下属组织公民行为之间影响研究的三大理论。通过社会学习理论，我们知道领导者在日常能发挥榜样示范的作用，员工对领导者进行观察的过程中，会不断将其内化为自身的行为，从而做出对组织有利的行为（Bandura, 1977）。现有的研究中，学者们已经通过一些实证数据表明，道德型领导的员工更容易模仿领导的道德行为。Brown 等（2005）提出，道德型领导者在日常工作中发挥着榜样示范作用，员工会对其发出的道德信号做出回应，回应的方式就包括效仿领导者的组织公民行为，从而帮助组织实现长期目标（Kalshoven et al., 2011; Podsakoff et al., 1997）。

社会学习理论的核心在于人们会通过榜样进行学习，领导者在日常发挥着榜样示范的作用，下属在对领导者进行观察的过程中，会学习和模仿领导者的行为，将其内化为自身的行为。Brown 等（2005）依据社会学习理论认为，道德型领导可以通过表现道德行为和充当道德榜样来获得下属的关注，从而促进下属产生学习模仿行为。而模仿行为中甘于奉献、主动承担工作、帮助同事的道德行为，属于组织公民行为的重要内容。过去的实证研究已经从社会学习理论的视角表明道德型领导的下属更容易表现出组织公民行为，从而帮助组织实现长期目标（Avey et al., 2011a; Brown & Treviño, 2006; Chuang et al., 2018; DeConinck, 2015; Kacmar et al., 2011; Kalshoven et al., 2013; Mo & Shi, 2017a; 王震等，2012; 范恒等，2018）。

社会交换理论（Blau, 1964）认为社会交换将会诱发责任感，并且当主体向他人施加恩惠时，其自身也怀有对未来获得回报的预期，道德型领导所具有的典型行为和特征，很可能让团队成员产生受惠感，并且愿意通过组织公民行为来进行回馈；同样，当员工实施组织公民行为时也会预期这种行为将会带来日后有价值的结果（赵轶，2013），所以本质上道德型领导与下属之间会形成一个亲社会行为的互惠反馈循环系统。道德型领导向下属表现出寻求亲密关系的信号（如倾听员工的意见、关心员工的最大利益等），员工在接收到这一信号后会产生责任感和认同感，从而更容易表现出对他人、对组织有益的角色外行为（即 OCB）（Brown & Treviño, 2006）。基于上述讨论，西方文化中的领导—成员交换（leader-member exchange, LMX）关系与东方文化中讨论的上下级关系（supervisor-subordinate relationship）都被广泛地纳入道德型领导与员工组织公民行为的影响机制研究中。Jordan 等（2012）研究发现道德型领导在跨层次的领导—成员交换中增强了员工的主动性，而员工组织公民行为正被强调为一种主动性行为。有学者认为在中国情境下，道德型领导通过促进上下级之间寻求利益以及抑制寻租关系促进员工组织公民行为的发展（Ko et al., 2017）。同样，Pablo 等（2011）认为在高效的工作关系中，积极的工作态度和行为将会促进社会交换，因此他们的研究证实了道德型领导与员工组织公民行为之间由工作满意度与情感承诺完全中介。

社会认同理论中的群体参与模型（Tajfel et al., 1979）认为，个体的主动利他行为（如 OCB）是由个体维持或增强其在群体中被认同的欲望所驱动的。Yang（2015）认为员工可能会做出一些诸如 OCB 等道德行为，来帮助其建立在群体中的自尊，进而得到所处的群体中其他成员的认同，而道德型领导往往会积极地诱导下属去做出更多有利于组织发展的行为（例如，帮助同事、做出更多贡献等），当下属感知到做出更多组织公民行为将是一种具有吸引力的身份认同，可以帮助其建立起在群体中的自尊时，员工将会更倾向于参与组织公民行为。

此外，大多数学者认为道德型领导与下属组织公民行为之间应该是线性关系，而 Stouten（2013）的研究认为，如果伦理领导者被认为是在评判员工的价值观，那么员工就会有动力通过避免超出职责范围的行为来恢复这种平衡，即减少 OCB。道德型领导与员工的组织公民行为呈现倒 U 形曲线的关系，在较低层次上会促进下属的组织公民行为，但是较高层次的道德型领导反而会导致下属的组织公民行为减少。

7.3.4 上下级间归因的研究

7.3.4.1 归因理论

归因，具体而言就是观察者对他人的行为过程和自己的行为过程所进行的因果解释和推理（Heider, 1958; Kelley, 1973; Kelley et al., 1980）。归因理论最早是由奥地利社会心理学家 Heider（1958）提出来的，他认为每个人的行为都存在一定的原因，这个原因要么是外界环境的客观原因，要么是个体自身的主观原因，而对这些原因的推测和描述就是归因。正如 Heider 所言，正确地归因能够使个体改变自我的感觉、自我的认知来达到改变行为的目的，从而调整自己的行为适应环境。随后的几十年，归因理论逐渐成为社会心理学的主导理论，尤其是在 Kelley（1967）和 Weiner（1972）的研究发表后，归因理论被社会心理学家广泛地应用于动机研究、奖惩决定等研究领域，逐渐成为心理学研究的主流理论。

Weiner（1985）对稳定性归因理论做出了开创性的贡献。根据 Weiner

（1985）对稳定性的论述，人们在对事件或行为归因的时候，通常会分析引起这一事件或行为的原因是否是稳定的。依据稳定性归因的逻辑，人们认为某一积极事件或者行为的原因具有稳定性时，人们会预期该事件会持续发生，从而对人们的态度、行为产生更强的正向影响；而当人们认为积极行为的原因具有不稳定性时，个体会产生不确定感和焦虑感，从而导致积极影响大大减少。早期归因理论的研究主要聚焦于有关自我成败归因及个人动机的归因，随着现代研究的发展，归因理论得到了进一步的发展和完善，并且逐渐扩展到对他人行为归因的领域，这使归因理论在组织科学领域也得到广泛的应用。Calder（1977）首次在领导力研究中引入归因视角，由于领导力本身是一个社会互动的过程，领导者试图通过自身的行为影响下属的行为。因此正如 Calder（1977）、Martinko 和 Gardner（1987）所指出的，领导力的研究更适合采用社会心理学理论（例如归因理论）来定义。

7.3.4.2 上下级间归因的研究

对归因与领导关系的探索最先出现于 Green（1979）的研究中，在此模型中描述了下属的行为如何形成信息线索，从而影响领导者的归因，进而影响领导者对成员的行为。之后学者们也似乎更愿意将领导者作为观察者，对下属的某些亲社会行为进行归因，例如，组织公民行为（Allen et al., 1998; Donia et al., 2016; Johnson et al., 2002）、建言行为（Whiting et al., 2012; 严瑜等，2016; 陈芳丽等，2016）、寻求反馈行为（Lam et al., 2007）等，从而影响领导者对下属的评价及奖赏晋升决定，而从下属视角对领导者行为进行归因研究就显得寥寥。究其原因，大概是学者们普遍认为在企业中，领导者似乎更具有话语权，领导者的归因差异将会对企业产生更广泛且深刻的影响。然而，与之前的研究相比，我们的研究更愿意关注下属归因过程，是因为以往的研究告诉我们，下属的行为表现更多地受到他们与上司关系质量感知的影响，而不是受到上级感知到的与下属的关系质量的影响，而员工的行为表现似乎对企业的成长与发展起到更为关键的作用（Sue-Chan et al., 2011）。

以往关于下属对领导行为的归因研究表明，下属对领导者行为背后动机的归因会影响下属的行为（Dasborough & Ashkanasy, 2002; Li et al., 2017）。下属会综合考量领导行为背后的动机而产生不同的归因，并采取适当的行为对归因结果予以回应（Martinko et al., 2007; 买热巴·买买提、李野，2018）。学者们也从不同领导类型角度对领导者行为归因做了一些探索。Dasborough 和 Ashkanasy（2002）认为下属会对变革型领导者的行为动机进行归因，当下属认为领导者的行为属于利己驱动（self-interest）而非利他驱动（other-interset）时，会认为领导者不真诚、不值得信任，这会直接影响下属的行为表现。随着时间推移，企业绩效降低。Liu 等（2012）在他们的研究中将下属辱虐管理动机归因划分为两个维度：绩效提升动机（performance-promotion）和伤害引发动机（injury-initiation motives）。不同的归因风格对辱虐领导与团队成员创造力之间的负向关系产生调节作用。Sue-Chan 等（2011）研究了领导—成员交换与下属对上司的归因之间的关系，他们的研究发现归因在一定程度上中介了领导—成员交换质量与主观绩效之间的关系，低质量的领导—成员交换关系中，下属更倾向于对自己的上级做出利己动机归因，而当上下级处于更高质量的领导—成员交换关系时，下属会倾向于做出利他动机归因，而下属对上级的归因差异直接影响了下属的绩效表现。Burton 等（2014）将下属对辱虐领导的管理的归因从理论上划分为三种：外部归因、内部归因和关系归因，并且指出这三种归因类型分别将领导者的辱虐行为归因于领导者、自己、自己与领导者的关系，将归因类型进一步深化和细化。国内学者毛江华（2017）的研究验证了当下属将谦逊型领导的行为动机归因为印象管理等利己动机时，谦逊型领导的积极效应会得到减弱。下属更多地将领导者的谦逊动机归因于绩效改进动机时，其对领导谦逊特质的实质性影响并不明显，因为下属会认为谦逊领导本来就应该是这样的。Li 等（2017）认为下属对道德型领导的利他动机归因可以调节感知的道德领导与情感承诺之间的关系。买热巴·买买提、李野（2018）的研究认为上下级之间有一个持续的互动过程，当下属对服务型领导进行内部归因时，下属会有高度的心理安全感，进而表现出创造力。

7.3.4.3 下属对领导行为归因的测量

在对领导者行为动机归因的测量方面，在现有的实证研究中，绝大多数学者将上下级关系行为归因量表进行改编，直接应用于自身的研究（Li et al., 2017; Sue-Chan, Chen & Lam, 2011; 毛江华等，2017），其中最为典型的有，Allen 和 Rush（1988）针对管理者对下属 OCB 的归因开发了 12 个题项的测量感知动机（measure perceived motive）量表，该量表将管理者对下属组织公民行为的归因分为利他主义归因和工具主义归因两个维度，各6个题项。LAM等（2007）在此量表的基础上开发了管理者对下属寻求反馈行为动机量表，该量表将下属的寻求反馈行为动机分为两个维度：（1）绩效改进动机；（2）印象管理动机。此外，Sue-Chan C等（2011）在前人研究的基础上，提出了下属对上级指导行为归因的两种表现形式：（1）利己主义归因（self-focused）；（2）其他归因（other-focused）。Jiang等（2013）要求参与者在一张纸上罗列出上司通常会给予下属的好处和原因，最终形成了包含3个题项的绩效改进归因和3个题项的个人喜好归因。在测量方式上，也有学者通过纵向访谈法与实验法对此进行测量。

7.3.5　文献小结

通过对国内外现有文献的回顾，我们不难发现针对现有的关于道德型领导的相关研究中存在着如下的问题：

（1）伦理型领导内涵和测量工具的发展主要在西方情境下，对文化差异的考虑不足。首先，伦理型领导的内涵界定模糊，使用最广泛的伦理型领导定义采用了相对的方法。其中"合乎规范的行为"没有明确的界定，尽管Brown等（2005）强调他们特意地选择这个模糊的定义是因为规范适当的行为会随着组织或社会文化发生变化，但是模糊的界定有可能会包括背离道德标准的行为。其次，如何借鉴西方文化背景下的伦理型领导测量工具指导中国文化背景下的伦理型领导，还需进一步研究。

（2）归因可以影响下属对道德型领导的感知、评价、学习意愿，而在伦理型领导的文献中，关于下属对伦理型领导动机归因的研究非常匮乏。Brown等（2005）认为领导者若想要成为对下属有吸引力的榜样，其行为必须具有利他性。利他体现了下属对领导者行为动机的归因，但目前大部分关于伦理型领导的研究都忽视了下属归因偏好的作用。申请者基于大量的文献阅读梳理了影响伦理型领导的前因变量、结果变量和过程变量（见图7-1），可以看出，现有对伦理型领导的研究框架中缺失的一个环节就是下属归因。

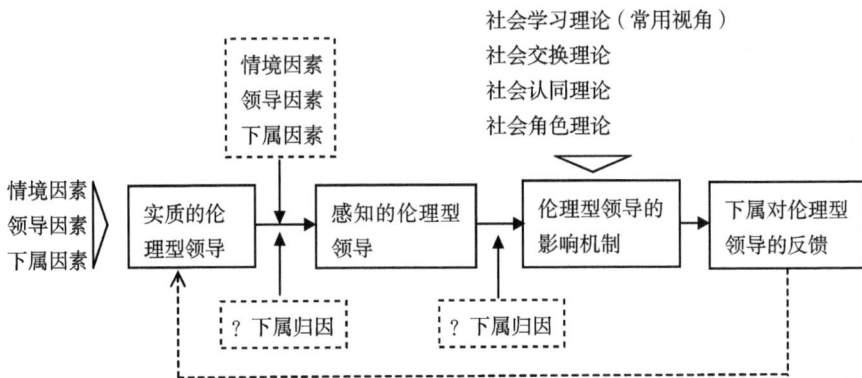

图 7-1　伦理型领导研究的核心框架

注：虚线部分是过去文献中很少或没有涉及的部分。

（3）归因理论在组织行为学中的应用很不充分，厘清下属归因在对伦理型领导感知中的作用是有显著创新性的。关于归因理论的元分析表明归因理论在管理科学中的应用是非常不充分的（Harvey et al., 2014; Martinko & Mackey, 2019）。Li 等（2017）首次将归因引入伦理型领导的研究领域，认为下属对上级的利他动机归因起到了中介作用。但这项研究仅仅涉及了单一的归因动机。为了取得理论上的突破，未来的研究需要探索下属对伦理型领导动机归因的其他维度、归因不同维度之间的相互作用、影响下属归因的前因等一系列问题。这些研究方向都是前沿而新颖的，有助于深入理解下属对伦理型领导的评价学习机制。

（3）现有文献中所提供的下属对领导道德行为的动机归因量表发展不充分，而且不能体现归因理论的新进展。首先，大多数学者在研究中改编了领导者对下属行为归因风格量表，并未专门从下属视角讨论其对领导者行为的归因。其次，少数相关的量表，如 Sue-Chan 等（2011）只将下属对领导者行为的归因分为"利己归因"和"其他归因"两个维度，并未完整地反映下属对领导者归因的内涵，且该量表并未通过任何信效度的检验。再次，最新关于归因维度的理论研究将关系归因作为独立于内在归因和外在归因的新维度（Eberly et al., 2011），而相应的量表开发落后于理论发展。因此，在研究下属的归因是否会影响伦理型领导的作用发挥前，研究者有必要对下属对伦理型领导的归因量表进行开发。

7.4 研究一：下属对道德型领导动机归因的扎根研究

通过文献回顾，我们发现目前的量表中关于下属对感知的道德型领导动机归因这一变量现有的测量方法尚不能满足我们的测量要求。因此，本研究中我们采取了扎根理论与半结构化深度访谈相结合的方式来开发和验证这一测量量表，以便在我们的主要研究中使用。在量表的验证上，我们分别采用了探索性因子分析（EFA）和验证性因子分析（CFA）检验量表的信度和效度。

7.4.1 访谈设计与实施

本次量表的编制主要分为 3 个阶段：（1）通过访谈录音收集原始资料；（2）对原始资料进行编码、整理，形成初步问卷；（3）对初步问卷进行预测，并对问卷的信度与效度进行检验修正，最终形成正式量表。

本次研究被访者的来源主要选择了在浙江某高校 MBA 的学生，这部分受访者通常来自企业中高管理层，都有较长的工作年限，选择他们作为访谈对象，能够保证访谈内容的代表性和有效性。正式访谈共选取了 22 个受访对象，其中男 10 名、女 12 名，年龄在 26 ~ 45 岁（平均年龄 31.6 岁），符合质性研究的样本要求。本研究的正式访谈的受访者信息如表 7–1 所示。

表 7–1　受访者信息

编号	称呼	年龄区间 / 岁	职务	访谈时间 / 分
1	王先生	26~35	国企职员	20
2	陈女士	18~25	民企职员	30
3	毛女士	18~25	外企职员	32
4	韩先生	26~35	研究人员	25
5	赵女士	18~25	民企职员	20
6	张女士	36~45	高校教师	20
7	梅先生	26~35	国企职员	25
8	商女士	26~35	民企职员	20
9	程先生	26~35	研发人员	30
10	潘女士	26~35	高校教师	32
11	俞先生	36~45	研发人员	25
12	郑女士	26~35	财务人员	32
13	华先生	26~35	营销人员	25

续表

编号	称呼	年龄区间 / 岁	职务	访谈时间 / 分
14	屠女士	18~25	民企职员	22
15	葛女士	18~25	公司人事	25
16	方女士	26~35	营销人员	32
17	高先生	26~35	银行职员	25
18	朱先生	36~45	民企职员	20
19	赵女士	36~45	民企职员	20
20	蒋女士	36~45	财务人员	25
21	王先生	18~25	管理人员	20
22	孙先生	18~25	民企职员	30

我们采用一对一的方式，访谈提纲如表 7-2 所示。研究者先邀请受访者回忆日常工作中与直属上级的相处细节，询问其上级常表现的道德行为及动机。每次访谈时间为 25 分钟左右，共得到 22 个转录文本（总字数约 2.5 万字）。

表 7-2　访谈主要问题

题号	访谈主要问题
1	听了上述对道德型领导的描述后，你认为上述的道德型领导应该具备哪些方面的品质 / 应该是一个什么样的人呢？
2	你认为领导者表现出上述的道德行为，最有可能是出于哪几个方面的原因呢？请尽可能多地描述一下。
3	如果是出于对自身利益的考虑的话，你觉得领导者会考虑哪些方面？
4	如果是出于对他人利益的考虑的话，你觉得领导者会考虑哪些方面？
5	其中你认为最有可能的是出于哪个原因呢？
6	你认为上述的领导者表现出这一系列的道德行为，会是一个长期的还是一个阶段性的行为呢？为什么？
7	你认为领导者在什么情况下，最有可能表现出这些道德行为呢？
8	你觉得你现在的领导符合你心目中道德型领导的标准吗？
9	你觉得你的领导表现出这些道德行为，是出于哪些方面的原因 / 你觉得他有可能在什么情况下表现出上述的道德行为呢？

7.4.2　开放式编码

开放式编码的目的在于指出现象、界定概念、发现范畴。操作方法是：根据访谈资料，将其概念化和范畴化，然后用概念和范畴来正确反映资料内容。

参照已有研究的编码方式，我们将 20 名受访者分别编码为 A-T，接下来对访谈中的段落进行编号，最后对整句话进行编号，这样得到的编号就是 ×-×-×。具体来说，A-1-1 代表第一个受访者所表述的第一段对话中的第一句话。在确定了每句话都拥有一个独立编号后，我们选择每一个要编码的句子，赋予其一个编码，就形成了一个自由节点。例如，B-2-3 中受访者的回答如是"我觉得首先领导者就是想要有一个良好的名声吧，就是为了更好的声誉，在员工中间形成良好的声望"。研究者可以将这句话编码为"追求声望"。以此类推，对所有访谈文本进行逐句编码，初步产生了 167 个初始概念。在对初始概念进一步聚拢合并后，我们最终获得了 47 个概念，随后研究者将这些概念进一步分类组合成 17 个范畴。在删除了与主题不相关且出现频次在 3 次以下的范畴后，最终得到了 12 个范畴：获取地位（23）、追求名利（36）、印象管理（46）、企业制度规定（29）、获得竞争优势（15）、讨好上级（17）、自我满足（45）、以身作则（26）、关怀下属（38）、争取团队利益（30）、创建氛围（25）、帮助企业发展（40），如表 7-3 所示。在得出相关范畴后，我们又增加访谈了 5 名 MBA 学员检验了理论饱和度。访谈结果未发现新的重要范畴。

表 7-3　开放性编码

编号	范畴	概念	材料数	举例
1	获取地位	主要指与地位相关的动机感知，包括彰显地位、获得地位、消除地位上的不安全感等	23	E-2-8：主要就是为了晋升机会吧，帮助自己能一步一步往上爬，获得更高的地位吧。 P-3-1：我觉得最主要的就是维持自己的地位，做出道德行为应该是自己在公司地位上升的一个基础，如果连最基础的都做不到，很难得到晋升的机会。
2	追求名利	主要指对名声和财富的追求，希望能获得直接的物质财富和外在的名声	36	E-2-4：他这么做可能是为了名声，就是个人的声誉，然后绩效考核上得到更高的评价，获得更多的奖金。 H-2-3：肯定是为了升职加薪。
3	印象管理	主要指在下属心目中树立良好的形象，满足下属的期待，树立威信等	46	E-1-1：首先是想要在员工心里建立良好的形象，建立起威望，让员工能够从心里服从他，提升工作积极性。 G-2-3：树立个人形象，领导的个人魅力能让员工更聚集在他身边，便于他的决策被更广泛接受。 O-2-1：首先会考虑他做出道德行为，对自己在员工之间建立威信有没有帮助。 K-2-12：让大家知道在公司里面也是属于作风清廉、口碑也不错的。

续表

编号	范畴	概念	材料数	举例
4	外在制约	主要包括由于外在制度要求、环境要求、职业要求等，为了避免惩罚而不得已做出	29	F-2-3: 还有就是有一个外部因素也会促进他们做出道德行为，他们会知道，如果做出不道德的事情会有什么样的后果，就是有的时候，你一旦在一个有道德氛围的环境下，你就会知道，如果你做出什么不道德行为的时候你就会承担什么样的后果，这样你就必须做出一个道德的事情。 C-2-3: 此外的话还是跟制度有关吧，公司完善的制度可以减少领导者不道德行为的产生吧。
5	竞争优势	基于资源交换理论，主要包括获得下属支持、获得更多资源、互利互惠等	15	E-2-5: 领导者与很多同行之间的竞争中，如果听到自己的竞争者正在做这样的道德行为，可能会让他也开始做这种道德行为。 L-2-6: 因为假设他们是想要帮助员工做出更好的行为，但是之后员工肯定也会知恩图报，给他们很多的好处。
6	讨好上级	主要包括搞好上下级关系，得到上级称赞，讨好上级，在上级面前表现自己等	17	M-2-2: 就是想在上级面前表现自己吧，让上级觉得自己有能力，得到上级的称赞吧。 P-2-2: 第一个可能就是在上级领导面前表现，下级肯定会看他的上级领导是什么反应，然后想要跟领导搞好关系，讨好领导吧。
7	自我满足	主要指领导者基于本身的道德观，包括职业素养、内在价值观、传统价值观影响、习惯、性格原因、教育原因等带来的内心满足感	65	E-2-3: 我觉得最可能的原因就是这个人本身就是这个样子的，他没有什么目的。 F-2-2: 首先是他们自己肯定是一个有道德的个体吧，他们对道德的准则是认同的，在意识上知道做有道德的事情是符合长远利益的，所以他们在潜意识里面相信做出道德行为是比较重要的，各种事情都是有底线的。
8	以身作则	包括以身作则、规范下属的行为、引导下属做出符合道德观念的行为、在下属面前树立榜样	26	G-1-1: 可能是通过自己的行为，然后有意识地培养自己下属的行为，有意识地培养员工遵守规矩的习惯。 F-3-4: 出于管理上的考虑，以身作则带动员工先遵守规则，依规管理，最后形成企业文化，以更便于管理。 K-2-16: 领导者的性格和受教育程度有关吧，为了更好地管理好下属，以德服人，以理服人。 0-2-9: 除此之外，他是想以身作则，让员工能够自觉地遵守公司的规章制度。
9	关怀下属	主要指出于对下属的真心关怀，真诚地希望帮助下属，关心下属，希望下属能取得更大的成就	38	G-2-4: 我觉得我的领导是从基层上位的领导，真是设身处地为员工考虑利益的人，是真正的道德驱使，就是想要关心他的员工。

续表

编号	范畴	概念	材料数	举例
10	团队利益	主要指提升团队凝聚力，提升团队的工作效率，使团队趋于稳定从而帮助整个团队获得更大的成功	30	B-2-3：希望能形成一个有凝聚力的团队吧，便于他更好地管理下属，更好地完成个人的业务。 O-2-8：比如说凝聚整个团队的向心力，然后在团队中建立自己的威信，然后也能够使整个团队更加稳定、更加团结地向一个方向。 C-3-6：积极听取员工的意见做出调整，为团队争取最大的利益。
11	创建氛围	主要指在企业或团队中树立一个公正、公平、道德的氛围	25	K-2-16：领导者的性格和受教育程度有关吧，为了更好地管理好下属，以德服人，以理服人。 H-2-4：使团队氛围更好，让每个人在团队中都过得更舒适。
12	企业发展	主要指为了给企业带来更大的经济利益，促进企业良性发展	40	D-2-4：他给人的感觉就是为公司付出的类型，平时也更多地为公司利益考虑吧。 J-2-18：归根到底应该就是希望企业能够得到更好的发展吧。 M-2-2：我觉得就是企业的利益，作为领导可能对企业比较有认同感，希望团队能更好地为企业服务，然后也不违反企业的规章制度，这样企业也会更好地发展。

7.4.3　关联式编码

在关联编码过程中，结合动机理论的相关研究，我们发现这些范畴基本符合传统的两类动机维度：内在动机与外在动机（Ryan et al., 2000）。内在动机归因与外在动机归因是归因理论中最常用的两个维度（Heider,1958; Weiner,1985）。内在动机是指行为或个体本身的动机。当个体试图在行为中寻求乐趣、自我表现或者个人挑战时，他们本身会受到内在的激励（Amabile et al., 1994）。这一动机往往来源于个体的内在品质、道德等方面因素，并且这些因素能够在很长一段时间内保持稳定（Ryan & Deci, 2000）。从这一层面而言，本研究认为下属对上级道德型领导的内在动机归因，是指下属感知到的上级道德型领导的动机主要来源于上级的内在因素，这些动机能够体现出上级对组织的忠诚、对下属的关心等一系列内在品质，并且在较长的一段时间内保持稳定。

而外部动机是指外界刺激或者外部环境诱发的动机（Amabile et al.,1994）。由外在动机激发的行为，当外部环境不再起作用时，个体会自然地减少他们

的这类行为，个体可以根据环境的变化相对自由地控制行为的发生（Liu et al.,
2019）。Amabile 等（1994）总结了两种类型的外部动机：（1）薪酬导向，强调外
部奖励；（2）外部导向，强调与他人的竞争。综合上述观点，本研究提到的下
属对上级道德型领导的外在动机归因，主要指下属感知到道德型领导行为是基
于外界环境刺激所产生的行为，这一动机可能来源于对上级的外部奖励，或者
与他人竞争优势所带来的激励，容易受到外部环境变化的影响。

　　基于上述两种定义，我们分析了本研究中开放性编码中所总结的 12 个范
畴，其中当下属感知到上级表现出道德型领导的行为动机来源于自我满足、以
身作则、关怀下属、争取团队利益、创建道德氛围、帮助企业发展这 6 个维度
时，下属更容易感知到其动机背后反映出的上级的价值观、道德标准、对企业
的忠诚、对下属的关心，这些都是源于上级内在的因素，因此将其分类为内在
动机归因这一维度。而当下属感知到上级道德型领导行为主要来源于获取地位、
追求名利、印象管理、企业制度规定、获得竞争优势、讨好上级时，这些动机
的归因主要强调外界奖励或者与他人的竞争，容易受到情境变化的影响，因此
将其归类为外在动机归因。这一分类也与 Amabile 等（1994）的研究结论相契
合，如表 7-4 所示。

表 7-4　关联式编码

编号	关系类别	影响关系的范畴	关系的内涵
1	内在动机	自我满足、以身作则、关怀下属、创造团队利益、创建良好的氛围、带动企业发展	内在动机是下属感知领导者道德行为的重要维度之一，内在动机是个人内在的因素所引发的行为：下属感知领导做出道德行为是出于自我需求从而达到自我满足，出于以身作则的动机，真诚地想要关怀下属，帮助团队创造更好的效益，创建良好的氛围以及为了企业的良性发展。一般来说，下属对于领导者的积极评价往往是来源于对其内在动机的感知。
2	外在动机	获得地位、追求名利、树立良好的形象、外在规章制约、获取竞争优势、讨好上级	外在动机是下属感知领导者道德行为的另一重要维度，外在动机是由于外在环境影响所产生的行为：下属感知到的道德型领导的行为动机主要是出于对名利、地位的追求，想要在下属心目中树立自己的良好形象，受到外界环境、制度的制约，以及为了获得竞争优势和讨好上级。

7.4.4　题项设计

以上述访谈所提炼的关键词为基础，在询问相关专家建议并参考现有量表（Allen & Rush, 1998; Burton et al., 2014; Sue-Chan et al., 2011）的相关表达后，我们采用李克特 5 级评分法，1~5 分别代表"完全不符合"到"完全符合"的不同程度，开发了包含 2 个维度 12 个题项的下属对领导道德行为动机归因初始量表。为了验证量表的合理性，在下一章节中，我们将对量表进行预调研，并对搜集的问卷进行探索性因子分析，同时为了后续检验的方便，我们采用将外在动机归因与内在动机归因分为用汉语拼音的首字母 WZ（外在）、NZ（内在）及题项数字 1~6 代替具体题项内容，最终用于预测试的量表如表 7-5 所示。

表 7-5　下属对道德型领导动机归因的预测量表

编号	具体题项
WZ1	我的上级想要获得更高的地位。
WZ2	我的上级想要追求更好的名声和财富。
WZ3	我的上级想要在下属心中树立良好的形象。
WZ4	我的上级受到相关企业规章制度的约束。
WZ5	我的上级想要在与他人竞争时获得更多下属支持。
WZ6	我的上级想要获得公司高管的赞扬。
NZ1	我的上级真诚地想要成为一个有道德的人。
NZ2	我的上级想要以身作则，引导规范下属的行为。
NZ3	我的上级真诚地想要关怀下属，希望下属有更好的发展。
NZ4	我的上级想要为团队争取更大的利益。
NZ5	我的上级想要为公司创建更好的道德氛围。
NZ6	我的上级想企业得到更大的发展。

7.4.5　量表的信效度检验

我们针对所开发的量表进行了预测试。该量表有 12 个题目，预测试问卷发放了 270 份，实际回收了 257 份，剔除了无效问卷与未填写完整的问卷后，实际有效问卷为 252 份，样本主要来源于某高校 MBA 培训中心周末班学员及其同事。在样本收集过程中，我们先邀请被试回忆日常与上级相处中上级的道德行为，再根据题项作答。调查样本中，男性占 53.9%；年龄在 18~25 岁的占 15.1%，26 ~ 35 岁的占 60.3%，36 ~ 45 岁的占 22.2%，46 岁及以上的占 2.4%；学历上，大专占 36.5%，本科占 58.7%；从职级上看，一线员工占 57.9%，基层管理者占 26.2%，中层管理人员占 11.1%，高层管理者占 4.8%。

7.4.5.1 可靠性检验

首先，我们对所有条目进行信度检验，以"克朗巴哈系数（Cronbach's α）＞0.6"作为量表信度可以接受的判别标准；以"校正后条目中相关系数 CITC ＞0.4""题项删除后的克朗巴哈系数变小"作为单个条目的取舍标准。表 7-6 中预测数据的信度分析结果表明，12 个条目的总克朗巴哈系数 =0.890，从条目与总体的相关性来看，所有条目与总分相关性均较高，表明 13 个条目具有较高的稳定性和可靠性，其中题项 4"我的上级受到相关企业规章制度的约束"计算校正的项目总体相关系数（CTIC）不足 0.4，且该项删除后的克朗巴哈系数升高，因此予以删除。

表 7-6　下属对道德型领导动机归因量表信度分析

题项		CITC	项目删除后的 Cronbach's alpha	各维度的 Cronbach's alpha
WZ1	我的上级想要获得更高的地位。	0.457	0.887	
WZ2	我的上级想要追求更好的名声和财富。	0.463	0.887	
WZ3	我的上级想要在下属心中树立良好的形象。	0.692	0.877	
WZ4	我的上级受到相关企业规章制度的约束。	0.35	0.893	
WZ5	我的上级想要在与他人竞争时获得更多下属支持。	0.537	0.884	
WZ6	我的上级想要获得公司高管的赞扬。	0.415	0.89	0.89
NZ1	我的上级真诚地想要成为一个有道德的人。	0.641	0.879	
NZ2	我的上级想要以身作则，引导规范下属的行为。	0.603	0.881	
NZ3	我的上级真诚关怀下属，希望下属有更好发展。	0.69	0.877	
NZ4	我的上级想要为团队争取更大的利益。	0.662	0.878	
NZ5	我的上级想要为公司创建更好的道德氛围。	0.672	0.877	
NZ6	我的上级想企业得到更大的发展。	0.69	0.876	

7.4.5.2 探索性因子分析

为了数据的准确性，我们将一部分样本用于探索性因子分析（n=123），将另一部分样本用于验证性因子分析（n=129），差异检验显示两组样本数据在性别、年龄、工作年限、共事时间、学历、职务等分布上均没有显著差异。

首先，我们用 SPSS 23.0 统计软件对条目进行探索性因子分析，Bartlett 球形检验中，KMO=0.81，χ^2=858.67（f=66，$p < 0.001$），说明各个条目之间可能存在共享潜在因子，适合进行因子分析。因此采用主成分分析法抽取因子，以最大方差法进行转轴，提出特征根大于 1 的因子。由于潜在因子存在一定的相关性，故对因子进行斜交，而不是正交旋转，最终得到的旋转矩阵如表 7–7 所示，该表中取消了小于 0.3 的系数。根据每个公因子的内涵特征，将其分别命名为"内在动机归因"和"外在动机归因"。以因子载荷大于 0.40 作为条目的取舍点，探索性因子分析的结果表明，2 个因子的结构分布合理，累计方差解释率达到了 65.20%，本研究中各项目的因子负荷量都大于 0.4，但是"我的上级想要在下属心中树立良好的形象"和"我的上级想要以身作则，引导规范下属行为"这两个题项，在两个维度上的因子载荷都大于 0.4，说明这两个条目在两个维度上有一定的交叉，故予以删除。删除该条目后，根据每个公因子的内涵特征，将其分别命名为"内在动机归因"和"外在动机归因"。

表 7–7　下属对道德型领导动机归因旋转成分矩阵

编号	题项	成分	
		1	2
WZ1	我的上级想要获得更高的地位。		0.896
WZ2	我的上级想要追求更好的名声和财富。		0.891
WZ3	我的上级想要在下属心中树立良好的形象。	0.523	0.543
WZ5	我的上级想要在与他人竞争时获得更多下属支持。		0.74
WZ6	我的上级想要获得公司高管的赞扬。		0.804
NZ1	我的上级真诚地想要成为一个有道德的人。	0.78	
NZ2	我的上级想要以身作则，引导规范下属的行为。	0.75	0.50
NZ3	我的上级真诚关怀下属，希望下属有更好发展。	0.891	
NZ4	我的上级想要为团队争取更大的利益。	0.874	
NZ5	我的上级想要为公司创建更好的道德氛围。	0.865	
NZ6	我的上级想企业得到更大的发展。	0.839	

7.4.5.3　验证性因子分析

为了进一步验证该量表，本研究采用另一组样本数据，验证性因素分析的被试样本为 129 人。以 AMOS 软件对含有的 10 个条目的量表进行验证性因子分析，检验下属对道德型领导动机归因模型的结构效度。结果显示量表具有较好的收敛效度和判别效度，具体结果如表 7-8 所示。表 7-9 是最终量表的验证性因子载荷系数。

表 7-8　量表验证性因子分析模型拟合指数

适配指标	χ^2/df	RMR	GFI	AGFI	NFI	IFI	RFI	TLI	CFI	RMSEA
判断标准	< 3	< 0.05	> 0.90	> 0.90	> 0.90	> 0.90	> 0.90	> 0.90	> 0.90	< 0.085
系数	1.333	0.034	0.947	0.909	0.943	0.985	0.921	0.979	0.985	0.051

表 7-9　最终量表的验证性因子载荷系数

维度	信度	题号	具体内容	验证性因子载荷
外在归因	0.88	1	我的上级想要获得更高的地位。	0.91
		2	我的上级想要追求名声和奖金。	0.88
		3	我的上级想要在与他人竞争时获得更多下属支持。	0.67
		4	我的上级想要得到高管的表扬。	0.66
内在归因	0.86	1	我的上级真诚地想要成为一个有道德的人。	0.70
		2	我的上级想要关怀下属，希望下属有更好的发展。	0.64
		3	我的上级想要为团队争取更大的利益。	0.85
		4	我的上级想要为公司创建更好的道德氛围。	0.87
		5	我的上级想企业得到更大的发展。	0.78

7.4.6　量表小结

通过上述步骤，我们识别了下属对道德型领导动机归因的具体题项，通过相关分析，我们将下属对道德型领导的动机归因分为"内在动机归因"与"外在动机归因"两个维度，其中外在动机归因有 4 个题项，内在动机归因有 5 个题项，该量表在预检验中表现了良好的信效度，可供后续研究使用。表 7-10 是最终量表。

表7-10　最终量表

维度	信度	题号	具体内容	验证性因子载荷
外在归因	0.88	1	我的上级想要获得更高的地位。	0.91
		2	我的上级想要追求名声和奖金。	0.88
		3	我的上级想要在与他人竞争时获得更多下属支持。	0.67
		4	我的上级想要得到高管的表扬。	0.66
内在归因	0.86	1	我的上级真诚地想要成为一个有道德的人。	0.70
		2	我的上级想要关怀下属，希望下属有更好的发展。	0.64
		3	我的上级想要为团队争取更大的利益。	0.85
		4	我的上级想要为公司创建更好的道德氛围。	0.87
		5	我的上级想企业得到更大的发展。	0.78

7.5　研究二：下属对道德型领导动机归因的调节效应

我们研究的第二步是根据研究一开发的量表来探索下属归因偏好对道德型领导与下属组织公民行为间关系的影响。组织公民行为是组织成员自发做出的属于工作职责外，但有利于组织目标实现的行为（Organ, 1990）。我们选择组织公民行为作为研究的因变量主要有两个原因：一方面是由于先前的研究表明，社会学习理论可以很好地解释道德型领导对下属的组织公民行为的影响（Avey et al., 2011; DeConinck, 2015; Kacmar et al., 2011; Mo & Shi, 2017a; Wang et al., 2016; 范恒、周祖城，2018）。道德型领导可以通过表现道德行为和充当道德榜样来获得下属的关注，从而促进下属学习模仿他/她的行为模式（Brown et al., 2005）。而被模仿行为中无私奉献、主动承担工作职责、帮助同事完成任务等道德行为，恰好属于组织公民行为的重要范畴（Aquino et al., 2009）。另一方面是因为，组织公民行为是一种由下属主观意愿控制的自主行为，更容易受到下属归因偏好的影响（Harvey et al., 2017; Story & Neves, 2015）。

7.5.1　理论背景与研究假设

社会学习理论的核心在于人们会通过榜样效应进行学习（Bandura, 1977）。具体来说，道德型领导在日常发挥着榜样示范的作用，下属在对领导者进行观察的过程中会学习和效仿领导者的道德行为。正如引文中所强调的，上级发挥榜样效应具备两个要素：一是领导者本身应当具有吸引力，二是行为本身应当具有吸引力（行为本身是否具有利他性，是否会导致积极后果等）（Wood & Bandura, 1989）。就道德型领导而言，首先，上级本身的权力和地位对下属具有天然的吸引力，而那些具有较高道德水准的上级，其本身以身作则、严以律己的优良品质更符合下属对榜样的要求。其次，下属在与上级的日常相处中，会观察上级的哪些行为是具有吸引力的，而下属的注意力更容易被上级那些关注集体利益的道德行为所吸引。

因此，下属会对道德型领导的榜样效应做出回应，典型的回应方式包括效仿管理者的组织公民行为。此外，道德型领导会奖励表现出组织公民行为的下属，同时惩罚那些违反道德标准的下属。这种奖惩措施，对下属的学习过程具有强化作用，激励下属向道德型领导看齐，规范自身的行为。同时，道德型领导所推崇的道德规范将引导下属理解道德的重要性，从而塑造下属的道德观，使组织公民行为真正内化为下属自身的行为。因此，我们提出如下假设。

假设 7-1：道德型领导对下属的组织公民行为具有显著的正向影响。

但以上关于道德型领导的社会学习框架所缺失的环节是：下属如何判断道德型领导本人及其行为是否具有吸引力？这些判断如何影响下属的态度和行为？归因理论可以帮助我们理解下属如何对领导者的道德行为做出解释的过程。根据归因理论，下属的归因偏好决定了他们如何对待道德型领导。依据研究一的结论，本研究中我们将重点考察内在归因与外在归因在道德型领导与组织公民行为中承担的调节作用。

依据稳定性归因（Weiner, 1985）的逻辑，人们在对事件或行为进行归因时，通常会分析引起这一事件或行为的原因是否是稳定的。当个体认为某一积极事件或者行为具有稳定性时，个体会预期该事件将持续发生，从而对人们的态度和行为产生更强的正向影响；而当人们认为积极行为的原因具有不稳定性时，个体会产生不确定感和焦虑感，从而削弱积极行为的正向影响。

道德型领导的内在动机是指基于上级的品德、教育、修养等一系列内在因素所引发的动力，与之相对应的，外在动机是指下属感知到的道德型领导的行为动机主要是出于对名利、地位的追求，或者受到外界环境的约束从而避免惩罚、讨好上级等。这意味着内在动机相比于外在动机更加具有稳定性。当下属将上级的行为归因于内在动机驱动时，表示下属认为上级表现出道德型领导行为的意愿是稳定的，对上级长期持续的道德型领导方式越有把握，下属将越容易对道德型领导做出积极的反馈（Green & Mitchell, 1979; Martinko & Gardner, 1987; Story & Neves, 2015; 马晨，2015）。因此我们认为，内在动机的归因会使下属认为上级的道德行为是稳定的，会加强道德型领导对下属的组织公民行为的积极影响。

假设 7-2：下属对道德型领导内在归因正向调节了道德型领导与组织公民行为之间的关系。

与之相反，外在动机是由于外在环境影响所产生的行为，而环境因素的影响具有波动性，较难预测。例如，当企业对个体的道德行为要求降低时，上级很有可能会选择做出不道德的行为，从而实现自身利益的最大化。或者当上级认为道德行为已经不能为自己带来竞争优势时，可能就会放弃一些道德标准。依据稳定性归因（Weiner, 1985）的逻辑，下属较难从单独的外在归因去预测未来领导者是否会持续做出道德行为。因此，我们认为单独的外在动机的归因会使下属较难判断上级从事道德行为的表现是否具有稳定性，不会影响道德型领导与下属的组织公民行为的关系。基于上述讨论，本研究提出假设 7-3。

假设 7-3：下属对道德型领导外在归因对道德型领导与组织公民行为之间的关系没有影响。

归因理论的另一个主要观点是，内在归因与外在归因并不是相互矛盾的，而是共生和互补的（Story & Neves, 2015; 马晨，2015）。就上级道德行为的判断来说，下属一般不会将其单纯地归因于上级内在动机或者外在动机。特别是在职场中，若上级本身完全为了外在动机，势必影响其在团队中的认同感与需要。同时，领导者也很少纯粹由内在动机驱动，不受外在情境影响。因而，下属更有可能从内在动机与外在动机两个维度同时对道德型领导展开评价。

归因理论中存在一种观察者偏差现象（the observer bias），即观察者倾向于将行为者的行为归因于他们的内在因素（Jones et al., 1972）。原因在于，个体通常认为了解他人的内在品质可以使自己更好地理解和预测他人的行为，相比之下，不稳定的外在因素就不那么重要了（Martinko & Gardner, 1987）。社会交往中，个体对行为人内在信息的感知往往比外在信息更为敏感（Fiske et al., 2007）。由此，我们推测道德型领导、内在归因与外在归因之间可能存在显著的三重调节作用：内在归因是下属判断上级是否愿意长期保持道德型领导的首要条件，而外在归因的调节效果取决于内在归因的高低。

面对内在归因与外在归因之间的关系，个体可能存在认知失调，并试图在归因解释中取得一致。依据认知失调理论（Festinger, 1957），个体总是力图维持自身原有的认知，而尽力去避免或减少与自己认知不一致的信息。当某一事件或行为的发生不符合个体原有认知时，个体就会处于一种认知失调的状态，为了使这种失调状态趋于平衡，个体更愿意从维护自身原有信念的角度对相关事件或行为进行解释。高内在动机认同的下属会更容易感知到领导者真诚的付出，认为领导者表现出道德行为是源于他们对下属、对企业真正的关心。而外在动机常常被认为是领导者为了获得回报或者避免惩罚等所采取的行为，外在动机的存在可能让下属认为上级对下属或企业并不是真正关心，然而这与高内在归因下属的主观信念不符，将导致下属产生认知失调感。

为了协调下属对领导者原有的认知，下属会倾向于将上级外在归因解释为领导者试图通过策略性的道德行为巩固或提升自己的地位，从侧面反映了上级具有更强的晋升能力。我们推断下属可以通过显著的内在归因认为上级具有持续做出道德行为的意愿。在高内在归因的情况下，下属对上级的外在归因越高，下属越会倾向于认为上级具有更强的能力，而非对企业和下属漠不关心。因此，在高内在归因和高外在归因共存的情况下，下属会意识到道德型领导者是一个可信、有能力、有吸引力的个体，是一个可以效仿的榜样，从而学习、模仿领导者的道德行为，展现出更多的组织公民行为。因此，我们的研究提出了假设7-4a。

假设 7-4a：在高内在归因的情况下，高外在归因会强化道德型领导对下属组织公民行为的积极影响。

在低内在归因的情形下，下属会认为领导者的道德行为是不稳定的，下属会对上级能否持续做出道德行为产生不确定感和焦虑感，从而激发下属的负面情绪（Vlachos et al., 2009）。在此情形下，外在归因的负面效应将被放大。依据认知失调理论（Festinger, 1957）及归因理论中的折扣原则（Kelley, 1973），当下属将领导者行为归因于某一动机时，他们将忽略其他动机。因此，当外在归因的影响占主导地位时，下属往往会忽略上级道德行为中的利他面，会认为上级的道德行为是单纯利己的行为。高外在归因会引发下属对领导者行为真诚性的质疑，下属会认为上级是一个"表里不一"的伪君子。以往的研究也表明，当下属怀疑上级的真诚性时,会降低对上级的认同和信任,同时领导者通过下属积极的心理归因过程对员工产生的正向影响也会削弱(Dasborough & Ashkanasy, 2002; Martinko et al., 2007; 买热巴·买买提、李野, 2018)。因此,我们认为在低内在归因的情形下,当下属的外在归因越高时,下属越有可能认为上级是一个虚伪、自利的个体,上级本身对下属并不具有吸引力,下属会通过拒绝学习上级表现出来的道德行为来回应上级,因此道德型领导对下属组织公民行为的正向作用被削弱。因此,我们提出假设 7-4b。

假设 7-4b:在低内在归因的情况下,高外在归因会削弱道德型领导对下属组织公民行为的积极影响。

7.5.2 研究方法

7.5.2.1 研究工具

感知的道德型领导:采用 Brown(2005)开发的 10 项量表,由员工用李克特 5 点量表进行评价(以下所有连续型多题项量表均采用 5 点尺度评价方法施测)。测量题项包含"我的上级会积极聆听团队成员的意见"和"我的上级在生活中遵守道德规范"等。该量表的内部一致性系数为 0.90。由于本研究采用自我报告的测量方式,因此将其定义为感知的道德型领导。

组织公民行为:采用 Williams 和 Anderson(1991)开发的 6 条目单维度量表。测量题项包含"我有时会利用个人的人脉为组织发展服务"和"对于组织发展中的困难,我不会袖手旁观"等。该量表的内部一致性系数为 0.90。

下属对道德型领导动机的感知:采用研究一编制的量表。该量表由内在归因、外在归因两个维度构成。内在归因代表题项有"我的上级真诚地想要成为一个有道德的人"和"我的上级真诚地想要关怀下属,希望下属有更好的发展",该维度的内部一致性系数为 0.88;外在归因代表题项有"我的上级想要获得更高的地位"和"我的上级想要追求名声和奖金",该维度的内部一致性系数为 0.86。

控制变量:以往的研究表明,员工性别、年龄、受教育程度、工作年限、岗位级别对组织公民行为具有潜在作用(Chuang & Chiu, 2018),而与上级共事的时间对下属归因过程具有潜在影响(Martinko et al., 2011)。本研究选择下属的性别、年龄、受教育程度、工作年限、岗位级别、与上级共事的时间作为控制变量。其中，性别分为男和女；年龄分为 18~25 岁、26~35 岁、36~45 岁、45 岁及以上；受教育程度分为大专以下、大专、本科、研究生及以上；岗位级别分为一线员工、基层管理者、中层管理者、高层管理者。年龄、受教育程度和岗位级别依照上述顺序分别赋值为 1 至 4。对于工作年限、与上级共事时间，共有 1年及以下、1~3 年、3~5 年、5~10 年和 10 年以上 5 个选项，分别赋值为 1 至 5。

7.5.2.2　研究对象

本次研究的调查范围主要集中在浙江杭州地区。问卷数据主要来源于两部分：一部分来源于浙江某高校的 MBA 学生，研究者利用学员课间休息时间，现场向其发放纸质问卷并全程指导填写；另一部分研究者在同一所高校校友会的协助下，利用网络在线问卷（问卷星）的形式进行，在填写问卷前，作者都与受邀填写者进行了电话沟通，以保证问卷的信度和效度。为了使数据结果更加客观、真实，问卷均采用匿名填写方式。我们对通过两种方式得到的问卷进行了独立样本 T 检验及信度、效度分析，结果表明，两种途径回收的问卷没有显著差异，因此将通过两种途径发放的问卷合并为一个大样本。本次问卷调查的起始时间为 2018 年 6 月 1 日，结束时间为 2018 年 7 月 20 日。本次研究共计发放问卷 320 份，剔除了填写不符合要求及填写明显不认真的问卷 42 份，最终的有效问卷为 278 份，问卷有效率为 86.9%。

7.5.3　描述性统计

为了清晰地展示样本的特征和整体情况，本部分将对问卷被试的基本情况进行描述性统计。由表 7–11 可知，总样本量为 278 人，在 278 位被调查者中，有男性 145 位，占比 52.2%，女性 133 位，占比 47.8%，从总体看男性比例略高于女性，但总体来看差别比例不大，满足调研的基本需求。年龄在 18~25 岁的有 71 位，占比 25.5%；年龄在 26~35 岁的有 166 位，占比为 59.7%；年龄在 36~45 岁的有 37 位，占比 13.3%；年龄在 46~55 岁的有 4 位，占比 1.4%。可以看出被调查者总体年龄偏年轻。学历为高中及以下的有 2 位，占比 0.7%；大专学历的有 14 位，占比 5%；本科学历的有 186 位，占比 66.9%；学历为研究生（硕、博）的有 76 位，占比 27.3%。从上述数据可以看出，被调查者大都接受过高等教育，正是这一群体更容易接受道德型领导归因的概念，同时也是目前的主要工作群体。

表 7-11 问卷调查样本特征分析

特征	分类	频数	百分比 /%
性别	男	145	52.2
	女	133	47.8
年龄	18~25 岁	71	25.5
	26~35 岁	166	59.7
	36~45 岁	37	13.3
	46~55 岁	4	1.4
受教育程度	高中及以下	2	0.7
	大专	14	5
	本科	186	66.9
	研究生（硕、博）	76	27.3
本单位工作年限	1 年以下	51	18.3
	1~3 年	44	15.8
	3~5 年	51	18.3
	5~10 年	76	27.3
	10 年以上	56	20.1
岗位级别	一般职员	67	24.1
	基层管理者	105	37.8
	中层管理者	61	21.9
	高层管理者	45	16.2
与领导共事年限	1 年以下	39	14.0
	1~3 年	106	38.1
	3~5 年	109	36.7
	5~10 年	23	8.3
	10 年以上	8	2.9
单位性质	国有企业	58	20.9
	外资企业	27	9.7
	民营企业	106	38.1
	政府或事业单位	47	16.9
	个体企业	20	7.2
	其他	20	7.2

续表

特征	分类	频数	百分比 /%
部门属性	技术 / 研发	35	12.6
	营销	60	21.6
	生产	74	26.6
	客服 / 服务	12	4.3
	财务	21	7.6
	人事 / 行政	52	18.7
	其他	24	8.6
公司规模	50 人以下	45	16.2
	50~200 人	93	33.5
	201~500 人	38	13.7
	501~1000 人	32	11.5
	1001~3000 人	22	7.9
	3001~5000 人	13	4.7
	5000 人以上	35	12.6

同时，我们也对被调查者目前所处的单位性质、公司规模、部门属性、工作年限、岗位级别及与直接上级的共事年限进行初步调查，以便判断其能否对直接上级做出客观准确的判断。被调查者中属于国有企业的有58人，占比20.9%；外资企业的有27人，占比9.7%；民营企业的有106人，占比38.1%；政府或事业单位的有47人，占比16.9%；个体企业的有20人，占比7.2%；其他有20人，占比7.2%。公司规模在50人以下的有45人，占比16.2%；企业规模在50~200人的有93人，占比33.5%；企业规模在201~500人的有38人，占比13.7%；企业规模在501~1000人的有32人，占比11.5%；企业规模在1001~3000人的有22人，占比7.9%；企业规模在3001~5000人的有13人，占比4.7%；企业规模在5000人以上的有35人，占比12.6%。技术/研发岗位的有35人，占比12.6%；营销岗位的有60人，占比21.6%；生产岗位的有74人，占比26.6%；客服/服务岗位的有12人，占比4.3%；财务岗位的有21人，占比7.6%；人事/行政岗位的有52人，占比18.7%；其他岗位有24人，占比8.6%。从总体来看，被调查者来源广泛，调研数据具有可参考性。

被调查者中，工作年限在 1 年以下的有 51 人，占比 18.3%；工作年限在
1~3 年的有 44 人，占比 15.8%；工作年限在 3~5 年的有 51 人，占比 18.3%；
工作年限在 5~10 年的有 76 人，占比 27.3%；工作年限在 10 年以上的有 56 人，
占比 20.1%。按照岗位级别分类，一般职员有 67 人，占比 24.1%；基层管理者
有 105 人，占比 37.8%；中层管理者有 61 人，占比 21.9%；高层管理者有 45
人，占比 16.2%。在被调查者中，与直接领导共事年限在 1 年以下的有 39 人，
占比 14%；1~3 年的有 106 人，占比 38.1%；3~5 年的有 109 人，占比 36.7%；
5~10 年的有 23 人，占比 8.3%；10 年以上的有 8 人，占比 2.9%。综上所述，
81.7% 的被调查者在现单位工作一年以上，75.9% 的被调查者处于单位中的管理
岗，84% 的被调查者与现领导共事的时间达一年以上，基于此可以了解到本次
研究所邀请的被调查者大都对现企业及领导有足够的了解，可以对问卷题项做
出合理的判断。

7.5.4　研究结果

7.5.4.1　共同方法偏差检验及验证性因子分析

由于本研究的数据都来源于下属的自我报告，可能会存在共同方法偏差
（Podsakoff et al., 2003）。我们通过研究设计和统计方式对这一问题进行控制。在
研究设计上，采用匿名问卷及心理隔离法等对可能的同源方差进行控制。在统
计分析上，采用 Harman 单因素检验法进行共同方法偏差检验。我们将 4 个变
量的所有测量条目进行未旋转的因子分析。结果发现，第一主成分解释的变异
为 33.14%，小于 Podsakoff（2003）所提出的临界标准 40%；并且正如我们所期
望的，出现的 4 个特征根大于 1 的因子分别代表道德型领导、组织公民行为、
内在归因和外在归因。随后我们参考周浩和龙立荣（2004）的建议，采用控制
非可测潜在方法因子的方法再次进行检验。结果如表 7-12 所示，加入潜在公共
因子后的 4 因子模型的拟合指标并没有比 4 因子模型有明显提升。这一结果说
明共同方法偏差不会对本研究产生显著影响。

本研究用 AMOS 21.0 统计软件对模型中的 4 个主要变量进行了验证性因
子分析。模型的拟合指数 χ^2（118）=258.18，$p < 0.001$，CFI=0.96，GFI=0.91，
IFI=0.96，RMESA=0.06，说明 4 因子模型拟合数据较好。所有的因子载荷都是

显著的，支持了聚敛效度。其他三个备选模型的拟合度明显较差，因此假设的4因子模型最能代表测量项目的因子结构，说明量表的区分效度较好。

表 7-12　测量模型之间的验证性因素比较（$N=278$）

	χ^2/df	RMESA	CFI	GFI	IFI	NFI
五因子模型	2.31	0.07	0.95	0.90	0.96	0.92
四因子模型	2.28	0.06	0.96	0.91	0.96	0.92
单因子模型	13.39	0.21	0.55	0.56	0.55	0.53
三因子模型	4.61	0.11	0.87	0.77	0.87	0.84
三因子模型	6.86	0.15	0.79	0.74	0.79	0.77
二因子模型	8.77	0.17	0.72	0.65	0.72	0.70

注：五因子模型：道德型领导、内在动机归因、外在动机归因、组织公民行为、潜在公共因子；
四因子模型：道德型领导、内在动机归因、外在动机归因、组织公民行为；
单因子模型：合并所有研究变量；
三因子模型：合并道德型领导、内在动机归因；
三因子模型：合并道德型领导、组织公民行为；
二因子模型：合并道德型领导、内在动机归因、组织公民行为。

7.5.4.2　相关分析

对回收的 278 份有效问卷数据进行初步分析显示，文中涉及的分类变量（虚拟变量）情况为：被调查者男女性别比例分别占 47.8% 和 52.2%。所有变量的均值、标准差和相关系数见表 7-13。道德型领导与下属的组织公民行为间的相关系数为 0.41（$p < 0.01$），这一结果证明了道德型领导与下属的组织公民行为之间具有显著的正相关关系。内在动机归因与下属的组织公民行为的相关系数为 0.49（$p < 0.01$），外在动机归因与下属的组织公民行为之间的相关系数为 0.22（$p < 0.01$），说明下属的内在动机归因与外在动机归因对组织公民行为均具有正向作用，但内在动机归因的影响更为显著。为进一步了解主要变量间的作用机制，本研究采用跨层次分析加以验证。

表 7-13　变量的描述性统计与相关系数

变量	1.	2.	3.	4.	5.	6.	7.	8.	9.	10.
性别		0.26[**]	−0.04	0.36[**]	0.03	0.32	0.05	−0.18[*]	−0.04	0.04
年龄			0.03	0.65[**]	−0.01	0.47[**]	−0.4[*]	0.04	−0.14[*]	−0.01
受教育程度				−0.14[*]	−0.12[*]	−0.06	−0.01	−0.07	−0.10	0.07
工作年限					−0.13[*]	0.64[**]	−0.27[**]	0.01	−0.18[**]	−0.10

续表

变量	1.	2.	3.	4.	5.	6.	7.	8.	9.	10.
岗位级别						−0.04	0.13*	0.17**	0.14*	−0.10
共事时间							−0.05	−0.02	−0.02	−0.03
道德型领导							(0.90)	0.41**	0.69**	0.17**
组织公民行为								(0.90)	0.49**	0.22**
内在归因									(0.88)	0.35**
外在归因										(0.86)
平均数		1.91	3.21	3.16	2.73	3.27	3.55	3.75	3.77	3.98
标准差		0.66	0.56	1.40	1.20	1.95	0.66	0.64	0.70	0.68

注：（1）** 表示 $p < 0.01$，* 表示 $p < 0.05$；（2）主对角线上的括号内的数字为对应变量的信度系数。

7.5.4.3　假设检验

为了排除回归中的共线性问题，我们对每个回归方程进行了方差膨胀因子（VIF）检验，结果发现 VIF 值均小于 2.1，因此不存在显著的共线性问题。在调节效应检验中，均进行了去中心化处理，以减轻引入交互项可能造成的多重共线性。我们采用层次回归的方法检验下属内在归因、外在归因对道德型领导与下属组织公民行为之间的调节作用，结果如表 7-14 所示。

模型 1 和模型 2 的检验结果表明道德型领导与下属组织公民行为存在显著的正向影响（$b = 0.47$，$p < 0.001$，模型 2）。假设 7-1 得到了数据的支持。模型 4 我们纳入三组二阶交互项来验证内外动机归因的调节作用，结果显示，"道德型领导 × 内在归因"（$b = 0.15$，$p < 0.01$，模型 4）的交互效应显著。本文参考 Aiken 和 West（1991）绘制的内在归因调节效应交互作用图。如图 7-2 所示，当内在归因处于较高水平时，道德型领导与组织公民行为之间的正向关系较强（$b = 0.38$，$p < 0.001$）；当下属内在归因处于较低水平时，道德型领导与组织公民行为之间的正向关系较弱（$b=0.12$，$p > 0.05$）。因此，假设 7-2 得到支持。道德型领导 × 外在归因交互项不显著（$b = 0.08$，$p > 0.05$，模型 4），故可以证明相比于内在归因，下属外在归因对道德型领导与组织公民行为的调节效应相对较小。假设 7-3 得到支持。

表 7-14 层次回归统计结果

变量	因变量：组织公民行为				
	模型 1	模型 2	模型 3	模型 4	模型 5
控制变量					
性别	−0.05	−0.12*	−0.07	−0.05	−0.06
年龄	0.06	0.05	0.06	0.06	0.06
受教育程度	−0.05	−0.03	−0.01	−0.01	0.01
工作年限	0.01	0.23**	0.23**	0.24**	0.23***
岗位级别	0.15*	0.12*	0.12*	0.12*	0.11
共事时间	−0.04	−0.12	−0.15*	−0.16*	−0.15*
主效应					
道德型领导		0.47***	0.21**	0.23**	0.17*
内在归因			0.34***	0.38***	0.41***
外在归因			0.11	0.10	−0.01
交互作用					
道德型领导 × 内在归因				0.15**	0.13*
道德型领导 × 外在归因				0.08	0.14
内在归因 × 外在归因				−0.11	−0.03
三重交互作用					
道德型领导 × 内在归因 × 外在归因					0.25**
R^2	0.03	0.23	0.32	0.34	0.36
△ R^2	0.03	0.20	0.09	0.03	0.02
F	1.8	11.99***	14.27***	11.42***	11.68***
△ F	1.50	68.74***	17.13***	3.28*	9.75**

注：N=278，*** 表示 $p < 0.001$，** 表示 $p < 0.01$，* 表示 $p < 0.05$；常数项略。

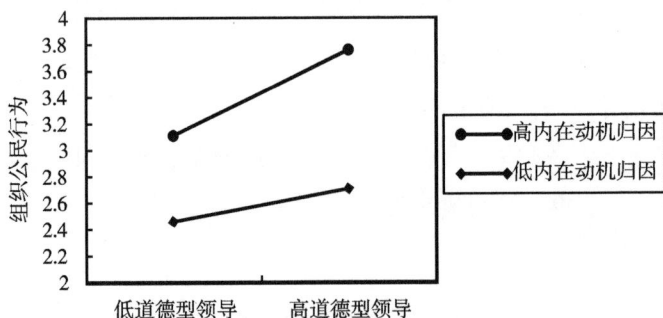

图 7-2 内在归因在道德型领导与下属组织公民行为关系之间的调节作用

最后，我们将三重交互项纳入模型5，结果显示，三重交互项增加了0.02所解释的总体方差（$F=11.68$，$p < 0.001$，模型5）。这一发现表明，研究内外归因与道德型领导的三重交互作用是恰当的。如表7-14中所示道德型领导与组织公民行为之间会受到内在归因与外在归因联合调节效应的影响（$b = 0.25$，$p < 0.01$，模型5）。为了更加直观地显示三重交互作用的效果，我们参考Aiken 和 West（1991）的方法进行了简单斜率分析。我们将内在归因依据平均值进行分割，分别绘制了在高内在归因与低内在归因情况下，外在归因在1个标准差上下对道德型领导与组织公民行为的调节效应交互作用图，如图7-3。图7-3(a) 显示，高内在归因与高外在归因可以以互补的方式显著提升道德型领导与组织公民行为之间的正向作用（$b = 0.61, p < 0.001$）；当内在归因较高、外在归因较低时，道德型领导对下属组织公民行为的正向影响稍弱（$b = 0.26, p < 0.05$）。图7-3(b) 显示，在低内在归因与低外在归因组合下，道德型领导与组织公民行为之间存在显著的正向关系（$b =0.31, p < 0.01$）。低内在归因与高外在归因组合下，道德型领导与下属组织公民行为无关（$b= 0.01, p > 0.05$）。为了进一步验证本研究的假设，作者还参考Lam（2019）的方法进行了斜率差异检验（Dawson et al., 2006）。这一结果同样支持了我们的假设7-4a 和 7-4b：在高内在归因的情况下，高外在归因会强化道德型领导对下属组织公民行为的积极影响（$\triangle b=0.35$，$p < 0.05$）。在低内在归因的情况下，高外在归因会削弱道德型领导与下属组织公民行为的积极影响（$\triangle b = 0.32$，$p < 0.05$）。

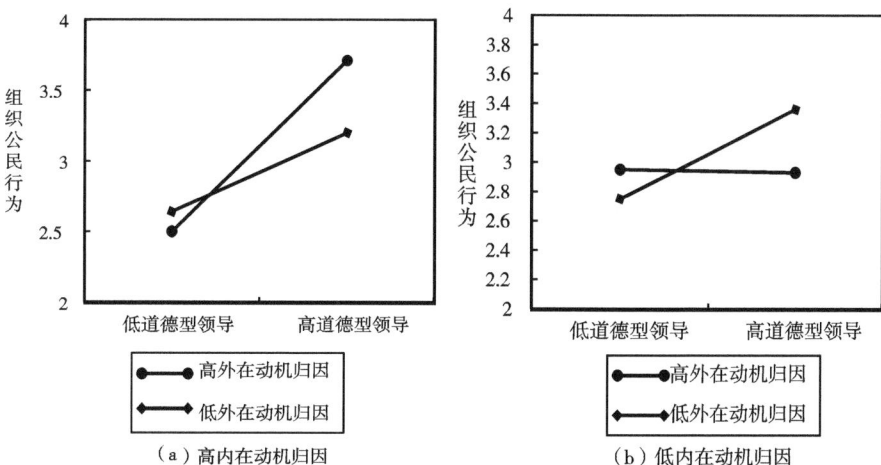

（a）高内在动机归因　　　　　　　（b）低内在动机归因

图7-3　内外动机归因联合对道德型领导与组织公民行为的调节作用

7.6 总结

7.6.1 研究结论

随着社会对道德型领导的重视，领导者越来越倾向于对下属表现出道德行为来赢得下属的好感，从而获得更多优势。组织通过制度文化也会激励领导者以更加道德的方式对待下属。我们的研究认为，道德型领导能否促进下属的模仿行为还取决于下属如何对领导的道德行为进行归因。基于上述推论，本章通过实证研究得出如下主要结论：

（1）道德型领导对下属的组织公民行为具有正向影响，这一结论符合理论预期，与学界已经验证的道德型领导对组织公民行为的正向影响相一致。

（2）下属对道德型领导内在归因正向调节了道德型领导与组织公民行为之间的关系。即相对于低内在归因的下属而言，道德型领导对高内在归因的下属的组织公民行为的正向影响效应更强。

（3）下属对道德型领导的外在归因对道德型领导与组织公民行为之间的关系没有影响。原因在于，依据稳定性归因的逻辑，单独的外在动机的归因会使下属较难判断上级从事道德行为的表现是否具有稳定性，因此外在归因对道德型领导与组织公民行为之间的正向关系影响不大。

（4）通过进一步检验，本章还验证了道德型领导、内在归因与外在归因对下属的组织公民行为存在三重交互调节效应。具体来说，在高内在归因的情况下，高外在归因会强化道德型领导对下属组织公民行为的积极影响。在高内在动机归因的条件下，为了取得平衡认知，对上级道德行为的高外在动机归因会使下属感知到上级是一个可信赖、有能力的个体，从而表现出积极的学习行为。高内在—高外在归因的下属会对上级道德型领导对道德行为表现出最强的学习意向。在高内在动机归因的条件下，下属则较难感知到上级的能力维度，可能会认为上级是个没有能力的"老好人"。高内在—低外在归因的下属相较于高内在—高外在归因的下属表现出较弱的学习意向。

在低内在归因的情况下，高外在归因会削弱道德型领导对下属组织公民行为的积极影响。低内在归因时，较高的外在动机归因会使下属对领导的真诚性产生怀疑，认为上级是一个虚伪自利的个体，从而拒绝学习上级的道德行为。相对应的低内在—低外在归因的下属，由于下属无法判断上级是出于何种真实意图而表现出道德行为，其对上级的道德型领导会持中立态度。在这一态度影响下，下属更有可能从行为本身的吸引力大小（Brown et al., 2005）决定是否学习该行为。而道德行为本身是有吸引力的（Wood & Bandura, 1989），因此下属依然会学习和模仿上级的道德行为。

7.6.2 理论意义

基于中国文化情境，本研究的贡献主要如下：

首先，本研究在道德型领导的社会学习框架中补充了归因视角，丰富了对道德型领导作用机制理解的研究。以往有关道德型领导的研究，大都集中在对其影响结果和作用机制的探讨上，较少关注社会学习与社会交换以外的其他关系。本研究证实了在下属模仿学习道德型领导的行为之前，会判断上级是真心为组织、员工的利益行事，还是为了实现自我为中心的个人利益。并且下属会通过对上级道德型领导的内在及外在归因对道德型领导做出不同的反馈。将社会学习理论和归因理论相结合，可以帮助我们更好地理解道德型领导对下属的影响机制。

其次，学术界对上下级之间归因的探讨，大都仍集中在理论层面（Dasborough & Ashkanasy, 2002），实证研究并不多见。现有的实证研究较多关注领导者对下属绩效的归因（Martinko et al., 2007; 买热巴·买买提、李野，2018），而从下属视角对领导风格进行归因的并不多见。现有的研究中，学者们已经对变革型领导（Dasborough & Ashkanasy, 2002）、辱虐型领导（Burton et al., 2014; Liu, Liao & Loi, 2012; Martinko et al., 2011）、谦逊型领导（毛江华等，2017）、服务型领导（买热巴·买买提、李野，2018）对下属影响过程中的下属归因进行了初步探索。本研究将下属归因过程延伸到了道德型领导的研究领域，并从实证的角度揭示了道德型领导会引发下属的内在、外在动机归因，并且下属会根据这些归因差异做出不同的态度或行为反馈，从而进一步拓展了下属归因理论（Martinko & Gardner, 1987）的涵盖范围，并提供了相应的证据支持。

再次，本研究构建了一个建立在道德型领导、内在动机归因、外在动机归因与下属组织公民行为间的三重交互模型，在研究方法上也具有一定的创新。三重交互模型在国内管理学研究中的应用并不广泛，且较多集中在联合调节效应（joint moderating effects）（王鹏等，2019）。本研究构建了一种调节效应（moderated joint effects）模型，即外在动机归因的调节作用取决于内在动机归因的量值，外在动机归因在不同的内在动机归因下会呈现出完全相反的调节作用。这一结论为道德型领导影响机制的研究提供了一种多元边界机制的视角，同时也为三重交互模型的应用提供了参考。

最后，本研究通过扎根研究与半结构化访谈，在西方学者的基础上提出基于中国情境的关于下属对道德型领导动机归因的内容结构，并且编制了本土化测量量表。实证研究的结果也表明了量表具有较高的信度和效度，可以为后续的研究提供可靠的测量工具。

7.6.3　实践意义

这项研究的实践意义有以下几点：

首先，以往的研究表明道德型领导只要表现出较高的道德水准，就能满足下属对心理安全感、归属感等方面的需要，从而激发下属模仿上级的组织公民行为。本实证研究的结果同样支持了道德型领导对下属组织公民行为的促进作用。因此，领导者应在日常中注重德行领导，为下属做出道德榜样。

其次，本研究提醒领导者，下属感知的道德型领导能在多大程度上对下属组织公民行为产生积极影响，依赖于多方面的因素。表现出道德领导的管理者应该注意他们的行为是如何被下属感知的。依据归因理论中的折扣原则（Kelley，1973），当下属将领导者行为归因于某一动机时，他们将忽略其他动机。因此，领导者应当确保下属将其道德行为归因于内在动机，同时尽量减少下属对道德行为存在功利性的怀疑。

再次，领导者理解下属如何评价和感受他们的道德行为是很重要的。领导者应当更加清醒地觉知自身的情绪和想法，做到更好地认识自我。管理者还可以多与下属进行开放性沟通，交换彼此的真实想法，互相理解、互相体谅。

最后，我们的研究结果表明，对领导道德行为存在高内在归因与高外在动机的下属，会在道德型领导的作用下产生更高水平的组织公民行为。这表明，两种归因类型都是重要且有价值的。尽管受到中国传统文化的影响，内在动机往往会比外在动机产生更为积极的评价，但我们认为管理者不需要回避利己的行为动机。同时，考虑到上下级关系间产生的内群体偏私效应，管理者可以直率地表明自身行为的外在动机，这可以让下属与上级的关系更加贴近，从而做出更为积极的行为。

7.6.4 研究局限与展望

由于时间和资源的限制，本研究仍然存在一些局限，这些局限也为未来的研究指出了方向：

第一，本研究采取下属自我报告的方式，尽管在研究设计和统计检验中通过匿名问卷和同源偏差检验方法已经尽量避免同源偏差问题的影响，但是仍存在其固有的局限。未来的研究，应当基于配对数据或实验数据等多种数据获取方式，对此进行检验。

第二，本研究的数据获得都是基于同一时间点的截面数据，不能明确确定因果关系。因此，此后的研究可以基于更多时间点的纵向研究设计进一步进行对本研究的检验，这有助于进一步评估本研究假设中变量之间的因果关系。

第三，本研究仅控制了员工的相关人口统计学变量，但还有一些与下属归因过程相关的变量在本研究中没有得到控制。例如，情绪差异（Story & Neves，2015）、与上级的交往频率（Popper, 2013）、情商（Dasborough & Ashkanasy，2002）等等。在未来的研究中纳入这些控制变量将提高研究的准确性和适用性。

第四，归因是一个复杂动态的过程，将会受到诸多因素的影响。未来的研究可以进一步探索下属对道德型领导动机归因是通过何种心理机制作用于下属态度或行为。例如将心理安全感作为心理归因过程的重要成分，证明其中介了服务型领导与员工创造力之间的关系。未来的研究还可以尝试探索其他归因维度对下属行为的影响，进一步拓宽下属归因过程的研究范围。例如，Borton（2014）提出下属不仅会对上级的辱虐管理做出内部和外部归因，还会做出关系归因。此外，本研究没有关注下属归因过程的前因，但这显然是未来研究的一个重要领域。

第五，鉴于组织对团队的依赖日益增加，未来可以从团队或群体视角出发，研究不同利益相关者群体对道德型领导动机感知的反馈差异，以及团队成员之间对同一领导者的归因偏好如何互相作用，从而影响团队组织公民行为。

现阶段关于道德型领导的结果与影响机制的研究已经略显疲态，学者们不断开拓新的视角试图唤新这一主题。在此背景下，本研究试图将归因理论融入道德型领导的社会学习框架，并对此进行了初步探索。但在领导力与下属归因过程之间复杂的关系机理中，我们的研究仅仅是管中窥豹，在研究方法和研究内容上还存在多方面问题，需要今后进一步完善和发展，希望本研究能够激发学界对道德型领导与下属归因过程的相互作用进行进一步深入探讨。

参考文献

[1] AIKEN L S, WEST S G. Multiple regression: Testing andinterpreting interactions[M]. Newbury Park: Sage, 1991.

[2] ALLEN T D, RUSH M C. The effects of organizational citizenship behavior on performance judgments: A field study and a laboratory experiment[J]. Journal of Applied Psychology, 1998, 83(2): 247-260.

[3] AQUINO K, FREEMAN D, REED A, et al. Testing a social-cognitive model of moral behavior: The interactive influence of situations and moral identity centrality[J]. Journal of Personality and Social Psychology, 2009, 97(1): 123-141.

[4] AVER J B, PALANSKI M E, WALUMBWA F O. When leadership goes unnoticed: the moderating role of follower self-esteem on the relationship between ethical leadership and follower behavior[J]. Journal of Business Ethics, 2011, 98(4): 573-582.

[5] BANDURA A. Social learing theory[M]. Englewood Cliffs: Pretice-Hall, 1977.

[6] BARNARD C I. The function of the executive[M]. Cambridge: Harvard University, 1938.

[7] BLUA P M. Exchange and power in social life[M]. New York: Wiley, 1964.

[8] BORMANN K C. Linking daily ethical leadership to followers' daily behaviour: the roles of daily work engagement and previous abusive supervision[J]. European Journal of Work and Organizational Psychology, 2017, 26(4): 590-600.

[9] BROWN M E, TREVIÑO L K, HARRISON D A. Ethical leadership: A social learning perspective for construct development and testing[J]. Organizational Behavior and Human Decision Processes, 2005, 97(2): 117-134.

[10] BROWN M E, TREVIÑO L K. Ethical leadership: A review and future directions[J]. The Leadership Quarterly, 2006, 17(6): 595-616.

[11] BURTON J P, TAYLOR S G, BARBER L K. Understanding internal, external, and relational attributions for abusive supervision[J]. Journal of Organizational Behavior, 2014, 35(6): 871-891.

[12]　CHEN A S, HOU Y. The effects of ethical leadership, voice behavior and climates for innovation on creativity: A moderated mediation examination[J]. The Leadership Quarterly, 2016, 27(1): 1-13.

[13]　CHUANG P, CHIU S. When moral personality and moral ideology meet ethical leadership: A three-way interaction model[J]. Ethics & Behavior, 2018, 28(1): 45-69.

[14]　CUILLA J B. Ethics, The heart of leadership[M]. CT: Westport, 2004.

[15]　DASBOROUGH M T, ASHKANASY N M. Emotion and attribution of intentionality in leader–member relationships[J]. The Leadership Quarterly, 2002(13): 615-634.

[16]　DE HOOGH A H B, DEN HHARTOG D N, KOOPMAN P L, et al. Leader motives, charismatic leadership, and subordinates' work attitude in the profit and voluntary sector[J]. The Leadership Quarterly, 2005, 16(1): 17-38.

[17]　De HOOGH A H B, DEN HARTOG D N. Ethical and despotic leadership, relationships with leader's social responsibility, top management team effectiveness and subordinates' optimism: A multi-method study[J]. The Leadership Quarterly, 2008, 19(3): 297-311.

[18]　DECONINCK J B. Outcomes of ethical leadership among salespeople[J]. Journal of Business Research, 2015, 68(5): 1086-1093.

[19]　DEN HARTOG D N, BELSCHAK F D. Work Engagement and machiavellianism in the ethical leadership process[J]. Journal Business Ethics, 2012，107(1): 35-47.

[20]　DONIA M B L, JOHNS G, RAJA U. Good soldier or good actor? Supervisor accuracy in distinguishing between selfless and self-serving OCB motives[J]. Journal of Business and Psychology, 2016, 31(1): 23-32.

[21]　ENDARLE G. Some perspective of managerial ethical leadership[J]. Journal of Business Ethics, 1987, 8(6): 657-663.

[22]　FARH J, EARLEY P C, LIN S. A Cultural analysis of justice and organizational citizenship behavior in chinese society[J]. Administrative Science Quarterly, 1997, 3(42): 421-444.

[23]　FARH J, ZHONG C, ORGAN D W. Organizational citizenship behavior in the People's Republic of China[J]. Organization Science, 2004, 15(2): 241-253.

[24]　FESTINGER L. A theory of cognitive dissonance[M]. Stanford: Stanford University Press, 1957.

[25]　GOK K, SUMANTH J J, BOMMER W H, et al. You may not reap what you sow: How employees' moral awareness minimizes ethical leadership's positive impact on workplace deviance[J]. Journal of Business Ethics, 2017, 146(2): 257-277.

[26]　GREEN S G, MITCHELL T R. Attributional processes of leaders in leader-member interactions[J]. Organizational Behavior and Human Performance, 1979, 23(3): 429-458.

[27] GU Q, TANG T L, JIANG W. Does moral leadership enhance employee creativity? Employee identification with leader and leader–member exchange (LMX) in the chinese context[J]. Journal of Business Ethics, 2015, 126(3): 513-529.

[28] HARVEY P, MARTINKO M J, BORKOWSK N. Justifying deviant behavior: The role of attributions and moral emotions[J]. Journal of Business Ethics, 2017, 141(4): 779-795.

[29] HEIDER F. The psychology of interpersonal relations[M]. New York: Wiley, 1958.

[30] JAVED B, KHAN A A, BASHIR S, et al. Impact of ethical leadership on creativity: The role of psychological empowerment[J]. Current Issues in Tourism, 2017, 20(8): 839-851.

[31] JIANG X, CHEN C C, SHI K. Favor in exchange for trust? The role of subordinates' attribution of supervisory favors[J]. Asia Pacific Journal of Management, 2013, 30(2): 513-536.

[32] JOHNSON D E, EREZ A, KIKER D S, et al. Liking and attributions of motives as mediators of the relationships between individuals' reputations, helpful behaviors, and raters' reward decisions[J]. Journal of Applied Psychology, 2002, 87(4): 808-815.

[33] JORDAN J, BROWN M E, TREVIÑO L K, et al. Someone to look up to[J]. Journal of Management, 2012, 39(3): 660-683.

[34] KACMAR K M, BACHRACH D G, HARRIS K J, et al. Fostering good citizenship through ethical leadership: Exploring the moderating role of gender and organizational politics[J]. Journal of Applied Psychology, 2011, 96(3): 633-642.

[35] KALSHOVEN K, DEN HARTOG D N, DE HOOGH A H B. Ethical leadership at work questionnaire (ELW): Development and validation of a multidimensional measure[J]. The Leadership Quarterly, 2011, 22(1): 51-69.

[36] KALSHOVEN K, DEN HARTOG D N, DE HOOGH A H B. Ethical leadership and follower helping and courtesy: Moral awareness and empathic concern as moderators[J]. Applied Psychology, 2013, 62(2): 211-235.

[37] KELLEY H H, MICHELA J L, ACKERMANN K. Attribution theory and research[J]. Annual Review of Psychology, 1980(31): 457-501.

[38] KELLEY H H. The processes of causal attribution[J]. American Psychologist, 1973(28):107-128.

[39] KO C, MA J, KANG M, et al. How ethical leadership cultivates healthy guanxi to enhance OCB in China[J]. Asia Pacific Journal of Human Resources, 2017, 55(4): 408-429.

[40] LAM W, HUANG X, SNAPE E. Feedback-seeking behavior and leader-member exchange: Do supervisor-attributed motives matter?[J]. The Academy of Management Journal, 2007, 50(2): 348-363.

[41] LI C, WU K, JOHNSON D E, et al. Going against the grain works: An attributional perspective of perceived ethical leadership[J]. Journal of Business Ethics, 2017, 141(1): 87-102.

[42] LIN C, LIU M. Examining the effects of corporate social responsibility and ethical leadership on turnover intention[J]. Personnel Review, 2017, 46(3): 526-550.

[43] LIU D, LIAO H, LOI R. The Dark Side of Leadership: A three-level investigation of the cascading effect of abusive supervision on employee creativity[J]. Academy of Management Journal, 2012, 55(5): 1187-1212.

[44] LAM L W, CHUANG A, WONG C, et al. A typology of three-way interaction models: Applications and suggestions for Asian management research[J]. Asia Pacific Journal of Management, 2019, 36(1): 1-16.

[45] MARTINKO M J, GARDNER W L. The leader-member attribution process [J]. The Academy of Management Review, 1987, 12(2): 235-249.

[46] MARTINKO M J, HARVEY P, DOUGLAS S C. The role, function, and contribution of attribution theory to leadership: A review[J]. The Leadership Quarterly, 2007, 18(6): 561-585.

[47] MARTINKO M J, HARVEY P, SIKORA D, et al. Perceptions of abusive supervision: The role of subordinates' attribution styles[J]. The Leadership Quarterly, 2011, 22(4): 751-764.

[48] MAYER D M, AQUINO K, GREENBAUM R L, et al. Who displays ethical leadership, and why does it matter? An examination of antecedents and consequences of ethical leadership[J]. Academy of Management Journal, 2012, 55(1): 151-171.

[49] MO S, SHI J. Linking ethical leadership to employee burnout, workplace deviance and performance: Testing the mediating roles of trust in leader and surface acting[J]. Journal of Business Ethics, 2017b, 144(2): 293-303.

50] MO S, SHI J. Linking ethical leadership to employees' organizational citizenship behavior: Testing the multilevel mediation role of organizational concern[J]. Journal of Business Ethics, 2017a, 141(1): 151-162.

[51] NEVES P, STORY J. Ethical leadership and reputation: Combined indirect effects on organizational deviance[J]. Journal of Business Ethics, 2015, 127(1): 165-176.

[52] ORGAN D W. Organizational citizenship behavior: The good soldier syndrome[M]. Lexington: Lexington Books, 1988.

[53] ORGAN D W. The motivational basis of organizational citizenship behavior [J]. Research in Organizational Behavior, 1990, 12(1): 43-72.

[54] PENG J C, LIN J. Mediators of ethical leadership and group performance outcomes[J]. Journal of Managerial Psychology, 2017, 32(7): 484-496.

[55]   PODSAKOFF P M, AHEARNE M, MACKENZIE S B. Organizational citizenship behavior and the quantity and quality of work group performance[J]. The Journal of applied psychology, 1997,82(2):262-270.

[56]   PODSAKOFF P M, MACKENZIE S B, LEE J, ET AL. Common method biases in behavioral research: A critical review of the literature and recommended remedies[J]. Journal of Applied Psychology, 2003, 88(5): 879-903.

[57]   PODSAKOFF P M, MACKENZIE S B. Impact of organizational citizenship behavior on organizational performance: A review and suggestion for future research[J]. Human Performance, 1997, 10(2): 133-151.

[58]   POPPER M. Leaders perceived as distant and close. Some implications for psychological theory on leadership[J]. The Leadership Quarterly, 2013, 24(1): 1-8.

[59]   RESICK C J, HANGES P J, DICKSON M W, et al. A cross-cultural examination of the endorsement of ethical leadership[J]. Journal of Business Ethics, 2006, 63(4): 345-359.

[60]   RUIZ-PALOMINO P, RUIZ-AMAYA C, KNÖRR H. Employee organizational citizenship behaviour: The direct and indirect impact of ethical leadership[J]. Canadian Journal of Administrative Sciences, 2011, 28(3): 244-258.

[61]   RYAN R M, DECI E L. Self-determination theory and the facilitation of intrinsic motivation, social development, and well-being[J]. American Psychologist, 2000, 55(1): 68-78.

[62]   SCHAUBROECK J M, HANNAH S T, AVOLIO B J. Embedding ethical leadership within and across organization levels[J]. Academy of Management Journal, 2012, 55(5): 1053-1078.

[63]   SCHAUBROECK, M J, LAM, et al. Can peers' ethical and transformational leadership improve coworkers' service quality? A latent growth analysis[J]. Organizational Behavior and Human Decision Processes, 2016(133): 45-58.

[64]   SKUBINN R, HERZOG L. Internalized moral identity in ethical leadership[J]. Journal of Business Ethics, 2016, 133(2): 249-260.

[65]   SMITH C A, ORGAN D W, NEAR J P. Organizational citizenship behavior: its nature and antecedents[J]. Journal of Applied Psychology, 1983, 68(4): 653-663.

[66]   STORY J, NEVES P. When corporate social responsibility (CSR) increases performance: exploring the role of intrinsic and extrinsic CSR attribution[J]. Business Ethics: A European Review, 2015, 24(2): 111-124.

[67]   STOUTEN J, VAN DIJKE M, MAYER D M, et al. Can a leader be seen as too ethical? The curvilinear effects of ethical leadership[J]. The Leadership Quarterly, 2013, 24(5): 680-695.

[68]   SUE-CHAN C, CHEN Z, LAM W. LMX, Coaching attributions, and employee

performance[J]. Group & Organization Management, 2011, 36(4): 466-498.

[69]　TAJFEL H, TURNEr J. An integrative theory of intergroup conflict[J]. Social Psychology of Intergroup Relations, 1979(33): 94-109.

[70]　VLACHOS P A, TSAMAKOS A, VRECHOPOULOS A P, et al. Corporate social responsibility: Attributions, loyalty, and the mediating role of trust[J]. Journal of the Academy of Marketing Science, 2009, 37(2): 170-180.

[71]　WALUMBWA F O, HARTNELL C A, MISATI E. Does ethical leadership enhance group learning behavior? Examining the mediating influence of group ethical conduct, justice climate, and peer justice[J]. Journal of Business Research, 2017(72): 14-23.

[72]　WALUMBWA F O, SCHAUBROECK J. Leader personality traits and employee voice behavior: Mediating roles of ethical leadership and work group psychological safety[J]. Journal of Applied Psychology, 2009, 94(5): 1275-1286.

[73]　WANG Y, SUNG W. Predictors of organizational citizenship behavior: Ethical leadership and workplace jealousy[J]. Journal of Business Ethics, 2016, 135(1): 117-128.

[74]　WANG Y, YANG C. How appealing are monetary rewards in the workplace? A study of ethical leadership, love of money, happiness, and turnover intention[J]. Social Indicators Research, 2016, 129(3): 1277-1290.

[75]　WEINER B. An attributional theory of achievement motivation and emotion[J]. Psychological Review, 1985, 92(4): 548-573.

[76]　WHITING S W, MAYNES T D, PODSAKOFF N P, et al. Effects of message, source, and context on evaluations of employee voice behavior[J]. Journal of Applied Psychology, 2012, 97(1): 159-182.

[77]　WILLIAMS L J, ANDERSON S E. Job Satisfaction and organizational commitment as predictors of organizational citizenship and in-role behaviors[J]. Journal of Management, 1991, 17(3): 601-617.

[78]　WOOD R, BANDURA A. Social cognitive theory of organizational management[J]. Academy of Management Review, 1989, 14(3): 361-384.

[79]　YANG C, DING C G, LO K W. Ethical leadership and multidimensional organizational citizenship behaviors[J]. Group & Organization Management, 2015, 41(3): 343-374.

[80]　YANG Q, WEI H. Ethical leadership and employee task performance:Examining moderated mediation process[J]. Management Decision, 2017, 55(7): 1506-1520.

[81]　YUKL G A. Leadership in organizations [M]. Upper Saddle River: Prentice-Hall, 2002.

[82]　ZUCKERMAN M, PORAC J, LATHIN D, et al. On the importance of self-determination for

intrinsically-motivated behavior[J]. Personality and Social Psychology Bulletin, 1978, 4(3): 443-446.

[83] 陈芳丽 , 未蕾蕾 , 郑文智 . 领导是如何纳谏的 : 领导动机归因与主管—下属关系的影响 [J]. 企业经济 , 2016(1): 107–111.

[84] 范恒 , 周祖城 . 伦理型领导与员工自主行为 : 基于社会学习理论的视角 [J]. 管理评论 , 2018,30(9): 164–173.

[85] 韩亮亮 , 张彩悦 . 道德领导力对下属工作态度及行为的影响——基于公平感知的中介 作用 [J]. 软科学 , 2015, 29(6): 86–89.

[86] 洪雁 , 王端旭 . 管理者真能 "以德服人" 吗？——社会学习和社会交换视角下伦理型领 导作用机制研究 [J]. 科学学与科学技术管理 , 2011, 32(7): 175–179.

[87] 姜雨峰 . 外部压力、伦理型领导与企业社会责任的关系研究 [D]. 长春 : 吉林大学 , 2015.

[88] 金杨华 , 谢江佩 , 朱玥 , 等 . 高层伦理型领导作用机制研究 : 组织诚信视角 [J]. 应用心 理学 , 2016, 22(4): 313–324.

[89] 李根强 . 伦理型领导、组织认同与员工亲组织非伦理行为 : 特质调节焦点的调节作用 [J]. 科学学与科学技术管理 , 2016, 37(12): 125–135.

[90] 马晨 . 感知的企业社会责任与员工态度的关系研究 [D]. 上海 : 上海交通大学 , 2015.

[91] 买热巴·买买提 , 李野 . 服务型领导与员工创造力——基于对领导者真诚性感知调节的 研究 [J]. 经济管理 , 2018, 40(11): 88–102.

[92] 毛江华 , 廖建桥 , 韩翼 , 等 . 谦逊领导的影响机制和效应 : 一个人际关系视角 [J]. 心理 学报 , 2017(9): 1219–1233.

[93] 孟慧 , 宋继文 , 艾亦非 , 等 . 中国道德领导的结构与测量初探 [J]. 管理学报 , 2014, 8(11): 1101–1108.

[94] 宋继文 , 李慧 , 王崴 , 等 . 道德领导的内涵及其影响机制——基于奇正藏药公司的案例 研究 [J]. 中国人力资源开发 , 2015(7): 26–38.

[95] 王端旭 , 郑显伟 . 伦理型领导对员工任务绩效的影响 [J]. 人类工效学 , 2014, 20(5): 1–6.

[96] 王震 , 孙健敏 , 张瑞娟 . 管理者核心自我评价对下属组织公民行为的影响 : 道德式领导 和集体主义导向的作用 [J]. 心理学报 , 2012, 44(9): 1231–1243.

[97] 王鹏 , 朱方伟 , 宋昊阳等 . 人际信任与知识隐藏行为 : 个人声誉关注与不确定性感知 的联合调节 [J]. 管理评论 , 2019,31(01) : 155–170.

[98] 伍如昕 . "人治" 和 "法治" 谁更有效 ?——组织伦理制度、伦理型领导对员工非伦理行 为影响的比较研究 [J]. 中南大学学报 (社会科学版), 2017, 23(4): 134–144.

[99] 武欣 , 吴志明 . 基于心理契约的组织公民行为管理 [J]. 管理现代化 , 2005(2): 18–20.

[100] 严瑜 , 何亚男 . 领导对建言反应的动机感知作用机制 : 基于归因理论的阐释 [J]. 心理科

学进展, 2016, 24(9): 1457–1466.

[101] 杨齐. 伦理型领导影响员工知识共享行为机理研究——一个调节中介模型 [J]. 生产力研究, 2016(3): 131–135.

[102] 张笑峰, 席酉民. 伦理型领导对员工知识隐藏的影响机制研究 [J]. 软科学, 2016, 30(10): 96–99.

[103] 张永军. 伦理型领导对员工反生产行为的影响: 基于组织的自尊的中介检验 [J]. 中国管理科学, 2015(23): 646–650.

[104] 章发旺, 廖建桥. 伦理型领导与员工越轨行为——一个多层次的调节模型 [J]. 工业工程与管理, 2016, 21(3): 132–138.

[105] 赵轶. 伦理型领导对团队公民行为的影响机制研究 [D]. 杭州: 浙江大学, 2013.

[106] 郑志强, 刘善仕. 好的领导能带来好的绩效吗——对伦理型领导有效性的元分析 [J]. 科技进步与对策, 2017, 34(15): 148–153.

8

导师道德型领导对研究生学术不端行为的影响

8.1 引言

随着研究生论文造假、学术剽窃等学术不端事件屡次发生，研究生学术不端行为已引起社会各界广泛关注。抑制研究生学术不端行为的产生已经成为迫切需要解决的问题。导师作为研究生培养的第一责任人，负有对研究生进行学科前沿引导、科研方法指导和学术规范教导的责任，导师的道德品行对研究生的治学态度和科研行为具有重要影响。虽然导师对学生学术不端行为的影响已经在前人的研究中得到验证，但是，关于导师的道德型领导和学生学术不端行为的研究缺乏从理论视角的实证检验。因此，探究导师道德型领导对研究生学术不端行为的影响及该影响机制具有重要意义。基于社会学习理论，本研究构建了导师道德型领导、道德效能感、道德认同和研究生学术不端行为跨层次概念关系模型，并引入团队伦理气氛这一情境因素。首先，本研究探讨了导师的道德型领导对研究生学术不端行为的影响及其作用机制。其次，本研究检验道德效能感和道德认同如何中介了导师道德型领导对研究生学术不端行为的影响。最后，本研究以团队伦理气氛为调节变量，探讨其对道德认同与研究生学术不端行为的调节作用。通过来自浙江省属高校的 60 个研究生团队的 302 份问卷数据，建立跨层次数据模型。实证研究结果发现：（1）导师的道德型领导减少了研究生学术不端行为；（2）道德效能感和道德认同在导师道德型领导与研究生学术不端行为间起跨层中介作用；（3）团队伦理气氛对道德认同与研究生学术不端行为间的负向关系有着显著强化作用。本研究的理论分析和实证结果表明，导师道德型领导减少了研究生学术不端行为，且道德效能感和道德认同在两者之间起跨层中介作用，团队伦理气氛调节了道德认同与研究生学术不端行为之间的关系。一方面，本研究为构建导师道德型领导和研究生学术不端行为影响机制提供了理论参考和实践指导。另一方面，本研究为从导师道德型领导角度出发建立预防研究生学术不端行为产生机制提供了理论支持。

8.2　研究背景与问题提出

一个国家的发展离不开对人才的培养，人才是国家向前发展的核心力量。在世界格局多极化的背景下，人才尤其是高端人才的重要性日益凸显。研究生教育是培养高层次人才的主要途径，是国家创新体系的重要组成部分。国家统计局公布的《2017 年全国教育事业发展统计公报》数据显示，2017 年我国在学研究生达到了 263.96 万人，成为世界上研究生规模最大的国家之一。然而，在培养研究生的过程中，论文造假、学术剽窃等研究生学术不端事件却屡禁不止，无论是在被曝光的频率还是学术本身的抄袭程度上都愈发恶劣，多次将研究生教育推向舆论的风口浪尖。

研究生学术不端行为的出现受多种因素影响，过去的相关研究从学生个体、导师、高校和社会 4 个层次对其影响因素进行阐释。（1）从学生个体来看，影响是个人道德水平、学术能力、学习目标、人格特质等。Henning 和 Ram 等（2014）对学生学术诚信原因进行分析后认为，个人道德水平决定了学生是否学术诚信。Nhung（2017）通过让被试者填写职业人格问卷后发现，人格是学术不端行为的重要影响因素。Hazzouri 等（2014）认为个人学术能力的高低会影响学术不端行为。（2）从导师角度看，导师对研究生学术不端的影响可以从导师指导和导师道德水平两方面进行分析。导师作为研究生学术研究的主要指导者，对研究生学术研究有着重要影响。张永军等（2018）通过问卷调查等方法分析了导师指导对研究生学术不端行为的影响。研究结果发现有 49.2% 的研究生认为"学校或导师缺乏明确的学术规范和诚信指导"。导师对研究生学术规范缺乏指导对研究生学术不端行为产生负面影响。从导师道德水平角度分析，导师作为研究生学习模仿的榜样，在研究生的学术培养过程中扮演着重要角色，其道德水平对研究生有着潜移默化的影响。王建康和曹健（2008）通过实证分析发现，导师对研究生学术忠诚、学术认同、学术努力等方面均有影响。导师自身素质、导师的言传身教不仅影响研究生的学术研究，而且影响研究生的世界观和学风。(3)从高校角度来看，高校学术道德教育力度不够、研究生评价体系不合理、监督和处置机制存在漏洞等原因是学校方面造成研究生学术不端行为的主要原因（马杰、邓静文，2019）。(4)从社会角度看，社会风气功利化、伦理制度约束力不强等因素影响了研究生学术不端行为的出现（Popoola et al., 2017; 朱华等，2012）。

目前有关研究生学术不端影响的研究大部分以思辨性探讨为主，缺乏影响研究生学术不端行为机制的实证研究（于瑞丽，2017）。因此，本章选择导师层次作为切入点，来探究其对研究生学术不端行为的影响机制。从理论上看，已有研究表明导师对研究生的学术规范缺乏指导和教育及少数导师不端行为都会对研究生学术不端行为产生负面影响（张永军等，2018）。而从实践角度出发，研究生导师大都具有非凡的学术造诣和高尚的道德情操，在研究生心中具有很高的威望和权威（Eby et al., 2008）。导师作为研究生培养的第一责任人，负有对研究生进行学科前沿引导、科研方法指导和学术规范教导的责任。

在国内高校教学中，导师往往会同时指导多个研究生开展学术研究，导师与其指导的研究生便构成了一个团队。在该团队中，导师作为团队的领导者，其与学生的关系在一定程度上类似于企业部门领导与员工的关系。在团队中，领导对团队成员的影响是非常重要的。若领导者行为符合道德伦理，则可引导团队成员的行为道德化。领导者可通过采取符合道德伦理的行为并树立榜样来引导团队成员，与团队成员之间采取交流互动、沟通、决策参与等方式促进团队成员践行此类行为，并且通过团队内部的奖励惩罚制度来强化和稳定团队成员道德化的行为方式（Brown et al., 2005）。Brown 和 Treviño（2006）通过实证研究证明道德型领导可以向员工传达正确的伦理观和道德观，进而促使员工做出合乎伦理的行为。根据社会学习理论，导师通过采取符合道德伦理的行为树立榜样来引导学生；研究生在与导师的交往中会通过模仿来学习导师的行为，研究生在潜移默化中就会得到学术道德的熏陶和提升学术道德素养。因此导师对研究生的学术不端行为具有重要影响。道德型领导对下属道德行为的影响在企业中较多，但是还没有研究探索过高校中导师道德行为如何影响研究生的道德行为（Arain et al., 2017）。同时，在有关学术不端的文献中，也很少有从导师的角度进行跨层次的研究。因此，本章在学术背景下探讨导师道德型领导对研究生学术不端的影响及作用机制。

　　根据社会学习理论，道德效能感和道德认同作为两种重要的影响行为的心理状态，会对个体行为产生影响。在团队成员模仿学习领导行为的过程中，团队成员的自我效能感是其中一个关键的中间状态（Bandura, 1977）。道德认同在道德主体与道德规范磨合的过程中会进行修正，从而与道德规范趋同（杨韶刚，2007）。为进一步探讨导师道德型领导对研究者学术不端行为的作用机制，本研究选择了道德效能感和道德认同作为中介变量，并对其进行实证研究。

　　道德效能感作为一种可塑的和发展的自我效能感，在不同的情境因素下道德效能感会不同，特别是在有领导的环境中会受到影响（Hannah & Avolio, 2010）。根据社会学习理论的自我效能原则，道德效能感会受示范效应的影响（Bandura, 1977）。在团队中，团队成员会模仿学习领导者的行为，团队成员的自我效能感是模仿和学习过程中一个关键的中间状态（Bandura, 1977）。道德型领导不仅自身行为符合道德规范，还会在与团队成员的互动中采用交流、奖惩等方式促进团队成员的道德行为（Brown & Treviño, 2006）。Schaubroeck 等（2012）研究发现，拥有较高的道德效能感的员工在面对道德问题时，会更容易表现出道德行为，避免不道德行为的发生。将自我效能原则应用于教育领域，研究表明研究生的道德效能感会直接影响研究生科研行为的选择（吴英杰, 2018）。在导师与研究生组成的团队中，导师的道德型领导的道德模范作用能提升研究生的道德能力，即导师道德型领导作为团队层次的领导风格，能跨层提升下属研究生的道德效能感。而道德效能感的提升会增强道德行事的意向，道德效能感越高，人们就越可能把道德判断和道德倾向转化为道德行为（Schaubroeck et al., 2012）。研究生的道德效能感越高，即认为自己的道德能力越强，就越自信能够解决和处理道德问题，从而更容易避免出现学术不端等不道德行为。因此，导师道德型领导能够对道德效能感产生跨层影响，进而影响研究生学术不端行为。

　　道德认同作为一种与道德有关的个体特征，反映了个体对于社会伦理道德规范的认同和接受程度，会对个体的行为选择产生重要的影响（Bergin et al., 2003）。Gerpott 等（2019）研究发现，道德型领导能够提升员工的心理授权，促进员工的道德情感和认知发展，使员工将领导者的道德价值内化，从而对员工的道德认同产生积极影响。道德认同又能够促使个体产生亲社会行为（2007），并能够抑制个体做出不道德行为（Reynolds & Ceranic, 2007）。因此，导师道德型领导能够对道德认同产生跨层影响，并间接影响研究生学术不端行为。

团队伦理气氛是团队气氛的一种表现形式，是对团队内占主导地位的伦理思维模式的感知。积极的团队气氛会引导团队成员走出道德困境，做出更有利于团队的事情。研究表明领导者的道德水平、影响力等会影响组织伦理氛围（Forte, 2004）。导师作为团队的领导者，对团队的团队伦理气氛有着重要影响，研究生作为团队成员，其行为受团队气氛影响。因此，团队伦理氛围会对研究生学术不端行为产生影响。道德效能感作为一种心理状态，是可塑的和发展的，在不同的情境因素下道德效能感会不同，特别是在有领导的环境中会受到影响（Hannah & Avolio, 2010）。在团队中，道德效能感受团队气氛影响，因此团队气氛对道德效能感产生影响，并间接影响研究生学术不端行为。研究表明，团队中的伦理氛围会对个体的道德认同产生影响，进而使个体产生符合组织要求的道德行为（Nucci et al., 2008）。当团队中的伦理氛围与个体的道德认同相接近的时候，团队伦理气氛能够正向强化道德认同；当两者出现矛盾甚至相悖时，团队伦理气氛能够削弱个人的道德认同感。因此，与道德效能感相同，道德认同感也受团队伦理气氛影响，并间接影响研究生学术不端行为。

道德型领导作为团队层次的领导风格，和团队伦理气氛共属团队层次变量；道德效能感、道德认同和学术不端行为为团队成员心理和行为描述变量，属于个体层次变量。因此，导师道德型领导和团队伦理气氛对研究生道德效能感、道德认同及学术不端行为产生的影响属于跨层影响。综上所述，导师道德型领导对研究生学术不端行为的影响应从团队和个体两个层面进行研究。在团队层面，导师道德型领导直接跨层影响研究生学术不端行为；在个体层面，导师道德型领导和团队伦理气氛跨层影响道德效能感和道德认同，进而间接影响研究生学术不端行为。

基于以上分析，本研究旨在从社会学习理论视角探讨商学院导师道德型领导对研究生学术不端行为的影响机制，并通过问卷调查等研究方法解决以下3个问题：（1）检验导师的道德型领导与研究生学术不端行为的关系；（2）检验道德效能感和道德认同在导师道德型领导与研究生学术不端行为关系间的跨层中介作用；（3）检验团队伦理气氛对导师道德型领导与研究生学术不端行为关系的跨层调节效应。

8.3 文献综述

8.3.1 学术不端行为文献综述

本章针对学术不端行为的定义、表现形式和影响因素进行详细的综述。

8.3.1.1 学术不端行为的定义

早在 20 世纪 80 年代，学术不端行为在世界范围内就时有发生。美国学者对学术不端行为的研究起步较早，研究成果也较为丰富（方冬姝、方润生、郭朋飞, 2012）。比如，美国国家科学基金会（NSF）在 1988 年把学术不端行为定义为：伪造、篡改、剽窃和其他严重背离公认准则的行为（Kumar, 2008）。美国公共卫生局（PHS）在 1989 年给出了一个更为正式的定义：学术不端行为或科学不端行为，是指在进行或报告研究时发生的捏造、篡改、剽窃行为，或者严重背离科学共同体规则的其他行为。为了进一步加强该定义的操作性和执行性，美国科学技术政策办公室在 2000 年取消了上述定义中的"其他行为"，并且加强了对"捏造""篡改"和"剽窃"等术语的相关解释（方冬姝等, 2012），修改后的定义目前在美国被普遍认同和采纳（王阳、王希艳, 2008）。我国对学术不端行为的研究起步较晚，教育部社会科学委员会 2004 年在《高等学校哲学社会科学研究学术规范（试行）》中首次对学术不端行为做出了明确的定义：伪注、伪造、篡改文献和数据等行为都将被划为学术不端行为。中国科学技术协会在 2007 年发布的《科技工作者科学道德规范（试行）》中，把学术不端行为定义为"在科学研究和学术活动中的各种造假、抄袭、剽窃和其他违背科学共同体惯例的行为"，第一次对学术不端行为做出了权威定义。上海交通大学的曹树基教授认为，学术不端行为主要指学者涉及抄袭、剽窃的不良行为，也指学者恶意的一稿多投行为。教育部 2016 年发布的《高等学校预防与处理学术不端行为办法（征求意见稿）》将学术不端行为定义为"在科学研究及相关活动中发生的严重违反公认的学术准则、违背学术诚信的行为"。

就世界范围来看，虽然各机构和学者对学术不端行为的定义各不相同，但核心内容是一致的，都包含了捏造、篡改、剽窃等行为。研究生学术不端行为作为学术不端行为的重要组成部分，方润生等（2013）在结合以往研究者对学术不端行为所下定义的基础上，将其定义为：研究生在科研活动，尤其是在论文写作中，抄袭、剽窃、侵吞他人成果，伪造、篡改数据等违反学术道德和学术规范的行为。相较于其他的学术不端行为，研究生学术不端行为主要出现在论文写作及发表过程中。由于本研究探讨的是研究生学术不端行为，因此要借鉴方润生等（2013）给出的研究生学术不端行为的定义。

8.3.1.2 学术不端行为的表现形式

近年来，关于学术不端行为的具体表现形式，国内知名的研究机构和学者们也都进行了相应的归纳总结。如中国科学技术协会（简称"中国科协"）在2004年就曾归纳出学术不端行为的7种表现形式：抄袭剽窃他人成果，伪造篡改实验数据，随意侵占他人科研成果，重复发表论文，学术论文质量降低和育人不负责，在学术评审和项目申报中突出个人利益，过分追求名利、助长浮躁之风。韩丽峰和徐飞（2005）从作者、评议人和编辑三个方面，对学术成果发表过程中存在的学术不端行为进行分析。他们认为作者在学术成果发表过程中可能在撰写、署名、发表等方面存在学术不端行为。马革兰和杜秉玉（2010）通过自己的实际观察和考察，把学术不端行为归纳为3类：（1）侵占、抄袭、剽窃他人的学术成果。（2）伪造或篡改实验数据或引用的数据资料。（3）雇用或充当"枪手"。方润生、郭朋飞等（2012）认为研究生学术不端行为是指研究生在科学研究活动，尤其是在论文写作中，抄袭、剽窃、侵吞他人成果，伪造、篡改数据等违反学术道德和学术规范的行为。2019年5月，我国出台了首个针对学术不端行为的行业标准——《学术出版规范——期刊学术不端行为界定（CY/T 174—2019）》（以下简称《标准》），《标准》将论文作者学术不端行为划分为8种类型，即剽窃、伪造、篡改、不当署名、一稿多投、重复发表、违背研究伦理和其他学术不端行为。其他研究机构和学者们对学术不端行为具体表现形式的归纳见表8-1。

表8-1 学术不端行为的表现形式

作者	学术不端行为表现形式
教育部（2009）	（1）抄袭、剽窃、侵吞他人学术成果；（2）篡改他人学术成果；（3）伪造或者篡改数据、文献，捏造事实；（4）伪造注释；（5）未参加创作，在他人学术成果上署名；（6）未经他人许可，不当使用他人署名；（7）其他学术不端行为。
中国知网（2012）	（1）论文本身存在的不端行为；（2）作者署名中的不端行为；（3）投稿和发表过程中的不端行为。具体包括：剽窃、伪造、篡改、不当署名、一稿多投、重复发表、拆分发表、相关研究伦理问题及其他问题。

续表

作者	学术不端行为表现形式
国家新闻出版署（2019）	（1）剽窃；（2）伪造；（3）篡改；（4）不当署名；（5）一稿多投；（6）重复发表；（7）违背研究伦理；（8）其他学术不端行为。
韩丽峰、徐飞（2005）	（1）作者在论文撰写时存在的学术不端行为；（2）作者在论文署名时存在的学术不端行为；（3）作者在论文发表时存在的学术不端行为；（4）评议人在论文审稿时存在的学术不端行为；（5）编辑在论文审稿前后存在的学术不端行为。
马革兰、杜秉玉（2010）	（1）侵占、抄袭、剽窃他人的学术成果；（2）伪造或篡改实验数据或引用的数据资料；（3）雇用充当"枪手"。
方润生、郭朋飞等（2012）	（1）抄袭；（2）剽窃；（3）侵吞他人成果；（4）伪造、篡改数据。
江利平（2014）	（1）抄袭、剽窃他人研究成果；（2）伪造或篡改实验数据；（3）一稿多投；（4）请人代写论文或为别人代写论文；（5）虚拟参考文献；（6）署名不当。

通过对以往文献的梳理，本研究重点探讨研究生学术不端行为的以下几种表现方式：（1）调整或修改数据；（2）参考文献中引用根本没有看过的文献；（3）发表直接翻译的国外文献；（4）一稿多投；（5）引用他人观点而不做任何说明；（6）抄袭他人研究成果。

8.3.1.3 学术不端行为的影响因素

通过对国内外文献的梳理，发现学生学术不端行为的影响因素，可以归纳为学生个体层面、导师层面、高校层面和社会层面4个层面。具体如下：

（1）学生个体层面。学生个体对学术不端行为的影响因素主要包括人格、个人道德水平、学术能力、利益驱动等。Henning等（2014）在对学生学术诚信原因进行分析后认为，个人道德水平决定了学生是否学术诚信。Hazzouri和Carvalho（2014）认为个人学术能力的高低会影响学术不端行为，其研究表明，在个人学术能力较差的情况下，商学院学生在消耗认知能力增强时会产生更高的负面情绪，进而更易产生学术不端行为。徐军等（2016）通过问卷调查等方式对研究生学术规范和学术诚信现状进行研究分析，研究表明学术能力不足和利益驱动等因素影响了学术不端行为的产生。Nhung（2017）通过让被试者填写职业人格问卷后发现，人格是学术不端行为的重要影响因素。杨峰（2018）对研究生学术不端行为的心理动机进行研究后发现，学习动机不纯、道德重构等因素是研究生出现学术不端的主要心理动机。Claudio等（2018）通过问卷调查等方式研究后发现学生的马基雅维利主义和学术道德推脱影响其学术不端行为的产生。

（2）**导师层面**。导师对研究生学术不端的影响可以从导师指导和导师道德水平两方面进行分析。导师作为研究生学术研究的主要指导者，导师的指导对研究生学术研究有着重要影响。张永军等（2018）通过问卷调查等方法分析了导师指导对研究生学术不端行为的影响。研究结果发现，导师与研究生接触的频率和研究生的科研产出呈正相关关系，其中有49.2%的研究生认为"学校或导师缺乏明确的学术规范和诚信指导"。除此之外，有45.4%的研究生认为"少数教师自身存在学术不良行为，对学生可能产生负面影响"。导师对研究生学术规范缺乏指导和教育及少数导师不端行为都对研究生学术不端行为产生负面影响。马杰、邓静文（2019）通过问卷调查的方式对江西省高校研究生学术不端现状及影响因素进行了研究，研究结果表明有60.52%的研究生表示，与导师和师兄师姐接触是获得学术道德规范信息的主要渠道之一。绝大多数被调查者认同导师会对其遵守学术道德规范行为产生影响，导师在研究生的学术培养过程中扮演着重要角色。

导师作为研究生学习模仿的榜样，其道德水平对研究生有着潜移默化的影响。王建康和曹健（2008）通过实证分析发现，导师对研究生学术忠诚、学术认同、学术努力等方面均有影响。他们认为导师是研究生培养的最关键因素，导师自身素质、导师的言传身教不仅影响研究生的学术研究，而且影响研究生的世界观和学风。江利平（2014）认为，如果导师因能力或道德问题不能对研究生进行及时有效的引导，则会加重研究生的学术不端行为。Arain等（2017）通过对巴基斯坦商学院的老师和学生进行问卷调查，探究了老师道德型领导对学生学术不端行为的影响。研究结果表明，老师道德型领导与学生学术不端行为之间存在负向关系，并且在两者之间引入了道德认同这一中介变量。陈善志、冯建民（2019）对高等教育学硕士研究生学术不端行为的主要原因进行分析后认为，教师师道失守是重要原因之一。他们认为教师对师道的遵守关乎研究生学术生涯的成败，教师教育在高等教育学硕士研究生的学术生涯中起着决定性作用。而随着高校市场化程度的加深、教师工薪待遇偏低及社会功利化环境的驱使，有些教师存在"师道"失守、学术基本道德底线崩溃等情况，这使高等教育学硕士研究生的培养质量没有保障，动摇了形成研究生学术道德修养的根本。

（3）**高校层面**。高校对研究生学术不端行为的影响因素主要包括学术制度不规范、学术惩罚力度不够、学术道德教育力度不够等几个方面。赵文文（2013）通过问卷调查的方式对高校学术失信现状进行研究后认为，大学生学术失范根本原因是学术规范制度的不健全、学术惩罚力度不够。除此之外，高校行政权力的专制和一些不良传统文化也会对高校学术不诚信造成影响。马杰和邓静文（2019）认为高校学术道德教育力度不够、研究生评价体系不合理、监督和处置机制存在漏洞等原因是学校方面造成研究生学术不端行为的主要原因。陈善志和冯建民（2019）认为高校对学术道德教育的轻视使很多硕士研究生对学术道德的了解不全面，间接造成部分研究生存在违反学术道德规范的行为。

（4）**社会层面**。社会对研究生学术不端行为的影响因素主要有社会风气功利化、伦理制度约束力不强等。朱华等（2012）从我国研究生学风及学术道德现状调研数据出发，对我国研究生学术道德失范的影响因素进行了分析，研究结果表明，社会风气浮躁、功利和网络的便利化使研究生学术不端行为发生频率提高。胡琴芳和邹筱（2016）基于供给侧视角，围绕高校研究生学术不端行为问题进行探讨分析后认为，研究生学术不端行为受社会风气、奖惩制度和考评制度的影响。Popoola 等（2017）通过对商学院学生进行调查研究后发现，隐性伦理制度会对学生学术不端行为产生影响。因此，他们鼓励学术管理人员将隐性理论制度制度化，以遏制学生的学术作弊行为。

对国内外学者关于学术不端行为影响因素研究进行整理后发现，研究生学术不端中学生个体层次的影响因素主要包括人格、个人道德水平、学术能力、利益驱动等；导师层次的影响因素可从导师指导和导师道德水平两方面展开；高校对研究生学术不端行为的影响因素主要有学术制度不规范、学术惩罚力度不够、学术道德教育力度不够等几个方面；社会层次的影响因素主要有社会风气功利化、伦理制度约束力不强等。各层次对研究生学术不端的具体影响因素如表 8-2 所示。

表 8-2　研究生学术不端行为的影响因素

影响层次	影响因素
学生个体	个人道德水平、个人学术能力、利益驱动、人格、学习动机、道德重构、马基雅维利主义、学术道德推脱等
导师	导师指导：导师与研究生的接触频率、导师缺乏明确的学术规范和诚信指导等
	导师道德水平：导师自身素质、导师道德水平、导师的道德型领导、教师师道等
高校	学术规范制度不健全、学术惩罚力度不够、高校行政权力的专制、学术道德教育力度不够、研究生评价体系不合理、监督和处置机制存在漏洞等
社会	社会风气、网络便利化、伦理制度等

8.4　理论与假设

对现有文献的梳理有助于掌握道德型领导和学术不端行为等研究的研究现状，也有助于发现以往研究的局限和不足，进而明确本研究的研究方向和思路。本章根据现有理论和研究提出本研究的关键变量，最终提出本研究的理论框架与假设。

8.4.1　理论基础——社会学习理论

20 世纪 50 年代，随着现代认知心理学的兴起，人们对学习行为的探究有了新的发展。班杜拉在吸收已有理论研究的基础上，发展了自己的理论，于 1977 年出版的《社会学习理论》中首先提出社会学习理论。社会学习理论是用于探讨人类行为影响的理论之一。社会学习理论认为个人的认知、行为与环境因素三者及其交互作用共同影响着人类行为（Bandura，1977）。

社会学习理论强调替代的、符号的及自我评价作用在心理机能中所扮演的重要角色。它继承了行为主义学习理论中对强化的重视，摒弃了传统行为主义学习理论的偏见，不再将对人的研究局限于实验室之内，而是关注环境的影响、重视认知的作用。社会学习理论揭示了观察学习整个过程的规律，对多个领域的实践有着重要的启示和借鉴。本研究主要采用社会学习理论的观察学习原则和自我效能原则来解释研究逻辑。

观察学习原则。班杜拉认为行为习得有两种不同的过程：一种是通过直接经验获得行为反应模式的过程，班杜拉把这种行为习得过程称为"通过反应的结果所进行的学习"；另一种是通过观察示范者的行为而习得行为的过程，班杜拉将它称为"通过示范所进行的学习",班杜拉的社会学习理论强调的是这种观察学习或模仿学习。在观察学习的过程中,观察者观察示范者的行为,并把示范行为以符号的形式表象化,将短暂的榜样示范保存在长时记忆中。观察者出于某种动机,可把记忆中的符号和表象转换成适当的行为,即可再现以前所观察到的示范行为。观察学习过程中,示范者行动本身的特征、观察者本人的认知特征及观察者和示范者之间的关系等诸多因素影响着学习的效果。观察学习者是否能够经常表现出示范行为要受到行为结果因素的影响,行为结果包括外部强化、自我强化和替代性强化。

自我效能原则。自我效能是指个体对自己能否在一定水平上完成某一活动所具有的能力判断、信念或主体自我把握与感受,也就是个体在面临某一任务活动时的胜任感及其自信、自珍、自尊等方面的感受。自我效能也可称作自我效能感。班杜拉对自我效能的形成条件及其对行为的影响进行了大量的研究,指出自我效能的形成主要受5种因素的影响,包括:行为的成败经验、替代性经验、言语劝说、情绪的唤起及情境条件。自我效能感的提高会使个体对自己的能力充满信心;反之,自我效能感的下降会降低人对自己能力的评估,使人丧失信心。

8.4.2 概念模型提出

8.4.2.1 导师的道德型领导行为对研究生学术不端的影响

道德型领导的"道德性"体现在领导者既是"道德个体"也是"道德管理者"(Treviño et al., 2000)。作为"道德个体",道德型领导诚实正直、关怀下属并做出公平决策;而作为"道德管理者",道德型领导对他人提出道德期望,通过建立伦理标准、实施伦理沟通并运用奖惩机制激发员工的伦理动机与行为。基于社会学习理论,道德型领导会通过与员工日常交往对他们的个人行为产生积极影响(Brown et al., 2005),他们通过向员工传达正确的伦理观和道德观,进而促使员工做出合乎伦理的行为(Brown & Treviño, 2006)。

当导师指导的研究生超过一定数量时,导师与其指导的研究生便构成了一个团队,导师与学生的关系在一定程度上类似于领导与员工的关系。导师作为团队的领导者,为学生树立道德模范作用,学生则会模仿导师的行为方式和价值观,进而影响学生的行为方式和价值观念。在导师与学生组成的团队中,导师的自身素质和言传身教会在潜移默化中影响研究生的学术研究（王建康、曹健，2008）。导师通过传递亲社会行为信息来激励学生从事学术诚信和亲社会行为（Arain et al., 2017）。

研究生学术不端行为作为一种典型的非道德行为，受导师道德型领导的影响。导师作为研究生培养的第一责任人，指导研究生日常学习，为其制定学习计划，带领其开展学术研究。研究发现，导师在规范研究生学术行为方面扮演着重要角色，影响着研究生的学术行为（Crown & Spiller, 1998）。如果导师忽视对研究生的学术道德的监管和培养，自身示范效应不明、对学生的责任意识薄弱，或者导师因道德或能力问题不能对研究生进行及时而有效的引导，这些都会加重研究生的学术不端行为（江利平，2014）。

8.4.2.2 导师的道德型领导行为影响研究生学术不端的机制

道德效能感和道德认同作为两种重要的影响行为的心理状态，会对个体行为产生影响。根据社会学习理论，在团队成员模仿学习领导行为的过程中，团队成员的自我效能感是其中一个关键的中间状态（Bandura，1977）。道德认同在道德主体与道德规范磨合的过程中会进行修正，从而与道德规范趋同（杨韶刚，2007）。为进一步探讨导师道德型领导对研究生学术不端行为的作用机制，本研究选择了道德效能感和道德认同作为中介变量，并对其进行实证研究。

基于社会学习理论，组织中的员工会模仿具有道德性领导者的行为方式和价值观，道德领导者通过成功经验、语言宣教、情绪激发等方式影响员工的道德效能感，进而影响员工的行为方式和价值观念（王震等，2015）。当道德型领导处于组织层面时，团队领导能够通过道德领导的模范作用跨层提升下属员工的道德效能感，进而促使他们更积极地从事道德行为并避免非道德行为的发生（范恒、周祖城，2018）。而拥有较高的道德效能感的员工在面对道德问题时，会更易表现出道德行为，避免不道德行为的发生（Schaubroeck et al., 2012）。将自我效能原则应用于教育领域，研究生的道德效能感会直接影响研究生科研行为的选择（吴英杰，2018）。因此，本研究认为道德效能感在导师的道德型领导和研究生学术不端行为之间具有跨层中介效应。

管理者的道德认同也与道德型领导正相关。道德型领导通过提升员工的心理授权，促进员工的道德情感和认知发展，使员工将领导者的道德价值内化，从而对员工的道德认同产生积极影响（Gerpott et al., 2019）。道德认同则会抑制个体的反社会行为和不道德行为等行为（曾晓强，2011），且道德认同对道德行为有正向影响（Reynolds & Ceranic, 2007）。根据社会学习理论，导师作为团队的核心人物，是团队成员的道德榜样，因此在团队中，导师的道德型领导的道德模范作用能提升研究生的道德认同。而不同的个体在面对不同的情境线索时可能具有不同的行为反应。面对学术不端这一违背道德准则的行为，道德认同较低的研究生往往会忽略导师所传递的道德要求信号，而且其自利动机更易于被组织中出现的非道德行为所激发，从而产生更高的学术不端行为意向。基于此，本研究认为道德认同在导师的道德型领导和研究生学术不端行为之间具有跨层中介效应。

作为组织伦理框架的重要组成部分，伦理氛围对员工的（非）伦理行为具有重要的影响（Kishgephart et al., 2010）。研究表明，领导者的道德水平、影响力等会影响组织伦理氛围的产生（Forte, 2004）。领导者通过实施和执行道德准则及奖励道德行为和惩罚非道德行为可以使组织内产生一种团队伦理气氛，这种团队伦理气氛会对员工的行为产生影响（Schwepker, 2001）。

综上所述，本研究认为导师的道德型领导会对研究生学术不端行为产生影响，道德效能感和道德认同在导师道德型领导与研究生学术不端行为间起跨层中介作用，团队伦理气氛在道德效能感和道德认同与研究生学术不端行为的关系中具有跨层调节作用，由此提出概念模型（见图 8-1）。

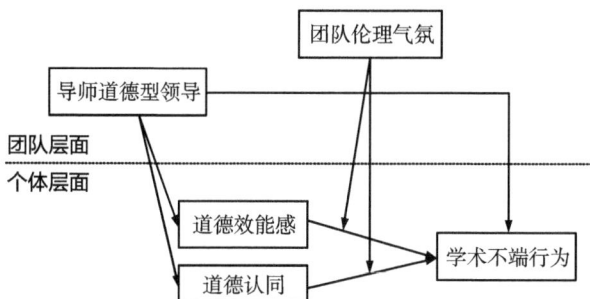

图 8-1 导师的道德型领导对学术不端行为的影响概念模型

8.4.3 研究假设

8.4.3.1 导师的道德型领导与研究生学术不端

基于社会学习理论的观察学习原则可以解释导师道德型领导与研究生学术不端行为之间的关系。社会学习理论强调的是观察学习和自我调节在引发人的行动中的作用，重视人的行为和环境的相互作用（Bandura, 1986）。在研究生的求学生涯中，作为其最亲近的指导者和监护人，导师自身的敬业精神和治学态度对研究生具有很大的影响。研究生导师大都具有深厚的学术造诣和崇高的道德情操，在研究生心中具有很高的威望和权威性，是研究生争相模仿的对象。在学校内，导师通过在科研学习和工作中要求自己和学生遵守伦理准则等方式影响研究生的学术行为。研究发现，导师在规范研究生学术行为方面扮演着重要角色，影响着研究生的学术行为（Crown & Spiller, 1998）。王建康和曹健（2008）通过实证分析后发现，导师对研究生学术忠诚、学术认同、学术努力等方面均有影响。导师的自身素质和言传身教不仅影响研究生的学术研究，而且影响研究生的世界观和学风。如果导师忽视对研究生的学术道德的监管和培养，自身示范效应不明、对学生的责任意识薄弱，或者导师因道德或能力问题不能对研究生进行及时有效的引导，这些都会加重研究生的学术不端行为（江利平，2014）。

在实际教学中，一位导师往往同时指导多名研究生开展学术研究，导师与研究生组成的团队类似于企业中领导与员工组成的团队。在企业中道德型领导会通过与员工的日常交往对他们的个人行为产生积极影响（Brown et al., 2005），他们通过向员工传达正确的伦理观和道德观，进而促使员工做出合乎伦理的行为（Brown & Treviño, 2006）。Park等（2015）认为道德型领导公平公正、诚实正直、关心员工等优秀品质会影响员工的态度和行为，而且他们组织协调平衡员工的利益，这些都对员工的态度和行为产生影响。刘松博等（2013）通过实证研究后发现道德领导与员工非道德行为显著负相关。

教师被认为是学生获取知识的主要合法渠道，他们的行为会对学生的行为产生影响，正面影响会使学生成为对社会负责的公民。导师的亲社会行为（如公平对待学生、值得信赖、帮助学生等）受到学生和学校的高度重视，导师通过传递亲社会行为信息来激励学生从事学术诚信和亲社会行为（Arain et al.,

2017）。在导师与学生组成的团队中，导师的自身素质和言传身教会潜移默化地影响研究生的学术研究（王建康、曹健，2008）。因此，导师的道德型领导会对研究生学术不端行为产生影响。基于此，本研究提出以下假设。

假设 8-1：导师的道德型领导减少了研究生学术不端行为。

8.4.3.2　道德效能感的中介作用

道德效能感是一个人对自己特定能力的信念，这种能力是在面对道德逆境时仍然坚持组织和调动为实现道德实践所需的动机、认知资源、方法和行为过程的能力。作为一种心理状态，作为一种可塑的和发展的自我效能感，在不同的情境因素下道德效能感会不同，特别是在有领导的环境中会受到影响（Hannah & Avolio, 2010）。根据社会学习理论的自我效能原则，道德效能感会受示范效应的影响（Bandura，1977）。在团队中，团队成员会模仿学习领导者的行为，团队成员的自我效能感是模仿和学习过程中一个关键的中间状态（Bandura，1977）。道德型领导不仅使自身行为符合道德规范，还会在与团队成员的互动中采用交流、奖惩等方式促进团队成员的道德行为（Brown & Treviño, 2006）。

国内学者王震等（2015）从社会学习理论出发，探讨了道德型领导对员工道德效能的影响机制。研究结果表明，道德领导者主要是通过成功经验、语言宣教、情绪激发和替代学习 4 个方面来影响员工的态度和行为。Wang 和 Sung（2016）研究发现道德领导者以其自身的公平正直、关怀下属、诚实信用等特质对员工产生较大的吸引力，进而产生了替代性学习，而替代性学习又会促使员工获得一定的间接经验，最终会增强员工自身道德效能感。范恒和周祖城（2018）通过对技术制造型民营企业的工作团队和员工进行问卷调查后发现，员工在学习伦理型领导的过程中会提升自身的道德效能感，从而影响员工的自主行为。上述研究结果表明道德型领导会增强团队成员的道德效能感。

Schaubroeck 等（2012）研究发现拥有较高的道德效能感的员工在面对道德问题时，会更易表现出道德行为，避免不道德行为的发生。Hannah 等（2010）的研究表明了道德认同、道德所有权、道德勇气、道德效能感等对个体道德认知和倾向具有正向作用，进而避免其表现出不道德行为。王震等（2015）也通过实证研究证实了道德效能感可有效增强个体在面临道德困境时做出道德行为的信心，进而抑制不道德行为的发生。

将自我效能原则应用于教育领域发现，研究生的道德效能感会直接影响研究生科研行为的选择（吴英杰，2018）。在导师与研究生组成的团队中，导师的道德型领导的道德模范作用能提升研究生的道德能力，即导师道德型领导作为团队层次的领导风格，能跨层提升下属研究生的道德效能感。而道德效能感的提升会增强道德行事的意向，道德效能感越高，人们就越可能把道德判断和道德倾向转化为道德行为（Schaubroeck et al., 2012）。研究生的道德效能感越强，即认为自己的道德能力越强，就越能够自信地解决和处理道德问题，从而更容易避免出现学术不端等不道德行为。因此，本研究提出以下假设。

假设 8-2：导师道德型领导与研究生道德效能感呈正相关关系。

假设 8-3：道德效能感与研究生学术不端行为呈负相关关系。

假设 8-4：道德效能感在导师道德型领导与研究生学术不端行为间起跨层中介作用。

8.4.3.3　道德认同的中介作用

道德认同是个人对某些特定道德特质（比如诚实、正直等）的认同程度（Aquino & Reed, 2002）。道德认同作为一种与道德有关的个体特征，反映了道德品质在自我意识中的重要程度（曾晓强，2011）。杨韶刚（2007）认为，在道德主体与社会道德规范磨合的过程中，道德认同会进行修正，从而与社会道德规范趋同。由此可知，道德认同会因外界因素而发生变化。

研究发现，道德型领导提升了员工的心理授权，促进了员工的道德情感和认知发展，使员工将领导者的道德价值内化，从而对员工的道德认同产生积极影响(Gerpott et al., 2019)。这表明管理者的道德型领导与员工的道德认同正相关。实证研究表明，道德认同能够促使个体产生亲社会行为，如捐赠、志愿服务等（Reed et al., 2007），并能够抑制个体做出不道德行为，如欺骗行为（Reynolds & Ceranic, 2007）和反社会行为（Sage et al., 2006），且道德认同对道德行为有正向影响（Reynolds & Ceranic, 2007）。

根据社会学习理论，导师作为团队的核心人物，是团队成员的道德榜样，因此在团队中，导师的道德型领导的道德模范作用能提升研究生的道德认同。而道德认同不同的个体在面对不同的情境线索时可能有不同的行为反应。面对学术不端这一违背道德准则的行为时，道德认同较高的研究生可能会降低发生学术不端这种不道德行为的意向，而道德认同较低的研究生往往会忽略导师所传递的道德要求信号，而且其自利动机更易于被组织中出现的非道德行为所激发，从而产生更高的学术不端行为意向。因此，本研究提出以下假设。

假设 8-5：导师道德型领导与研究生道德认同呈正相关关系。

假设 8-6：道德认同与研究生学术不端行为呈负相关关系。

假设 8-7：道德认同在导师道德型领导与研究生学术不端行为间起跨层中介作用。

8.4.3.4 团队伦理气氛的跨层次调节作用

团队伦理气氛是团队气氛的一种表现形式，是对团队内占主导地位的伦理思维模式的感知。不同的团队气氛会引导员工走向不同的方向，并在这个过程中起到非常重要的作用。积极的团队气氛会引导员工走出道德困境，做出更有利于组织的事情。

Bandura（1977）从社会学习理论出发，认为自我效能感是通过对人与环境相互作用过程中产生的信息进行认知和加工所进一步形成的，并且自我效能感是不断发展变化的。道德效能感是一般自我效能感在道德领域的延伸，也受人与环境的影响。已有的研究认为，道德型领导通过角色榜样作用，以可见的行为影响着团队成员的道德行为和决策，进而塑造一种在类似情境下，团队成员均能自觉采取合理、恰当的道德行为和决策的团队伦理氛围。基于社会学习理论，领导榜样作用能否有效发挥、能否被员工认可，主要在于榜样行为与环境的互动状况，即道德型领导行为是否与团队伦理气氛一致。本研究认为道德型领导和研究生学术不端的领导榜样作用之间的关系受制于团队伦理氛围。在个体层面，研究生道德效能感受团队伦理气氛影响。在良好的团队伦理气氛中，研究生道德效能感会被正向加强，从而减少产生学术不端行为的意向；而在不良的团队伦理气氛中，研究生道德效能感会被负向加强，从而增加产生学术不端行为的意向。因此本研究提出如下假设。

假设 8-8：团队伦理气氛在道德效能感与研究生学术不端行为的关系中具有跨层正向调节作用，即当团队伦理气氛越高时，道德效能感与研究生学术不端行为的负向关系越强；当团队伦理气氛越低时，道德效能感与研究生学术不端行为的负向关系越弱。

Aquino 和 Reed（2002）认为，道德认同越高，表明道德身份在自我概念中的地位越重要，从而它越容易被相关情境（即道德情境）激活，对道德信息进行加工处理的能力也越强。道德认同越低，表明其他身份如利己的身份在自我概念中处于核心地位，从而它被相关情境（即自利情境）激活的潜力越大，对道德信息的敏感度也越低。已有研究表明，道德认同会受到环境因素的影响，当个体处于极端条件下时就会表现出不同寻常的行为，那些高道德认同的人也会表现出不道德的行为（Hart, 2005）。团队中的伦理氛围会对个体的道德认同产生影响，进而使个体产生符合组织要求的道德行为。当团队中的伦理氛围与个体的道德认同相接近的时候，团队伦理气氛能够正向强化道德认同；当两者出现矛盾甚至相悖时，团队伦理气氛能够削弱个人的道德认同感（Nucci et al., 2008）。

基于此，本研究认为，在良好的团队伦理气氛中，团队伦理气氛会正向加强研究生道德认同，从而减少产生学术不端行为的意向；而在不良的团队伦理气氛中，研究生的道德认同会被负向加强，从而增加产生学术不端行为的意向。因此本研究提出如下假设。

假设 8-9：团队伦理气氛在道德认同与研究生学术不端行为的关系中具有跨层正向调节作用，即当团队伦理气氛越高时，道德认同与研究生学术不端行为的负向关系越强；当团队伦理气氛越低时，道德认同与研究生学术不端行为的负向关系越弱。

8.5 预调研

本研究根据社会学习理论及国内外学者的研究成果，确定了概念模型和研究假设。接下来，将详细介绍实证研究的设计和方法，为后续数据收集和分析奠定基础。由于本研究涉及的数据难以通过数据库、统计年鉴等直接获得，因此主要采用问卷调查法进行数据收集。本章的内容顺序为：首先，介绍各概念的操作化定义和测量量表；其次，说明调查问卷的编排与施测程序；最后，通过小样本预测进一步确保新开发量表的有效性。

8.5.1   变量的操作化定义与测量工具

本研究共涉及 5 个核心变量：道德型领导、学术不端行为、团队伦理气氛、道德效能感和道德认同。对于这些变量的度量，本研究采取问卷调查的形式，以具体题项进行测算。为了保证问卷调查的准确性和可靠性，本研究主要采取以下方法进行问卷题项的开发：（1）文献参考。通过阅读大量有关本研究所涉及变量的相关文献，借鉴其中与本研究相关或对本研究有启发的内容，以此形成初步问卷测量条目。（2）深度访谈。与从事学术研究较长时间的商学院研究生直接交流讨论，获取研究生对研究变量的认识及对形成的初步问卷测量条目的解读。（3）学校专家意见。问卷初步形成后，当面向作者所在学校数位管理学导师进行咨询和意见询问，并根据各导师的意见进行修改，最终形成预调查问卷题项。对于各变量的度量题项设计，本研究基本借鉴或沿用已被广泛使用的、具有良好信效度的成熟量表。除控制变量，所有题项均采用李克特 7 点式量表进行测量（1= 完全不同意，2= 不同意，3= 比较不同意，4= 既不同意也不反对，5= 比较同意，6= 同意，7= 完全同意），下面对各变量的测量方式进行详细说明。

8.5.1.1   道德型领导

学术界对道德型领导的研究较为广泛和深入，开发了多个道德型领导测量量表。其中 Brown（2005）通过与政府官员、职业经理人、MBA 学生的深度访谈，并经过后期数次检验题项的内容效度和结构效度，最终形成了有 10 个题项的道德型领导单维度量表（ELS）。Khuntia 和 Suar（2004）得出了包含两个维度（授权、性格和动机）的道德型领导的问卷，该问卷含有 22 个题项。De Hoogh 和 Den Hartog（2009）以 Brown 的研究为基础，针对高层管理者开发了包含权力共享、角色划分、公平与道德这三个维度的量表。为了与本研究的定义保持一致，本研究将采用 Brown（2005）的单维度划分，这一划分目前得到了学术界的广泛认可，认为量表中包含的 10 个题项能综合反映出作为一个道德型领导应该具备的品质和能力。由于本书研究的领导为导师，因此我们将题项中的"领导"改为"导师"，所有题项如表 8-3 所示。

表 8-3　道德型导师的测量指标

变量名称	题项编码	题项表述	题项来源
道德型领导	ELS1	我的导师会认真吸纳团队中学生的合理意见。	Brown（2005）
	ELS2	我的导师会惩罚不遵守道德规范的学生。	
	ELS3	我的导师在日常生活中遵守道德标准。	
	ELS4	我的导师关心团队学生的利益。	
	ELS5	我的导师进行决策时公正、公平。	
	ELS6	我的导师是个可信赖的人。	
	ELS7	我的导师会和团队学生探讨伦理道德或价值观的问题。	
	ELS8	我的导师在团队中树立了伦理道德的榜样。	
	ELS9	我的导师认为成功不仅看重结果，还看重过程。	
	ELS10	我的导师在做决策时会考虑"做什么才是符合道德规范的"。	

8.5.1.2　学术不端行为

对学术不端行为的测量往往与其定义相关。马革兰和杜秉玉（2010）通过自己的实际观察和考察，把学术不端行为归纳为 3 类：（1）侵占、抄袭、剽窃他人的学术成果。（2）伪造或篡改实验数据或引用的数据资料。（3）雇用或充当"枪手"。2019 年 5 月，我国出台了首个针对学术不端行为的行业标准，将论文作者学术不端行为划分为 8 种类型，即剽窃、伪造、篡改、不当署名、一稿多投、重复发表、违背研究伦理和其他学术不端行为。

结合本研究的特点，重点探讨研究生学术不端行为的以下几种表现方式：（1）调整或修改数据；（2）参考文献中引用根本没有看过的文献；（3）发表直接翻译的国外文献；（4）一稿多投；（5）引用他人观点而不做任何说明；（6）抄袭他人研究成果。结合以上表现，本研究采用修订后的韩丽峰和徐飞（2005）所编制的量表。该量表共包含 6 个题项，所有题项如表 8-4 所示。

表 8-4　学术不端行为的测量指标

变量名称	题项编码	题项表述	题项来源
学术不端行为	AMQ1	调整或修改论文数据	韩丽峰、徐飞（2005）
	AMQ2	参考文献中引用未阅读过的文献	
	AMQ3	将国外文献直接翻译后发表	
	AMQ4	一稿多投	
	AMQ5	引用他人观点而不做任何说明	
	AMQ6	抄袭他人研究成果	

8.5.1.3　团队伦理气氛

Cullen 和 Victor（1987）最早开发出一套团队伦理气氛问卷（ECQ），并最终通过实证研究。Schwepker（2001）以销售人员为研究对象，编制出 7 个题项的量表。题项涉及个体对组织处理问题的决策、程序、规则及价值观的感知，且证实该量表具有良好的信效度。

本研究采用 Schwepker（2001）编制的量表，该量表最初的目的是测量员工对企业在伦理规范、管理方法、制度执行对组织内伦理行为制约方面的观点。由于本研究的研究重点是团队内的领导，因此我们将量表中的"组织"改为"团队"。本研究涉及的导师和研究生团队，大部分团队不存在有关道德行为的政策，因此在选用该量表时删除了 2 个有关道德政策的题项，最终题项如表 8-5 所示。

表 8-5　团队伦理气氛的测量指标

变量名称	题项编码	题项表述	题项来源
团队伦理气氛	OEA1	我们团队中有正式的或成文的道德准则。	Schwepker（2001）
	OEA2	我们团队严格执行道德准则。	
	OEA3	我的导师明确指出不道德行为在团队中是不可容忍的。	
	OEA4	如果发现团队里有研究生为了一己私利做出不道德行为，那么他／她将会马上被处罚。	
	OEA5	如果发现团队里有研究生为了团队的利益做出不道德行为，那么他／她将会马上被处罚。	

8.5.1.4　道德效能感

个体道德效能感的测量量表也是在自我效能感理论研究的基础上发展而来的。Parker（1998）开发了角色广度自我效能（Role Breadth Self-Efficacy）量表，该量表在之后也被学者用来测量员工的道德效能感。Hannah 和 Avolio（2010）根据 Bandura（2006）的效能量表指南开发了 5 个题项的道德效能量表。本研究采用上述量表，所有题项如表 8-6 所示。

表 8-6　道德效能感的测量指标

变量名称	题项编码	题项表述	题项来源
道德效能感	MEQ1	我相信我能够勇于面对那些表现出不道德行为的人。	Hannah & Avolio(2010)
	MEQ2	我相信我能够很容易发现自己面对的挑战中包含的道德问题。	
	MEQ3	我相信我能够通过与其他人合作来解决道德纠纷。	

续表

变量名称	题项编码	题项表述	题项来源
道德效能感	MEQ4	我相信我在面对道德决策时能够采取果断行动。	Hannah & Avolio(2010)
	MEQ5	面对道德困境时，我相信我能够做出正确且符合道德规范的决定。	

8.5.1.5　道德认同

Aquino 和 Reed（2002）根据自我对于道德品质的认同程度编制了道德认同量表。量表从内在化和表征化两个维度对道德认同进行测量，每个维度各 5 个题项，共 10 个题项。在测试的过程中，首先，要求被试者阅读一份包含 9 个道德特质的列表清单，然后，需要被试者思考这些道德品质在自身日常生活中的应用，并根据自身的实际情况对每个题项进行评分，分数越高表示道德认同度越高。该量表在当前学术界运用较为广泛。张艳萍（2009）通过开放式访谈的方法，将大学生作为研究对象，将道德认同划分为道德自我、人际表现、道德环境和利他表现四个维度，并且在相关理论的基础上编制了 32 个题项的大学生道德认同问卷，经过数据检验发现该问卷具有较好的信度和效度。本研究采用 Aquino 和 Reed（2002）编制的量表，向被调查者表示："以下所列的是我们在描述一个人时常用的特征：富有同情心、慈悲、公正、友好、慷慨、乐于助人、勤奋、诚实、和蔼、仁慈。拥有以上特点的人可能是你自己也可能是别人，请稍微休息片刻，在你的脑海中虚拟一个拥有以上特征的人，想象一下这样的一个人会怎么思考、感受和行动。当你对这样一个人有了比较清晰的想象之后，请回答以下问题。"1~5 题项测量道德认同内在化维度，6~10 题项测量道德认同表征化维度，其中 3 和 4 题项为反向计分题，所有题项如表 8-7 所示。

表 8-7　道德认同的测量指标

变量维度	题项编码	题项表述	题项来源
内在化道德认同	MIQ1	成为具有这些品质特征的人会让我感觉很好。	Brown（2005）
	MIQ2	拥有这些特征的人对我来说是重要的。	
	MIQ3	如果我是一个拥有这些特征的人，我会感到羞愧（反向）。	
	MIQ4	拥有这些特质对我来说并不是特别重要（反向）。	
	MIQ5	我强烈希望拥有这些品质特征。	
表征化道德认同	MIQ6	我经常穿能显示我拥有这些特质的衣服。	
	MIQ7	我在业余时间所做的事情（例如业余爱好）可以清楚地看出我具有这些品质特征。	

续表

变量维度	题项编码	题项表述	题项来源
表征化道德认同	MIQ8	我平时阅读的各种书籍杂志类别可以看出我具有这些品质特征。	Brown（2005）
	MIQ9	我具备的这些品质特征的事实会通过在组织中的身份表现传达给其他人。	
	MIQ10	我会积极参与那些能够向其他人表明我拥有这些品质特征的活动。	

8.5.1.6　控制变量

除上面所提及的核心变量外，还存在其他的团队层次变量和个体层次变量可能会影响研究生的学术不端行为。为保证实证研究的严谨性和完整性，有必要将这些变量作为模型的控制变量。具体来看，本研究将研究生性别、年龄、专业、研究生类型和学术研究年限作为个体层面的控制变量，同时将导师性别、团队规模作为团队层次的控制变量。题项的设置主要以单选和填空的形式进行。

8.5.2　预调研过程和研究样本

8.5.2.1　问卷编排

根据各变量的测量题项及测量方式，本研究拟通过对高校商学院导师带领的研究生团队发放问卷来收集相关数据。问卷以团队形式发放和收集，每位导师指导的所有研究生为一个团队。问卷对导师道德型领导、研究生学术不端行为、团队伦理气氛、研究生道德效能感和道德认同个人基本信息、导师基本信息和团队基本信息进行调查，由团队成员填写。为了尽可能地减少同源方差，本研究在问卷编排方面尽量考虑事前控制，主要措施有：

（1）隐匿题项意义。在问卷调查中，若将问卷的研究内容、研究变量及研究目的告知作答者，容易造成同源偏差，甚至回收的数据与实际情况并不相符，导致研究没有任何意义。因此，为降低同源偏差和保证数据的真实性，本研究尽可能地隐匿了题项的意义，不明确交代研究题目和研究内容。

（2）使用反题项。使用反题项是一个很好的问卷设计策略，因为反题项能够降低被试者回答问题时的随意性和一致性，也能在一定程度上检验被试者是否认真填写问卷，提高数据的质量。因此，本研究在设计和确认各变量测量量表时，对反题项尽可能地全部保留。

（3）打乱变量测量顺序。部分研究在设计问卷时将测量变量按照自变量、中介变量、因变量这种容易使回答者看出内在逻辑的顺序排列，但是这同样会使数据失真，降低数据质量。本研究在排列变量量表时随机打乱顺序，且为了保证回收率，尽量将个人基本信息和具有隐私倾向的问题安排在最后。

8.5.2.2　预调研样本与结果

为保证数据能够真实、准确地反映导师道德型领导对研究生学术不端行为的跨层影响，本研究打算在实际调研时务必达到在一个团队中收集3份及以上的有效问卷，并且要求作答者必须属于同一工作团队。王忠军等（2011）对工作团队的判定依据有：（1）不同员工属于同一工作单位；（2）不同员工拥有同一个共同团队领导；（3）团队领导与员工长期在一起工作。考虑到实际操作的可能性，本研究将调研学校定在浙江省。另外，为了降低问卷作答者的顾虑，本研究问卷均采用匿名填写。

小样本预测。由于本研究涉及的道德型领导、道德效能感和道德认同变量的测量量表通常在企业领导与员工的团队研究中运用，较少在学校导师与学生的团队中运用，因此为保证调查问卷的有效性，本研究在正式调研前先进行问卷预测试。预调研问卷主要包含道德型领导、道德效能感、道德认同三个变量。本研究的预调研问卷以本校管理学院和经济学院中有科研经历的研究生为调查对象，以调研人员现场发放、现场指导与解答、现场回收的方式收集问卷。预调研数据收集时间为2019年10月至2019年11月，总计向24个团队发放预调研问卷143份，回收139份，其中有效问卷133份，问卷有效率是95.68%。根据问卷设计基本要求，变量数目与问卷样本量的比例须达到1∶5，本研究的实际预调研样本量均超过变量的5倍，表明预测试数据满足要求。

好的问卷需要有良好的信度和效度，接下来本研究利用SPSS软件对预调研数据进行信度检验和效度检验。具体操作是先根据CITC（校正的项总计相关性）和"项已删除的α值"两个指标对测量题项进行净化，然后对剩下的题项进行探索性因子分析及效度检验。

预测试样本信度检验。信度是指测验或量表工具所测结果的稳定性和一致性程度，量表的信度越大，代表测量的标准误差越小（吴明隆，2000）。参考以往学者们的研究，克朗巴哈系数（Cronbach's α）是最常用的信度系数，α

值越高，表明内部一致性程度越高，量表信度越好。α 值低于 0.35 代表信度很低，α 值在 0.5~0.7 表示尚可接受，大于 0.7 表明信度较高。吴明隆（2010）指出，变量维度层面的 α 系数要在 0.5 以上，最好高于 0.6；整体量表的 α 系数最低为 0.7，高于 0.8 为佳。

本研究根据 CITC 和"项已删除的 α 值"两个指标完成题项净化，若题项 CITC 值小于 0.3，且"项已删除的 α 值"明显高于量表 α 系数，表明该题项应删除。预测样本的 CITC、"项已删除的 α 值"和克朗巴哈系数具体结果见表 8-8。

表 8-8　预调研量表信度分析

变量	题项编号	CITC	项已删除的 α 值	维度 α 系数	量表 α 系数
道德型领导	ELS1	0.804	0.922		0.932
	ELS2	0.613	0.931		
	ELS3	0.817	0.921		
	ELS4	0.795	0.922		
	ELS5	0.663	0.930		
	ELS6	0.610	0.933		
	ELS7	0.707	0.927		
	ELS8	0.865	0.919		
	ELS9	0.730	0.926		
	ELS10	0.794	0.922		
道德效能感	MEQ1	0.707	0.864		0.884
	MEQ2	0.661	0.872		
	MEQ3	0.639	0.877		
	MEQ4	0.821	0.834		
	MEQ5	0.790	0.842		
道德认同（内在化维度）	MIQ1	0.701	0.818	0.857	0.844
	MIQ2	0.671	0.820		
	MIQ3	0.393	0.846		
	MIQ4	0.468	0.837		
	MIQ5	0.663	0.819		
道德认同（表征化维度）	MIQ6	0.427	0.850	0.823	
	MIQ7	0.531	0.831		
	MIQ8	0.620	0.824		
	MIQ9	0.597	0.827		
	MIQ10	0.554	0.829		

　　根据表 8-8，道德型量表中的题项"我的导师是个可信赖的人"（ELS6）的"项已删除的 α 值"为 0.933，略高于量表 α 系数 0.932，但 CITC 值 0.610 大于标准值 0.3，所以保留该题项。道德认同量表中的题项"如果我是一个拥有这些特征的人，我会感到羞愧"（MIQ3）和"我经常穿能显示我拥有这些特质的衣服"（MIQ6）的"项已删除的 α 值"为 0.846 和 0.850，大于量表 α 系数 0.844，但 CITC 值均大于标准值 0.3，所以这两个题项予以保留。

　　对上述三个指标进行题项净化后发现，量表中所有题项均予以保留。道德型领导、道德效能感和道德认同的量表 α 系数分别为 0.932、0.884 和 0.844，道德认同的内在化和表征化的维度 α 系数分别为 0.857 和 0.823，均高于 0.80，这表明本研究选取的测量量表具有良好的信度，可用于正式的样本调研。

　　预测试样本效度检验。本研究从内容效度和建构效度两个方面对预测试样本进行效度检验。效度，也称有效性或精确性，指问卷实际测量内容与想要测量内容的符合程度。内容效度指所用测量方法是否能真正测定想要测量的变量，即问卷内容是否具有代表性。建构效度是指测量工具所能测量到的理论构想的程度，简单讲就是考查理论结构与实际问卷结构的匹配度，最常采用的方法就是对变量进行因素分析。

　　对于内容效度的考查，本研究各变量测量题项的设立基本以成熟理论为指导，参考了以往学者的类似研究问卷，并征求了本校管理学院教授的意见，因此内容效度基本可以得到保证。对于建构效度的考查，本研究借助 SPSS 22.0 对预调研问卷做探索性因子，研究结果如表 8-9 所示。

表 8-9　预调研量表探索性因子分析

变量	题项编号	因子1	因子2	累计解释变异量	KMO 和 Barlett 的检验
道德型领导	ELS1	0.851			
	ELS2	0.678			
	ELS3	0.866			
	ELS4	0.846			
	ELS5	0.723		63.705%	KMO=0.899 sig.=0.000
	ELS6	0.670			
	ELS7	0.771			
	ELS8	0.905			
	ELS9	0.791			

变量	题项编号	因子1	因子2	累计解释变异量	KMO 和 Barlett 的检验
道德型领导	ELS10	0.844			
	特征值	6.371			
	解释方差	63.705%			
道德效能感	MEQ1	0.814			
	MEQ2	0.778			
	MEQ3	0.764			
	MEQ4	0.896		68.577%	KMO=0.819
	MEQ5	0.880			sig.=0.000
	特征值	3.429			
	解释方差	68.577%			
道德认同	MIQ1	0.364	0.785		
	MIQ2	0.350	0.772		
	MIQ3	−0.96	0.824		
	MIQ4	−0.32	0.841		
	MIQ5	0.404	0.673		
	MIQ6	0.754	0.003	65.338%	KMO=0.773
	MIQ7	0.805	0.076		sig.=0.000
	MIQ8	0.767	0.225		
	MIQ9	0.701	0.278		
	MIQ10	0.782	0.103		
	特征值	3.336	3.197		
	解释方差	33.363%	31.975%		

表 8-9 显示了探索性因子分析过程中的 KMO 和 Barlett 球形检验结果及因子分析结果。3 个量表的 KMO 值分别为 0.899、0.819 和 0.773，Barlett 球形检验值均在 0.001 水平上显著，表明问卷适合进行因子分析。利用主成分分析方法，以特征根大于 1 为标准，对 3 个变量进行公因子提取。结果显示，道德型领导提取 1 个因子，特征值为 6.371，累计解释变异量 63.705%；道德效能感提取 1 个因子，特征值为 3.429，累计解释变异量 68.577%；道德认同构念提取 2 个因子，因子特征值分别为 3.336、3.197，各自解释了 33.363%、31.975% 的方差变异量，累计解释变异量 65.338%。这表明因子提取结果与理论结构相符。以最大方差法对各题项因子进行旋转发现，各题项的因子载荷系数均大于 0.5，

取值范围为 0.670~0.905，表明 3 个量表具有良好的收敛效度。

8.5.2.3 预调研分析与小结

本章就研究过程中变量的操作化定义与测量、调查问卷的设计、研究对象的选择及预测试问卷的发放回收和信度效度检验等内容进行了详细的阐述。

具体来说，本研究对各个变量的量表选择均参考以往学者的成熟量表，但在题项文字表达上进行适当改动以贴合本研究需要。此外，本研究选取了研究生性别、年龄、专业、研究生类型和学术研究年限作为个体层面的控制变量，同时将导师性别、团队规模作为团队层次的控制变量。

在问卷的设计方面，本研究在问卷收集时确保每个团队收集问卷数在 3 份以上。考虑到可能存在的同源偏差和社会赞许倾向，在问卷的编排上，本研究采用隐匿题项意义、使用反题项、打乱变量测量顺序等措施尽可能地进行事前控制，减少测量偏差。

最后，为确保道德型领导、道德效能感和道德认同量表适用于导师—研究生团队，本研究对上述三个表进行预调研分析，依据 CITC 和"项已删除的 α 值"两个指标对测量题项进行净化，分析结果表明量表题项均无须删除。接着，在探索性因子分析结果中，道德型领导和道德效能感量表均提取了 1 个因子，道德认同量表提取了 2 个因子，与预设相符；各量表累计方差解释量达 63.705%、68.577% 和 65.338%，高于标准要求；题项因子载荷全部大于 0.5，表明新构量表具有良好的收敛效度。表明预测试问卷信度良好、可靠性高，可用于大样本调查。

8.6　正式调研

本研究主要运用第 4 章开发的问卷进行正式调研，并开展数据分析和假设检验。首先，对收集的样本数据进行描述性统计分析；之后，对正式量表的信度和效度进行分析以确保数据质量；最后，进行假设检验，包括核心变量的相关分析、导师道德型领导对研究生学术不端行为的主效应检验、道德效能感和道德认同的跨层中介效应检验以及团队伦理气氛的跨层调节作用检验。

8.6.1　数据收集

本研究在收集数据的实际操作过程中采取多项限制措施以保证正式调研数据的真实性和有效性。在考虑样本调查对象时，选择以商学院有科研经历的研究生为调查对象。McCabe 等（2006）在对超过 5000 名已经毕业的研究生进行调查研究后发现，商学院研究生比非商学院研究生更有可能产生不道德的行为。因此本研究以商学院研究生为研究对象，对商学院学术不端状况进行调查研究。问卷以道德型领导、团队伦理气氛、道德效能感、道德认同、学术不端行为等变量和个人及团队基本信息为收集内容。收集过程中，问卷以团队形式发放，请 3 个及以上团队成员回答。其次，为保证数据具有代表性，调查对象选取为浙江省各高校商学院研究生。问卷调查采用电子版与纸质版相结合的形式发放，电子版问卷通过团队微信群发放，每个团队对应一份电子版问卷链接；纸质版问卷主要在浙江省高校内通过现场发放、现场回收的形式进行，问卷调研对象为浙江省高校商学院研究生。

正式问卷的发放和回收时间为 2019 年 12 月至 2020 年 1 月下旬，共回收了 64 个团队的 321 份问卷。依据问卷题项回答缺失值过多、作答具有明显规律，答案集中、正题项与反题项前后矛盾、团队问卷数量不及 3 份等标准剔除无效问卷后，本研究最终得到有效问卷 302 份，共 60 个团队，问卷有效率达94.08%。

8.6.2　变量描述性统计分析

团队基本信息的描述性统计如表 8-10 所示，包括导师性别、团队规模和团队调研成员人数。从导师性别看，男性导师占总样本的 76.67%，女性导师占总样本的 23.33%，男性导师比例远远高于女性导师。从团队规模看，团队规模在 3~5 人的团队共 18 个，占总样本团队数的 30%；团队规模在 6~10 人的团队共 28 个，占总样本团队数的 46.67%；团队规模在 10 人以上的团队共 14 个，占总样本团队数的 23.33%；团队样本在规模方面分布较为均衡。从团队调研成员人数来看，调研成员为 3 人的团队最多，占比 35%；4 人团队、5 人团队和 6 人团队分别占比 15%、20% 和 10%；其他调研成员人数团队占比较少。

表8-10 团队基本信息描述统计（N=60）

特征	特征值	频次	频率/%
导师性别	男	46	76.67
	女	14	23.33
团队规模	3~5人	18	30.00
	6~10人	28	46.67
	10人以上	14	23.33
团队调研成员人数	3人	21	35.00
	4人	9	15.00
	5人	12	20.00
	6人	6	10.00
	7人	4	6.67
	8人	2	3.33
	9人	1	1.67
	10人	3	5.00
	12人	2	3.33

　　商学院研究生基本信息的描述性统计如表8-11所示。在性别方面，男性研究生人数占比29.14%，女性研究生占比70.86%。从人数看，样本中女性研究生人数约为男性研究生人数的2.4倍，符合商学院男女学生占比。从年龄来看，商学院研究生基本为25岁以下，占总样本的79.47%，除此之外，26~30岁的研究生和30岁以上的研究生分别占比18.54%和1.99%，与现实生活中研究生年轻化的事实相符合。在研究生类型方面，专业型硕士研究生占比9.93%，学术型硕士研究生占比78.81%，博士研究生占比11.26%，这符合商学院硕士研究生与博士研究生人数比。本次调研对象为有科研经历的研究生，因此样本中专业型硕士人数少于学术型硕士人数。从导师指导时间来看，导师指导时间小于等于1年、1~2年和2~3年的人数分别为80人（占比26.49%）、100人（占比33.11%）、114人（37.75%），三者人数相当，符合现实生活中导师指导研究生进行学术研究的时间。除此之外，总样本中还存在少量导师指导时间超过3年的样本，共8人（占比2.65%），这是由于部分研究生的硕士导师与博士导师为同一人，符合现实情况。总体来看，样本选择具有一定代表性，样本分布无明显异常，适合后续数据分析与研究。

表 8-11　商学院研究生基本信息描述统计（N=302）

特征	特征值	频次	频率%
性别	男	88	29.14
	女	214	70.86
年龄	25 岁及以下	240	79.47
	26~30 岁	56	18.54
	30 岁以上	6	1.99
专业	管理学	208	68.87
	经济学	94	31.13
研究生类型	专业型硕士	30	9.93
	学术型硕士	238	78.81
	博士研究生	34	11.26
导师指导时间	小于等于 1 年	80	26.49
	1~2 年	100	33.11
	2~3 年	114	37.75
	3 年以上	8	2.65

8.6.3　信效度分析

8.6.3.1　信度分析

为进一步提高结果可靠性，在正式实证分析之前，本研究使用 Cronbach's α 系数检验正式调研中各量表的信度，借助 SPSS 2 软件对数据进行分析，结果如表 8-12 所示，表中各变量及相应维度的 Cronbach's α 系数值均大于 0.7，取值范围在 0.779~0.928。综合以上，正式调研数据的信度分析结果较为理想，符合问卷分析的基本要求，可进行后续分析。

表 8-12　研究变量的内在一致性系数

变量	项数	Cronbach's α 系数	参考标准
道德型领导	10	0.928	
团队伦理气氛	5	0.895	
道德效能感	5	0.861	
道德认同	10	0.821	α 值大于 0.7
内在化道德认同	5	0.861	
表征化道德认同	5	0.779	
学术不端行为	6	0.852	

8.6.3.2 效度分析

本研究各变量测量题项均来自成熟量表，问卷设计过程中征求了多位管理学教授的意见，加上对部分量表已进行小样本预测，因此，可认为本研究正式调研问卷具有良好内容效度。接下来，采用因子分析法检验正式问卷的建构效度。表 8–13 显示了各主要变量是否适合因子分析的 KMO 检验和 Bartlett 球形检验结果，各变量 KMO 值均大于 0.7，取值范围在 0.749~0.921；各变量的 Bartlett 球形检验值均在 0.001 水平上显著，表明该样本适合做因子分析。

表 8–13 KMO 和 Bartlett 检验结果

变量	KMO 值	KMO 参考标准	Bartlett 球形检验 sig.
道德型领导	0.921		0.000
团队伦理气氛	0.842		0.000
道德效能感	0.863	KMO 大于 0.6，勉强可进行因子分析；KMO 大于 0.7，尚可；大于 0.8，适合	0.000
道德认同	0.787		0.000
内在化道德认同	0.749		0.000
表征化道德认同	0.766		0.000
学术不端行为	0.782		0.000

之后，本研究采用主成分分析和最大方差正交旋转法对变量维度构成和因子载荷进行检验和判断，因子分析结果如表 8–14 所示。道德型领导、团队伦理气氛、道德效能感和学术不端行为各提取一个因子，与本研究理论构建维度符合。道德认同共提取 2 个因子，每个因子的方差解释量为 32.377%、28.854%，道德认同提取的 2 个因子分别为"内在化道德认同"和"表征化道德认同"。各变量的累计方差解释量依次为 62.230%、72.321%、65.369%、61.223% 和 59.950%，均超过了 50% 的限定标准，表明公因子对各变量的解释能力较强，能够代表原始变量。以最大方差法对因子提取结果进行旋转得到各题项旋转因子载荷系数表（见表 8–15）。结果显示，所有题项的因子载荷系数均在 0.5 以上，（最低为 0.525，最高为 0.909），表明正式问卷收敛效度较好。

表 8–14 主要变量因子分析结果

因子名称	特征值	方差解释量 /%	累计方差解释量 /%
道德型领导	6.223	62.230	62.230
团队伦理气氛	3.616	72.321	72.321

续表

因子名称	特征值	方差解释量 /%	累计方差解释量 /%
道德效能感	3.268	65.369	65.369
道德认同			
内在化道德认同	3.238	32.377	32.377
表征化道德认同	2.885	28.845	61.223
学术不端行为	3.957	59.950	59.950

表 8-15　各题项旋转因子载荷系数

构念	维度	题项	因子载荷系数	
道德型领导		ELS1	0.825	
		ELS2	0.525	
		ELS3	0.845	
		ELS4	0.722	
		ELS5	0.789	
		ELS6	0.756	
		ELS7	0.780	
		ELS8	0.909	
		ELS9	0.817	
		ELS10	0.858	
团队伦理气氛		OEA1	0.763	
		OEA2	0.862	
		OEA3	0.817	
		OEA4	0.905	
		OEA5	0.896	
道德效能感		MEQ1	0.809	
		MEQ2	0.701	
		MEQ3	0.799	
		MEQ4	0.878	
		MEQ5	0.844	
道德认同	内在化道德认同	MIQ1	0.815	
		MIQ2	0.765	
		MIQ3	0.840	
		MIQ4	0.821	
		MIQ5	0.706	

续表

构念	维度	题项	因子载荷系数	
道德认同	表征化道德认同	MIQ6		0.697
		MIQ7		0.730
		MIQ8		0.646
		MIQ9		0.714
		MIQ10		0.797
学术不端行为		AMQ1	0.751	
		AMQ2	0.759	
		AMQ3	0.815	
		AMQ4	0.723	
		AMQ5	0.862	
		AMQ6	0.727	

根据变量测量和问卷设计，本研究解释变量、被解释变量、中介变量和调节变量的度量均以李克特 7 点量表的形式通过问卷调查获得，李克特量表可视为等距量表，因此本研究的主要变量均可作为连续变量处理。然而，本研究的控制变量既有研究生年龄、导师指导时间等连续变量，也包括性别、研究生类型等分类变量，为保证研究的科学性和严谨性，需要为这些变量设置虚拟变量，设置说明如表 8-16 所示。对于像研究生年龄、团队规模、导师指导时间这些可以量化的变量，要求作答人员填写具体数值，然后根据不同区间分别赋值 1、2、3、4 等。性别和专业只有两种类别，直接按 0 和 1 赋值；研究生类型有学术型研究生、专业型研究生和博士研究生三种类别，分别对其进行 1、2、3 赋值。

表 8-16　控制变量赋值说明

变量	变量符号	平均值	标准差	变量赋值
连续变量				
团队规模	Scale	2.152	0.736	3 ~ 5 人 =1, 6 ~ 10 人 =2, 10 人以上 =3
研究生年龄	Age	2.232	0.495	25 岁及以下 =1, 26 ~ 30 岁 =2, 30 岁以上 =3
导师指导时间	Time	2.166	0.850	1 年及以下 =1, 1 ~ 2 年 =2, 2 ~ 3 年 =3, 3 年以上 =4
虚拟变量				
导师性别	Sex of tutor	1.205	0.405	男性 =1，女性 =2
研究生性别	Sex of student	1.709	0.455	男性 =1，女性 =2
专业	Professional	1.113	0.167	管理学 =1，经济学 =2

变量	变量符号	平均值	标准差	变量赋值
研究生类型	Master type	1.325	0.668	学术型硕士 =1，专业型硕士 =2，博士研究生 =3

8.6.3.3 团队层面数据聚合检验

本研究中的道德型领导和团队伦理气氛均属于团队层次的变量，两者在数据采集过程中收集的是团队成员对其的评价，需要团队中个体调查结果的平均数作为指标，因此在数据分析前首先对其进行汇聚。团队层面数据的聚合检验从组内一致性（r_{wg}）和组间差异性 [相关系数 ICC（1）和 ICC（2）] 两方面进行评价。经统计计算，道德型领导的 r_{wg}=0.859，团队伦理气氛的 r_{wg}=0.918，均达到 James 等（1993）推荐的 r_{wg}>0.7 的临界值要求，符合组内评价的一致性基本标准。道德型领导的组内相关系数 ICC（1）=0.197 和组间均方 ICC（2）= 0.529；团队伦理气氛的 ICC（1）=0.579，ICC（2）=0.889，均大于 James 等（1993）的 0.05 和 0.5 的临界值，表明变量在不同的团队中有可信的内部同质性，达到可汇聚的要求。综上，数据在团队层次上的聚合是适当和有效的。

8.6.4 假设检验

8.6.4.1 相关分析

通过对各变量及其维度的信效度检验，本研究借助 SPSS 软件对主要研究变量的均值、标准差以及相关性进行分析，结果如表 8–17 所示。导师道德型领导与研究生学术不端行为显著负相关（r=–0.446，p<0.01），初步支持假设 8–1。导师道德型领导与道德效能感是显著正相关关系（r=0.378，p<0.01），初步支持假设 8–2。道德效能感与学术不端行为显著负相关（r=–0.489，p<0.01），初步支持假设 8–3，为后续道德效能感的中介效应分析奠定基础。导师道德型领导与道德认同是显著正相关关系（r = 0.360，p < 0.01），初步支持假设 8–4。道德认同与学术不端行为显著负相关（r = –0.411，p < 0.01），初步支持假设 8–5，为后续道德认同的中介效应分析奠定基础。组织伦理氛围与学术不端行为之间为负向显著相关关系（r = –0.278，p < 0.01），为后续的调节效应奠定基础。总体而言，相关分析结果支持大部分研究假设，下面将对每个假设进行详细检验。

表 8-17 主要变量的描述统计和相关分析结果

变量	平均值	标准差	1	2	3	4	5
1. 道德型领导	5.605	0.921	1				
2. 团队伦理气氛	4.972	1.184	0.560**	1			
3. 道德效能感	5.077	0.852	0.378**	0.435**	1		
4. 道德认同	5.29	0.686	0.360**	0.321**	0.577**	1	
5. 学术不端行为	2.502	0.942	−0.446**	−0.278**	−0.489**	−0.411**	1

注：$^*p < 0.05$, $^{**}p < 0.01$。

8.6.4.2 导师道德型领导对研究生学术不端行为的跨层次效应检验

导师道德型领导和研究生学术不端两个变量在不同层级，对于跨层次效应，本研究分为以下 3 个步骤进行检验（见表 8-18）：第一步，建立关于学术不端行为的零模型，计算 ICC，检验不同组别之间是否存在明显的组间差异，以判断是否适合跨层次研究；第二步，将控制模型纳入模型中，建立控制模型（模型1）；第三步，把团队层次的自变量道德型领导纳入模型（模型2），以检验团队层次的道德型领导对学术不端行为的影响。

由零模型可知，$ICC（1）= 0.118$，远大于多层线性模型的一般要求（0.059），表明该模型适合进行跨层分析。由表 8-19 可知，导师道德型领导与研究生学术不端行为显著负相关（模型2：$\gamma=-0.254$，$p<0.01$），假设 8-1 得到支持。

表 8-18 导师道德型领导对研究生学术不端行为跨层次效应分析

变量	学术不端行为	
	模型 1	模型 2
截距项（γ^{00}）	0.744**	3.390**
个体层次控制变量		
年龄	0.248	0.224
性别	0.095	0.099
导师指导时间	0.004	−0.002
学术型硕士	0.265	0.233
专业型硕士	−0.325	−0.286**
博士研究生	−0.319	−0.301*
专业	−0.557	−0.524**
团队层次控制变量		
团队规模	0.016	0.016
导师性别	−0.065	−0.065

续表

变量	学术不端行为	
	模型 1	模型 2
自变量		
学术不端行为		−0.254**
组内方差 δ^2	0.742	0.728
组间方差 τ^{00}	0.002	0.002

注：$^*p < 0.05$，$^{**}p < 0.01$；δ^2 是层 1 的残差；τ^{00} 是层 2 的截距残差。

8.6.4.3 道德效能感的跨层中介效应检验

在导师道德型领导和研究生学术不端跨层次效应检验中，已建立零模型，计算 ICC。在此基础上，对于跨层次中介效应的检验，本研究分为以下 5 个步骤进行：第一步，将控制模型纳入模型，建立控制模型（模型 1）；第二步，将团队层次的自变量道德型领导纳入模型（模型 2）；第三步，将自变量道德型领导和中介变量道德效能感纳入模型（模型 3），检验团队层次的自变量对中介变量的作用；第四步，将自变量、中介变量和因变量都纳入模型，建立全模型（模型 4），以检验跨层次中介效应是否存在；第五步，将中介变量道德效能感和因变量学术不端行为纳入模型（模型 5），检验中介变量对因变量的影响。

多层次中介效应检验必须满足 3 个步骤：第一，自变量能够显著影响因变量；第二，自变量能够显著影响中介变量；第三，加入中介变量后，自变量对因变量的影响显著减弱或消失，而中介变量对因变量的影响仍然显著。道德效能感的跨层中介效应检验结果如表 8-19 所示，由模型 3 可知，导师道德型领导与研究生道德效能感显著正相关（模型 3：$\gamma = 0.242$，$p < 0.05$），假设 8-2 成立。由模型 5 可知，研究生道德效能感与学术不端行为显著负相关（模型 5：$\gamma = -0.532$，$p < 0.01$），假设 8-3 成立。由模型 2 和模型 4 可知，当道德型领导和道德效能感同时纳入模型，并对学术不端行为进行解释时，道德型领导对学术不端由显著影响（模型 2：$\gamma = -0.254$，$p < 0.01$）变得不再显著（模型 4：$\gamma = -0.140$，n.s.），而道德效能感与学术不端行为仍显著负相关（模型 4：$\gamma = -0.591$，$p < 0.01$），由此可见，道德效能感在道德型领导和学术不端之间直接起到完全中介效应，假设 8-4 成立。

表 8-19 道德效能感的跨层中介效应检验

变量	学术不端行为				道德效能感
	模型 1	模型 2	模型 4	模型 5	模型 3
截距项（γ^{00}）	0.744**	3.390**	2.768**	1.957**	3.539**
个体层次控制变量					
年龄	0.248	0.224	0.030	0.039	−0.387**
性别	0.095	0.099	0.151	0.150	0.096
导师指导时间	0.004	−0.002	0.019	0.022	0.047
学术型硕士	0.265	0.233	2.594**	1.029	−0.208
专业型硕士	−0.325	−0.286**	2.209**	0.609*	−0.005
博士研究生	−0.319	−0.301*	−2.096**	2.145**	−0.261**
专业	−0.557	−0.524**	−0.498	−0.515**	0.027
团队层次控制变量					
团队规模	0.016	0.016	0.005	0.008	−0.017
导师性别	−0.065	−0.065	0.023	0.026	0.175
中介变量					
道德效能感			−0.519**	−0.532**	
自变量					
道德型领导		−0.254**	−0.140		0.242*
组内方差 δ^2	0.742	0.728	0.593	0.597	0.477
组间方差 τ^{00}	0.002	0.002	0.001	0.001	0.029

注：*$p < 0.05$，**$p < 0.01$；δ^2 是层 1 的残差；τ^{00} 是层 2 的截距残差。

8.6.4.4 道德认同的跨层中介效应检验

对于道德认同跨层中介效应的检验，具体步骤与道德效能感跨层中介效应检验相似，可按以下 5 个步骤进行：第一步，将控制模型纳入模型中，建立控制模型（模型 1）；第二步，将团队层次的自变量道德型领导纳入模型（模型 2）；第三步，将自变量道德型领导和中介变量道德认同纳入模型（模型 6），检验团队层次的自变量对中介变量的作用；第四步，将自变量、中介变量和因变量都纳入模型，建立全模型（模型 7），以检验跨层次中介效应是否存在；第五步，将中介变量道德认同和因变量学术不端行为纳入模型（模型 8），检验中介变量对因变量的影响。

道德认同的跨层中介效应检验结果如表 8-20 所示，由模型 6 可知，导师道德型领导与研究生道德认同显著正相关（模型 6：$\gamma=0.260$，$p <0.05$），假设

8-5 成立。由模型 8 可知，研究生道德认同与学术不端行为显著负相关（模型 8：γ=-0.470，p <0.01），假设 8-6 成立。由模型 2 和模型 7 可知，将道德型领导和道德认同同时纳入模型，并对学术不端行为进行解释时，道德型领导对学术不端由显著影响（模型 2：γ=-0.254，p <0.01）变得不再显著（模型 7：γ=-0.137，n.s.），而道德认同与学术不端行为仍负显著相关（模型 7：γ= -0.452，p < 0.01），由此可见，道德认同在道德型领导和学术不端之间直接起到完全中介效应，假设 8-7 成立。

表8-20　道德认同的跨层中介效应检验

变量	学术不端行为				道德认同
	模型 1	模型 2	模型 7	模型 8	模型 6
截距项（γ^{00}）	0.744**	3.390**	2.719**	1.926**	3.789**
个体层次控制变量					
年龄	0.248	0.224	0.158	0.169	−0.152
性别	0.095	0.099	0.115	0.113	0.034
导师指导时间	0.004	−0.002	0.004	0.007	0.013
学术型硕士	0.265	0.233	0.951**	2.595**	−0.161
专业型硕士	−0.325	−0.286**	0.591**	2.205**	0.179
博士研究生	−0.319	−0.301*	2.056**	2.138**	−0.061**
专业	−0.557	−0.524**	−0.470**	−0.485**	0.106
团队层次控制变量					
团队规模	0.016	0.016	0.010	0.013	−0.011
导师性别	−0.065	−0.065	0.009	0.013	0.165
中介变量					
道德认同			−0.452**	−0.470**	
自变量					
道德型领导		−0.254**	−0.137		0.260*
组内方差 δ^2	0.742	0.728	0.642	0.597	0.412
组间方差 τ^{00}	0.002	0.002	0.001	0.001	0.010

注：*p < 0.05，**p < 0.01；δ^2 是层 1 的残差；τ^{00} 是层 2 的截距残差。

8.6.4.5　团队伦理气氛的跨层调节效应检验

在进行调节效应检验前，本研究对道德效能感、道德认同和团队伦理气氛这三个连续变量进行中心化处理。这是因为预测变量和调节变量往往与它们的乘积项高度相关，而中心化的目的是减小回归方程中变量间多重共线性的问题

（陈晓萍等，2012）。接着，把经过中心化处理后的自变量和调节变量相乘，构造出乘积项后，把自变量、调节变量和乘积项都放到多元层级回归方程中来检验交互作用，如果乘积项的系数显著，就可以说明调节作用显著（陈晓萍等，2012）。

首先检验团队伦理气氛在道德认同和研究生学术不端行为之间所起的跨层调节效应。由于在导师道德型领导和研究生学术不端跨层次效应检验时，已建立零模型，计算 *ICC*。在此基础上，对于跨层次调节效应的检验，本研究分为以下 4 个步骤进行：第一步，将控制变量纳入模型中，建立控制模型（模型 2）；第二步，进入 level-1 预测变量，建立随机截距模型（模型 9），以检验 level-1个体层次的预测变量对因变量的影响；第三步，将 level-2 预测变量纳入模型，建立固定斜率模型（模型 10），检验 level-2 团队层次的预测变量对因变量的作用；第四步，进入 level-1 和 level-2 预测变量的交互因子，建立全模型（模型11），以检验跨层次交互效应是否存在。

团队伦理气氛在道德认同与研究生学术不端行为中的跨层调节效应的检验结果如表 8-21 所示，具体分析如下。根据模型 9（随机截距模型），道德认同对研究生学术不端行为具有显著负向影响（$r=-0.452$, $p<0.01$）；根据模型 10（固定斜率模型），道德认同和团队伦理气氛显著负向影响学术不端行为，回归系数分别为 $r=-0.434$（$p<0.01$）和 $r=-0.348$,（$p<0.05$）；由模型 11（完整模型）可知，道德认同与团队伦理气氛的交互项对学术不端的回归系数为 -0.212，在 $p<0.01$水平下显著。由此说明，团队伦理气氛在道德认同与研究生学术不端行为中起跨层调节作用，假设 8-9 得到证实。

表 8-21　团队伦理气氛在道德认同与研究生学术不端行为关系中的跨层调节

变量	学术不端行为			
	模型 2	模型 9	模型 10	模型 11
截距项（γ^{00}）	0.744**	1.890**	2.068**	2.464**
个体层次控制变量				
年龄	0.248	0.144	0.149	0.139
性别	0.095	0.104	0.060	0.069
导师指导时间	0.004	−0.004	0.005	−0.006
学术型硕士	0.265	0.207	−0.257	0.165
专业型硕士	−0.325	−0.323	−0.253	−0.283

续表

变量	学术不端行为			
	模型 2	模型 9	模型 10	模型 11
博士研究生	−0.319	−0.264	−0.382	−0.263
专业	−0.557	−0.548**	−0.434	−0.386
团队层次控制变量				
团队规模	0.016	0.023	0.006	0.007
导师性别	−0.065	−0.033	−0.073	−0.066
Level−1 预测变量				
道德认同		−0.452**	−0.434**	−0.451*
Level−2 预测变量				
团队伦理气氛			−0.348*	−0.324*
交互项				
道德认同 * 团队伦理气氛				−0.212**
方差				
δ^2	0.742	0.627	0.666	0.629
τ^{00}	0.002	0.013	0.002	0.130
τ^{11}		0.149	0.120	0.120

注：$^*p < 0.05$，$^{**}p < 0.01$；δ^2 是层 1 的残差；τ^{00} 是层 2 的截距残差；τ^{11} 是层 2 的斜率残差。

为了更直观地反映团队伦理气氛在道德认同与研究生学术不端行为之间的跨层调节效应，本研究绘制了团队伦理气氛在高于和低于其均值一个标准差水平下的调节效应图。如图 8-1 所示，与低团队伦理气氛相比，在高团队伦理气氛较高时，道德认同对研究生学术不端行为的负向影响效果更显著。由此可知，假设 8-9 得到了进一步的支持。

团队伦理气氛在道德效能感与研究生学术不端行为之间的跨层调节效应的检验结果如表 8-22 所示，具体分析如下：根据模型 12，道德效能感对研究生学术不端行为具有显著负向影响（$r = -0.561$，$p < 0.01$）；根据模型 13，道德效能感和团队伦理气氛显著负向影响学术不端行为，回归系数分别为 $r = -0.497$（$p < 0.01$）和 $r = -0.326$，（$p < 0.05$）；由模型 11 可知，道德效能感与团队伦理气氛的交互项和研究生学术不端之间无相关关系（$r = 0.155$，$p > 0.05$）。由此说明，团队伦理气氛在道德效能感与研究生学术不端行为中不存在跨层调节作用，假设 8-8 不成立。

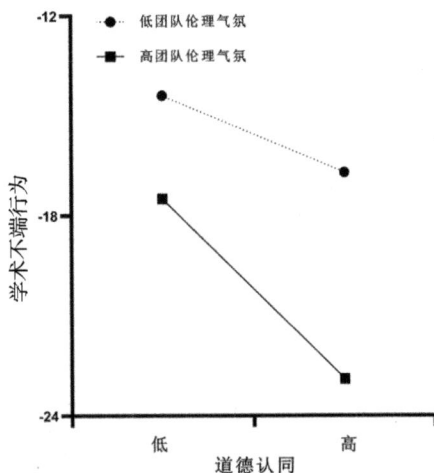

图 8-2　团队伦理气氛跨层次调节分析

表 8-22　团队伦理气氛在道德效能感与研究生学术不端行为关系中的跨层调节

变量	学术不端行为			
	模型 2	模型 12	模型 13	模型 14
截距项（γ^{00}）	0.744**	1.818**	2.068**	2.047**
个体层次控制变量				
年龄	0.248	−0.039	0.045	−0.043
性别	0.095	0.190*	0.095	0.154
导师指导时间	0.004	0.057	0.027	0.050
学术型硕士	0.265	−0.034	0.120	0.112
专业型硕士	−0.325	−0.059	−0.383	−0.287
博士研究生	−0.319	−0.688	−0.399	−0.665
专业	−0.557	−0.542**	−0.423	−0.384
团队层次控制变量				
团队规模	0.016	0.033	0.010	0.018
导师性别	−0.065	−0.023	−0.086	−0.047
Level-1 预测因子				
道德效能感		−0.561**	−0.497**	−0.561**
Level-2 预测因子				
团队伦理气氛			−0.326*	−0.298*
交互项				
道德效能感 × 团队伦理气氛				0.155
方差				

变量	学术不端行为			
	模型 2	模型 12	模型 13	模型 14
δ^2	0.742	0.558	0.633	0.555
τ^{00}	0.002	0.037	0.027	0.049
τ^{11}		0.142	0.141	0.141

注：$^*p < 0.05,^{**}p < 0.01$；δ^2 是层 1 的残差；τ^{00} 是层 2 的截距残差；τ^{11} 是层 2 的斜率残差。

8.6.5 研究结果与讨论

本研究在社会学习理论的基础上，探讨了导师道德型领导、团队伦理气氛、道德效能感、道德认同和研究生学术不端几个变量之间的作用关系，构建了道德效能感和道德认同中介导师道德型领导与研究生学术不端之间作用关系的跨层次模型、团队伦理气氛调节道德效能感和道德认同与研究生学术不端之间关系的跨层次模型，并提出相应研究假设。之后借鉴相关文献和现有成熟量表制作调查问卷，以实地调研和电子问卷两种方式收集数据，并通过信度效度分析、相关性分析和线性回归分析等分析方法对研究假设进行检验。以下是对实证结果的分析和讨论。

（1）**导师道德型领导与研究生学术不端行为**。实证结果显示，导师道德型领导确实减少了研究生的学术不端行为，这与本研究的理论假设保持一致，也与现实中导师通过采取符合道德伦理的行为树立榜样来引导学生，减少学生不道德行为产生的实际情况相符合。实际上，在研究生进行学术研究的过程中，导师作为主要指导者，如果忽视了对研究生的学术道德培养和监管、示范效应不明、责任意识薄弱，或者导师因能力或道德问题不能对研究生进行及时有效的引导，则会加重研究生的学术不端行为（江利平，2014）。本研究结果表明，导师通过采取符合道德伦理的行为树立榜样来引导学生，并通过团队内部的奖励惩罚制度来强化和稳定研究生的道德化行为方式，能减少研究生学术不端这种非道德行为。导师的道德型领导越强，则研究生的学术不端行为越少。

（2）**道德效能感在导师道德型领导与研究生学术不端行为之间的中介作用**。为进一步探索导师道德型领导对研究生学术不端行为的作用机制，本研究引入道德效能感作为中介变量。实证结果表明，导师道德型领导与道德效能感正相关；道德效能感与研究生学术不端行为负相关；道德效能感在导师道德型领导与研究生学术不端行为之间起中介作用，即与本书第3章中的研究假设保持一致。道德效能感作为一种可塑的和发展的自我效能感，在不同的情境因素下会不同，特别是在有领导的环境中会受到影响（Hannah & Avolio, 2010）。在团队中，团队成员会模仿学习领导的行为，员工的自我效能感是模仿和学习过程中一个关键的中间状态（Bandura, 1977）。团队成员的道德效能感也因此成为模仿和学习领导道德行为过程中的重要中间状态。在团队中，导师的道德型领导的道德模范作用能提升研究生的道德能力。而道德效能感的提升会增强道德行事的意向；道德效能感越高，人们就越可能把道德判断和道德倾向转化为道德行为（Schaubroeck et al., 2012）。导师道德型领导越强，研究生的道德效能感越高，道德行事的意志越强，从而更容易避免学术不端等违背道德的偏常行为产生。

（3）**道德认同在导师道德型领导与研究生学术不端行为之间的中介作用**。为进一步探索导师道德型领导对研究生学术不端行为的作用机制，本研究还引入道德认同作为中介变量。实证结果表明导师道德型领导与道德认同正相关；道德认同与研究生学术不端行为负相关；道德认同在导师道德型领导与研究生学术不端行为之间起中介作用，即与本研究的研究假设一致。实证研究表明，道德型领导提升了员工的心理授权，促进了员工的道德情感和认知发展，使员工将领导者的道德价值内化，从而对员工的道德认同产生积极影响（Gerpott et al., 2019）。而道德认同能够促使个体产生亲社会行为，如捐赠、志愿服务等（Reed et al.,2007），并能够抑制个体做出不道德行为，如欺骗行为，且道德认同对道德行为有正向影响（Reynolds & Ceranic, 2007）。因此，导师道德型领导越强，研究生道德认同越强，从而抑制其做出学术不端等不道德行为。

（4）**团队伦理气氛在道德认同与研究生学术不端行为之间的调节作用**。为探索如何干预研究生学术不端行为的内在影响机制，本研究从团队层面引入团队伦理气氛作为调节变量。实证结果表明，团队伦理气氛正向调节道德认同对研究生学术不端行为的作用，与前文的理论假设保持一致。实证研究表明，道德认同会受到环境因素的影响（Hart, 2005）。团队中的伦理气氛会对个体的道德认同产生影响，进而使个体产生符合组织要求的道德行为。当团队的伦理气氛与个体的道德认同相接近的时候，团队伦理气氛能够正向强化道德认同，当两者出现矛盾甚至相悖时，团队伦理气氛能够削弱个人的道德认同感（Nucci et al., 2008）。导师道德型领导通过角色榜样作用，以可见的行为影响着团队中研究生的道德行为和决策，进而塑造一种在类似情境下，团队中研究生均能自觉采取合理、恰当的道德行为和决策的团队伦理氛围。导师的道德型领导能够促进团队中研究生的道德情感和认知发展，使研究生将导师的道德价值内化，从而对研究生的道德认同产生积极影响。团队伦理气氛与团队中研究生的道德认同越接近，道德认同对研究生学术不端行为的负向作用越强。在本研究中，团队伦理气氛越高，道德认同与研究生学术不端行为的负向关系越强；团队伦理气氛越低，道德认同与研究生学术不端行为的负向关系越弱。

（5）**团队伦理气氛与道德效能感的关系**。团队伦理气氛是团队气氛的一种表现形式，是对团队内占主导地位的伦理思维模式的感知。不同的团队气氛会引导员工走向不同的方向，并在这个过程中起到非常重要的作用。积极的团队气氛会引导员工走出道德困境，做出更有利于组织的事情。Bandura（1977）从社会学习理论出发，认为自我效能感是通过对人与环境相互作用过程中产生的信息进行认知和加工而进一步形成的，并且自我效能感是不断发展变化的。道德效能感是一般自我效能感在道德领域的延伸，也受人与环境的影响。据此本书第三章提出团队伦理气氛能够调节道德效能感对研究生学术不端行为作用的假设，但是，根据实证结果，团队伦理气氛在道德效能感与研究生学术不端行为关系中的调节作用并不存在。

通过阅读相关文献，本研究对此做出如下解释：道德效能感是一个人对自己特定能力的信念，这种能力是在面对道德逆境时仍然坚持组织和调动为实现道德实践所需的动机、认知资源、方法和行为过程的能力。在团队中，团队成员会模仿学习领导的行为，进而改变自身的道德效能感（Bandura，1977）。道德型领导不仅自身行为符合道德规范，还会在与团队成员的互动中采用交流、奖惩等方式改变团队成员的道德效能感，促进团队成员的道德行为（Brown & Treviño, 2006）。与此同时，道德型领导还通过角色榜样作用，以可见的行为影响着团队成员的道德行为和决策，进而塑造一种在类似情境下，团队成员均能自觉采取合理、恰当的道德行为和决策的团队伦理氛围。当道德效能感与团队伦理氛围均受道德型领导影响时，道德型领导对道德效能感的影响明显强于团队伦理氛围对道德效能感的影响。因此，道德效能感主要受道德型领导的影响时，团队伦理氛围对其调节作用可能不显著。

综上分析，除假设 8-8 之外，其他研究假设全部得到支持，结果汇总如表 8-23 所示。

表8-23　假设检验结果总结

假设	内容	结果
H8-1	导师道德型领导减少了研究生学术不端行为。	成立
H8-2	导师道德型领导与研究生道德效能感呈正相关关系。	成立
H8-3	道德效能感与研究生学术不端行为呈负相关关系。	成立
H8-4	道德效能感在导师道德型领导与研究生学术不端行为间起跨层中介作用。	成立
H8-5	导师道德型领导与研究生道德认同呈正相关关系。	成立
H8-6	道德认同与研究生学术不端行为呈负相关关系。	成立
H8-7	道德认同在导师道德型领导与研究生学术不端行为间起跨层中介作用。	成立
H8-8	团队伦理气氛在道德效能感与研究生学术不端行为的关系中具有跨层正向调节作用，即团队伦理气氛越高，道德效能感与研究生学术不端行为的负向关系越强；团队伦理气氛越低，道德效能感与研究生学术不端行为的负向关系越弱。	不成立
H8-9	团队伦理气氛在道德认同与研究生学术不端行为的关系中具有跨层正向调节作用，即团队伦理气氛越高，道德认同与研究生学术不端行为的负向关系越强；团队伦理气氛越低，道德认同与研究生学术不端行为的负向关系越弱。	成立

8.7　总结

8.7.1　研究结论

近年来频繁发生的学术不端行为已引起学术界和社会的广泛关注。鉴于学术不端行为的恶劣影响，研究其内在影响机制和建立预防机制已成为高价值工作。导师作为研究生学术研究的主要指导者，对研究生学术不端行为有着重要影响。本研究在理论研究基础上构建了导师道德型领导对研究生学术不端行为的跨层次影响模型，阐释了导师道德型领导负向影响研究生学术不端行为的影响机制，道德效能感、道德认同对两者的中介机制，以及团队伦理气氛的调节机制。本研究以浙江省内不同高校商学院的 302 份问卷数据为研究样本进行假设检验，研究结论如下：

（1）导师道德型领导负向影响研究生的学术不端行为。导师通过采取符合道德伦理的行为树立榜样来引导学生，并通过团队内部的奖励惩罚制度来强化和稳定研究生的道德化行为方式，从而减少研究生学术不端这种非道德行为。

（2）道德效能感在导师道德型领导和研究生学术不端行为间起跨层中介作用。在团队中，研究生会模仿导师的道德行为，进而改变其道德效能感。而道德效能感的提升会增强道德行事的意向，道德效能感越高，更容易避免学术不端等违背道德的偏常行为产生。

（3）道德认同在导师道德型领导和研究生学术不端行为间起跨层中介作用。导师的道德型领导提升了团队中研究生的心理授权，促进其道德情感和认知发展，使研究生将导师的道德价值内化，从而对研究生的道德认同产生积极影响，而道德认同能够抑制研究生做出学术不端这种不道德行为。

（4）团队伦理气氛在道德认同和研究生学术不端行为间起跨层调节作用。团队中的伦理气氛会对个体的道德认同产生影响，进而使个体产生符合组织要求的道德行为。当团队伦理气氛与团队中研究生的道德认同越接近，道德认同对研究生学术不端行为的负向作用越强。在本研究中，团队伦理气氛越高，道德认同与研究生学术不端行为的负向关系越强；团队伦理气氛越低，道德认同与研究生学术不端行为的负向关系越弱。

8.7.2　理论意义

本研究的理论意义主要体现在以下 5 个方面：

（1）学术不端问题是高等教育学的研究内容之一，过往关于学术不端的研究大多关注学术不端的影响因素，如个人道德水平（Henning et al., 2014）、导师（张永军等, 2018）、高校政策（马杰、邓静文, 2019）等。目前有关导师对研究生学术不端影响的研究大部分以思辨性探讨为主，缺乏导师对研究生学术不端行为作用机制的研究（于瑞丽, 2017）。本研究以导师为切入点，对研究生学术不端行为机制进行探究，有利于更好地拓展关于学术不端行为的理论研究，在一定程度上丰富了高等教育理论。过往关于道德型领导结果变量的研究主要集中在道德型领导对道德行为（张洋, 2017）、工作投入（Naeem et al., 2020）、工作绩效（王震, 2014）等的影响。但目前几乎没有在学术背景下开展的对道德型领导的研究，特别是在师生关系中（Arain et al., 2017）。基于此，本研究在学术背景下探讨了导师道德型领导对研究生学术不端的影响及作用机制，丰富了道德型领导的研究内容。

（2）本研究探讨了道德认同在导师的道德型领导和学术不端行为之间所起的跨层中介效应，揭示了一种全新的中介作用机制。目前有关道德认同的研究多将其作为前因变量或调节变量，还未有实证研究将道德认同作为中介变量。本研究首次将道德认同引入导师道德型领导和研究生学术不端行为的关系中，并通过实证研究，证明了道德认同在导师道德型领导和研究生学术不端行为中所起的跨层中介效应。本研究证明了道德认同具有跨层中介作用，丰富了导师道德型领导和研究生学术不端行为的中介机制。

（3）此外，本研究还探讨了道德效能感在导师的道德型领导和学术不端行为之间所起的跨层中介效应。目前有关道德效能感对个体行为产生的影响的实证研究较少，有关道德效能感的实证研究仍然处在初期。本研究作为较早在中国情境下探讨道德效能感的组织管理研究之一，将道德效能感引入了导师道德型领导和研究生学术不端行为的关系中，进一步丰富了道德效能感的相关研究。本研究的结果表明，道德效能感在导师道德型领导和研究生学术不端行为中起跨层中介效应。本研究证明了道德认同具有跨层中介作用，这也在某种程度上有利于更好地拓展关于道德认同的理论研究，为今后更多地在中国文化环境下的道德认同研究提供了理论帮助。

（4）尽管道德效能感和道德认同是两种重要的影响行为的心理状态，但以往的实证研究还没有同时探讨两者对个体行为的影响。本研究基于社会学习理论把道德效能感和道德认同纳入道德心理状态的框架，证明了道德效能感和道德认同在导师的道德型领导和研究生学术不端行为的关系中所起的作用。研究结论表明，导师的道德型领导作为整个研究生团队的效仿对象，通过发挥模范作用跨层提升研究生的道德效能感和道德认同，这两种道德心理状态共同发挥作用，进一步影响研究生的学术不端行为。

（5）实证研究发现，团队伦理气氛在道德认同与研究生学术不端行为中具有跨层调节效应，团队伦理气氛与团队中研究生的道德认同越接近，道德认同对研究生学术不端行为的负向作用越强。研究结论不仅丰富了现有学术不端行为研究的理论体系，而且拓展了对团队伦理气氛与学术不端行为之间关系的认知。

8.7.3　研究结果应用

上述研究结论表明，导师道德型领导、道德效能感、道德认同和团队伦理气氛对减少商学院研究生学术不端行为均发挥着重要的作用。笔者认为，商学院研究生主管部门和研究生培养单位可在以下几个方面进一步优化管理：

强化导师的遴选与培养。导师作为研究生教育的主要责任人，也是研究生学术研究过程的主要指导者，其学术造诣、治学态度、学术道德均会对研究生产生潜移默化的影响。从目前的情况来看，多数研究生培养单位在导师遴选与培养时主要考察的是导师的科研能力和学术成果，而对其学术道德、治学态度关注不够。导师作为研究生学习中的主要责任人，其学术道德品质对研究生学术研究有着重要影响，研究生导师不仅要具有高超的学术水平，更应是恪守学术伦理的道德楷模，为研究生树立道德榜样作用。因此，研究生培养单位在对研究生导师进行遴选时要加强对其学术道德水平的考察，通过分析以往科研成果、学术道德教育、学术诚信协议等方式，培养"德才兼备"的学术导师。

加强导师道德榜样的树立。导师在与研究生的日常交流中，不应局限于学术交流，也应加强非学术方面的指导。在科研和学习方面，导师要在发现学术问题、研究方法与写作技巧等方面与学生进行讨论和指导，尽快让研究生找到研究方向并掌握一定的科研技能；同时，导师还应该在学术研究中表现出极高的道德水准，通过话题探讨、行为处事等方式展现导师的榜样作用，引导研究生学习、效仿。在生活、情感等非学术方面，导师要加强与学生的交流，洞悉学生的日常需求和情绪波动，拉近与学生的心理距离，并提供必要的关怀、支持和帮助。导师通过在日常交流中加强与研究生在道德问题方面的探讨，并且自身采取符合道德伦理的行为树立榜样来引导学生，从而减少研究生学术不端这种非道德行为。

营造良好的团队伦理气氛。本研究表明，团队伦理气氛在道德认同与研究生学术不端行为的关系中具有跨层正向调节作用，团队伦理气氛越好，道德认同与研究生学术不端行为的负向关系越强；团队伦理气氛越差，道德认同与研究生学术不端行为的负向关系越弱。因此，良好的团队气氛有利于避免研究生产生学术不端行为。应通过执行明确清晰的道德准则，营造良好的组织伦理氛围。同时，当团队成员出现不道德行为时，对其进行处罚，也有利于营造持续积极的组织伦理氛围，最终实现团队伦理的内化，从而减少团队成员出现不道德行为。

注重研究生道德效能感和道德认同的培养。本研究表明，道德效能和道德认同在导师道德型领导和研究生学术不端行为之间具有跨层中介作用。因此，在日常的学习生活中，导师要注重研究生的道德效能感和道德认同的培养，有意识地通过自身符合道德标准的行为和优秀品质，以身作则树立道德榜样，去提升研究生的道德效能感和道德认同。而拥有高道德效能感和高道德认同的研究生，能更放心、大胆地展示出更多道德行为，避免发生学术不端等不道德行为。

8.7.4 研究局限与研究展望

本研究在大量文献阅读和著作分析的基础上提出理论框架和研究假设，通过问卷调查收集数据，进行实证检验与分析，最终得出结论。研究的每个环节都尽量遵循研究规范。但是，由于时间、空间、成本及研究者学术能力等限制因素，本研究在研究过程中仍然存在一些不足之处，需要在未来的研究中进一步完善，这些局限性和未来的研究方向表现在：

样本选择与发放。本研究所选取的样本虽然来自多所综合性高校商学院在读研究生，但是整体的样本量太少。在样本的来源方面，基于便利性，本研究的样本主要是浙江省内高校商学院在读研究生，样本的代表性有待提高。另外，在问卷发放方面，本研究的成员问卷调查没有完全符合随机抽样标准，而是尽可能地请每个受访者都填写问卷，然后对回答不规范的问卷进行剔除。总之，未来的研究可以考虑样本选择的普适性和数据来源的广泛性，使研究程序更科学和规范。

样本偏差。由于问卷形式采取自我报告法，因此样本产生的同源偏差是不可避免的。由于学术不端行为属于非道德行为，是不被社会所接受的，因此被试者在进行问卷填写时可能倾向于按照社会公认的标准选择答案，而并不关心这个答案是否符合自己的真实行为，样本可能存在社会称许性偏差。未来研究应加强对样本偏差的控制。

拓展性研究。本研究引入道德效能感、道德认同和团队伦理气氛变量，分别验证了道德效能感和道德认同在导师道德型领导对研究生学术不端行为影响中的中介作用，以及团队伦理气氛在道德认同与研究生学术不端行为中的跨层调节作用，但是团队伦理气氛和道德效能感之间的关系未得到数据支持，还需进一步探索其具体原因。因此，本研究所涉及的理论模型还有待进一步加工和补充。

参考文献

[1]　AQUINOK,REED A. The self-importance of moral identity[J]. Journal of Personality and Social Psychology, 2002, 83(6): 1423-1440.

[2]　ARAIN G A, SHEIKH A, HAMEED I, et al. Do as I do: The effect of teachers' ethical leadership on business students' academic citizenship behaviors[J]. Ethics & Behavior, 2017, 27(8): 665-680.

[3]　BANDURA A. Self-efficacy : toward a unifying theory of behavioral change[J]. Psychological Review, 1977, 84(2): 191-215.

[4]　BANDURA A. Social foundations of thought and action[J]. Journal of Applied Psychology, 1986, 12(1): 169.

[5]　BARBARANELLI C, FARNESE M L, TRAMONTANO C, et al. Machiavellian ways to academic cheating: A mediational and interactional model[J]. Frontiers in Psychology, 2018(9).

[6]　BERGIN C, TALLEY S, HAMER L. Prosocial behaviours of young adolescents: A focus group study[J]. Journal of Adolescence, 2003, 26(1): 13-32.

[7]　BROWN M E, TREVIÑO L K, HARRISON D A. Ethical leadership: A social learning perspective for construct development and testing[J]. Organizational Behavior & Human Decision Processes, 2005, 97(2): 117-134.

[8]　BROWN M E, TREVIÑO L K. Ethical leadership: A review and future directions[J]. Leadership Quarterly, 2006, 17(6): 595-616.

[9]　CROWN D F, SPILLER M S. Learning from the literature on collegiate cheating:A review of empirical research[J]. Journal of Business Ethics, 1998, 17(6): 683-700.

[10]　DEN HARTOG D N, DE HOOGH A H. Empowering behaviour and leader fairness and integrity: Studying perceptions of ethical leader behaviour from a levels-of-analysis perspective[J]. European Journal of Work and Organizational Psychology, 2009, 18(2): 199-230.

[11]　EBY L T, ALLEN T D, EVANS S C, et al. Does mentoring matter? A multidisciplinary

meta-analysis comparing mentored and non-mentored individuals[J]. Journal of Vocational Behavior, 2008, 72(2): 254-267.

[12] FORTE A. Business ethics: a study of the moral reasoning of selected business managers and the influence of organizational ethical climate[J]. Journal of Business Ethics, 2004, 51(2): 167-173.

[13] GERPOTT F H, VAN QUAQUEBEKE N, SCHLAMP S, et al. An identity perspective on ethical leadership to explain organizational citizenship behavior: the interplay of follower moral identity and leader group prototypicality[J]. Journal of Business Ethics, 2019, 156(4): 1063-1078.

[14] HANNAH S T, AVOLIO B J. Moral potency: Building the capacity for character-based leadership[J]. Consulting Psychology Journal: Practice and Research, 2010, 62(4): 291-310.

[15] HART D. The development of moral identity[J]. Nebraska Symposium on Motivation Nebraska Symposium on Motivation, 2005(51): 165.

[16] HAZZOURI M E, CARVALHO S W, MAIN K J. An investigation of the emotional outcomes of business students' cheating "biological laws" to achieve academic excellence[J]. Academy of Management Learning and Education, 2014, 14(4): 440-460.

[17] HENDY N T. Forced-choice personality measures and academic dishonesty: A comparative study[J]. Journal of Academic Ethics, 2017, 15(4): 293-306.

[18] HENNING M A, RAM S, MALPAS P, et al. Reasons for academic honesty and dishonesty with solutions: a study of pharmacy and medical students in New Zealand[J]. Journal of Medical Ethics, 2014, 40(10): 702-709.

[19] KHUNTIA R, SUAR D. A scale to assess ethical leadership of Indian private and public sector managers[J]. Journal of Business Ethics, 2004, 49(1): 13-26.

[20] KISHGEPHART J J, HARRISON D A, TREVIÑO L K,KISHGEPHART J J, HARRISON, D.A TREVIÑO, L K. 2010. Bad apples, bad cases, and bad barrels: Meta-analytic evidence about sources of unethical decisions at work[J]. Journal of Applied Psychology, 2010, 95(1): 1-31.

[21] KUMAR M N. A review of the types of scientific misconduct in biomedical research[J]. Journal of Academic Ethics, 2008, 6(3): 211-228.

[22] MCCABE D L, BUTTERFIELD K D, TREVIÑO L K. Academic dishonesty in graduate business programs: Prevalence, causes, and proposed action[J]. Academy of Management Learning & Education, 2006, 5(3): 294-305.

[23] NAEEM R M, WENG Q, HAMEED Z, et al. Ethical leadership and work engagement: A moderated mediation model[J]. Ethics & Behavior, 2020, 30(1): 63-82.

[24] NUCCI L P, NARVAEZ D, NUCCI L, et al. Handbook of Moral and Character Education, [M],NewYork:Routledge,2008.

[25] PARK C H, KIM W, SONG J H. The impact of ethical leadership on employees' in-role performance: the mediating effect of employees' psychological ownership[J]. Human Resource Development Quarterly, 2015, 26(4): 385-408.

[26] PARKER S K. Enhancing role breadth self-efficacy: The roles of job enrichment and other organizational interventions[J]. Journal of Applied Psychology, 1998, 83(6): 835-852.

[27] POPOOLA I T, GARNER B, AMMETER A P, et al. How does ethics institutionalization reduce academic cheating[J]. The Journal of Education for Business, 2017, 92(1): 29-35.

[28] REED A, AQUINO K, LEVY E. Moral identity and judgments of charitable behaviors[J]. Journal of Marketing, 2007, 71(1): 178-193.

[29] REYNOLDS S J, CERANIC T L. The effects of moral judgment and moral identity on moral behavior: An empirical examination of the moral individual[J]. Journal of Applied Psychology, 2007, 92(6): 1610-1624.

[30] SAGE L, KAVUSSANU M, DUDA J L. Goal orientations and moral identity as predictors of prosocial and antisocial functioning in male association football players[J]. Journal of Sports Sciences, 2006, 24(5): 455-466.

[31] SCHAUBROECK J, HANNAH S T, AVLIO B J, et al. Embedding ethical leadership within and across organization levels[J]. Academy of Management Journal, 2012, 55(5): 1053-1078.

[32] SCHWEPKER C H. Ethical climate's relationship to job satisfaction, organizational commitment, and turnover intention in the salesforce[J]. Journal of Business Research, 2001, 54(1): 39-52.

[33] TREVIÑO L K, HARTMAN L P, BROWN H M. Moral person and moral manager: how executives develop a reputation for ethical leadership[J]. California Management Review, 2000, 42(4): 128-142.

[34] VICTOR B, CULLEN J B. A Theory and Measure of Ethical Climate in Organizations, [J]. Research in Corporate Social and Performance Policy,1987(9):51-71.

[35] WANG Y D, SUNG W C. Predictors of organizational citizenship behavior: ethical leadership and workplace jealousy[J]. Journal of Business Ethics, 2016, 135(1): 117-128.

[36] 曾晓强 . 国外道德认同研究进展 [J]. 心理研究 , 2011, 4(4): 20–25.

[37] 陈善志 , 冯建民 . 高等教育学硕士研究生学术不端的成因与治理 [J]. 和田师范专科学校学报 , 2019, 38(3): 67–73.

[38] 范恒 , 周祖城 . 伦理型领导与员工自主行为 : 基于社会学习理论的视角 [J]. 管理评论 ,

2018, 30(9): 164–173.

[39] 方冬姝 , 方润生 , 郭朋飞 . 国外研究生学术不端行为研究综述 [J]. 中州大学学报 , 2012, 29(5): 71–74.

[40] 方润生 , 方冬姝 , 郭朋飞 . 硕士研究生学位论文学术不端行为的特征分析 [J]. 学位与研究生教育 , 2013(5): 18–22.

[41] 韩丽峰 , 徐飞 . 学术成果发表中不端行为的形式、成因和防范 [J]. 科学学研究 , 2005(5): 623–628.

[42] 胡琴芳 , 邹筱 . 供给侧视角下高校研究生学术不端行为防范探讨 [J]. 科学家 , 2016, 10(4): 10–11.

[43] 江利平 . 研究生学术不端行为研究综述 [J]. 教育教学论坛 , 2014(2): 209–211.

[44] 刘松博 , 李育辉 , 杜晓琳 . 道德领导对员工非道德行为的影响机制 : 组织伦理氛围的中介效应 [J]. 管理学家 (学术版), 2013(9): 31–41.

[45] 马革兰 , 杜秉玉 . 部分研究生学术道德失范的根源及对策 [J]. 高等教育研究 , 2010, 27(1): 80–82.

[46] 马杰 , 邓静文 . 当代研究生的学术不端行为治理分析——基于对江西省高校的调查 [J]. 东华理工大学学报（社会科学版）, 2019, 38(2): 156–160， 163.

[47] 王建康 , 曹健 . 文科研究生学术忠诚现状调查及影响因素分析 [J]. 中国高教研究 , 2008(8): 26–28.

[48] 王阳 , 王希艳 . 论美国科学不端行为定义演变的几个趋向 [J]. 科学学研究 , 2008, 26(2): 255–260.

[49] 王震 . 社会学习还是社会交换？——道德型领导对下属工作绩效的作用机制 [J]. 经济管理 , 2014, 36(8): 89–97.

[50] 王震 , 许灏颖 , 杜晨朵 . 道德型领导如何减少下属非道德行为 : 领导组织化身和下属道德效能的作用 [J]. 心理科学 , 2015, 38(2): 439–445.

[51] 吴明隆 . SPSS 统计应用实务 [M]. 北京 : 中国铁道出版社 , 2000.

[52] 吴英杰 . 研究生学术道德失范及应对机制研究 [D]. 郑州 : 河南大学 , 2018.

[53] 徐军 , 张亮 , 李海勇 . 研究生教育中的学术规范和学术诚信问题研究 [J]. 北京化工大学学报 (社会科学版), 2016(4): 83–87.

[54] 杨峰 . 刍议硕士研究生学术不端行为的心理动机及预防机制 [J]. 法制与社会 , 2018(21): 230–231.

[55] 杨韶刚 . 从道德阶段理论到道德类型理论——西方道德认知理论的最新发展研究 [J]. 教育导刊 , 2007(4): 6–9.

[56] 于瑞丽 . 导师指导对研究生学术不端行为的影响机制研究 [D]. 郑州 : 河南大学 , 2017.

[57] 张艳萍 . 大学生道德同一性的问卷编制及发展特点研究 [D]. 重庆 : 西南大学 , 2009.

[58]   张洋. 善花如何结出善果？ [D]. 杭州：浙江工商大学，2017.

[59]   张永军，杜盛楠，于瑞丽，等. 能力还是信念：导师指导对研究生学术不端行为的影响研究 [J]. 心理研究，2018, 11(6): 532-539.

[60]   赵文文. 高校学术失范的原因和对策研究 [D]. 扬州：扬州大学，2013.

[61]   朱华，左志香，朱华杰. 我国研究生学术道德失范的表现及影响因素分析 [J]. 思想教育研究，2012(11): 98-101.

9

道德型领导对下属组织公民行为的影响 [①]

9.1 引言

由于领导力是一种影响力，道德型领导对下属的影响一般通过社会学习理论来解释。社会学习理论认为人的行为习得首先来源于个体对榜样行为的关注，然后对榜样进行模仿学习，随后逐渐转化为自身的行为（Bandura, 1977）。过去的研究表明，下属会将领导者树立为道德榜样，通过对领导者的社会学习提高自身的道德准则、改进工作态度、提升工作绩效等（Sheer et al., 2018）。然而，下属对上级的社会学习在多大程度上能转换成自身的积极行为不仅取决于榜样的形象，还取决于下属如何对上级行为的动机进行解释和归因。如果下属将领导者的道德行为归因为功利的、伪善的动机，那么对其道德行为的学习效果会大打折扣（Yang et al., 2019; 买热巴·买买提、李野, 2018）。在过去的文献中，下属归因的影响显然被忽视了，因而将归因理论与社会学习理论相融合可以更全面地解释道德型领导的作用机制。

Brown 等（2005）认为，领导者若想要成为对下属有吸引力的榜样，其行为必须具有利他性。因此，下属的"利他归因"会影响下属对领导者行为社会学习的过程。利他归因即下属认为上级的道德行为由个人价值观、对组织的忠诚和道德标准所驱动，不是以获得外部回报为主要目的（Allen & Rush, 1998）。我们在这项研究中提出下属对上级道德行为的利他归因影响了他们对道德型领导的社会学习。本研究将以道德型领导和下属组织公民行为（Organizational Citizenship Behavior，OCB）之间的关系为核心，探讨下属的归因如何影响社会

---

① 本章参见：张光曦，朱燕.道德型领导与组织公民行为：社会学习与归因理论的交互视角 [J]. 科技与经济, 2020, 33（2）: 76-80.

学习的过程。组织公民行为是指组织成员自发做出的属于工作职责外，但却有利于组织目标实现的行为（Organ, 1990）。近年来，组织公民行为是一个富有吸引力的研究话题，其对企业的成功具有重要的积极作用（Luo, Cheng & Zhang, 2016）。除此以外，本研究选择下属组织公民行为作为因变量还有以下两方面原因：一方面是由于先前的研究表明社会学习理论可以很好地解释道德型领导对下属的组织公民行为的影响（DeConinck, 2015; Mo & Shi, 2017），另一方面是因为组织公民行为比较容易受到个体归因偏好的影响（Harvey et al., 2017; Story & Neves, 2015）。

社会学习理论强调个体会对榜样的行为进行模仿学习。除了榜样的示范行为外，社会学习的效果也受到各类强化因素的制约，典型的强化因素可以分为3类：（1）内部强化，指个体为自己设定一个行为标准，当个体的行为符合甚至超过这一标准时，就会自我奖励，从而促进行为习得。个体的"道德认同"反映了道德品质对自我的重要程度，道德认同高的下属会对自身的道德行为产生心理上的奖励，体现了个体的内部强化。（2）替代性强化，指当个体看到榜样行为受到激励时，倾向于模仿榜样的行为，与榜样关系越密切，模仿倾向越强。"上下级关系"是衡量下属与上级的交往频次与质量的指标，反映了上级的榜样作用作为替代性强化被接纳的程度。（3）外部强化，指外界环境刺激能培养个体的兴趣，从而促进行为被更好地习得，当下属感知到的道德氛围情境中存在大量的道德示范刺激时，则对下属道德行为有更好的外部强化作用。因此，本研究从社会学习理论的视角探讨了下属的道德认同、上下级关系及道德氛围感知对道德型领导与下属 OCB 间的调节作用，而社会学习理论中的三类强化调节系统恰好为此提供了一个完善的理论框架。

Li 等（2017）首次将归因理论引入道德型领导的研究领域，认为下属对上级的利他动机归因中介了道德型领导对下属情感承诺的影响。本研究与过去研究的区别在于，提出利他归因在对道德型领导的社会学习中有两种路径。第一种是利他归因的直接调节作用，即利他归因调节了道德型领导与下属组织公民行为之间的关系。归因作为相对稳定的个人特质（Halabi et al., 2014），受到环境因素（如道德型领导）的直接影响是有限的，更有可能是制约道德型领导产生积极影响的边界因素。第二种是利他归因的间接调节作用，即利他归因中介了社会学习中强化系统的调节作用，因此我们的研究在理论建构上显著区别于过去的研究。我们提出社会学习理论中的三类强化调节系统（即内部强化、替代性强化、外部强化）在道德型领导和组织公民行为的关系中存在调节作用，这一调节作用又被利他归因所中介。图 9-1 是本研究的研究模型。通过检验这一有中介的调节模型，本研究将道德型领导促进下属组织公民行为的过程机理统一在社会学习与归因理论的框架下，从而进一步丰富了道德型领导影响机制的研究。

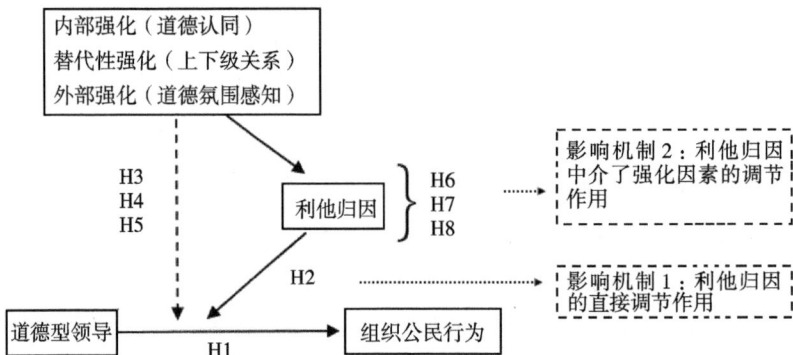

图 9-1　理论模型

9.2　研究假设

9.2.1　道德型领导与组织公民行为

道德型领导在日常发挥着榜样示范的作用，下属在对上级进行观察的过程中会学习和效仿上级的道德行为。同时，道德型领导会奖励表现出组织公民行为的下属，并且惩罚那些违反道德标准的下属。这种奖惩措施，对下属的学习过程具有强化作用，激励下属向道德型领导看齐。此外，道德型领导所推崇的道德规范将引导下属理解道德的重要性，从而塑造下属的道德观，使组织公民行为真正内化为下属自身的行为。因此，本研究提出如下假设。

假设 9-1：道德型领导对下属的组织公民行为具有显著的正向影响。

9.2.2　归因理论的视角：利他归因的调节作用

归因的本质是观察者对他人行为进行因果推理的过程（Heider, 1958）。依据稳定性归因的逻辑（Weiner, 1985），人们在对行为进行归因时，会分析这一行为的成因是否稳定。若原因具有稳定性，个体会预期该行为会持续发生，从而增强行为的正向影响。利他动机常常被认为是基于品德、教育、修养等一系列内在因素所引发的。当下属将上级的行为归因于利他动机时，表示下属认可道德型领导行为背后的动机是稳定的，对上级长期的道德型领导方式越有把握，下属越容易对道德型领导做出积极的反馈。

同时，就道德型领导而言，若上级的道德行为被下属归因为表里如一的利他，就会加强下属对上级的认同，促进道德型领导的积极作用；反之，如果道德型领导行为被归因为一种利己的手段，则会被认为是情境因素引发的伪善行为，制约了道德型领导行为的影响（Yang et al., 2019; 买热巴·买买提、李野，2018）。因此，我们提出以下假设。

假设9-2：下属对道德型领导利他归因正向调节了道德型领导与组织公民行为之间的关系。

9.2.3　社会学习中的强化机制：下属道德认同、上下级关系、道德氛围感知

下属道德认同的调节作用（自我强化）。 个体认知在社会学习过程中起着决定作用，大部分外界因素将通过个体认知的自我调节功能对行为产生作用。道德认同高的下属把成为一个有道德的人作为自我意识的重要部分（Aquino & Reed, 2002），因此从自我强化的角度来看，道德认同高的员工表现出较强的道德自我控制，更有可能为自身设定相关的内在道德准则（吴明证等, 2017），通过不断自我奖赏或惩罚促使其向道德型领导学习与内部道德标准相一致的组织公民行为。过去的研究也证明道德认同越高的下属，越容易对道德型领导做出积极反馈（章发旺、廖建桥, 2017）。综上，我们提出如下假设。

假设9-3：下属道德认同正向调节了道德型领导与下属组织公民行为之间的关系。

上下级关系的调节作用（替代性强化）。 社会学习理论强调，学习过程是在与他人交往的过程中形成的。上下级关系，主要指工作之外的上下级间的私人交往（Law et al., 2000）。研究表明上下级关系是调节领导者行为与下属态度行为的重要因素（彭伟、李慧，2018）。当上下级关系较好时，下属与领导者之间

存在更多的频繁交往，也有更强的意愿去学习上级的道德行为，从而强化了对道德型领导的学习效果，因而上下级关系质量越高的下属越有可能被上级的道德行为所吸引，并认同其榜样的作用，随后通过社会学习表现出更多的组织公民行为。由此，我们做出如下假设。

假设 9-4：上下级关系的质量正向调节了道德型领导与下属组织公民行为之间的关系。

道德氛围感知的调节作用（外部强化）。道德氛围是指组织成员对于道德行为标准和处理道德行为方式等的共同感知（Victor & Cullen, 1988）。道德氛围感知即个体对组织道德氛围的主观知觉。从社会学习理论而言，高质量的道德氛围情境下存在大量的道德示范刺激，下属在高密度的道德行为外部强化作用影响下，会加速对上级道德型领导的学习与内化，从而促进组织公民行为的习得。以往的研究认为道德氛围在道德型领导与下属情感承诺与组织认同之间起到了调节作用（蒋丽芹等，2018）。由此，我们做出如下假设。

假设 9-5：道德氛围感知正向调节了道德型领导与下属组织公民行为之间的关系。

9.2.4　社会学习理论与归因理论的结合：被中介的调节模型

利他动机归因中介了下属道德认同的调节作用。依据认知失调理论（Festinger, 1957），个体总是试图维持自身原有的认知，而尽力消除与自己认知不一致的信息。道德认同较低的下属，会倾向于认为道德管理不是领导者的角色内行为，道德型领导与下属的主观信念冲突，导致员工产生认知失调感。而为了减轻或消除自身的认知失调感，下属更有可能对上级做出消极、利己的归因，来平衡自身认知失调的感受。相反，那些越是认为上级应当重视道德领导的下属，越倾向于对上级做出积极、利他的归因。下属通过归因来维持和协调上级道德型领导与自身道德认同之间的一致性，利他归因传导了道德认同对道德型领导与下属组织公民行为间的调节效应。

综上，我们提出如下假设。

假设 9-6：利他动机归因中介了下属道德认同对道德型领导与下属组织公民行为之间关系的调节效应。

利他动机归因中介了上下级关系的调节作用。与上级有良好关系的下属，更倾向于通过对上级的行为产生积极的归因，而与上级关系较差的下属则会对上级行为产生消极归因。在情感依附方面，关系亲近的上下级之间会相互尊重和信任，而关系疏远的上下级更多是工具性交换，双方缺少亲密的情感（Sue-Chan et al., 2011）。可见上级关系质量越高的下属越容易消除防御心理，引发下属的共情心理，从而产生较高的利他归因作为影响机理，成为上下级关系对道德型领导与下属 OCB 间产生正向调节作用的重要中介机制。因此，我们做出如下假设。

假设 9-7：利他归因中介了上下级关系对道德型领导与下属组织公民行为之间关系的调节效应。

利他动机归因中介了道德氛围感知的调节作用。在低道德氛围的情境中，下属会将自身对氛围的感知加入预先的认知框架中，而道德型领导的行为与下属对组织氛围的感知不符。为了平衡自身的认知差异，下属将质疑上级道德行为动机的利他性。相反，当下属处于高道德氛围感知的情境中时，道德型领导与道德氛围是相匹配的，下属更容易将上级的道德行为做利他归因。利他归因作为平衡下属认知失调感的方式，引导下属的情绪态度朝积极方向转化。高道德氛围感知下的下属更容易结合良好的道德氛围对上级产生积极的利他动机归因，从而提升道德型领导的积极作用。

因此，我们做出如下假设。

假设 9-8：利他归因中介了道德氛围感知对道德型领导与下属组织公民行为之间关系的调节效应。

9.3　研究方法

9.3.1　样本来源

被试主要来自杭州某高校 MBA 学生。为了减少共同方法偏差问题并减轻被试的作答疲劳，本研究分两个时间点收集数据，时间点 1 收集道德型领导、利他归因、组织公民行为及控制变量的数据。两周后（时间点 2）向同一批被试收集道德认同、上下级关系及道德氛围感知的数据，共计发放 320 份问卷，在剔除了 31 份未参加第二轮调研及 11 份数据不全的无效问卷后，最终有效问卷为 278 份，问卷有效率为 86.9%。其中，男性占比 52.2%；年龄在 25~35 岁的占比最高，为 59.7%；学历以本科为主，占比 66.9%；岗位级别以普通员工和基层管理者为主，占比 61.9%。

9.3.2　研究工具

道德型领导。采用 Brown（2005）开发的 10 条目量表，由员工在李克特 5 点量表上进行评价（以下所有连续型多题项量表均采用 5 点量表）。例题包含"我的上级会积极聆听团队成员的意见"等（ $\alpha = 0.85$ ）。

利他归因。参考 Li 等人（2017）的用法，我们采用 Allen 和 Rush（1998）开发的 6 个项目的量表，代表题项有"您的上级表现出上述行为是由于个人价值观的引导"等（ $\alpha = 0.87$ ）。

组织公民行为。采用 Williams 和 Anderson（1991）开发的 6 条目单维度量表。测量题项有"对于组织发展中的困难，我不会袖手旁观"等（ $\alpha = 0.90$ ）。

道德认同。采用的是 Aquino 和 Reed（2002）的道德认同量表。该量表共 12 个题项，包含"内在化"和"符号化"两个维度。本研究仅仅采用内在化维度的 5 个题项，其中题项 3 和题项 4 为反向计分（ $\alpha = 0.79$ ）。

上下级关系。采用 Law 等（2000）的 6 题项量表。代表题项包含"我的上级会主动邀请我一起吃饭"（ $\alpha = 0.86$ ）。

道德氛围感知。采用 Schwepker（2001）开发的单维度量表，有 7 个题项。其中第 5 题和第 6 题采用反向计分法。代表题项包含"我们公司有一套正式的道德伦理守则"（ $\alpha = 0.80$ ）。

控制变量。以往的研究表明，员工性别、年龄、教育程度、工作年限、岗位级别对组织公民行为具有潜在作用（Chuang & Chiu, 2018）。而与上级共事时间对下属归因过程具有潜在影响（Martinko et al., 2011）。本研究选择下属的性别、年龄、教育程度、工作年限、岗位级别、共事时间作为控制变量。

9.4　研究结果

9.4.1　共同方法偏差检验和区分效度检验

Harman 单因素检验显示第一主成分解释的变异为 29.15%（累计总变异

67.2%），未出现只析出一个因子的情况，说明共同方法偏差不会对本研究的统计分析产生显著的影响。

随后对 6 个主要变量进行验证性因子分析。由于样本量相较于测量题目来说较小，我们参考刘小禹（2018）的做法对题目进行打包，将 3 个题项以上单维度变量打包形成 3 个指标代替原来的多题项。六因子模型的拟合指数 $\chi^2/df = 2.17$，$p < 0.001$，CFI $= 0.97$，GFI $= 0.91$，IFI $= 0.97$，RMSEA $= 0.06$，相比于单因子模型和其他备选模型，六因子模型拟合数据较好，说明变量间具有良好的区分效度。

9.4.2 描述性统计分析

所有变量的均值、标准差和相关系数见表 9–1。

表 9-1 变量的描述性统计与相关系数

变量	1	2	3	4	5	6	7	8	9	10	11	12	平均数	标准差
性别													0.52	0.50
年龄	0.26**												1.91	0.66
受教育程度	−0.04	0.03											3.21	0.56
工作年限	0.36**	0.64**	−0.14*										3.15	1.40
岗位级别	0.03	−0.01	−0.12*	−0.14*									2.73	1.20
共事时间	0.32**	0.47**	−0.06	0.64**	−0.04								2.02	1.05
道德型领导	0.04	−0.16**	−0.03	−0.27**	0.13*	−0.08	(0.85)						3.50	0.70
利他归因	−0.04	−0.17**	−0.10	−0.20**	0.14*	−0.04	−0.66**	(0.87)					3.80	0.71
OCB	−0.03	0.04	0.07	0.00	0.19**	−0.01	0.42**	0.47**	(0.90)				3.73	0.68
道德认同	−0.02	0.06	−0.05	0.04	0.07	0.04	0.23**	0.55**	0.55**	(0.79)			4.40	0.68
上下级关系	0.02	−0.20**	−0.09	−0.23**	0.34**	−0.08	0.60**	0.53**	0.44**	0.14*	(0.86)		3.06	0.91
道德氛围感知	−0.08	0.07	−0.09	−0.05	0.02	0.00	0.33**	0.44**	0.38**	0.35**	0.25**	(0.80)	3.98	0.66

注：（1）** 表示 $p < 0.01$，* 表示 $p < 0.05$；（2）主对角线上的括号内的数字为对应变量的信度系数。

9.4.3 假设检验

多重共线性检验结果表明方差膨胀因子（VIF）值均小于 2.7，因此不存在显著的共线性问题。在调节效应检验中，关键变量均进行了去中心化处理，以减轻引入交互项可能造成的多重共线性。

主效应检验。模型 2 的检验结果表明道德型领导与下属组织公民行为间存在显著的正向影响（β=0.46，$p < 0.001$）。因此，假设 9-1 得到了支持。

表9-2　层次回归统计结果

变量	因变量：组织公民行为							
	主效应		利他归因调节作用	道德认同调节作用	上下级关系被中介的调节作用		道德氛围感知被中介的调节作用	
	模型 1	模型 2	模型 3	模型 4	模型 5	模型 6	模型 7	模型 8
控制变量								
性别	− 0.05	− 0.11	− 0.07	− 0.08	− 0.10	− 0.07	− 0.06	− 0.04
年龄	0.06	0.06	0.08	0.03	0.08	0.11	0.05	0.07
受教育程度	− 0.05	− 0.02	0.02	0.00	0.00	0.02	− 0.00	0.02
工作年限	0.02	0.21*	0.21	0.19*	0.23**	0.21**	0.22**	0.22**
岗位级别	0.18**	0.15**	0.13	0.12**	0.08	0.07	0.13*	0.12*
共事时间	− 0.03	− 0.10	− 0.12	− 0.10	− 0.12	− 0.14*	− 0.12	− 0.14*
主效应								
道德型领导		0.46***	0.27***	0.41***	0.34***	0.17*	0.39***	0.26***
调节作用								
道德认同				0.49***				
道德型领导 × 道德认同				− 0.02				
上下级关系					0.28***	0.24***		
道德型领导 × 上下级关系					0.13*	0.04		
道德氛围感知							0.28***	0.18***
道德型领导 × 道德氛围感知							0.12*	0.03
中介作用								
利他归因			0.37***			0.32***		0.30***
道德型领导 × 利他归因			0.19***			0.17*		0.16**
R^2	0.04	0.23	0.32	0.48	0.29	0.35	0.29	0.35

续表

变量	因变量：组织公民行为							
	主效应		利他归因调节作用	道德认同调节作用	上下级关系被中介的调节作用		道德氛围感知被中介的调节作用	
	模型 1	模型 2	模型 3	模型 4	模型 5	模型 6	模型 7	模型 8
$\triangle R^2$		0.19	0.09	0.25	0.06	0.06	0.06	0.05
F	1.93	11.43	14.08	27.07	12.17	13.19	12.42	12.84
$\triangle F$		65.66***	18.24***	63.35***	11.62***	12.93***	12.50***	10.69***

注：N=278，*** 表示 $p < 0.001$，** 表示 $p < 0.01$，* 表示 $p < 0.05$；常数项略。

利他归因调节效应检验。模型 3 的结果显示，下属利他归因对下属组织公民行为的主效应是正向显著的（ $\beta = 0.37$ ， $p < 0.001$ ），下属利他归因正向调节了道德型领导与组织公民行为之间的关系（ $\beta = 0.19$ ， $p < 0.001$ ）；利他归因在 1 个标准差上下的调节交互作用图如图 9-2 所示，进一步验证了假设 9-2。

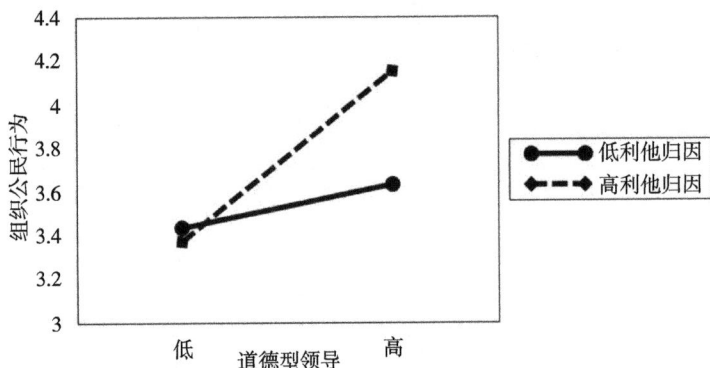

图 9-2　利他归因的调节作用

道德认同的调节效应检验。模型 4 的结果显示，道德型领导与道德认同交互项的回归系数为 −0.02，并且其结果并没有显著，因此假设 9-3 未能得到验证。

上下级关系的调节效应检验。模型 5 的结果显示，上下级关系正向调节了道德型领导与组织公民行为之间的关系（ $\beta = 0.13$ ， $p < 0.05$ ），研究结果支持了假设 9-4。上下级关系的调节作用交互图如图 9-3 所示。

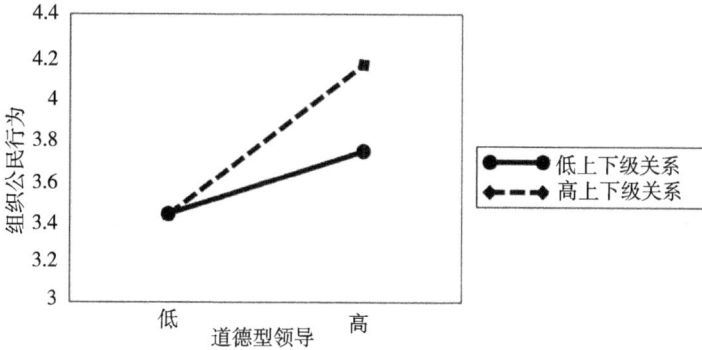

图 9-3　上下级关系的调节作用

道德氛围感知的调节效应检验。模型 7 的结果显示，道德氛围感知正向调节了道德型领导与组织公民行为之间的关系（$\beta = 0.13$，$p < 0.05$），研究结果支持了假设 9-5。道德氛围感知的调节作用交互图如图 9-4 所示。

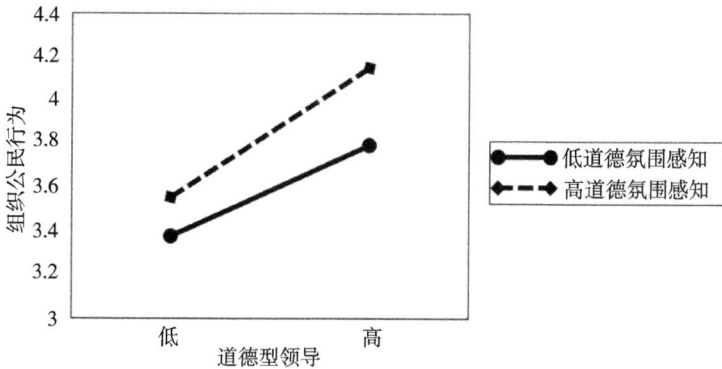

图 9-4　道德氛围感知的调节作用

被中介的调节效应检验。假设 9-6 提出利他动机归因中介了下属道德认同对道德型领导与组织公民行为之间关系的调节效应。由于假设 9-3 没有得到验证，假设 9-6 也未得到支持。

在模型 3 中，在控制了"道德型领导 × 利他动机归因"这一交互项后，"道德型领导 × 上下级关系"之间的调节效应不再显著（$\beta = 0.04$，n.s.），这一结果表明了利他动机归因完全中介了上下级关系对道德型领导与组织公民行为之间的调节效应，研究结果支持了假设 9-7。

在模型 8 中，在控制了"道德型领导 × 利他动机归因"的交互项后，"道德

型领导 × 道德氛围感知"之间的调节效应不再显著（$\beta=0.03$，n.s.），这一结果表明利他动机归因完全中介了上下级关系对道德型领导与组织公民行为之间的调节效应，研究结果支持了假设 9-8。

9.5 讨论

本研究在社会学习理论和归因理论基础上构建了一个道德型领导影响力的框架。结果表明：（1）社会学习的强化系统存在调节作用，即下属的上下级关系和道德氛围感知加强了道德型领导与组织公民行为的正向联系。（2）利他归因强化了道德型领导与下属 OCB 间的正向作用。（3）利他归因对上下级关系和道德氛围的调节作用起到了中介传导作用，即与上级关系越好的下属，越容易引发下属的共情心理，从而产生较高的利他归因以解释其行为动机。因而利他归因是上下级关系对道德型领导与下属组织公民行为间产生正向调节作用的中介机制。类似，对组织道德氛围感知越高的下属，利他归因作为帮助下属达到认知协调的方式，下属的认知与组织道德氛围越能保持一致。高道德氛围感知下的下属更容易结合组织良好的道德氛围对上级产生积极的利他动机归因，从而提升道德型领导的积极作用。

9.5.1 理论意义

本研究有以下方面的理论贡献：首先，由于领导力本身体现了与下属的社会互动过程，下属对领导行为的归因及归因在与领导互动过程中的作用值得深入研究。然而，过去在领导科学研究中对归因理论的应用却十分有限。本研究在道德型领导的社会学习框架中整合了归因视角，不仅是对 Martinko 等（2011）呼吁组织学者更多关注归因如何影响组织行为的回应，也对道德型领导的作用机制做出了理论创新。研究表明下属在对上级的行为进行社会学习时，结合利他归因的判断榜样行为的吸引力，从而影响了社会学习的效果，这一结果深化了我们对道德型领导作用机制的理解。

其次，本研究基于社会学习理论探讨了强化因素在道德型领导与下属组织公民行为间的调节作用。在管理学文献中，关于社会学习强化作用的研究并不多见，且较为零散。例如，滕尔越（2018）探讨了文化因素作为外部强化对个体社会学习过程的调节作用。社会学习的强化在组织中不仅是普遍存在的，而且是人力资源管理的重要手段。因此，本研究将三类强化因素的调节效应建立在社会学习理论的统一框架中，进一步丰富了道德型领导影响力的边界研究。

最后，本研究检验了一个有中介的调节模型，即利他归因扮演了对社会学习中强化因素调节作用的中介角色。这一结果揭示了社会学习理论与归因理论的相互作用是深度交融的：利他归因不仅存在对榜样行为影响的直接调节作用，也扮演了对社会学习中强化因素调节作用的中介角色。道德型领导代表了社会学习中的榜样作用，其影响程度受到社会强化因素的制约，而社会强化因素在多大程度上存在调节作用是通过下属利他归因的中介。因此，这项研究对道德型领导如何影响下属的积极行为提供了更为全面的边界机制解释。

9.5.2　实践意义

首先，本研究的结果验证了道德型领导对下属组织公民行为的促进作用。因此，领导者应当在日常中注重领导方式，为下属树立道德榜样。其次，考虑到利他归因在社会学习中的重要性，只有当下属认为上级是出于利他动机时，才能发挥道德型领导的榜样作用。因此，管理者应当多与下属进行沟通，交换彼此的真实想法，尽量减少下属对其行为存在功利性的怀疑。再次，道德型领导能在多大程度上对下属的组织公民行为产生积极影响，社会学习中强化因素的作用不可忽视。除了树立良好的榜样外，人力资源管理者还应当构建良好的强化机制，促进下属的社会学习。例如通过道德培训增强员工自我强化意识，构建高质量的上下级关系，增加榜样效应的替代性强化作用，同时应当注重道德氛围建设，建立严格合理的奖惩机制，提升外部强化。最后，道德型领导是一个长期的、动态的过程，管理者应当着重提升内在道德素养，保持表里如一、言行一致，并且依据自身特点循序渐进，一以贯之。

9.5.3　局限与展望

由于时间和资源限制，本研究存在一些局限。首先，本研究采取下属自我报告的方式，存在着固有的局限，进一步的研究可以综合考量多种方法，对变量进行更准确的评估。其次，本研究假设 3 中道德认同对道德型领导的正向调节作用未能得到验证，原因可能有两方面：从理论来看，道德认同感越高的下属可能对领导道德行为的期望越高，反而会削弱道德型领导带来的正向影响（张永军等，2016）。从方法来看，研究中由于九成以上的样本都受过本科以上教育，其道德认同的得分明显高于其他变量（均值为 4.40）。测量结果的离散度不高可能也是道德认同的正向调节作用未能得到验证的原因。未来的研究可以在控制样本来源的基础上，对此假设进行进一步验证。再次，本研究仅控制了相关人口的统计学变量，在未来的研究中可纳入情绪差异（Story & Neves, 2015）、与上级交往频率（Popper, 2013）、情商（Dasborough & Ashkanasy, 2002）等控制变量，提高研究的准确性和适用性。最后，考虑到组织对群体的依赖性，未来可以关注上下级的归因差异将如何相互作用，进而影响团队成员的态度行为等。

9.6　总结

本研究将归因理论融入道德型领导的社会学习框架，为道德型领导影响力研究开辟了新的视角。研究结论如下：利他归因强化了道德型领导与下属组织公民行为间的正向作用；上下级关系、道德氛围感知正向调节了道德型领导与下属组织公民行为的关系；上下级关系、道德氛围感知的调节作用均受到利他归因的中介。在领导力与下属归因之间复杂的关系机理中，我们的研究仅仅是管中窥豹，在研究方法和研究内容上还存在多方面问题，需要今后进一步完善和发展，希望本研究能够激发学界对领导力与下属归因的交互作用做进一步深入探讨。

参考文献

[1]　ALLENTD,RUSH M C. The effects of organizational citizenship behavior on performance judgments: A field study and a laboratory experiment[J]. Journal of Applied Psychology, 1998, 83(2):247-260.

[2]　AQUINO K, REED A. The self-importance of moral identity[J]. Journal of Personality and Social Psychology, 2002, 83(6):1423-1440.

[3]　BANDURA A. Social Learing Theory[M]. Englewood Cliffs: Pretice-Hall, 1977.

[4]　BROWN M E, TREVIÑO L K, HARRISON D A. Ethical leadership: A social learning perspective for construct development and testing[J]. Organizational Behavior and Human

Decision Processes, 2005, 97(2):117-134.

[5] CHUANG P, CHIU S. When moral personality and moral ideology meet ethical leadership: A three–way interaction model[J]. Ethics & Behavior, 2018, 28(1): 45-69.

[6] DASBOROUGH M T, ASHKANASY N M. Emotion and attribution of intentionality in Leader–member relationships[J]. The Leadership Quarterly, 2002(13):615-634.

[7] FESTINGER L. A theory of cognitive dissonance[M].Stanford: Stanford University Press, 1957.

[8] HALABI S, STATMAN Y, DOVIDIO J F. Attributions of responsibility and punishment for ingroup and outgroup members: The role of just world beliefs[J]. Group Processes & Intergroup Relations, 2014, 18(1):104-115.

[9] HARVEY P, MARTINKO M J, BORKOWSKI N. Justifying deviant behavior: The role of attributions and moral emotions[J]. Journal of Business Ethics, 2017, 141(4):779-795.

[10] HEIDER F. The Psychology of Interpersonal Relations[M]. New York: Wiley, 1958.

[11] LAW K S, WONG C, WANG D, et al. Effect of supervisor–Subordinate Guanxi on supervisory decisions in China: an empirical investigation[J]. The International Journal of Human Resource Management, 2000, 11(4):751-765.

[12] LI C, WU K, JOHNSON D E, et al. Going against the grain works: An attributional perspective of perceived ethical leadership[J]. Journal of Business Ethics, 2017, 141(1):87-102.

[13] LUO J, CHENG M, ZHANG T. Guanxi circle and organizational citizenship behavior: Context of a Chinese workplace[J]. Asia Pacific Journal of Management, 2016, 33(3):649-671.

[14] MARTINKO M J, HARVEY P, DASBOROUGH M T. Attribution theory in the organizational sciences: A case of unrealized potential[J]. Journal of Organizational Behavior, 2011, 32(1):144-149.

[15] MARTINKO M J, HARVEY P, SIKORA D, et al. Perceptions of abusive supervision: The role of subordinates' attribution styles[J]. The Leadership Quarterly, 2011, 22(4):751-764.

[16] ORGAN D W. The motivational basis of organizational citizenship behavior[J]. Research In Organizational Behavior, 1990, 12(4):43-72.

[17] POPPER M. Leaders perceived as distant and close. Some implications for psychological theory on leadership[J]. The Leadership Quarterly, 2013, 24(1):1-8.

[18] SCHWEPKER C H. Ethical climate's relationship to job satisfaction, organizational commitment, and turnover intention in the salesforce[J]. Journal of Business Research, 2001, 54(1):39-52.

[19] SHEER V C, LIU S, HUANG L. Ethical leadership[J]. Journal of Asian Pacific Communication, 2018, 28(1):20-40.

[20] STORY J, NEVES P. When corporate social responsibility (CSR) increases performance: Exploring the role of intrinsic and extrinsic CSR attribution[J]. Business Ethics: A European Review, 2015, 24(2):111-124.

[21] SUE-CHAN C, CHEN Z, LAM W. LMX, Coaching Attributions, and Employee Performance[J]. Group & Organization Management, 2011, 36(4):466-498.

[22] VICTOR B, CULLEN J B. The Organizational Bases of Ethical Work Climates[J]. Administrative Science Quarterly, 1988, 33(1):101-105.

[23] WEINER B. An attributional theory of achievement motivation and emotion[J]. Psychological Review, 1985, 92(4):548-573.

[24] WILLIAMS L J, ANDERSON S E. Job Satisfaction and Organizational Commitment as Predictors of Organizational Citizenship and In-Role Behaviors[J]. Journal of Management, 1991, 17(3):601-617.

[25] YANG J, ZHANG W, CHEN X. Why do leaders express humility and how does this matter: A rational choice perspective[J]. Frontiers in Psychology, 2019(10):1-12.

[26] 蒋丽芹, 胥永倩, 张迪. 伦理型领导、组织认同与知识型员工情感承诺的关系——伦理氛围的调节作用 [J]. 工业技术经济, 2018, 28(2):82-91.

[27] 刘小禹, 周爱钦, 刘军. 魅力领导的两面性——公权与私权领导对下属创造力的影响 [J]. 管理世界, 2018, 34(2):112-122.

[28] 买热巴·买买提, 李野. 服务型领导与员工创造力——基于对领导者真诚性感知调节的研究 [J]. 经济管理, 2018, 40(11):88-102.

[29] 彭伟, 李慧. 悖论式领导对员工主动行为的影响机制——团队内部网络连带强度与上下级关系的作用 [J]. 外国经济与管理, 2018, 40(7):142-154.

[30] 滕尔越, 张莉, 邱阳, 等. 个体安全生产行为约束机制的元分析研究 [J]. 管理评论, 2018, 30(12):226-236.

[31] 吴明证, 邵晓露, 孙晓玲, 等. 服务型领导、道德认同与 UPB 的关系 [J]. 应用心理学, 2017, 23(2):152-161.

[32] 张永军, 赵国祥, 于瑞丽. 伦理型领导研究中的前沿问题: 现状与趋势 [J]. 中国人力资源开发, 2016, (3):6-11.

[33] 章发旺, 廖建桥. 伦理型领导与伦理问题报告: 道德效力与道德认同的作用 [J]. 管理评论, 2017, 29(12):94-105.

辱虐型领导对下属主动行为的影响

10.1 引言

　　员工主动行为对于现代组织来说非常重要，因为组织正面临着快速的变化、激烈的竞争和巨大的不确定性（Crant,2000; Grant & Ashford, 2008; Parker & Collins, 2010）。在过去的 20 年里，大量的研究已经探索了主动性的预测因素，包括个体差异、工作态度和领导力（Bindl & Parker, 2011; Parker et al., 2010）。一些学者强调，主管在影响下属的主动性行为方面起着重要作用（Janssen & Gao, 2013）。例如，一些研究发现，不道德的监管行为（如辱虐型领导）是下属主动行为的干扰力量（e.g., Farh & Chen, 2014; Li et al., 2009; Ouyang et al., 2015）。这些研究主要探索了将辱虐型领导与主动行为联系起来的中介过程，如对组织的情绪承诺和互动公平性（Burris et al., 2008; Rafferty & Restubog, 2011）。

　　据我们所知，有 3 项研究考察了辱虐型领导和主动行为之间关系的调节因子。例如，Li 等（2009）发现，当感知的上司地位高时，辱虐型领导与主动建言之间的负相关关系比上司地位低时更强。Farh 和 Chen（2014）利用社会比较理论，称团队层面的辱虐型领导可以替代个体层面的辱虐型领导，从谏言方面预测主动行为。Ouyang 等（2015）运用社会角色理论表明，比起男性下属，女性下属的辱虐型领导与主动行为之间的负向关系更强。虽然这些发现很有见地，但主要集中在团队层面的因素、下属的人口统计因素，及对上司的信念，并对他们进行了个别调查，没有探索辱虐型领导和主动性之间的联系如何因下属的性格因素和对组织的信念而改变。

---

① 本章参见：Xu Q,Zhang G,Chan A.Abusive supervision and surbordiate proactive behavior:Joint moderating roles of organization identification and positive affectivity[J].Journal of Business Ethics, 2019,157（3）:829–843。

为了调查下属对不道德和辱虐型管理在主动性行为方面的反应，我们利用了压力的交互模型（Lazarus & Folkman, 1984，1987），并将辱虐管理视为工作场所的压力源。压力的交互作用模型假设，在工作场所的压力下，个体将决定是否消除或减少负面影响，以及如何应对这种压力。这个理论还表明，个人的反应依赖于他们对组织的信念和他们的特质。例如，组织认同反映了个人作为其组织成员的信念，这可以减少工作场所压力源的破坏性影响（Decoster et al., 2013）。同样，具有积极情绪倾向的人往往是积极和警觉的，可能会减轻压力对工作结果的有害影响（e.g., Hochwarter et al., 2003; Harvey et al., 2007）。

因此，我们认为辱虐型领导对下属主动性的影响取决于组织认同和积极情绪。我们认为，当主管的行为具有虐待性和不恰当性时，下属可能会克制主动行为，而对组织认同感较低的人及积极情绪高的人，虐待性管理与主动行为之间的负相关关系更强。积极情绪倾向高的员工，其情绪倾向与消极情境的不匹配程度较高（如辱虐型领导、对组织的消极评价等），主动性行为的发生频率最低。图 10-1 是本研究提出的理论模型。我们进行了两项研究来验证我们的假设。在研究一中，我们收集了来自牙医样本的数据，用于预测者和他们的直接主管的一种主动性行为（即个人主动性）。在研究二中，我们以一家大型运输公司的雇员为样本，用同样的预测因素和他们的直接主管进行了另一种形式的主动行为（即组织主动行为）来进行稳健性检查。

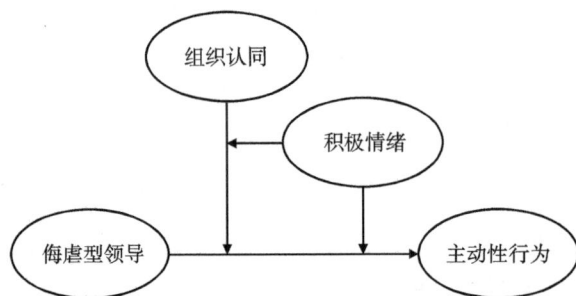

图 10-1　本研究提出的理论模型

通过研究信念和情绪倾向的调节作用，本研究在主动性和辱虐型领导方面做出了贡献。首先，我们通过探索组织认同、积极情绪和辱虐型领导对影响主动性行为的复杂相互作用，扩展了主动性文献。本研究借鉴了压力的交互作用模型，试图丰富对辱虐型领导—主动性的联系的理解，并探索主动性研究中情境前因作用的边界条件（e.g., Bindl & Parker ,2011, Wang et al., 2015）。其次，积极情绪可能会影响组织认同缓冲压力工作环境的负面影响的程度。本研究将积极情绪作为一个调节变量，进一步深化了辱虐型领导文献和压力文献（e.g, Decoster et al., 2013; Haslam et al., 2009; Yang et al., 2013）。

10.2　理论和假设

10.2.1　辱虐型领导和主动行为

Crant（2000）将主动性行为定义为自我导向的、面向未来的改善现状的行动。在过去的 10 年中，它对现代组织的吸引力越来越大。因此，许多实证研究已经完成对主动行为的前因变量的调查（e.g., Bindl & Parker, 2011; Parker et al., 2010）。其中，几项研究调查了辱虐型领导的预测作用，其定义为"下属对主管在不包括身体接触的情况下持续表现出敌对的语言和非语言行为的程度的感知"（Tepper, 2000）。这些研究探索了中介过程和边界条件（e.g., Farh & Chen, 2014; Li et al., 2009; Rafferty & Restubog, 2011）。例如，Ouyang 等（2015）利用社会身份和社会角色理论，发现辱虐型领导和感知内部组织内的地位负相关，降低了主动性行为的水平，并且女性下属的虐待监督与内部地位感知之间的负相关关系强于男性下属。然而，我们对性格因素（即积极情绪）、对组织的信念（即组织认同）这些因素对辱虐型领导和主动性行为之间关系的调节作用知之甚少。

我们利用压力的交互模型（Lazarus & Folkman, 1984，1987）来分析辱虐型领导对主动性行为的影响。这一理论假设个体评估压力源的潜在威胁是基于传统的两阶段评估过程。在初级评估阶段，个体确定压力源对他们的个人成长是有利还是有害。然后，在二级评估阶段，个体决定他 / 她是否需要做一些事情来消除或减轻压力源的有害影响。一直以来，辱虐型领导被认为是一个非常突出的负面压力源（Nandkeolyar et al., 2014）。由于下属通常没有权力更换他们的上司（Mawritz et al., 2014），下属可能会通过抑制他们有利的预期和以改变为导向的行为来应对压力。

更具体地说，负面压力消耗了员工的体力和资源，耗尽了他们需要积极主动获取的认知资源，并引发了生理反应（如焦虑和沮丧）（Avey et al., 2015;

Nandkeolyar et al., 2014）。因此，员工可能拥有更少的资源，而忽略了可能的问题和有用的信息。此外，社会交换理论（Blau, 1964）和负互惠规范（Gouldner, 1960）表明，员工对辱虐管理的反应是主动退缩。这一论点得到了经验的支持。例如，一些研究表明，在受到辱虐管理时，下属可能会通过收回其主动行为来应对情况（e.g., Ouyang et al., 2015; Rafferty & Restubog, 2011）。因此，我们提出以下假设。

假设 10-1：辱虐型领导与下属主动行为负相关。

10.2.2　组织认同和积极情绪的作用

在压力的交互作用模型中，Lazarus 和 Folkman（1987）提出，一个人对压力源的行为反应是由个人的信念和特征相互作用决定的。换句话说，压力源无疑会与个人特质和基本信念相互作用，从而产生影响。因此，我们选择了组织认同（反映一种信念）和积极情绪（反映一种特质）作为调节因素来测试他们如何与有辱虐倾向的上司互动。首先，组织认同是组织行为研究中的一个基本概念（Ashforth et al., 2008）。当一个人非常理解或坚信自己与公司有联系时，更有可能对公司形成积极的评价，忍受工作压力，负面反应也更少。其次，具有高度积极情绪的个体倾向于对世界持有一种良好的看法，并表现出预防性行为和利他行为（Bindl & Parker, 2012）。研究发现，积极情绪在压力评估过程中起着至关重要的作用（Hochwarter et al., 2003）。在下一节中，我们讨论这两个概念在压力过程中的不同作用。在此基础上，提出了辱虐型领导、组织认同与员工积极情绪三者之间的互动关系。

组织认同。Ashforth 和 Mael（1989）将社会认同定义为对群体、团队和组织等人类群体的统一性的感知。因此，组织认同被称为员工对组织的归属感程度（Dutton et al., 1994）。当个人强烈认同他们的组织时，自我概念中以组织为基础的内容是突出的、关键的。当个人的目标与组织的目标一致，并促进动机、角色外绩效和其他良好的工作行为时，组织认同就发生了（Zhu et al., 2015）。因此，组织认同对个人的主动性可能有积极的影响，因为员工认同他们的组织时，倾向于以组织目标为自己的目标，主动学习新知识（Walumbwa et al., 2009），发现工作中的潜在问题（Liu et al., 2010）、促进变革（Fuchs & Edwards, 2011）。

先前的研究表明，组织认同压力过程中存在作用，因为它是接受来自其他成员的社会支持的基础（Haslam & Reicher, 2006）。实证研究发现组织认同对工作场所压力源反应的缓冲效应（Haslam et al., 2009; Yang et al., 2013）。例如，Wegge 等（2012）对 96 个呼叫中心代理进行了一项实验，结果表明压力源的负面影响在组织认同程度低的参与者中比在组织认同程度高的参与者中更强烈。同样，Decoster et al.（2013）认为，在压力大的情况下，员工对组织的认同感越低，他们就越不可能保护组织的形象，也就越不可能减少组织内部的差异。因此，他们会更多地背后议论他们的上司，并感知较低的凝聚力。他们收集证据，为这些论点找支持。我们认为，对于组织认同程度较低的下属而言，辱虐型领导与主动行为之间的关系会更加消极。因此，我们提出以下假设。

假设 10-2：组织认同会调节辱虐型领导与下属主动行为之间的关系，当组织认同较低时，这种关系更强。

积极的情绪作用。积极情绪是一个人在不同情况下体验积极情绪的总体倾向（Watson & Clark, 1992），是人类情绪倾向的两个主要维度之一（另一个维度是消极情绪）。具有积极情绪的人往往会热情、充满活力和感到快乐。他们感知刺激，以一种保持积极感觉的方式思考和行动（Epitropaki & Martin, 2005）。相反，积极情绪低的人往往会昏昏欲睡、对事物缺乏兴趣和行动迟缓。这类人的思考和行为方式不会引发积极的情绪（Watson & Tellegen, 1985）。积极情绪被发现与主动行为有关，因为它为员工提供了必要的资源和缓冲，以应对主动过程中的任何负面情绪。例如，Hartog 和 Belschak（2007）发现积极情绪和个人主动性之间的积极联系。同样，Bindl 和 Parker（2012）回顾了以前的研究，发现高激活积极情绪对主动性行为的积极作用有普遍支持。

现有文献表明，在消极环境下，具有较高积极情绪的个体可能会做出更强烈的反应，因为他们往往对与他们的积极世界观不一致的消极环境信号更敏感（Hochwarter et al., 2003）。例如，Duffy 等（1998）注意到当个体对工作不满意时，那些具有高积极情绪的人会以更消极的方式行事。Hochwarter 等（2003）认为高积极情绪个体可能会看到包含在情境因素（比如政治感知）中的消极属性是与他们的积极状态相矛盾的，并做出了更消极的回应。Goussinsky（2011）发现员工的积极情绪增加了与蛮横顾客互动的消极后果。因此，本研究认为积极情绪可能在辱虐型领导的效果中发挥类似的强化作用。基于上述论点，我们提出以下假设。

假设 10-3：积极情绪会调节辱虐型领导与下属主动行为之间的关系，当积

极情绪高时，两者的关系更强。

10.2.3　辱虐型领导、组织认同和积极情绪的三重交互作用

压力理论的交互作用模型提出情境压力源、个人信念和性格之间的相互作用会影响员工的主动性（Lazarus & Folkman, 1987）。组织认同反映了个体作为组织成员的信念，而积极情绪是个体的情绪倾向，两者都能对压力评估过程产生影响。互动的观点还认为，当下属的个人因素（即情绪倾向）变化时，情境因素（如辱虐型领导）可能会产生更大或更小的影响（Mitchell & Ambrose, 2007; Ouyang et al., 2015）。因此，本研究认为，辱虐型领导对主动性行为的影响既依赖于组织认同，也依赖于积极情绪。

积极主动的行为是亲社会和耗能的（Grant & Rothbard, 2013）。被虐待的下属会把精力花在处理不恰当的治疗上，剩下的精力也会越来越少。对于组织认同程度较低的下属，他们没有显著的组织认同，不愿意为组织做出自我牺牲，更有可能降低其主动性行为的水平。此外，对于一般持积极世界观的下属，他们倾向于对积极的领导者行为有较高的期望，并对组织做出积极的评价。然而，当经历管理不当和形成对组织的负面评价时，积极情绪高的人往往在这种不利或糟糕的情况下最敏感，反应最消极（Hochwarter et al., 2003）。来自压力文献的证据表明，具有高度积极情绪的个体更容易受到工作压力的负面影响（e.g., Duffy et al., 1998; Shaw et al., 2000）。

此外，由于主动过程的性质，员工可能会经历资源消耗和不确定性，在工作中需要重要他人的帮助和指导，特别是组织和他们的领导人。但是，当他们的组织和个人有不同的目标，并且这些目标对他们没有吸引力，同时当他们的上司羞辱和公开批评他们时，高积极情绪的员工可能是孤独和无助的。他们对情绪倾向与工作条件不匹配的反应可能更强烈。因此，他们会觉得自己没有能力主动出击。

这个论证与人—情境契合理论（O'Reilly et al., 1991）是一致的。该理论认为，当个体的个性符合情境的要求时，可能会产生积极的反应。相反，当性格和情境不匹配或冲突时，积极的反应可能会被淡化。与这一观点相一致，Barsade 和 O'Neill（2014）发现积极情绪高的个体比积极情绪低的个体更倾向于贬低环境的消极方面。因此，当具有高积极情绪的个体经历管理者的持续辱

虐，并且他们对组织有较低的认可度时，可能会遇到更严重的不协调的情况，并因此执行最低水平的主动性行为。相反，当与高水平的辱虐型领导和低水平的组织认同相结合时，低积极情绪水平的下属可能会感到与这些不利事件高度契合，表现出冷漠和无精打采（Duffy et al., 1998; Hochwarter et al., 2003），并最终维持现状。

综上所述，根据主动性的互动视角（Bindl & Parker, 2011），我们认为，主动性对于那些辱虐型领导、积极情绪和低组织认同水平的员工来说是特别困难的。从本质上讲，我们认为在辱虐型领导、组织认同和积极影响主动性行为之间存在着三种相互作用。因此，我们提出以下假设。

假设 10-4：辱虐型领导、组织认同和积极情绪对下属主动行为的影响相互作用；当组织认同较低而积极情绪较高时，虐待性监督与主动行为的关系最为消极。

10.3　研究一

10.3.1　样本和程序

我们收集了来自中国东南部一个主要城市的两家公立口腔医院的牙医和他们的直接主管的数据，并且得到了高级经理的批准进行调查。调查分成两次，包括一封说明信、一份问卷和一个预贴邮票的信封。这封说明信保证了回答的机密性，并解释了调查的目的。第一批调查问卷只分发给牙医，其中包括辱虐型领导措施和人口统计变量。大约 3 周后，牙医和他们的直接主管收到了不同的问卷。牙医回答了关于组织认同和积极情绪的调查问题。他们的直接上司评估了他们的个人主动性。每个主管都要给一个以上的下属打分。所有填妥的问卷均使用包裹内的预贴邮票的信封直接寄给研究者。

调查问卷与研究人员制定的编码相匹配。在筛选出不匹配的记录后，仍有 165 名下属和 41 名主管（均值为 4.02，标准差为 2.29），有效响应率分别为 90.2% 和 95.3%。在下属中，男性占 45.5%（标准差为 0.50）；平均年龄为 33.61 岁（标准差为 6.90）；组织平均任期为 98.64 个月（标准差为 85.44）;16.4% 的人拥有职业学位或更低，32.1% 的人拥有学士学位，51.5% 的人拥有硕士或更高学位（标准差为 0.75）；在直接上司管理下的平均年数为 2.53 年（标准差为 0.70）。

10.3.2 测量

本研究中使用的量表都是用英语开发的量表。由于数据是在中国收集的，我们按照传统的翻译和反向翻译程序（Brislin, 1980）将所有的英语项目翻译成中文。

辱虐型领导。辱虐型领导是通过使用 Tepper（2000）的 5 个项目的缩减版来测量的，它也被用在其他研究中（Mitchell & Ambrose, 2007）。其中一个题目是"我的上司对我撒谎"。所有题目都是用李克特 5 点量表计分，从 1 分（非常不同意）到 5 分（非常同意）。

组织认同。组织认同采用 Mael 和 Ashforth（1992）的 6 项量表进行测量。其中一个题目是"这家医院的成功就是我的成功"。所有的题目都用李克特 5 点量表计分，从 1 分（非常不同意）到 7 分（非常同意）。

积极情绪。积极情绪从积极和消极情绪表的缩减版中选择了 5 个题目来测量（Thompson, 2007）。下属们用 5 个积极的形容词（例如，积极的、受鼓舞的）来表达他们的感受。所有项目都用李克特 5 点量表来计分，从 1 分（完全没有）到 5 分（非常）。

主动行为。主动行为采用 Frese 等（1997）的 7 项个人主动性量表进行评价。其中一个例子是："这个员工会立即采取行动，即使其他人没有这样做。"所有题目都用李克特 5 点量表来计分，从 1 分（非常不同意）到 5 分（非常同意）。

控制变量。控制变量包括年龄、性别、受教育程度、在与组织的任期和与上司的任期，因为这些因素已经被发现会影响员工的主动性行为（Bindl & Parker, 2011）。更具体地说，年龄以年为单位测量，性别编码为 0 = 男性和 1 = 女性。教育分为 3 个层次：（1）职业学位或以下；（2）学士学位；（3）硕士及以上学历。在组织中的任期是通过一个项目来衡量的，该项目要求回答在组织中工作的月数。主管的任期被编码为 1 = 少于一年，2 = 1~3 年，3 = 超过3 年。此外，我们对员工的消极情绪进行了控制，因为我们发现这与辱虐型领导有关。研究人员从积极和消极情绪时间表的简式中选取了 5 个项目进行测量（Thompson, 2007）。下属用 5 个负面形容词（例如，紧张、害怕）来表达他们的感受。研究结果以李克特 5 点量表来计分，从 1 分（完全没有）到 5 分（非常）。

10.3.3 分析方法

考虑到每个主管都为一个以上的下属提供评级，因此使用了 HLM 6.0 软件（Raudenbush & Bryk, 2002）。辱虐型领导、组织认同、积极情绪和控制在个体层面（第 1 级）。分析时，在群体层面（第 2 级）没有变量。继 Hofmann 和 Gavin（1998）之后，所有预测变量在模型中均以大均值为中心，即该变量的每一种情况都减去每一预测因子的总体均值。为了检验假设，第一步输入控制变量，然后输入自变量，第二步输入两个调节变量。在第三步和第四步分别输入 3 个双向和 1 个三向交互项。

10.3.4 统计结果

采用验证性因子分析（CFA）检验四个关键变量的区分效度。我们将四因素模型与三种替代模型进行了比较。第一种模型是三因素模型，将组织认同与积极情绪相结合。第二个模型是一个双因素模型，结合了组织认同、积极情绪和个人主动性。第三种模型是一个单因素模型，它将所有 4 个变量合并成一个单因素。四因素模型演示了适合数据（$\chi^2 = 367.15, df = 224$, CFI = 0.96, NNFI = 0.95, RMSEA = 0.06）。这个模型提供了一个更满意的符合三因子模型（$\triangle \chi^2 = 122.83, \triangle df = 3, p < 0.01$），双因素模型（$\triangle \chi^2 = 1432.15, \triangle df = 5, p < 0.01$），单因素模型（$\triangle \chi^2 = 1856.36, \triangle df = 6, p < 0.01$）。因此，将这三个变量视为不同的构念是合理的。

其次，考虑到个人主动性监管评级的非独立性，我们以个人主动性为因变量进行了单因素方差分析（ANOVA）。结果显示，主管在员工个人主动性的报告方式上存在显著差异 [$F(40, 124) = 2.517, p < 0.01$; ICC (1) = .27]。因此，用跨层次的模型分析数据是恰当且必要的。

表 10-1 研究一的描述性统计

变量	M	SD	1	2	3	4	5	6	7	8	9	10
1. 辱虐型领导	1.80	0.64	(0.84)									
2. 积极情绪	3.41	0.49	−0.11	(0.60)								
3. 组织认同	5.09	1.08	−.20**	0.44**	(0.85)							
4. 个人主动性	3.18	0.72	−0.16*	0.17*	0.18*	(0.92)						
5. 年龄	33.61	6.90	0.14	0.08	−0.08	0.12	—					
6. 性别	0.55	0.50	−.10	0.09	0.11	−0.05	0.01	—				

续表

变量	M	SD	1	2	3	4	5	6	7	8	9	10
7. 受教育程度	2.35	0.75	0.06	−0.00	0.07	0.26**	0.01	−0.17*	−			
8. 组织任期	98.64	85.44	0.10	0.07	−0.08	0.04	.086**	0.09	−0.24**	−		
9. 主管任期	2.53	0.70	0.21**	0.02	−0.08	0.02	.040**	−0.01	−0.01	0.41**	−	
10. 消极情绪	2.68	0.60	0.20**	0.07	−0.06	−0.06	−0.08	−0.00	0.00	−0.04	−0.10	(0.75)

注：$N = 165$。系数阿尔法用括号表示。*表示 $p < 0.05$，**表示 $p < 0.01$。

表 10-1 总结了研究一中的描述性统计、相关矩阵，表 10-2 为回归分析结果。在模型 2 中，辱虐型领导与个人主动行为负相关（$\gamma = -0.14, p < 0.05$），因此，假设 10-1 得到了支持。假设 10-2 和假设 10-3 表明，组织认同和积极情绪分别调节了辱虐型领导与个人主动性的联系。在模型 3 中，侮辱型领导和组织认同的交互作用（$\gamma = 0.19, p < 0.05$）及辱虐型领导和积极的情绪之间的交互作用（$\gamma = -0.11, p < 0.05$）和个人主动行为的联系是显著的。此外，假设 10-4 预测了辱虐型领导、组织认同和积极情绪在预测个人主动性上的三重交互作用。在模型 4 中，三重交互项与个人主动性呈正相关（$\gamma = 0.09, p < 0.05$）。

表 10-2　研究一中的辱虐型领导、积极情绪、组织认同和个人主动行为的回归

	个人主动性			
	模型 1	模型 2	模型 3	模型 4
年龄	−0.01(0.01)	0.01(0.01)	0.02(0.01)	0.02(0.01)
性别	0.00(0.15)	−0.14(0.10)	−0.14(0.10)	−0.12(0.10)
教育程度	0.25**(0.06)	0.12*(0.07)	0.16**(0.06)	0.15*(0.06)
组织任期	0.01(0.01)	−0.01(0.01)	−0.02(0.01)	−0.02(0.01)
主管任期	0.01(0.08)	0.08(0.06)	0.09*(0.04)	0.09*(0.04)
消极情绪	−0.04(0.05)	−0.03(0.06)	−0.04(0.05)	−0.05(0.05)
辱虐型领导 (AS)		−0.14*(0.05)	−0.11(0.06)	−0.15*(0.06)
积极情绪 (PA)		0.11*(0.05)	0.11*(0.04)	0.12**(0.04)
组织认同 (OI)		0.13*(0.06)	0.11*(0.05)	0.11(0.05)
AS × PA			−0.11*(0.04)	−0.09*(0.04)
AS × OI			0.19*(0.08)	0.18*(0.08)
PA × OI			−0.03(0.05)	−0.03(0.05)
AS × PA × OI				0.09*(0.04)
R^2	0.09	0.15	0.16	0.19

注：$N = 165$。*表示 $p < 0.05$，**表示 $p < 0.01$。

按照 Aiken 和 West（1991）及 Preacher 等（2006）提出的方法，我们绘制了两个二重交互图和一个三重交互作用图。图 10-2、图 10-3 和图 10-4 清楚地说明了交互作用。进一步简单的斜率检验表明，当下属组织认同度较低时，辱虐型领导和个人主动性的关联是负面的（$\beta = -0.30, p < 0.01$）。但当下属有很高的组织认同时，关系不显著($\beta = 0.08$, n.s.)。当下属有很高的积极的情绪作用时，辱虐型领导和个人主动性之间的关系是负的（$\beta = -0.22, p < 0.01$）。但当下属有低积极的情绪作用时，这种关系是不显著的（$\beta = 0.00$, n.s.)。因此，假设 10-2 和假设 10-3 得到了支持。

当积极情绪高时，如果组织认同低，辱虐型领导和个人主动性之间的负向关系是最明显的（斜率 2: $\beta = -0.51, p < 0.01$）；但如果组织认同高，辱虐型领导和个人主动性之间关系不显著（斜率 1: $\beta = -0.04$, n.s. ）。当积极情绪低时：如果个人组织认同高，辱虐型领导和个人主动行为的关系不显著（斜率 3: $\beta = 0.03$, n.s.)；但如果个人组织认同低，辱虐型领导对个人主动性影响是负面的（斜率 4: $\beta = -0.16, p < 0.01$ ）。

表 10-3　研究一和研究二中三向相互作用的简单斜率比较

成对的比较	研究 1		研究 2	
	PI		OPB	
	斜率	t	斜率	t
1（高 PA 高 OI）	0.04	0.67	0.17	1.16
2（高 PA 低 OI）	−0.51	−3.42**	−0.44	−2.75**
3（低 PA 高 OI）	0.03	0.28	−0.17	−0.91
4（低 PA 低 OI）	−0.16	−2.73**	−0.08	−1.03
斜率差异				
1 和 2		2.84**		2.60*
1 和 3		0.02		1.44
1 和 4		1.57		1.43
2 和 3		−2.25*		−1.12
2 和 4		−2.84**		−2.35*
3 和 4		1.09		−0.41

注：PA= 积极情绪，OI= 组织认同。*表示 $p < 0.05$，**表示 $p < 0.01$。

如表 10-3 所示，斜率差异分析表明，当积极性情绪高、组织认同低时的斜率和当积极情绪高、组织认同低高时的斜率差异是显著的（斜率 1 和斜率 2；$t = 2.84, p < 0.01$）。当积极情绪低时，斜率差异是不显著的（斜率 3 和斜率 4；$t = -1.09, \text{n.s.}$）。因此，假设 10-4 得到了支持。

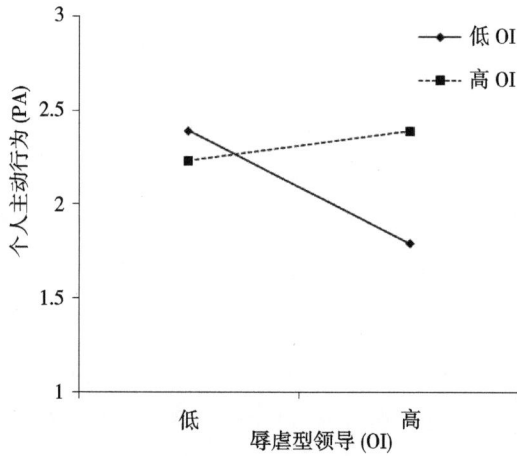

图 10-2 研究一中辱虐型领导与组织认同对个人主动性的交互作用

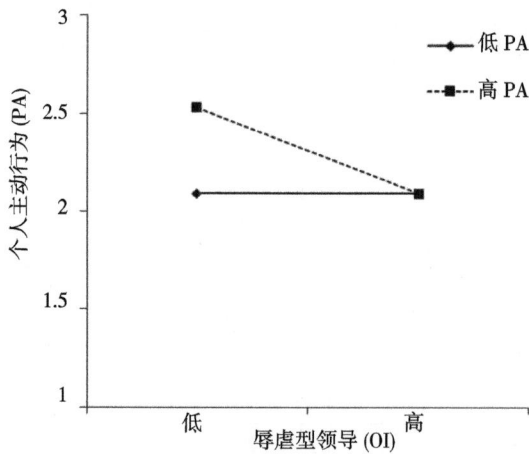

图 10-3 研究一中辱虐型领导与积极情绪的交互作用

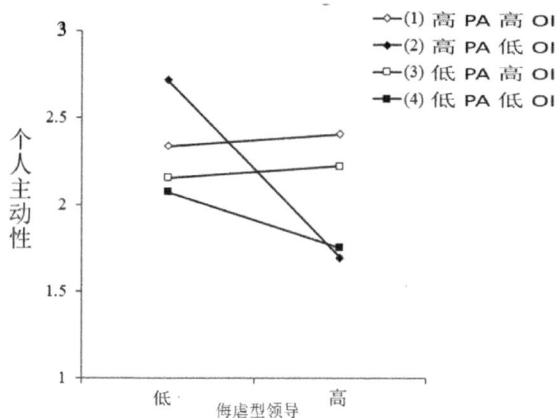

图 10-4　研究一中的三重交互作用

研究一有其优点，但也有一些值得注意的局限性。首先，研究一中使用的样本是牙医，他们是知识型工作者。由于知识会影响主动行为（Bindl & Parker, 2011），研究一中的发现可能不容易推广到其他样本。其次，研究一使用个人主动性作为主动行为的指标。然而，个人主动性是单维度的，因此研究者呼吁进行更多的研究，以测试不同类型的主动性行为（Grant & Ashord, 2008; Parker & Collins, 2010）。因此，有必要在不同情境下探讨辱虐型领导是否及何时会影响其他类型的亲组织主动性（Wright & Sweeney, 2016）。为了减少这些局限，我们设计了研究二来进一步检验我们的假设。

10.4　研究二

10.4.1　样本和程序

中国东南部一家大型运输公司的 52 个站点的员工和他们的直接主管参与了本调研。员工报告了他们感知到的辱虐型领导、组织认同、积极情绪和人口统计信息。主管对下属的组织主动行为进行评估。每位主管只给一名下属打分。在填写完所有问卷后，受访者将问卷连同预贴邮票的信封直接寄回给研究者。

调查问卷与研究人员制定的编码相匹配。在筛选不匹配的记录后，得到 226 对"员工—主管"组合，有效响应率分别为 93.0% 和 93.4%。员工中，44.2% 为男性（标准差 = 0.50）；平均年龄为 25.78 岁（标准差 = 3.70）；组织平均任期为

37.48 个月（标准差 = 29.51 ）; 58.8% 的人拥有职业学位或更低，40.7% 的人拥有学士学位(标准差 = 0.49); 在直接上司监督下的平均年数为 1.23(标准差 = 0.49)。

10.4.2 测量

按照研究一中使用的程序，将本研究中的量表翻译成中文。除了辱虐型领导和主动行为外，我们使用研究一中提到的量表来测量组织认同、积极情绪和控制变量。所有的评分都是按照李克特 7 点量表计分完成的，从 1 分（非常不同意）到 7 分（非常同意）。

辱虐型领导。辱虐型领导采用 Tepper(2000) 的 15 个题目的量表进行测量。这个量表已经被广泛使用，并且已经在中国的环境中进行了检验（ e.g., Aryee et al., 2008 ），例题如 "我的直属上司嘲笑我" 等。

组织主动行为。采用 Belschak 和 Den Hartog （ 2010 ）的亲组织主动行为量表（ pro-organizational proactive behavior scale ）进行测量 , 例题如 "该员工主动为公司问题的解决方案提出建议"。

10.4.3 统计结果

研究者进行了验证性因素分析，检验关键变量的判别效度。我们将四因素模型与另外 3 个模型（如研究一）进行了比较。四因素模型有更好的模型匹配性（ χ^2 = 700.01, df = 371, CFI = 0.95, NNFI = 0.95, RMSEA = 0.06 ），比三因素模型（ $\triangle \chi^2$ = 407.53, $\triangle$ df = 3, p < 0.01 ）、双因素模型（ $\triangle \chi^2$ = 571.27, $\triangle$ df = 5, p < 0.01 ）、单因素模型（ $\triangle \chi^2$ = 1992.26, $\triangle$ df = 6, p < 0.01 ）有更好的拟合度。因此，将这 4 个变量视为不同的构念是合理的。

表 10-4 是研究二中的描述性统计和相关矩阵。表 10-5 显示了研究二的回归结果。表 10-5 中模型 2 显示辱虐型领导组织主动行为没有显著相关（ β = −0.07, n.s. ）。因此，假设 10-1 没有被支持。在模型 3 中，加入了所有的二重交互效果，但都不显著。因此，假设 10-2 和假设 10-3 没有被支持。模型 4 中三重交互作用是显著并正向与组织主动性行为相关（ β = 0.28, p < 0.05 ）。按照 Preacher 等人（ 2006 ）建议的方法，我们绘制了简单的斜率分析（见图 10-5 ）。在低组织认同和高积极情绪情况下，辱虐型领导和组织主动行为之间的关系是最显著负相关的（斜率 2 : β = −0.44, p < 0.01 ），但两者之间的关系在高组织认

同和高积极情绪的时候是不显著的（斜率 $1 : \beta = 0.17$, n.s.），在高组织认同和低积极情绪时也是不显著的（斜率 $3 : \beta = -0.17$, n.s.），在低组织认同和低积极情绪时也是不显著的（斜率 $4 : \beta = -0.08$, n.s.）。表10-3所示的斜率差异分析表明，当积极情绪高、组织认同低时的斜率和当积极情绪高、组织认同高时的斜率之间差异显著（斜率1和斜率 $2 : t = 2.60, p < 0.05$）。相反，当积极情绪低时，斜率的差异不显著（斜率3和斜率 $4 : t = -0.41$, n.s.）。因此，结果支持了研究二中的假设10-4。

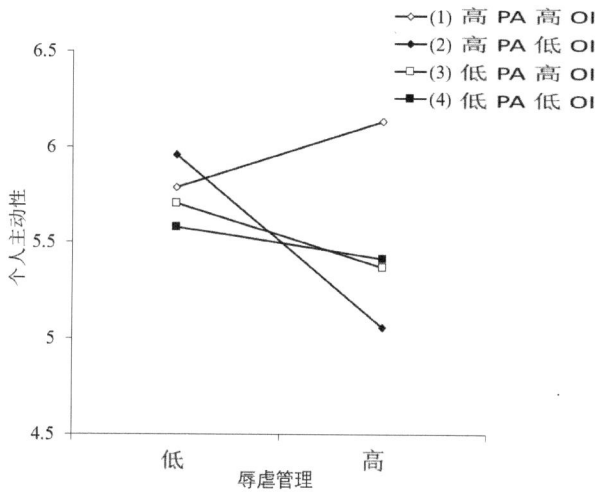

图10-5　研究二中的三重交互作用

表10-4　研究二的描述性统计

变量	M	SD	1	2	3	4	5	6	7	8	9	10
1. 辱虐型领导	1.45	0.50	(0.87)									
2. 积极情绪	5.37	1.01	−0.34**	(.85)								
3. 组织认同	5.50	1.08	−0.30**	0.50**	(0.85)							
4. 组织主动行为	5.99	0.78	−0.12	0.16*	0.14*	(0.75)						
5. 年龄	25.78	3.70	0.60	−0.02	−0.10	−0.01	−					
6. 性别	0.56	0.50	−0.11	−0.00	0.10	0.01	0.06	−				
7. 受教育程度	1.41	0.49	0.02	−0.06	−0.16*	0.03	−0.01	−0.02	−			
8. 组织任期	37.48	29.51	0.06	−0.01	−0.04	−0.01	0.02	−0.07	0.70**	−		
9. 主管任期	1.23	0.49	0.05	0.06	0.02	0.04	0.03	0.00	0.17*	−0.08	−	

续表

变量	M	SD	1	2	3	4	5	6	7	8	9	10
10. 消极情绪	3.00	1.25	0.23**	−0.29**	−0.26**	−0.09	0.06	−0.03	−0.02	0.01	−0.08	(0.87)

注：$N = 226$。括号中是阿尔法系数。* 表示 $p < 0.05$，** 表示，$p < 0.01$。

表 10-5　研究二中辱虐型领导、积极情绪、组织认同对组织主动行为的回归分析

	组织主动行为			
	模型 1	模型 2	模型 3	模型 4
年龄	−0.01(0.02)	−0.01(0.02)	0.00(0.02)	−0.01(0.02)
性别	0.00(0.11)	−0.01(0.11)	−0.00(0.11)	0.02(0.11)
受教育程度	0.05(0.12)	0.07(0.13)	0.08(0.13)	0.08(0.13)
组织任期	−0.03(0.00)	−0.04(0.00)	−0.05(0.00)	−0.05(0.00)
主管任期	0.03(0.11)	0.03(0.11)	0.04(0.11)	0.04(0.11)
消极情绪	−0.09(0.05)	−0.03(0.06)	−0.02(0.06)	−0.01(0.06)
辱虐型领导 (AS)		−0.07(0.06)	−0.08(0.07)	−0.16(0.07)
积极情绪 (PA)		0.09(0.06)	0.08(0.06)	0.14(0.07)
组织认同 (OI)		0.08(0.06)	0.10(0.07)	0.15(0.07)
AS × PA			−0.10(0.07)	−0.01(0.07)
AS × OI			0.09(0.08)	0.15(0.08)
PA × OI			0.06(0.06)	0.12(0.07)
AS × PA × OI				0.28*(0.07)
R^2	0.01	0.04	0.05	0.08

注：$N = 226$。标准化回归系数。* 表示 $p < 0.05$，** 表示 $p < 0.01$。

10.5　讨论

　　学者们呼吁进一步研究辱虐型领导对员工主动性的作用（Burris et al., 2008; Parker et al., 2010）。本研究基于压力的交互模型（Lazarus & Folkman, 1984, 1987），探索了辱虐型领导是否及何时影响下属的主动行为。我们将两项研究的结果总结如下。

　　首先，研究发现辱虐型领导虽然与个人主动性显著负相关，但对下属的组织主动性行为没有显著影响。一种可能的解释是，下属不太可能在虐待他们的上司面前提出有助于组织的想法及行动变革（Bindl & Parker, 2011）。其次，研究一发现组织认同可以调节辱虐型领导对个人主动性的负面影响，但研究二没

有发现显著的调节作用。其原因可能是，对组织的认同可能会为个人造成"蜜糖陷阱"（Reilly, 1994）。这意味着当个人拥有较高的组织认同感时，他们更容易受到辱虐型管理者的负面影响。再次，正向情绪强化了辱虐型领导与个人主动性之间的负相关关系，但并没有调节辱虐型领导与组织主动性行为之间的关系。一个可能的原因是，从资源保护的角度来看（Hobfoll, 1989），积极的情绪可能作为一种资源，来调节辱虐型领导的负面影响。最后，研究数据显示，辱虐型领导、组织认同和积极情绪三方面的交互作用显著地预测了下属在个人主动性和组织主动性行为方面的主动性。正如我们所推测的，当组织认同较低而积极情绪较高时，辱虐型领导对主动性的负面影响最大。

10.5.1　理论贡献

我们的研究结果在几个方面对先前的文献有所贡献。首先，Bindl 和 Parker（2011）在一篇综述中承认，情境和个体前因的主动性可以相互影响。之前的研究表明，管理者地位高或者管理者为女性时，辱虐性管理与主动性行为之间的负相关更为显著（Li et al., 2009; Ouyang et al., 2015）。在此，我们的研究通过应用压力视角的交互作用模型来探索下属的个人特征（即个人特质）的联合调节作用，为辱虐型领导与主动性的关系研究文献做出了新贡献（Wang et al., 2015）。结果表明，当下属对组织的认同度较低，同时又具有较高的积极情绪时，辱虐型领导与主动性之间的关系最为消极。

其次，我们的研究进一步研究了影响辱虐型领导的调节因素，发现压力源和主动行为之间的关联依赖于个人信念和性格的结合（e.g., Mawritz et al., 2014; Mitchell & Ambrose, 2007; Tepper et al., 2006）。被虐待的下属对组织的认同感较低，可能会做出非常负面的反应，尤其是当他们总体幸福感很高的时候。同时，对于积极情绪和组织认同水平较低的员工，当他们受到上级虐待时，反应可能不太强烈。此外，高度认同组织的员工会从其他人那里得到更多的支持，并缓冲辱虐型领导的破坏性影响，无论他们的积极情绪水平怎样。在研究一中，对于组织认同程度高的下属，无论其积极情绪水平如何，辱虐型领导与下属个人主动性的关系都不显著。在研究二中，我们也在下属的组织主动性行为中发现了类似的结果。

最后，本研究通过深入了解积极情绪和主动性行为之间的联系，在研究主动性方面做出了贡献。积极情绪影响个体如何对与主动性相关的管理行为做出反应，从而对主动性行为文献中的关键问题做出了回答（Bindl & Parker, 2012）。此外，有人认为积极的情绪对主动性有积极的影响，但我们认为，体验积极情绪的倾向可能会使员工对组织中的压力和约束做出强烈的反应，从而在主动追求变革的过程中产生不利影响。正因如此，积极的情绪实际上可能对主动性有害。

10.5.2 实践意义

这项研究对管理者和组织有一些启示。在这个竞争激烈的时代，管理者需要具有前瞻性眼光的员工来预测未来、主动变革。研究表明，组织主动性与财务绩效呈正相关（Bindl & Parker, 2011）。因此，管理者在组织中提倡主动性是很重要的。我们的研究结果表明，组织应该意识到辱虐型领导对下属个人主动性的负面影响。组织应该努力减少辱虐型领导行为的发生。研究表明，管理者的消极情绪和抑郁影响了下属对辱虐型领导的感知（Tepper et al., 2006）。因此，管理者应该找到释放负面情绪的方法，并妥善管理自己的负面行为。组织应该适当地分配资源，并在虐待预防、情绪管理、自我管理和行为工具方面为管理者提供充分的培训（Aryee et al., 2008）。

此外，我们的研究结果对旨在加强组织认同的人力资源活动也有指导意义。尽管现有文献表明，加强组织认同有助于增加员工的主动行为（Yang & Liu 2014），但本研究建议适当采用权变的观点。一方面，积极情绪高的下属在组织认同低和辱虐型领导高的情况下表现出最低水平的主动性。另一方面，当组织认同程度高、辱虐型领导程度高时，积极情绪高的下属表现出更高水平的主动性。因此，要求员工具有更多主动性的组织，在决定是否花时间和精力加强组织认同之前，应该关注员工的积极情绪水平。我们的研究结果显示，当主管存在辱虐型领导、下属具有高度积极情绪时，增加组织认同感可能会更有效。

最后，虽然文献表明积极情绪对个体的主动性行为有积极的影响（Bindl & Parker, 2012;Den Hartog & Belschak, 2007），但本研究发现，在主动追求的过程中，它也可能是有害的。因此，组织应该考虑情绪人格的复杂影响。虽然具有高积极情绪的个体通常更可能有活力和采取主动，但结果表明他们可能对消极的环境刺激反应更强烈。

10.5.3　局限性和未来的研究方向

这项研究也有一些局限性。

第一，由于研究一和研究二中的一些变量都是在同一时刻测量的，结果可能会受到共同方法偏差的影响。然而，验证性因素分析的结果为变量的区分效度提供了支持。此外，一些学者提出交互作用的显著性不受共同方法方差的影响（Podsakoff et al., 2012），说明我们的三重交互作用不会受此影响。未来的研究可以通过收集不同时间点的数据等方法，更好地应对这一问题（Podsakoff et al., 2003）。

第二，像许多主动性研究一样（Belschak & Den Hartog, 2010; Parker & Collins, 2010; Ouyang et al., 2015），我们使用不同的主动性量表来检验我们的假设。未来的研究可以通过使用相同的测量方法来重复我们的发现，或者用组织中的客观测量指标。

第三，我们的研究结果可能存在偏差，因为我们在两个研究中使用了奇数作为标度。研究发现，中国受访者倾向于通过选择中点来表达极端情绪（Lee et al., 2002）。为了控制这种局面，我们采取了两个步骤：第一步，在输入数据的时候，特别注意那些从上到下答案都相同的问卷。第二步，对所有的变量使用频率分布的描述性统计。结果表明，集中趋势是不显著的。例如，在研究一中，组织认同是通过 6 个题目的 7 点量表来衡量的。6 个题目选择中点的频率范围为 23~36（$N = 165$）。在研究二中，组织主动性行为采用 3 个题目的 7 点量表进行测量。3 个题目选择中点的频率范围为 8~22（$N = 226$）。未来的研究可以在收集数据时使用偶数作为标度。

数据来自中国医疗和交通行业的样本，因此我们的结果是否可以推广到其他行业、中国其他地区及更大范围内的其他国家还不清楚。例如，辱虐型领导的行业影响仍然不清楚（Martinko et al., 2013）。同样，这两个研究样本都来自中国东南部，只能代表中国东南部，在中国的不同地区结果可能有所不同。未来的研究需要在中国其他行业和其他地区验证这一假设。此外，由于中国是一个高权力距离的社会，我们的研究结果也可能因国家而异。在这个样本中，辱虐型领导的负面影响在其他国家可能更强（比如美国，它是一个低权力距离的社会）。我们呼吁进行跨文化研究，以在其他国家检验这一模式。

10.6　总结

　　本研究试图通过探究辱虐型领导是否与下属的主动行为有关，以及何时与下属的主动行为有关，来推进现有的主动性研究。利用压力的交互作用模型，我们提出了一个理论模型，其中组织认同和积极情绪调节了辱虐型领导和下属主动性之间的关系。本研究以两项实地调查为基础，发现当组织认同程度较低而积极情绪较高时，辱虐型领导与主动性行为之间的关系最为消极，这种三重交互作用的假设得到了支持。从这项研究中，领导者和管理者可以学习如何更好地削弱辱虐型领导的负面影响，并鼓励积极的行为。

参考文献

[1]　　AIKENLS, WEST S G. Multiple Regression: Testing and Interpreting interactions[M]. Newbury Park: Sage, 1991.

[2]　　ARYEE S, SUN L Y, CHEN Z X, et al. Abusive supervision and contextual performance: The mediating role of emotional exhaustion and the moderating role of work unit structure[J]. Management and Organization Review, 2008, 4(3): 393-411.

[3]　　ASHFORTH B E, HARRISON S H, CORLEY K G. Identification in organizations: An examination of four fundamental questions[J]. Journal of Management, 2008, 34(3): 325-374.

[4]　　ASHFORTH B E, MAEL F. Social identity theory and the organization[J]. Academy of Management Review, 1989(14): 20-39.

[5]　　AVEY J B, WU K, HOLLEY E. The influence of abusive supervision and job embeddedness on citizenship and deviance[J]. Journal of Business Ethics, 2015(129): 721-731.

[6]　　BARSADE S G, O'NEILL O A. What's love got to do with it? A longitudinal study of the culture of companionate love and employee and client outcomes in a long-term care setting[J]. Administrative Science Quarterly, 2014, 59(4): 551-598.

[7]　　BELSCHAK F D, DEN HARTOG D N. Pro-self, pro-social, and pro-organizational foci of proactive behavior: Differential antecedents and consequences[J]. Journal of Occupational and Organizational Psychology, 2010(83): 475-498.

[8]　　BINDL U K, PARKER S K. Proactive work behavior: Forward thinking and change-oriented

action in organizations[M]//APA Handbook of Industrial and Organizational Psychology. Washington, DC: American Psychological Association, 2011.

[9] BINDL U K, PARKER S K. Chapter 8 Affect and employee proactivity: A goal-regulatory perspective[M]//Experiencing and managing emotions in the workplace (Research on Emotion in Organizations), Emerald Group Publishing Limited, 2012: 225-254.

[10] BLAU P M. Exchange and power in social life[M]. New York: Wiley, 1964.

[11] BRISLIN R W. Translation and content analysis of oral and written materials[M] // H. C. Triandis & J. W. Berry (Eds.), Handbook of Cross-cultural Psychology.Boston: Allyn & Bacon,1980(2):389-444.

[12] BURRIS E R, DETERT J R, CHIABURU D S. Quitting before leaving: The mediating effects of psychological attachment and detachment on voice[J]. Journal of Applied Psychology, 2008, 93(4): 912-922.

[13] CRANT J M. (2000). Proactive behavior in organizations[J]. Journal of Management, 2000, 26(3): 435-462.

[14] DECOSTER S, CAMPS J, STOUTEN J, et al. Standing by your organization: The impact of organizational identification and abusive supervision on followers' perceived cohesion and tendency to gossip[J]. Journal of Business Ethics, 2013(118): 623-634.

[15] DEN HARTOG D N, BELSCHAK F D. Personal initiative, commitment and affect at work[J]. Journal of Occupational and Organizational Psychology, 2007(80): 601-622.

[16] DUFFY M K, GANSTER D C, SHAW J D. Positive affectivity and negative outcomes: The role to tenure and job satisfaction[J]. Journal of Applied Psychology, 1998(83): 950-959.

[17] DUTTON J E, DUKERICH J M, HARQUAIL C V. Organizational images and member identification[J]. Administrative Science Quarterly, 1994, 39(2): 239-263.

[18] EPITROPAKI O, MARTIN R. The moderating role of individual differences in the relation between transformational/transactional leadership perceptions and organizational identification[J]. The Leadership Quarterly, 2005(16): 569-589.

[19] FARH C I C, CHEN Z. Beyond the individual victim: Multilevel consequences of abusive supervision in teams[J]. Journal of Applied Psychology, 2014, 99(6): 1074-1095.

[20] FRESE M, FAY D, HILBURGER T, et al. The concept of personal initiative: Operationalization, reliability and validity in two German samples[J]. Journal of Occupational and Organizational Psychology, 1997(70): 139-161.

[21] FUCHS S, EDWARDS M R. Predicting pro-change behavior: The role of perceived organizational justice and organizational identification[J]. Human Resource Management Journal, 2011, 22(1): 39-59.

[22]　GOULDNER A W. The norm of reciprocity: A preliminary statement[J]. American Sociological Review, 1960(25):161-178.

[23]　GOUSSINSKY R. Does customer aggression more strongly affect happy employees? The moderating role of positive affectivity and extraversion[J]. Motivation & Emotion, 2011(35): 220-234.

[24]　GRANT A M, ASHFORD S J. The dynamics of proactivity at work[J]. Research in Organizational Behavior, 2008(28): 3-34.

[25]　GRANT A M, ROTHBARD N P. When in doubt, seize the day? Security values, prosocial values, and proactivity under ambiguity[J]. Journal of Applied Psychology, 2013, 98(5): 810-819.

[26]　HARVEY P, STONER J, HOCHWARTER W, et al. Coping with abusive supervision: The neutralizing effects of ingratiation and positive affect on negative employee outcomes[J]. The Leadership Quarterly, 2007(18):264-280.

[27]　HASLAM S A, JETTEN J, WAGHORN C. Social identification, stress and citizenship in teams: A five-phase longitudinal study[J]. Stress and Health, 2009(25): 21-30.

[28]　HASLAM S A, REICHER S D. Stressing the group: Social identity and the unfolding dynamics of responses to stress[J]. Journal of Applied Psychology, 2006(91): 1037-1052.

[29]　HOBFOLL S E. Conservation of resources: A new approach at conceptualizing stress[J]. American Psychologist, 1989(44): 513-524.

[30]　HOCHWARTER W A, KIEWITZ C, CASTRO S L, et al. Positive affectivity and collective efficacy as moderators of the relationship between perceived politics and job satisfaction[J]. Journal of Applied Social Psychology, 2003(33): 1009-1035.

[31]　HOFMANN D A, GAVIN M B. Centering decisions in hierarchical linear models: Theoretical and methodological implications for organizational science[J]. Journal of Management, 1998(23): 623-641.

[32]　JANSSEN O, GAO L. Supervisory responsiveness and employee self-perceived status and voice behavior[J]. Journal of Management, 2013, 41(7): 1854-1872.

[33]　LAZARUS R S, FOLKMAN S. Stress, appraisal, and coping[M]. New York: Springer, 1984.

[34]　LAZARUS R S, FOLKMAN S. Transactional theory and research on emotions and coping[J]. European Journal of Personality, 1987(1): 141-169.

[35]　LEE J W, JONES P S, MINEYAMA Y, et al. Cultural differences in responses to a Likert scale[J]. Research in Nursing & Health, 2002, 25(4): 295-306.

[36]　LI R, LING W, LIU S. The mechanisms of how abusive supervision impacts on subordinates' voice behavior[J]. Acta Psychologica Sinica, 2009, 41(12): 1189-1202.

[37] LIU W, ZHU R, YANG Y. I warn you because I like you: Voice behavior, employee identifications, and transformational leadership[J]. The Leadership Quarterly, 2010, 21(1):189-202.

[38] MAEL F, ASHFORTH B E. Alumni and their alma mater: A partial test of the reformulated model of organizational identification[J]. Journal of Organizational Behavior, 1992(13):103-123.

[39] MARTINKO M J, HARVEY P, BRESS J R, et al. A review of abusive supervision research[J]. Journal of Organizational Behavior, 2013(34): 120-137.

[40] MAWRITZ M B, DUST S B, RESICK C J. Hostile climate, abusive supervision, and employee coping: Does conscientiousness matter?[J]. Journal of Applied Psychology, 2014, 99(4): 737-747.

[41] MITCHELL M S, AMBROSE M L. Abusive supervision and workplace deviance and the moderating effects of negative reciprocity beliefs[J]. Journal of Applied Psychology, 2007, 92(4): 1159-1168.

[42] NANDKEOLYAR A K, SHAFFER J A, LI A, et al. Surviving an abusive supervisor: The joint roles of conscientiousness and coping strategies[J]. Journal of Applied Psychology, 2014, 99(1): 138-150.

[43] O'REILLY C A, CHATMAN J, CALDWELL D F. People and organizational culture: A profile comparison approach to assessing person-organization fit[J]. Academy of Management Journal, 1991, 34(3):487-516.

[44] OUYANG K, LAM W, WANG W. Roles of gender and identification on abusive supervision and proactive behavior[J]. Asia Pacific Journal of Management, 2015(32): 671-691.

[45] PARKER S K, BINDL U K, STRAUSS K. Making things happen: A model of proactive motivation[J]. Journal of Management, 2010, 36(4): 827-856.

[46] PARKER S K, COLLINS C G. Taking stock: Integrating and differentiating multiple proactive behaviors[J]. Journal of Management, 2010, 36(3): 633-662.

[47] PODSAKOFF P M, MACKENZIE S B, LEE J Y, et al. Common method biases in behavioral research: A critical review of the literature and recommended remedies[J]. Journal of Applied Psychology, 2003(88): 879-903.

[48] PODSAKOFF P M, MACKENZIE S B, PODSAKOFF N P. Sources of method bias in social science research and recommendations on how to control it[J]. Annual Review of Psychology, 2012(63): 539-569.

[49] PREACHER K J, CURRAN P J, BAUER D J. Computational tools for probing interactions in multiple linear regression, multilevel modeling, and latent curve analysis[J]. Journal of

Educational and Behavioral Statistics, 2006(31):437-448.

[50]　RAFFERTY A E, RESTUBOG S L D. The influence of abusive supervisors on followers' organizational citizenship behaviors: The hidden costs of abusive supervision[J]. British Journal of Management, 2011(22): 270-285.

[51]　RAUDENBUSH S W, BRYK A S. Hierarchical linear models: Applications and Data Analysis Methods[M].Thousand Oaks: Sage, 2002.

[52]　REILLY N P. Exploring a paradox: Commitment as a moderator of the stressor-burnout relationship[J]. Journal of Applied Social Psychology, 1994(24): 397-414.

[53]　SHAW J D, DUFFY M K, ABDULLA M, et al. The moderating role of positive affectivity: Empirical evidence from bank employees in the United Arab Emirates[J]. Journal of Management, 2000(26): 139-154.

[54]　TEPPER B J. Consequences of abusive supervision[J]. Academy of Management Journal, 2000, 43(2): 178-190.

[55]　TEPPER B J, DUFFY M K, HENLE C A, et al. Procedural injustice, victim precipitation, and abusive supervision[J]. Personnel Psychology, 2006(59): 101-123.

[56]　THOMPSON E R. Development and validation of an internationally reliable short-form of the Positive and Negative Affect Schedule (PANAS)[J]. Journal of Cross-Cultural Psychology, 2007(38): 227-242.

[57]　WALUMBWA F O, CROPANZANO R, HARTNELL C A. Organizational justice, voluntary learning behavior, and job performance: A test of the mediating effects of identification and leader-member exchange[J]. Journal of Organizational Behavior, 2009(30): 1103-1126.

[58]　WANG G, HARMS P D, MACKEY J D. Does it take two to tangle? Subordinates' perceptions of and reactions to abusive supervision[J]. Journal of Business Ethics, 2015(131): 487-503.

[59]　WATSON D, CLARK L A. On traits and temperament: General and specific factors of emotional experience and their relation to the five-factor model[J]. Journal of Personality, 1992(60): 441-476.

[60]　WATSON D, TELLEGEN A. Toward a consensual structure of mood[J]. Psychological Bulletin, 1985(98): 219-235.

[61]　WEGGE J, SCHUH S C, VAN DICK R. "I feel bad", "We feel good"? Emotions as a driver for personal and organizational identity and organizational identification as a resource for serving[J]. Stress and Health, 2012(28): 123-136.

[62]　YANG L, JOHNSON R E, ZHANG X, et al. Relations of interpersonal unfairness with counterproductive work behavior: The moderating role of employee self-identity[J]. Journal

of Business Psychology, 2013(28):189-202.

[63] YANG Q, LIU M. Ethical leadership, organizational identification and employee voice: Examining moderated mediation process in the Chinese insurance industry[J]. Asia Pacific Business Review, 2014, 20(2): 231-248.

[64] ZHU W, HE H, TREVIÑO L K, et al. Ethical leadership and follower voice and performance: The role of follower identifications and entity morality beliefs[J]. The Leadership Quarterly, 2015, 26(5):702-718.

道德一致还是道德平衡？——民营企业家捐赠的实证研究

11.1 引言

这项研究以企业家捐赠为研究对象，试图化解道德一致与道德平衡之间的争论。由于这两种理论都得到了不少文献支撑，解决争论的关键是重新审视它们的理论意义和应用领域。作者认为，在理论层面上道德一致对应于道德的绝对水平，而道德平衡则对应于道德的相对水平。研究一通过在亚马逊网站上在线实验，发现绝对捐款额高的被试在下一次捐款中通常也保持较高的绝对捐款额，上一个时间点的捐款额增加会导致下一个时间点的捐款额减少。研究二通过对"福布斯中国慈善榜"的 10 年纵向数据分析发现，在当年捐款多的企业家在下一年可能有较多的捐款。但与前一年度相比捐款增加（或减少）的企业家，后一年度的捐款额往往减少（或增加）。这些发现说明，道德一致出现在绝对水平，而道德平衡出现在相对水平。有趣的是，道德平衡还受到慈善榜中的社会比较信息（即慈善榜中的地位和地位变化）的调节。最后，本章探讨了这项研究对道德一致理论、道德平衡理论、社会比较理论及地位研究的意义。

11.2 道德一致和道德平衡的争论

世界各地的慈善捐赠一直在稳步增加。例如，2015 年美国人的慈善捐赠为 3732.5 亿美元，较 2014 年增长了 4.1%（Thompson, 2016）。根据 2015 年度中国慈善捐赠报告的统计，中国 2015 年的慈善捐赠总额约为 110.86 亿元人民币，同比增长 6.4%。在各类突发事件中，中国企业的捐赠都发挥了重要的作用。研

---

① 本章参见：张光曦. 道德一致成道德平衡？关于企业家捐赠的研究 [J] 应用心理学，2018,24(3)：221–233.

究者认为慈善捐赠为他人和自己创造广泛的价值。捐赠者通过捐赠获得内在满足感，从而改善身心健康（Brooks, 2007）。积极的捐赠者会获得更高的社会认可度（Harbaugh, 1998）。捐赠给企业家带来"声誉资本"（reputational capital），强化与主要利益相关者的关系，并在危机时期保护企业的价值（Muller & Kraussl, 2011）。根据社会科学文献出版社发布的2015年《中国企业公益研究报告》，民营企业的公益平均投入超过国企和外企。对中国的民营企业家而言，需要采取一定的策略维系与外界利益相关者的联系。慈善捐赠有助于满足利益相关者的诉求，巩固民营企业的形象和竞争地位（梁建、陈爽英、盖庆恩，2010；钟宏武，2007）。

上面的这些例子表明了捐赠所产生的积极效果。然而，道德平衡的研究表明道德行为是动态的（e.g., Fishbach et al., 2009; Nisan & Horenczyk, 1990），具体可以表现为两种形式：道德许可和道德补偿。道德许可指的是"过去的善行可能允许个人从事不道德的、违背伦理的或其他有问题行为，这些行为是他们本来会因为害怕表现得不道德而避免的"（Merritt et al., 2010）。道德补偿是与道德许可相反的过程：感觉不道德的人倾向于通过展示道德行为来补偿不道德的情感（Joosten et al., 2014）。相比道德补偿，道德许可显得更有趣，因此引起了更多的研究关注。以社会捐赠为例，根据道德许可的预测，捐赠可以使人们通过增加道德信用或减少对不良行为的消极解释，从而在今后做出一些不好或不太积极的行为，例如，Meijers 等（2015）发现慈善捐赠者随后会表现出较低的环境保护意愿。

乍一看，道德平衡似乎违背人们倾向一致性的天性（Festinger, 1954; Freedman & Fraser, 1966; Heider, 1946）。根据一致性理论，每个人都自然地希望他们的行为和态度是一致的。一致性理论受到好几种相关理论的支持，例如认知失调理论和"登门槛效应"。行为不一致或态度不一致的个体会经历认知失调（Festinger, 1954），因此，他们会采取行动以减少明显的不一致，或改变他们的态度以取得一致性。如果初始的道德行为成本很高，在随后继续保持道德行为的驱动力就应该越强（Gneezy, 2012）。因此，鉴于捐赠通常需要付出成本，要经历复杂的权衡，捐赠行为会加强个人的道德认同感。捐赠的成本越高，捐赠者越倾向于推断他们是道德的个体，从而促使他们在将来继续做与过去捐赠水平相一致的善行。

由于道德平衡与道德一致产生了背离，学者们开始探索道德平衡取代道德一致的边界条件。已发现的边界条件包括组织认同（Klotz & Bolino, 2013）、从事慈善的成本（Gneezy et al., 2012）、具体还是抽象的思维（Conway & Peetz, 2012）、目标设定（Susewind & Hoelzl, 2014）、道德认同（Ormiston & Wong, 2013）、环境的公共或私密性（Greene & Low, 2014）、归因（Khan & Dhar, 2006）、任务的模糊性（Effron & Monin, 2010）。然而，现有的关于边界条件的研究显得比较零散，缺乏统一的理论和框架。Mullen 和 Monin（2016）在最近的研究回顾中指出："这些年来，关于道德平衡与道德一致的争论已经从一个缺少答案的问题，成为一个有过多但又相互矛盾答案的问题。"

笔者在阅读了道德一致和道德平衡领域的大量文献后，发现当前文献存在一些不足。第一个不足点是，在探讨道德平衡与道德一致的悖论时，大多数研究未能明确区分道德的绝对水平和相对水平。从定义上来说，道德一致是描述了道德的绝对水平：道德的个体将继续表现出较高的道德水平。而道德平衡理论是指道德围绕着一个均衡水平上下波动（Nisan & Horenczyk, 1990），要求在测量上反映偏离均衡水平而波动的道德相对水平（Merritt et al., 2010; Mullen & Monin, 2016）。然而，绝大多数实证研究并没有对道德的绝对水平和相对水平做出明确区分，因而并不清楚到底是较高的绝对道德水平引起了随后的不道德行为，还是相对道德水平的增加或减少导致了重新回到平衡状态。

第二个不足点在于大多数研究将道德一致和道德平衡视为"非此即彼"的状态。在这样的假设下，在同一研究中同时支持道德一致和道德许可的证据是非常罕见的（Mullen & Monin, 2016）。由于这两个领域的大多数研究都是实验研究，而在大多数实验中，这种"非彼即此"的假设可以比较容易地应用在短期任务中；但是，如果采用较长的时间维度，"非彼即此"的假设则可能并不合适。例如，具有高道德认同的人可能在短期内会表现出不太积极或者比较积极的行为（即道德行为的波动），但从长远来看，他们的行为在道德上仍然是可以接受的或者处于较高道德水平的（即道德行为的一致性）。从这个意义上讲，当研究者观察的时间框架较长时，道德平衡是可以与道德一致共存的。然而，大多数关于道德平衡的实证研究都是在短时间内进行的实验研究，不能揭示长期趋势。

除了少数几项研究（e.g., Hofmann et al., 2013），极少有研究采用现实生活中的数据或纵向数据来检验假设。

第三个不足点涉及为道德平衡理论提供证据的方法。Mullen 和 Monin（2016）曾经强调，为道德平衡提供证据的理想实验设计应当包括一个控制条件，这个控制条件是比较道德水平变化的参照物（e.g., Gneezy et al., 2012; Monin & Miller, 2001; Sachdeva et al., 2009）。然而，对于某些实验任务，如回忆过去的道德行为（Cornelissen et al., 2013; Jordan et al., 2011）或参与道德行为（Monin & Miller, 2001; Ploner & Regner, 2013），在实验设计中设置一项控制条件是不容易操作的。即使是增加了一个控制条件，对每个条件之间的精确比较（比如积极的、中性的和负面的）也经常是缺失的（e.g., Monin & Miller, 2001; Sachdeva et al., 2009）。设置控制条件的目的是为了提供一个比较的基准，但如果横向的比较条件不具备，也可以应用纵向的比较方法。例如，道德或不道德行为可以在多个时间点进行测量，因而道德水平在不同时间点上的波动可以为道德的动态性提供信息（e.g., Zhong et al., 2010）。因此，比较不同时间点的道德差异可以成为判断道德平衡的有效方法。然而，因为大部分研究都是短时间的实验研究，研究者很少能够获得纵向数据，这导致了纵向比较法在这个领域中的应用是非常少的。

第四个不足点在于现有的研究低估了社会比较在道德平衡中的作用。社会比较被定义为"思考关于一个或多个与自己有关的人的信息的过程"（Wood, 1996）。社会比较在理论上应与道德平衡是密切相关的，因为人们对道德行为往往缺乏客观的判断，从而迫使个人在评估和调整自己的道德行为时需要依靠社会比较信息（Edelman & Larkin, 2015; Gino & Pierce, 2009b; Moran & Schweitzer, 2008）。社会比较其实是隐含在对道德平衡模型的原始阐述中的（Nisan & Horenczyk, 1990）：个体如果认为自身的道德水平高于均衡水平，就会觉得自己被许可从事一些不积极的行为以重新回到平衡状态；相反，个体如果认为自身的道德水平低于均衡水平，就会觉得有必要补偿做一些积极的行为以重新回到平衡状态。在道德平衡的原始模型的阐述里，道德均衡水平是一个隐含的比较参照物，体现了自己和自己的社会比较。然而，关于社会比较如何在道德平衡中发挥作用的实证研究是非常缺乏的。

本研究试图通过以下的方式填补道德平衡（特别是道德许可）文献中的不足：第一，在理论上区分道德的绝对水平和相对水平。第二，提供道德一致和道德平衡以不同形式共存的证据。第三，揭示社会比较信息影响道德平衡过程的方式。为提高研究的内在效度和生态效度，作者同时采用了实验研究（研究一）和基于二手数据的纵向研究（研究二）来检验假设。研究二中的二手数据来源于"福布斯中国慈善榜"，这个榜单记录了中国民营企业家的货币捐款的纵向信息，可以对道德行为的变化提供相对精确的数量化分析。慈善榜中企业家的地位和地位变化提供了社会比较信息：地位提供了上榜者之间的社会比较信息，而地位的变化则提供了某个企业家当前地位和过去地位的社会比较信息。研究者预测在慈善榜上地位较高的企业家会觉得自身积累了较多的道德信用（moral credits），或者拥有积极的道德凭证（moral credentials），会减少从事不积极或不道德行为的不安。对于在慈善榜中地位下降的企业家，他们的道德信用和道德凭证是减少的，道德许可效应不如那些地位上升的企业家明显。图 11-1 是对研究模型的描述。

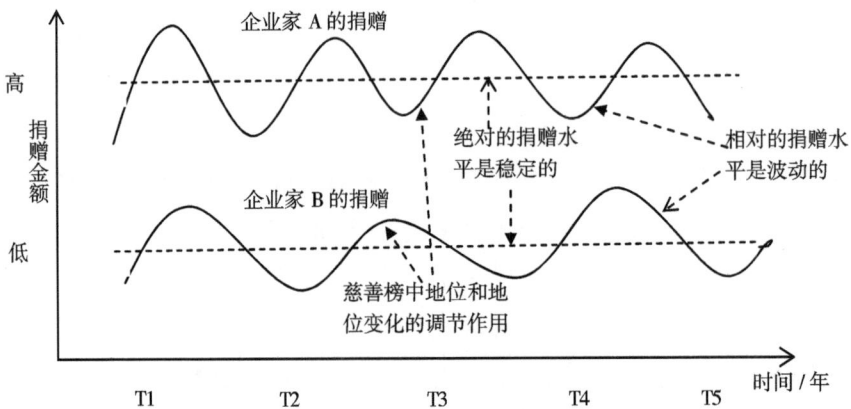

图 11-1　企业家捐赠的一致性和动态性

这项研究的主要贡献在于从新的角度化解道德许可和道德一致之间的矛盾。以前的研究采用了"非彼即此"的假设，将道德平衡看作与道德一致相对立的现象。本研究提出，如果研究者观察一个较长的时间，或者能够区分分析的水平，"非彼即此"的假设是不适用的。由于这项研究既采用了实验方法，又采用了纵向的二手数据，研究的可信性得到了保证。由于极少有研究（e.g.,Ormiston & Wong, 2013）采用时间跨度较长的纵向数据来研究道德行为的动态性，这项研究扩展了实验研究中得出的结论：道德平衡不但可以表现为每天的波动（Hofmann et al., 2014; Lin, Ma & Johnson, 2016）），也可以跨年份产生波动。

第二项贡献是利用社会比较理论来拓展道德平衡理论。社会比较有助于个人认识自己的能力，澄清观点，应对环境的不确定性。社会比较在组织中是很常见的，体现为公平的比较、绩效的评估、领导—成员交换关系的比较等（Greenberg et al., 2007）。Festinger（1954）曾经强调，社会比较是人类的一项基本动机，可以解释广泛的行为和结果。然而，在管理学中对社会比较理论的应用是不够的（Greenberg et al., 2007），尤其是在道德平衡相关文献中，社会比较理论的应用是很少的。如果缺少了社会比较，个人又如何知道他们的道德或不道德行为超过或低于均衡状态？ West 和 Zhong（2015）在最近的一篇理论文章中指出，当个体决定改变他们的道德水平时，会比较他们的自我形象和道德参照点，但迄今为止，没有实证研究正式检验社会比较在道德平衡中的作用。本研究首次将社会比较理论与道德平衡理论进行了整合，为未来更多的理论扩展奠定了基础。

11.3　理论和假设

11.3.1　区分捐赠的绝对水平和相对水平

如前所述，大多数关于道德平衡和道德一致的研究没有明确区分道德行为的绝对水平和相对水平。而不加以区分，就难以对一些现实问题做出合理的解释。例如，特蕾莎修女因她的仁爱和善行而广受赞誉。但如果说"特蕾莎修女做的善事越多，她就越倾向于做坏事"，这可能难以让人信服。在这个表述里，道德许可被隐含地应用于道德的绝对水平。而如果将道德许可应用于道德的相对水平，下面的陈述可能更有说服力："特蕾莎修女坚持做善行，但是她在做了额外的善事后，也会偶尔偏离她认为是正确的信念。"因此，明确分析层次是理解道德平衡理论和道德一致理论的前提，也是解决争论的关键。

从理论上来说，一个变量的绝对水平和相对水平是有不同意义的（Moore，2007）。区分绝对水平和相对水平的典型例子包括"领导—成员交换"和"相对领导—成员交换"之间的差异（Henderson et al., 2008）、绝对收入水平和相对收入水平之间的差异、绝对公平和相对公平之间的差异（Blount & Bazerman, 1996; Larkin et al., 2012; Voussem et al., 2016）。道德平衡反映了在道德动态性过程中产生的变化，应体现为捐赠的相对额度变动；而道德一致反映了比较稳定的道德偏好，应该体现为捐赠绝对水平的稳定性。也就是说，一个一贯捐赠大量资金的捐赠者，主要受到一些内在的、稳定的力量驱动（如高度的道德认同或崇高的道德价值）。然而，即使保持相对较高的绝对捐赠水平，捐赠者也需要结合对情境因素的考虑适当调整捐赠的额度，体现为相对捐赠水平的波动。

11.3.2 捐赠中的道德一致：在捐赠的绝对水平上，捐赠多的企业家会继续捐赠更多

几十年以来的社会心理学的研究都支持了一种观点，即个体有极大的动力追求一致性，包括道德一致（Abelson et al., 1968; Gawronski & Strack, 2012）。道德一致的主要原因是人们倾向维持他们的道德认同，并缩小"道德—判断—行为"之间的差距（Aquino et al., 2009）。因此，一个持有某种道德特质的个体会以符合这些特质的方法做事。道德一致受到多种理论的支持，如自我知觉理论（Bem, 1972）、平衡理论（Heider, 1946）、认知失调理论（Festinger, 1957）、登门槛效应（Freedman & Fraser, 1966）和锚定效应（Tversky & Kahneman, 1974）。

与道德一致相关的一个重要概念是个人的道德认同（moral identity），其定义为人们对个体道德品质的认知图式。道德认同是一种自我调节机制，它激励道德行为并促进个体对一致性的追求（Aquino et al., 2009; Blasi, 1984; Conway & Peetz, 2012）。由于过去的捐赠行为是个体对社会责任的态度和承诺的体现，因此个体应该在过去和未来的捐赠之间显示相当程度的一致性。研究表明，稳定的因素（如个体的道德规范）是捐赠意图形成的主要动力（van der Linden, 2011）。Shang 和 Croson（2009）发现那些将适当的捐赠水平的信念内化了的个体将继续保持相对稳定的捐赠水平。因此，由于企业家过去的捐赠体现了稳定的个人偏好，未来捐赠的绝对数量也应保持相对稳定，即捐赠多的企业家将来也可能捐赠更多。我们提出如下假设。

假设 11-1：在 $t-1$ 年有高额捐赠的企业家可能在 t 年也表现出高额的捐赠。

11.3.3 捐赠中的道德平衡: 在捐赠的相对水平上, 捐赠提高的企业家可能在下一阶段减少捐赠

在关于道德平衡理论的论述中, Nisan 和 Horenczyk (1990) 提出, 如果人们认为他们过去的良好行为在均衡状态之上, 那么就可能随后偏离正确的行为。尽管没有明确定义什么是"均衡状态", 道德平衡模型里所提出的均衡状态其实是保持一个令自己满意的道德自我的必要水平, 对应了人与人之间有稳定差异的道德倾向。如果个体在均衡状态之上获得了更多的道德信用, 那么较大程度上的对平衡状态的向下偏离是被允许的。围绕着均衡状态, 道德水平的向下的偏离可以抵消向上的偏离, 因此总体上平衡状态是保持稳定的。

个体产生道德平衡的原因在于利益冲突 (Fishbach et al., 2009)、实施道德行为的成本 (Sachdeva et al., 2009) 及从事不道德行为获得的好处 (Becker, 1968), 这些都是影响道德决策的情境因素。因此, 人们有时候做出道德行为, 有时候又会做出不道德行为。尽管个体的道德行为会产生波动, 但也需要保持一个基本的道德水平来维持一个令自己能够接受的道德自我 (Ploner & Regner, 2013)。所以, 尽管情境因素对道德决策具有重要意义, 但情境因素是通过改变对个体道德认同的激活度而产生作用的 (Aquino et al., 2009): 它们在工作自我概念中增加 (或减少) 了对道德图式的接近程度。因此, 情境因素对道德行为的影响方式应该围绕平衡状态上下波动, 而平衡状态主要是由稳定的人格因素决定的。

以捐赠为例, 企业家的捐赠会根据情境因素 (如参照对象的捐赠、自己以前的捐赠、捐赠的受益人或财务约束等情况), 围绕个人认为恰当的捐赠水平上下浮动。换句话说, 个体认为适当的捐赠水平是约束状态偏离的基线。因此, 捐赠的 (上下) 波动, 而不是绝对捐赠额, 才符合道德平衡理论的阐述。鉴于人们倾向于使用最近相似的行为作为比较的参照物 (Festinger, 1954), 最近一个时间点的捐赠可能会成为下一个时间点捐赠的比较基准。基于道德信用模型 (Sachdeva et al., 2009), 与以前的捐赠相比, 捐赠的增加会将企业家的道德信用提高到均衡状态以上, 从而导致较强的动机通过减少捐赠的方式重新回到平衡状态。根据道德证书模型 (Monin & Miller, 2001), 由于之前捐赠的增加已经体现了个体对慈善活动的承诺, 可以防止随后的捐赠减少被解释为道德水

平的下降。

假设 11-2：企业家在 t 年捐赠的增加（与 $t-1$ 年相比）会使 $t+1$ 年的捐赠减少（与 t 年相比）。

11.3.4　社会比较对道德平衡的影响：慈善榜上的地位和地位变化的调节作用

社会比较理论认为，个体希望在技能、能力、观点、社会地位和社会接受程度方面对自己进行评估，这是人的天性（Festinger, 1954）。当客观标准缺乏的时候，个体只能借助于与他人的社会比较。社会比较的过程包括获取社会信息、思考与自己有关的社会比较信息、对社会比较信息做出反应（Wood, 1996）。由于道德问题经常缺乏明确的客观标准，因此道德决策的制定通常需要通过社会比较才能完成（e.g., Edelman & Larkin, 2015; Gino & Pierce, 2009b, 2009a; Moran & Schweitzer, 2008）。

以捐赠为例，做出捐赠决定的个体通常缺少关于捐赠多少金额的确切信息，因此他们会将自己与他人的捐赠或与自己过去的捐赠进行比较来决定合适的捐赠水平。慈善捐赠受到社会比较的影响已经受到相关研究支持。例如，Croson & Shang（2008）发现如果向捐赠者提供了向下比较的信息（即其他人的捐赠更少），个体的捐赠也显著减少了。如果向捐赠者提供向上比较的信息（即其他人的捐赠更多），个体的捐赠显著增加（Shang & Croson, 2009）。这些研究表明捐赠者根据社会比较信息调整捐款的水平。

以当前的研究为例，慈善榜提供了慈善捐赠的社会比较信息。例如，在福布斯 2015 年中国慈善榜中（有 100 位企业家），有 54 人曾经出现在 2014 年中国慈善榜名单中。这表明一些企业家在慈善榜中失去了地位，而另一些企业家则获得了地位。鉴于地位对自我价值和荣誉的重要性，列入这一榜单的企业家应该对地位和地位变化敏感，即慈善榜提供的社会地位信息会促进企业家保持或增强自身的地位。因此，绝对地位（即与他人的社会比较）和地位的变化（即与自我的社会比较）会影响企业家对捐赠的判断和决策。

11.3.5　企业家在慈善榜中的绝对地位对捐赠变化的调节作用

Wright（1994）指出，人类生活的特点是"对社会地位的深度渴望和等级制度的普遍存在"。Bernheim（1994）的整合模型强调了个人对地位的关注（即他人如何看待他们）。过去的研究表明，高地位伴随着许多优势，如丰富的资源和高自我效能（Marr & Thau, 2014）。高地位个体由于占有更多的无形资源，因而比低地位的个体有更积极的自我评价（Gecas & Seff, 1989; Marr & Thau, 2014）。

根据道德信用模型（Sachdeva et al., 2009），如果个体已经拥有了较多的道德信用（类似于道德银行账户中有充足的现金），那么捐赠的增加就更可能转化为额外的道德信用。个体可以将额外的道德信用从道德账户中撤回，形成随后的道德许可效应。如果企业家已经在慈善榜上享有了较高的地位，这就为他们的道德行为提供了良好的声誉，也为他们过去的道德行为积累了信用。对于那些高地位的企业家来说，在前一时间段增加的捐赠更可能成为均衡状态之上的额外道德信用，可以成为在下一阶段做较少的积极行为的许可证（Hollander, 1958）。相比之下，低地位的企业家面对负面的社会比较结果，导致他们对自己的道德信用的评估不那么积极。即使这位企业家的捐款实际上与过去相比有所增加，他/她也可能不会将增加的捐款视为额外的道德信用。因此，当企业家拥有较少的道德信用时，捐赠中的道德许可现象就不容易发生。

根据道德凭证模型（Monin & Miller, 2001），在慈善名单中排名较高的企业家会从过去的捐赠行为中获得信心，即使后续捐赠减少也不太会妨碍他们对自身道德做出积极评估（Merritt et al., 2010）。因此，与以前的捐款相比，捐赠金额的增加为高地位的企业家提供了更多的证据来支撑他们的道德凭证，从而增加了对后期不积极行为（如减少捐赠）做出正面解释的能力。相比之下，如果在慈善榜中的地位较低，企业家获得的道德凭证也就较少。在缺乏道德凭证的情况下，即使捐赠相对过去有所增加，也不太可能被认为是对社会有显著的贡献，因此不太可能抵消下一阶段出现的不积极的行为。换句话说，慈善榜中低地位的企业家不太可能从过去的捐赠行为中获得充分的信心，因此道德许可效应会被削弱。以上的论述推导出第三个假设。

假设 11-3：当企业家在第 t 年的慈善榜中有较高的地位，捐赠增加（与 $t-1$ 年相比）可能使 $t+1$ 年的捐赠减少（与 t 年相比）的程度比企业家在慈善榜中有较低地位的时候显著。

11.3.6 企业家在慈善榜中地位的变化对捐赠变化的调节作用

个体是在社会比较过程中获得或者失去地位的（Piazza & Castellucci, 2014）。获得地位有助于提高个体的自我效能感，而失去地位往往威胁到对自我的认知（Edelman & Larkin, 2015; Spataro, Pettit, Sauer & Lount, 2014）。因此，在慈善榜上地位下降的企业家应该有较大的动力恢复或提高自身的地位，而已经提高地位的企业家则希望保持或进一步提高其地位。

根据道德信用模型（Sachdeva et al., 2009），在慈善榜中提高了地位的企业家更可能觉察到自身的道德信用的增加。因此，对于这些企业家来说，增加的捐赠将进一步增加道德信用，这可能超过维持道德均衡水平所需要的量。因此，他们更有可能出现道德许可效应（如减少随后的捐赠）。相比之下，在慈善榜中地位下降的企业家将会经历消极的社会比较，激发他们对提高自身道德形象的需要（Buunk et al., 1990; Wheeler, 1966）。因此，在存在负面社会比较信息（即地位下降）的情况下，捐赠的增加不太可能被认定为是额外的道德信用，因而道德许可不易发生。

根据道德凭证模型（Monin & Miller, 2001），获得地位的企业家对过去的道德行为更有信心。因此，如地位提高，同时又伴随着捐款的增加，则为企业家提供了更强有力的道德凭证，可以为随后的不积极行为辩护。相比之下，在慈善榜中失去地位的企业家可能会觉得他们的道德形象受到威胁或损害，即使捐款增加，也不太可能形成对他们道德凭证的有力支持。如果他们在随后的阶段减少了捐赠，也不容易通过强有力的道德凭证合理化随后的消极行为。以上的论述推导出第四个假设。

假设 11-4：当企业家在第 t 年的慈善榜中地位提高时，捐赠的增加（与 $t-1$ 年相比）可能使 $t+1$ 年的捐赠减少（与 t 年相比）的程度比企业家在慈善榜中有较低地位的时候显著。

11.4 研究一

检验道德平衡和道德一致性的典型研究设计是遵循一种连续的行为范式：在初始行为后紧接着一个任务行为。如果在任务行为中，与控制条件相比，在实验条件下观察到不道德或不太积极的行为，研究人员就推断获得了道德许可的证据（Mullen & Monin, 2016）。然而，这一方法的局限性在于，前后不同任务的道德性质难以比较；因此，使用不同的任务对于区分道德的绝对水平和相对水平是不太有效的。而这项关于捐赠的研究测量的是相同性质的道德行为，可以通过数量化的分析有效区分捐赠的绝对水平和相对水平。

研究一是对假设 11–1 和假设 11–2 的初步检验，目的是探索时间 1 捐赠的绝对水平和捐赠的波动如何影响时间 2 捐赠的绝对水平和捐赠的波动。这项实验研究使用了一个全球的在线样本库——Amazon Mechanical Turk。过去的很多研究表明，从 Amazon Mechanical Turk 收集的数据质量与实验室收集的数据没有显著差异，而且数据质量好于基于学生样本开展的实验（Buhrmester et al., 2011; Paolacci et al., 2010）。

11.4.1 方法

实验采用单因素、被试间设计（高绝对捐赠 vs. 低绝对捐赠）。在一项关于道德许可的元分析中，Blanken 等（2015）总结道："目前的道德许可研究的平均检验力是 28%，即使效应存在，也有 72% 的可能性得出非显著的结论。我们的检验力计算表明，每一个格子要有 165 名参与者，才有 80% 的检验力发现与元分析中一样高的效应。"因此，根据他们的建议，研究一采用了大样本的实验，共通过 Amazon Mechanical Turk 招募了 355 名被试（180 各被试被安排在"高绝对捐赠"的条件下，175 名被试被安排在"低绝对捐赠"的条件下）。为了确保实验是被试间的比较，在一个实验条件下注册过的参与者被屏蔽参与另一个实验条件的实验。研究者支付给被试 0.30 美元作为参与研究的酬劳。

由于 Amazon Mechanical Turk 的被试可能为了获得报酬而尽快完成实验（Barger et al., 2011），研究者可以采用几种方法来排除那些没有阅读或理解实验操作、或随意回答问题的参与者。第一，研究者根据 Oppenheimer 等（2009）的建议，通过筛选问题实施了对不合格被试的剔除。被试在阅读第一个情景之后，被问到"如果你是集中注意的，请选择'同意'"，3 名未能选择"同意"的被试被剔除。第二，在阅读了三个情景描述后，参与者被问到他们是否能理解这些描述。2 名被试选择了"不"，因而被剔除。第三，2 名被试的工作时间太短（小于 30 秒），而全部被试的平均工作时间为 340 秒，因此这 2 名被试被剔除。最后，有 8 名被试在需要填写的捐赠额中，没有回答或没有按照要求回答。实施这些标准后，总共剔除了 15 名被试。

11.4.1.1 前测

为了确保参与者能够很好地理解实验材料，研究者对一组单独的被试（每项实验条件安排 10 名被试）进行了前测。被试要求对他们是否感到困惑，或对不清楚的问题给予反馈。提供反馈的被试将获得 30% 的额外奖励。在他们反馈意见的基础上，研究者对实验界面和措辞进行了修改。

11.4.1.2 实验程序和材料

实验者告知被试，他们在参与关于捐赠决策的学术研究。他们先阅读了实验的概况和程序，并被鼓励提供真实的看法。第一步，被试阅读情景 A（2015年捐赠），并设想他们扮演案例中描述的企业家的角色。第二步，被试回答一个筛选问题和几个关于实验操控检验的问题。第三步，被试阅读情景 B（2016年捐赠），并写下捐款金额。第四步，被试阅读情景 C（2017年的捐赠），并写下捐款金额。最后他们将回答另一个筛选问题。

11.4.1.3 对绝对捐赠额的操控

被试阅读情景 A（方括号内是低绝对捐赠水平条件下的描述，括号外是高绝对捐赠水平条件下的描述）。由于被试可能推断捐赠金额高的公司有高利润，为了突出捐赠的道德层面因素而非经济层面因素，公司的利润率在以下两种条件下都被描述为略高于行业水平。

假设您是服务行业的一家初创公司的企业家。您的公司有 8 年的历史，约有 100 名员工。虽然这不是一个高利润的企业，但公司每年都有稳定的收益，利润率略高于行业的平均利润率。您的公司将每个会计年度的利润的 3%（1%）提取为慈善基金。慈善基金是逐年增加的，可用于以您或公司名义对外进行捐赠。作为该公司的实际控制人，您对所有捐款拥有最终决定权。去年（2015年）的捐赠总额为 27000 美元（9000 美元）。

11.4.1.4 对绝对捐赠额的操控检验

在阅读情景 A（高 / 低绝对捐赠）后，被试在 5 点量表上评估他们认为捐赠高的程度（1 = 非常不同意，5 = 非常同意）：（1）"我觉得提取这个比例的利润作为慈善基金对于一个初创公司来说是很高的。"（2）"我觉得去年的捐赠金额对于初创公司来说是很高的。"探索性因素分析显示两个题项产生了单一因素，解释84.60%的差异（$\alpha = 0.82$）。

11.4.1.5　2016年的捐赠计划

接下来，两种实验条件下的被试都阅读情景B（括号内是低绝对捐赠水平条件下的描述，括号外是高绝对捐赠水平条件下的描述），并要求被试做出适当捐赠的决定。

您的公司今年（2016年）还没有捐款。今年夏天，您所在城市的一些村庄受到洪水的影响，造成很大的直接和间接的经济损失。政府鼓励当地企业家进行捐赠。捐赠将用于维修房屋、提供医疗设施，并向受灾者提供补贴。

您的决定：请仔细考虑情景A和情景B中描述的情况，并在下面的方框中写您和您的公司在此次事件中计划捐赠的金额。请留意，公司去年（2015年）的捐赠总额为27000美元（9000美元）。

阅读完情景B后，被试在方框中写下了计划的捐款金额（以美元计算）。

11.4.1.6　2017年的捐赠计划

被试继续阅读情景C，并做出捐赠决策。

到了2016年底，您听说离您公司不远的地方，有两个社区里住着很多外来务工人员的子女。大多数孩子的生活水平低于居住在这个城市的其他孩子的平均水平。他们的父母收入很低，也没有充足的时间照顾他们。社区领导呼吁社会注意这些儿童的生活状况。例如，社会捐款可以支持他们的教育费用、补贴生活，并奖励学习优异的孩子。社区的一位工作人员联系了您，询问您的公司是否愿意在2017年度对社区捐赠。

您的决定：请仔细考虑情景C，并结合情景A、情景B中描述的情况，写下您和您的公司计划在2017年向社区的捐赠金额。如前所述，2015年公司的捐赠为27000美元（9000美元），上面方框中是您刚填写过的2016年的捐赠金额。

阅读完情景C后，被试在方框中写下了可能的捐赠金额（以美元计算）。

11.4.2　实验结果

11.4.2.1　操控检验

在对捐赠水平的评价方面，低绝对捐赠条件下的参与者（$M = 3.29$, $SD = 1.02$）比高绝对捐赠条件下的参与者 $M = 3.55$, $SD = 0.95$）得分低，$t(89) = -2.43$，$p < 0.05$。

11.4.2.2　对假设 11-1 进行检验

假设 11-1 通过方差分析来检验。假设 11-1 预测，基于道德的一致性的原理，在时间 1 呈现高绝对水平的捐赠，会导致在时间 2 也呈现高绝对水平的捐赠。在阅读了情景 A 中高绝对捐赠的描述后，被试在情景 B 中给出的捐赠捐款（$M = 28775.86$, $SD = 8762.36$），比阅读情景 A 中低绝对捐赠的描述后给出的捐赠（$M = 14481.93$, $SD = 13232.37$）高，$t(338) = -11.79$，$F(1338) = 139.11$，$p < 0.001$，$\eta^2 = 0.29$。

被试在阅读了情景 A 中高绝对捐赠的描述后，他们在情景 C 中的捐款（$M = 28410.92$，$SD = 11076.55$）比阅读了情景 A 中低绝对捐赠的描述后高（$M = 15925.90$, $SD = 11229.10$），$t(338) = -10.32$，$F(1338) = 106.49$，$p < 0.001$，$\eta^2 = 0.24$。此外，对情景 B 的捐赠与对情景 C 中的捐款之间存在高度相关（$r = 0.65$）。这些结果支持了假设 11-1，说明如果个体在前一个时间段的捐赠额高，在后一个时间段的捐赠额也会比较高。

11.4.2.3　对假设 11-2 进行检验

假设 11-2 预测，第二个时间段的捐赠增加（或减少）导致第三个时间段的捐赠减少（或增加）。捐赠的差异是用前一个时间段的捐赠作为参照系的。情景 B 中的捐款变化等于情景 B（2016 年）的捐赠减去情景 A 中的绝对捐赠（2015 年）。情景 C 中的捐赠变化等于情景 C（2017 年）中的捐赠减去情景 B（2016 年）中的捐赠。这两组值呈负相关（$r = -0.47$, $p < 0.001$），说明前一个时间段捐赠的增加引起下一个时间段捐赠的减少，反之亦然。这些结果支持了假设 11-2。

11.4.3　对研究一的讨论

正如假设 11-1 和假设 11-2 预测的那样，绝对水平的捐赠符合道德一致理论，然而，捐赠的变化遵循道德平衡理论。那么，参与者是否会故意地以波动的形式来分配不同时间段的捐款，因而捐赠波动之间的负相关性没有反映道德平衡？作者认为这种可能性是很小的，因为三种情景是逐步呈现的。被试在阅读情景 A 后，不可能在方案 B 和情景 C 之间故意进行分配。因此，捐赠波动之间的负相关只能归因于参与者有意识或无意识的计算，而不是他们事前的分配偏好。

研究一提供的证据表明，捐赠模式在绝对水平上遵循道德一致，在相对水平上遵循道德平衡。然而，由于被试所经历的实验场景有别于现实生活，因此研究的生态效度受到影响。在现实生活中，企业家比常人更加理性，会兼顾经济责任和社会责任。因此，如果企业家捐赠的真实数据也支持这些假设，那么研究才具备内部可靠性和外部效度。因此，作者用中国民营企业家的捐赠数据展开了第二项研究。

11.5　研究二

11.5.1　研究样本

研究二使用二手数据来检验假设，数据来自"福布斯中国慈善榜"、"福布斯中国富豪榜"及各公司网站。福布斯中国慈善榜记录了上一年实际发生的现金捐赠，股权、物资捐赠都没有计算在内（股权和物资捐赠的价值估算不如现金捐赠准确）。除了福布斯中国慈善榜，国内比较权威的慈善榜还有《公益时报》推出的中国慈善榜和胡润研究院发布的胡润慈善榜。前者统计了过去一年中各类社会主体和慈善基金会的捐赠，而后者则统计了慈善家在过去 5 年中的累积捐赠（包括承诺捐款、股票价值和物资捐赠）。鉴于这项研究的焦点是企业家的道德行为，又需要年度的捐赠数据来计算捐赠的变化，福布斯中国慈善榜比其他两类慈善名单与本文的研究目的和研究对象更加契合。福布斯中国慈善榜的捐赠数据来自福布斯数据库和其他慈善组织。福布斯中国慈善排行榜的信息包括了企业家排名、企业名称、负责人姓名、公司地点、过去一年的现金捐赠及捐款的受助对象。慈善榜中的信息与企业重新确认，并经权威部门核实。第一个慈善榜于 2004 年发布，但 2007 年和 2008 年的榜单编制被取消了。因此，从 2004 年到 2015 年，一共有 10 个慈善榜，总计有 1000 次的观测值。

11.5.2　测量

11.5.2.1　绝对捐赠

绝对捐赠测量了民营企业家在过去一年中捐赠的现金，统计单位为万元。因此，如果数值是 500，则表示企业家捐赠 500 万元。9.6% 的观测值中企业家多于 1 人，这种情况多是家族企业捐赠（例如夫妇、父子、家族）。本研究将捐赠归属于第一个人，但创建了一个虚拟变量来控制家族效应。

通货膨胀影响了在不同年份中捐赠货币的实际价值。因此，本研究用通货膨胀率调整了捐款金额，使捐赠的纵向比较具有可比性。例如，在比较 $t-1$ 年和 t 年的捐款时，t 年的捐款除以 $t-1$ 的通货膨胀率加 1。例如，如果 t 年捐款是 1000 万元，$t-1$ 年的通货膨胀率为 3%，那么 t 年调整后的捐款为 1000 / (1 + 3%)，为 971 万元。

11.5.2.2　捐赠变化

捐赠的变化是测量在临近的 2 年（或 3 年）中，以前一年为基数的捐款差异。正值表示捐赠增加，而负值则表示捐赠减少。研究者也利用通货膨胀率调整了价值。例如，捐款持续两年，如果一位企业家在 2010 年慈善榜中捐了 1500 万元，2011 年的慈善榜捐了 2000 万元，相比上一年的通货膨胀率 5.4%，那么捐赠变化是 398 万元（2000 / 1.054-1500）。如果是连续 3 年都有捐赠，那么第二年和第三年的捐赠数值将用通货膨胀率调整至和第一年具有可比性的水平。

11.5.2.3　地位

慈善榜在每一年度提供的排名（1~100）表明企业家在慈善榜上的地位。利用排名来测量地位与地位的定义（Gould, 2002; Thye, 2000; Washington & Zajac, 2005）与前人的研究是一致的（e.g., Podolny, 1993; Podolny & Phillips, 1996; Smith et al., 2012）。由于排名的大数值对应于低地位，小数值对应于低地位，因此，研究者将排名的数值反转编码（乘以 -1）以便于解释。因此，对地位的统计分析中使用的数值范围从 -100 到 -1，值越大表示地位越高。

11.5.2.4　地位变化

类似的捐款变化的测量，对地位变化的测量是连续两年在慈善榜中的地位差异（以前一年为比较基数）。正值表示地位增加，而负值表示地位下降。例如，如果一位企业家在 $t-1$ 年排名是 20（反向编码为 -20），在 t 年排名是 24（反向编码为 -24），地位的变化是 -4（-24 减 -20），这意味着地位下降。

11.5.2.5 控制变量

分析模型需要控制可能会混淆假设关系的变量，如企业家和公司的特性。企业家的财富影响捐赠者的财力，因此研究者将企业家的财富作为控制变量：企业家是否在该年份也被列入"福布斯中国富豪榜"（1 = 列入富豪榜，0 = 未列入富豪榜）。研究者用一个虚拟变量来控制家族捐赠的影响（1 = 家族名义捐赠，0 = 个人名义捐赠）。鉴于上市公司比非上市公司受到更多的公众监督，可能会表现出更强的道德一致，因此研究者创建了一个虚拟变量来控制企业特征的影响（1 = 上市公司，0 = 非上市公司）。

11.5.3　统计分析

用于分析的数据是从 2004 年到 2015 年的非平衡面板数据，有 1000 个观察值，有 513 位企业家列入榜单（95.91% 是男性）。检验假设 11-1 需要连续两年的捐赠观测值。如果 t 年绝对捐赠与 $t+1$ 年的绝对捐赠呈正相关，研究者则获得了道德一致理论的证据。对假设 1 的检验应用的观测值为 319 个，涉及 148 位企业家。

检验假设 11-2、假设 11-3 和假设 11-4 需要三个连续时间点的捐赠数据（$t-1$，t，$t+1$）。因此，统计分析需要至少 3 年的连续捐款，获得了 148 个观测值，涉及 69 名企业家。然而，即使企业家没有进入慈善榜，他们仍可能有捐赠行为。因此，仅仅选择列入榜单的企业家进行分析可能存在样本选择偏差。比如，在缩小范围的样本中，上榜企业家可能更倾向于满足社会对他们的期望，这增加了遵循道德一致规律的可能性。

为了减少样本的选择性偏差，研究者采用了 Heckman 两阶段选择模型（Heckman，1979）。第一阶段的模型是通过在 Stata 12.0 中使用 "xtlogit" 命令估计企业家连续 2 年或连续 3 年上榜的可能性。在第一阶段的模型中还增加了两个行业哑变量作为控制变量：由于房地产行业和互联网行业在过去 10 年积累了巨大的财富，它们显得比传统产业的捐赠更加慷慨，更有可能持续捐款。

第二阶段模型估计绝对捐赠（检验假设 11-1）和捐赠变化（检验假设

11-2、假设 11-3、假设 11-4）。研究者将从第一阶段模型中获得的逆米尔斯比率（inverse Mills ratio）代入第二阶段的模型，采用横截面时间序列广义最小二乘法作回归（cross-sectional time series feasible generalized least squares）。与普通广义最小二乘法相比，横截面时间序列广义最小二乘法在异方差和自相关存在的情况下也能产生更可靠的估计（Wooldridge, 2002）。

11.5.4 统计结果

表 11-1 是第二阶段回归中变量的描述性统计量和相关矩阵。可以看出，t 年和 $t+1$ 年之间绝对捐赠的数值是呈显著正相关的（$r = 0.38, p < 0.05$）。而 t 年和 $t+1$ 年的捐赠变化之间是显著负相关的（$r = -0.38, p < 0.05$），表明第一阶段捐赠的增加往往跟随着第二阶段捐赠的减少，而第一阶段捐赠的减少往往跟随着第二阶段捐赠的增加。相关系数初步支持了假设 11-1 和假设 11-2。

对假设 11-1 的检验。表 11-2 是 Heckman 两阶段法的过程，使用连续两年捐赠样本的结果。在做回归之前，研究者在 Stata 12 中通过 "coldiag 2" 命令检查回归中的所有预测变量的条件指数。该命令实现了 Belsley 等（1980）提出的回归共线性诊断程序。该指数在第一阶段为 4.40，第二阶段为 15.37，低于 Belsley（1991）所认为的保守上限（20）及 Puhani（2000）建议的临界值。由于第一和第二阶段的预测变量具有显著的重叠，因此逆米尔斯比率和和第二阶段其他变量之间的相关性增加，可能导致共线性。Puhani（2000）提出，如果第二阶段的条件指数小于 20，那么 Heckman 两阶段法仍然是有效的。

表 11-1　变量的平均值、标准差和相关矩阵

变量	平均值	标准差	最小值	最大值	1	2	3	4	5	6	7	8	9
1. 绝对捐赠（t+1 年）	5118.63	9710.35	68.33	12424.9									
2. 绝对捐赠（t 年）	5457.59	11149.89	94	128314	0.38*								
3. 捐赠变化[（t+1）年 － t 年]	280.56	14352.68	−102937.9	115422.9	0.56*	−0.55*							
4. 捐赠变化[t 年 － (t-1) 年]	−679.73	16097.61	−106334.9	114614.9	0.07	0.49*	−0.38*						
5. 地位（t 年）	−36.21	27.10	−95	−1	0.33*	0.46*	−0.12	0.07					
6. 地位变化[（t+1）年 － (t-1) 年]	−0.40	28.93	−76	84	0.03	0.12	−0.08	0.19*	0.51*				
7. 财富（t 年）	0.75	0.43	0	1	0.18*	0.15	0.03	−0.03	−0.18	0.04			
8. 上市公司	0.57	0.50	0	1	0.15	0.16	0.00	−0.04	−0.15	0.06	16		
9. 家族捐赠（t 年）	0.15	0.36	0	1	−0.06	−0.04	0.02	−0.01	0.10	0.09	−0.02	0.05	

注：$N = 148$；* 表示 $p < 0.05$，双侧检验。

第一阶段回归的 logistic 模型（模型 1）表明地位（$b = 0.33$, $p <0.001$），财富（$b = 0.54$, $p <0.01$）和上市公司（$b = 0.45$, $p < 0.05$）是下一年连续捐款的显著预测因素。将从第一阶段模型中产生的逆米尔斯比率代入第二阶段模型中。第二阶段采用横截面时间序列广义最小二乘法估计参数。表 11-2 显示，在模型 2 和模型 3 中，逆米尔斯比率是显著的，表明样本选择偏差是存在的，校正是必要的。假设 1 预测在前一年的高绝对捐赠会在下一年也伴随着高绝对捐赠。模型 3 表明 t 年的绝对捐赠对 $t+1$ 年绝对捐赠的回归系数是正值而且显著（$b = 0.11$, $p < 0.05$），支持了假设 11-1。

表 11-2 用连续两年捐赠和捐赠绝对值作为因变量的 Logit 回归

（第一阶段）和 FGLS 回归（第二阶段）

变量	第一阶段		第二阶段			
	连续两年捐赠		绝对捐赠（$t+1$ 年）			
	模型 1		模型 2		模型 3	
	b	SE	b	SE	b	SE
控制变量						
地位（t 年）	0.33***	0.09	− 0.54***	0.14	− 0.36*	0.16
财富（t 年）	0.54**	0.17	− 0.89***	0.23	− 0.57*	0.26
上市公司（t 年）	0.45*	0.18	− 0.69***	0.18	− 0.47*	0.20
家族捐赠（t 年）	− 0.16	0.27	0.26	0.17	0.16	0.18
逆米尔斯比率			− 1.28***	0.22	− 0.90***	0.27
主效应						
绝对捐赠（year t）					0.11*	0.05
常量	− 1.59***	0.17	0.50	0.17**	0.28	0.19
Wald χ^2	56.14***		81.41		87.96	
Log Likelihood	− 580.06		− 415.89		− 413.30	
观测量	1000		319		319	

注：*表示 $p < 0.1$，*表示 $p < 0.05$，**表示 $p < 0.01$；***表示 $p < 0.001$，双侧检验。房地产和互联网行业的哑变量被加入了第一阶段的模型。

对假设 11-2 的检验。表 11-3 是使用连续 3 年捐款的样本的 Heckman 两阶段法的过程。条件指数在第一阶段为 5.48，在第二阶段的模型 4 中为 18.82，在模型 5 中为 18.92，说明共线性问题是不存在的，Heckman 两阶段法是适用的（Belsley, 1991; Puhani, 2000）。

第一阶段回归的 logistic 模型（模型 1）表明地位（$b = 0.36, p < 0.01$），财富（$b = 1.14, p < 0.001$）和上市公司（$b = 0.45, p < 0.1$）是连续 3 年捐款的显著预测因素。将从第一阶段模型中产生的逆米尔斯比率代入到第二阶段模型中。模型 2 只包括了控制变量的基础模型；模型 3 加入了自变量和调节变量；模型 4 和模型 5 加入了交互项。表 5-3 显示逆米尔斯比率是显著的，表明样本选择偏差存在，校正是必要的。假设 5-2 预测捐赠的增加往往跟随着捐赠的减少。模型 3 显示 t 年较 t-1 年的捐赠变化对 t+1 年较 t 年的捐赠变化的系数是负值并显著（$b = -0.28, p < 0.001$），支持了假设 11-2。

表 11-3 用连续三年捐赠和捐赠绝对值作为因变量的 Logit 回归
（第一阶段）和 FGLS 回归（第一阶段）

变量	第一阶段		第二阶段							
	连续 3 年捐赠		捐赠变化 [(t+1) 年 $-$ t 年)]							
	模型 1		模型 2		模型 3		模型 4		模型 5	
	b	SE	b	SE	b	SE	b	SE	b	SE
控制变量										
地位（t 年）	0.36**	0.13								
财富（t 年）	1.14***	0.26	0.83*	0.29	1.60**	0.53	1.57**	0.52	1.46**	0.52
上市公司（t 年）	0.45†	0.27	0.28	0.19	0.52**	0.23	0.53*	0.23	0.53**	0.23
家族捐赠（t 年）	0.42	0.34	0.10	0.23	0.43	0.27	0.49†	0.27	0.45†	0.26
逆米尔斯比率			0.46**	0.14	1.04**	0.35	1.00**	0.34	0.93**	0.34
主效应										
捐赠变化 [(t 年 $-$ (t-1) 年)]					-0.28***	0.08	-0.41***	0.10	-0.32***	0.08
地位（t 年）					0.43*	0.21	0.41*	0.21	0.38†	0.21
地位变化 [(t 年 $-$(t-1) 年)]					0.01	0.09	-0.11	0.11	0.03	0.09
交互作用										
捐赠变化 × 地位							-0.27*	0.11		
捐赠变化 × 地位变化									-0.21**	0.07
常量	-3.43***	0.32	-0.80**	0.29	-1.56**	0.53	-1.54*	0.11	-1.44**	0.52
Wald χ^2	52.89***		10.83***		38.08***		46.01***		48.81***	

续表

变量	第一阶段		第二阶段							
	连续 3 年捐赠		捐赠变化 [(t+1) 年 − t 年)]							
	模型 1		模型 2		模型 3		模型 4		模型 5	
	b	SE	b	SE	b	SE	b	SE	b	SE
Log Likelihood	− 363.45		− 204.28		− 192.56		− 189.47		− 188.41	
观测量	1000				148		148		148	

注: *表示 $p < 0.1$, *表示 $p < 0.05$, **表示 $p < 0.01$, ***表示 $p < 0.001$, 双侧检验。
房地产和互联网行业的哑变量被加入了第一阶段的模型。

对假设 11-3 和假设 11-4 的检验。假设 11-3 和假设 11-4 预测了地位和地位变化的调节作用。因为地位和地位变化状况的相关性是比较高的（$r = 0.51$），在一个模型中同时加入这两个交互项会引起共线性问题。因此，研究者将交互项分别加入回归模型。这种方法在类似的研究中广泛采用（e.g., Dowell & Swaminathan, 2006; Lin et al., 2009）。

假设 11-3 预测企业家在慈善榜中的高地位加强了道德许可效应。在表 11-3 的模型 4 中，捐赠变化和地位之间的相互作用是负的，并且显著（$b = -0.27, p < 0.05$），支持了假设 11-3。假设 11-4 预测企业家在慈善榜中的地位增加也会加强道德许可效应。在表 11-3 的模型 5 中，捐赠增加和地位变化之间的相互作用是负的和显著的（$b = -0.21, p < .01$），支持了假设 11-4。

研究者用调节变量在一个标准差上下的值绘制了交互作用图。对简单效应的分析参照 Aiken 和 West（1991）的方法。图 11-2 的 A 部分表明，当企业家地位较高（$b = -0.68, p < 0.001$）比当企业家地位低（$b = -0.14$, n.s）时，t 年度相比上年的捐赠变化对 $t + 1$ 年度相比上年捐款变化产生了更为负面的影响（即 t 年度捐赠增加更强地导致了 $t + 1$ 年捐款减少）。图 11-2 的 B 部分表明，当企业家提高了地位（$b = -0.53, p < 0.001$）比当企业家失去地位（$b = -0.11$, n.s.）时，t 年度相比上年的捐赠变化对第 $t + 1$ 年度相比上年捐赠变化产生了更为负面的影响。

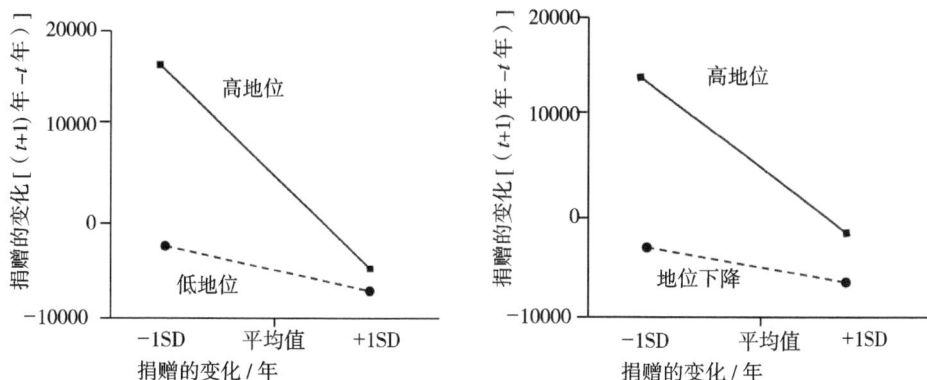

图 11-2 交互作用

11.5.5 对研究二的讨论

通过将地位与社会比较理论及道德平衡文献相结合,研究二发现道德许可效应受到社会比较信息的影响。由于道德决策和道德行为面临着不确定性,并且缺少客观评价标准,从而令公众对社会比较信息有较强的需求。道德波动造成了认知的失调,因此要求通过社会比较来加以缓解。因此,社会比较过程应该伴随着道德平衡的过程。对道德平衡状态的偏离程度取决于获得了怎样的社会比较信息及比较结果是积极还是消极的。在这项研究中,在慈善榜中拥有较高地位及提升了地位的企业家更有可能获得积极的社会比较结果,因此,他们的捐赠出现了更加显著的道德许可效应。

11.6 总结

国内关于企业或企业家捐赠的研究主要集中在:(1)影响捐赠的动机(高勇强等,2012;高勇强等,2011;梁建等,2010;许年行、李哲,2016)。(2)捐赠的影响(李敬强、刘凤军,2010;田雪莹,2008)。(3)慈善机制的研究(高功敬、高鉴国,2009)。极少有研究关注捐赠的动态性和捐赠中的道德平衡。这项研究提出道德一致与道德许可之间的争论可以通过区分道德的绝对水平和相对水平来解释。研究一通过实验研究的方法,揭示了变量之间的因果关系。研究二通过对二手数据的分析,发现中国民营企业家过去的捐赠与未来的捐赠呈正相关,这与道德一致理论是相符的。但捐赠的波动出现了道德许可效应：如果相比上一年的捐赠增加，随后一年的捐赠则可能减少。通过将社会比较理论与道德平衡文献相结合，研究还发现道德平衡过程受到社会比较信息的影响。慈善榜赋予企业家在慈善事业中的社会地位，提供了社会比较信息，从而影响了企业家的捐赠变化。

11.6.1 研究的理论意义

这项研究揭示了道德平衡理论和道德一致理论的适用条件，有助于化解两者之间的争论。由于道德平衡违背人们本能的一致性倾向，过去的研究者曾经提出过一系列可能引导个人道德决策方向的调节变量，如概念的抽象性（Conway & Peetz, 2012）、归因（Khan & Dhar, 2006）、道德的成本（Gneezy et al., 2012）、伦理观念（Cornelissen et al., 2013）、目标设置（Fishbach et al., 2009; Susewind & Hoelzl, 2014）、道德认同（Fishbach et al., 2009）、合理化（Brown et al., 2011）、任务的模糊性（Effron & Monin, 2010）。这些研究都是从某一个角度解释个体在何种情况下选择道德一致，又在何种情况下选择道德平衡。但这些研究由于缺乏系统性的梳理，显得支离破碎。与以往的研究不同，本研究认为在理论层面上对绝对道德水平和相对道德水平的区分是解释道德一致和道德平衡何时发生的关键（对绝对和相对的道德水平的区分在之前的研究中是不清楚的）。这项研究表明在绝对水平上，过往的捐赠是今后捐赠的显著预测变量，与道德一致理论相符合；然而捐赠变化的规律符合道德平衡的预测。过去关于道德平衡的绝大多数研究都是实验室研究，只能观察到短期效应；这项研究通过真实情境中的二手数据分析表明，道德平衡不仅可以是在短时间发生的现象，而且可以在较长的时间跨度里发生。

研究的第二项贡献是整合了社会比较理论和道德平衡理论。虽然过去有一些行为经济学者已经认识到社会比较信息会影响人们的捐赠行为（e.g., Croson & Shang, 2008; Croson & Shang, 2013），但他们并没有研究社会比较对道德平衡的影响。虽然道德平衡文献的原始阐述中也提到了个体会结合对环境因素的考虑而调整他们的道德行为（Nisan & Horenczyk, 1990），但社会比较信息作为环境变量显然是被忽略了。由于道德或不道德行为的改变造成了认知的不和谐，由此需要通过社会比较来缓解自我判断的不确定性。因此，社会比较应该伴随着道德平衡的过程: 对道德平衡状态的偏离程度取决于社会比较信息和社会比较结果。例如, 在这项研究中, 慈善榜中地位和地位的变化作为调节变量对道德平衡的过程产生了显著的影响。因此, 将社会比较理论与道德平衡理论进行整理, 可以让我们对道德平衡的过程有更深入的认识, 可以对解释个体的道德行为提供新的视角。

第三项贡献是加深了对地位与道德行为之间关系的理解。关于地位的研究在管理学领域尚未得到充分的重视 (Chen et al., 2012), 在文献中有关地位的研究也不充分。除了少数研究外 (e.g., Brass et al., 1998; Charness et al., 2014; Edelman & Larkin, 2015; Graffin et al., 2013; Piff et al., 2012), 很少有研究探讨地位和道德行为的关系, 而且预测的结果也不一致。Piff 等 (2012) 发现地位高的个体不如地位低的个体的道德水平高。Brass 等 (1998) 也提出, 相比高地位的个体, 地位低的个体不太可能做不道德的事。而相反的论述表明, 高地位的个体比地位低的个体更道德。如果高地位的个体的不道德行为被发现, 他们将面临更严厉的批判 (Graffin et al., 2013)。另一些研究发现, 实质或潜在地失去地位会威胁到自我, 因此个体可能冒险通过不道德的行为来恢复其地位, 特别是当他们的自我概念严重依赖地位的时候 (Edelman & Larkin, 2015)。与以前的研究不同, 本研究揭示了高地位和地位提高的负向调节作用。也就是说, 在慈善榜中拥有高地位和提高了地位的企业家更可能会将增加的捐赠视为额外的道德信用和道德凭证, 从而产生显著的道德许可效应。

11.6.2　研究局限和未来的方向

这项研究也存在几方面局限。首先, 研究没有直接测量道德平衡中的社会比较, 因为个体的社会比较过程的数据在二手数据中是缺失的。此外, 只有当个体认为社会比较信息是相关和恰当的 (Festinger, 1954; Tesser et al., 1988), 他们才会受到社会比较的影响。换言之, 只有企业家觉得慈善榜中的其他企业家与他们是相似的, 而且这个榜单的排名是公平的, 他们才会受到慈善榜中的社会比较信息的影响。然而, 这项研究没有直接调查企业家对榜单排名的心理反应 (他们是否觉得他们与慈善榜中的其他企业家有竞争关系, 以及在多大程度上地位或地位的变化影响了他们的决策)。从理论上讲, 未来的研究可以在两方面扩展: 一是探索道德动态性如何导致了对社会比较的需求, 二是个体对社会比较需求增强的条件。从方法论讲，未来的研究可以通过对企业家的访谈获得更加深入的信息，并通过实验探索在捐赠中道德平衡是如何产生的。

其次，研究在检验假设时使用"道德行为"而不是"不道德行为"作为因变量。然而，道德行为（如捐赠、亲社会行为、环境友好）和不道德行为（如欺骗和虐待他人）并不是单一维度的两端，而是两个不同的维度（Jordan et al., 2011; Vecina & Marzana, 2016）。鉴于这项研究是采用同样的任务（捐赠）来计算道德行为的增加和减少，所以不能说明如果因变量被改为不道德的行为，假设是否仍然得到支持。例如，在捐款大幅度增加之后，捐赠者是否会做出不道德的行为以获得个人利益，而不会受到道义上的谴责？答案可能是肯定的，但效果可能不那么明显，因为道德许可效应在前后的任务属于不同领域的时候不如属于相同领域的时候明显（Blanken et al., 2015）。因此，由于这项研究只探索了前后任务相同的道德行为，未来的研究将这一发现扩展到不同领域，并在不同人群和背景中检验假设是否正确。

11.6.3　研究的实践意义

在线下捐赠和互联网捐赠如火如荼地开展的今天，理论界和实践界对捐赠者的行为和捐赠意向的研究都是不足的（Kashif et al., 2015）。实际上，企业家比普通人、正常人更加理性，因此他们在捐赠决策中应平衡经济和社会责任。通过向捐赠者提供社会比较信息而鼓励捐赠行为比设计复杂的捐赠机制（包括捐赠的动员、激励、监督）来募集慈善基金更容易实施。社会比较信息可以帮助个体调整道德行为，实现动态的道德平衡。由于一些第三方（如媒体、政府机构、慈善机构）根据企业家的捐赠对企业家进行慈善排名，并赋予高捐赠者标签（例如"慈善企业家"），我们应该更多地关注社会比较信息在鼓励捐赠中的作用。虽然排名系统有助于企业家调整其捐赠行为，但是慈善排名对企业家的影响建立在排名是公正的这一前提下。创建排名的发榜单位应尽最大努力创造公平透明的排名体系。例如，在发布慈善榜前，发榜单位可以与公司和政府机构核实捐赠信息，还可以改善计算捐赠的方法。发榜单位还可以在慈善榜中提供子类别的比较，以令具有不同背景的企业家之间的捐赠更有可比性。

本研究通过重新解读道德一致和道德平衡的理论意义，并通过实验研究和二手数据的分析检验假设，试图化解道德一致与道德平衡之间的争论。如果将相对的道德水平与绝对的道德水平区分开，我们会发现道德一致和道德平衡并不是矛盾的，而是可以共存的。通过分析企业家的捐赠数据，我们发现绝对捐赠遵循道德一致原则，而捐赠变化遵循道德平衡原则。此外，道德平衡受社会比较信息的制约。在慈善榜中地位高和地位提高的企业家在捐赠中表现出更加显著的道德许可效应。本研究为进一步整合社会地位、社会比较、道德平衡文献奠定了基础。

参考文献

[1] ABELSONRP, ARONSON E, MCGUIRE W J, et al. Theories of cognitive consistency: A sourcebook[M]. Chicago: Rand McNally, 1968.

[2] AIKEN L S, WEST S G. Multiple Regression: Testing and Interpreting Interactions[M]. London: Sage, 1991.

[3] AQUINO K, FREEMAN D, REED A, et al. Testing a social-cognitive model of moral behavior: The interactive influence of situations and moral identity centrality[J]. Journal of Personality and Social Psychology, 2009, 97(1): 123-141.

[4] BARGER P, BEHREND T S, SHAREK D J, et al. I-O and the crowd: Frequently asked questions about using mechanical turk for research[J]. The Industrial-Organizational Psychologist, 2011, 49(2): 11-17.

[5] BECKER G S. Crime and punishment: An economic approach[J]. Journal of Political Economy, 1968, 76(2): 169-217.

[6] BELSLEY D A, KUH E, WELSCH R. Regression diagnostics: Identifying Influential Data and Sources of Collinearity[M]. New York: Wiley, 1980.

[7] BELSLEY D A. Conditioning Diagnostics: Collinearity and Weak Data in Regression[M]. New York: Wiley, 1991.

[8] BEM D J. Self-perception theory[J]. Advances in Experimental Social Psychology, 1972(6): 1-62.

[9] BLANKEN I, VAN DE VEN N, ZEELENBERG M. A meta-analytic review of moral licensing[J]. Personality and Social Psychology Bulletin, 2015, 41(4): 540-558.

[10] BLASI A. Moral identity: Its role in moral functioning[M] // W. Kurtines & J. Gewirtz (Eds.), Morality, moral behavior and moral development. New York: Wiley, 1984:128-139.

[11] BLOUNT S, BAZERMAN M H. The inconsistent evaluation of absolute versus comparative

payoffs in labor supply and bargaining[J]. Journal of Economic Behavior & Organization, 1996, 30(2): 227-240.

[12] BRASS D J, BUTTERFIELD K D, SKAGGS B C. Relationships and unethical behavior: A social network perspective[J]. Academy of Management Review, 1998, 23(1): 14-31.

[13] BROOKS A C. Does giving make us prosperous?[J]. Journal of Economics & Finance, 2007, 31(3): 403-411.

[14] BROWN R P, TAMBORSKI M, WANG X, et al. Moral credentialing and the rationalization of misconduct[J]. Ethics & Behavior, 2011, 21(1): 1-12.

[15] BUHRMESTER M, KWANG T, GOSLING S D. Amazon's mechanical turk: A new source of inexpensive, yet high-quality, data?[J]. Perspectives on Psychological Science, 2011, 6(1): 3-5.

[16] BUUNK B P, TAYLOR S E, DAKOF G A, et al. The affective consequences of social comparison: Either direction has its ups and downs[J]. Journal of Personality & Social Psychology, 1990, 59(6): 1238-1249.

[17] CHARNESS G, MASCLET D, VILLEVAL M C. The dark side of competition for status[J]. Management Science, 2014, 60(1): 38-55.

[18] CHEN Y R, PETERSON R S, PHILLIPS D J, et al. Introduction to the Special Issue: Bringing Status to the Table-Attaining, Maintaining, and Experiencing Status in Organizations and Markets[J]. Organization Science, 2012, 23(2): 299-307.

[19] CONWAY P, PEETZ J. When does feeling moral actually make you a better person? Conceptual abstraction moderates whether past moral deeds motivate consistency or compensatory behavior[J]. Personality & Social Psychology Bulletin, 2012, 38(7): 907-919.

[20] CORNELISSEN G, BASHSHUR M R, RODE J, et al. Rules or consequences? The role of ethical mind-sets in moral dynamics[J]. Psychological Science, 2013, 24(4): 482-488.

[21] CROSON R, SHANG J. The impact of downward social information on contribution decisions[J]. Experimental Economics, 2008, 11(3): 221-233.

[22] CROSON R, SHANG J. Limits of the effect of social information on the voluntary provision of public goods: Evidence from field experiments[J]. Economic Inquiry, 2013, 51(1): 473-477.

[23] DOWELL G, SWAMINATHAN A. Entry timing, exploration, and firm survival in the early U.S. bicycle industry[J]. Strategic Management Journal, 2006(27): 1159-1182.

[24] EDELMAN B, LARKIN I. Social comparisons and deception across workplace hierarchies: Field and experimental evidence[J]. Organization Science, 2015, 26(1): 78-98.

[25] EFFRON D A, MONIN B. Letting people off the hook: When do good deeds excuse

transgressions?[J]. Personality and Social Psychology Bulletin, 2010, 36(12): 1618-1634.

[26] FESTINGER L. A theory of social comparison processes[J]. Human Relations, 1954, 7(2): 117-140.

[27] FESTINGER L. A Theory of Cognitive Dissonance[M]. Stanford: Stanford University Press, 1957.

[28] FISHBACH A, ZHANG Y, KOO M. The dynamics of self-regulation[J]. European Review of Social Psychology, 2009, 20(1): 315-344.

[29] FREEDMAN J L, FRASER S C. Compliance without pressure: Foot-in-door technique[J]. Journal of Personality and Social Psychology, 1966, 4(2): 95-105.

[30] GAWRONSKI B, STRACK F. Cognitive Consistency: A Fundamental Principle in Social Cognition[M]. New York: Guilford Press, 2012.

[31] GECAS V, SEFF M A. Social-class, occupational conditions, and self-esteem[J]. Sociological Perspectives, 1989, 32(3): 353-364.

[32] GINO F, PIERCE L. Dishonesty in the name of equity[J]. Psychological Science, 2009, 20(9): 1153-1160.

[33] GINO F, PIERCE L. The abundance effect: Unethical behavior in the presence of wealth[J]. Organizational Behavior and Human Decision Processes, 2009, 109(2): 142-155.

[34] GNEEZY A, IMAS A, BROWN A, et al. Paying to be nice: Consistency and costly prosocial behavior[J]. Management Science, 2012, 58(1): 179-187.

[35] GOULD R V. The origins of status hierarchies: A formal theory and empirical test[J]. American Journal of Sociology, 2002, 107(5): 1143-1178.

[36] GRAFFIN S D, BUNDY J, PORAC J F, et al. Falls from grace and the hazards of high status: The 2009 British MP expense scandal and its impact on parliamentary elites[J]. Administrative Science Quarterly, 2013, 58(3): 313-345.

[37] GREENBERG J, ASHTON-JAMES C E, ASHKANASY N M. Social comparison processes in organizations[J]. Organizational Behavior and Human Decision Processes, 2007, 102(1): 22-41.

[38] GREENE M, LOW K. Public integrity, private hypocrisy, and the moral licensing effect[J]. Social Behavior and Personality, 2014, 42(3): 391-400.

[39] HARBAUGH W T. What do donations buy? A model of philanthropy based on prestige and warm glow[J]. The Journal of Public Economics, 1998, 67(2): 269-284.

[40] HEIDER F. Attitudes and cognitive organization[J]. Journal of Psychology, 1946, 21(1): 107-112.

[41] HENDERSON D J, WAYNE S J, BOMMER W H, et al. Leader-member exchange,

differentiation, and psychological contract fulfillment: a multilevel examination[J]. Journal of Applied Psychology, 2008, 93(6): 1208-1219.

[42] HOFMANN W, WISNESKI D C, BRANDT M J, et al. Morality in everyday life[J]. Science, 2014, 345(6202): 1340-1343.

[43] HOLLANDER E P. Conformity, status, and idiosyncrasy credit[J]. Psychological Review, 1958, 65(2): 117-127.

[44] JOOSTEN A, VAN DIJKE M, VAN HIEL A, et al. Feel good, do-good!? On consistency and compensation in moral self-regulation[J]. Journal of Business Ethics, 2014, 123(1): 71-84.

[45] JORDAN J, MULLEN E, MURNIGHAN J K. Striving for the moral self: The effects of recalling past moral actions on future moral behavior[J]. Personality and Social Psychology Bulletin, 2011, 37(5): 701-713.

[46] KASHIF M, SARIFUDDIN S, HASSAN A. Charity donation: Intentions and behaviour[J]. Marketing Intelligence & Planning, 2015, 33(1): 90-102.

[47] KHAN U, DHAR R. Licensing effect in consumer choice[J]. Journal of Marketing Research, 2006, 43(2): 259-266.

[48] KLOTZ A C, BOLINO M C. Citizenship and counterproductive work behavior: A moral licensing view[J]. Academy of Management Review, 2013, 38(2): 292-306.

[49] LARKIN I, PIERCE L, GINO F. The psychological costs of pay-for-performance: Implications for the strategic compensation of employees[J]. Strategic Management Journal, 2012, 33(10): 1194-1214.

[50] LIN S H, MA J, JOHNSON R E. When ethical leader behavior breaks bad: How ethical leader behavior can turn abusive via ego depletion and moral licensing[J]. Journal of Applied Psychology, 2016, 101(6): 815-830.

[51] LIN Z, YANG H B, ARYA B. Alliance partners and firm performance: Resource complementarity and status association[J]. Strategic Management Journal, 2009, 30(9): 921-940.

[52] MARR J C, THAU S. Falling from great (and not-so-great) heights: how initial status position influences performance after status loss[J]. Academy of Management Journal, 2014, 57(1): 223-248.

[53] MEIJERS M H C, VERLEGH P W J, NOORDEWIER M K, et al. The dark side of donating: how donating may license environmentally unfriendly behavior[J]. Social Influence, 2015, 10(4): 250-263.

[54] MERRITT A C, EFFRON D A, MONIN B. Moral self-licensing: When being good frees us to be bad[J]. Social and Personality Psychology Compass, 2010(4): 344-357.

[55]   MONIN B, MILLER D T. Moral credentials and the expression of prejudice[J]. Journal of Personality and Social Psychology, 2001, 81(1): 33-43.

[56]   MOORE D A. Not so above average after all: When people believe they are worse than average and its implications for theories of bias in social comparison[J]. Organizational Behavior and Human Decision Processes, 2007, 102(1): 42-58.

[57]   MORAN S, SCHWEITZER M E. When better is worse: Social comparison and the use of deception[J]. Negotiation Conflict Management Research, 2008, 1(1): 3-29.

[58]   MULLEN E, MONIN B. Consistency versus licensing effects of past moral behavior[J]. Annual Review of Psychology, 2016(67): 363-385.

[59]   MULLER A, KRAUSSL R. Doing good deeds in times of need: A strategic perspective on corporate disaster donations[J]. Strategic Management Journal, 2011, 32(9): 911-929.

[60]   NISAN M, HORENCZYK G. Moral balance: The effect of prior behavior on decision in moral conflict[J]. British Journal of Social Psychology, 1990(29): 29-42.

[61]   OPPENHEIMER D M, MEYVIS T, DAVIDENKO N. Instructional manipulation checks: Detecting satisficing to increase statistical power[J]. Journal of Experimental Social Psychology, 2009, 45(4): 867-872.

[62]   ORMISTON M E, WONG E M. License to ill: The effects of corporate social responsibility and CEO moral identity on corporate social irresponsibility[J]. Personnel Psychology, 2013, 66(4): 861-893.

[63]   PAOLACCI G, CHANDLER J, IPEIROTIS P G. Running experiments on Amazon Mechanical Turk[J]. Judgment and Decision Making, 2010, 5(5): 411-419.

[64]   PIAZZA A, CASTELLUCCI F. Status in organization and management theory[J]. Journal of Management, 2014, 40(1): 287-315.

[65]   PIFF P K, STANCATO D M, COTE S, et al. Higher social class predicts increased unethical behavior[J]. Proceedings of the National Academy of Sciences of the United States of America, 2012(109): 4086-4091.

[66]   PLONER M, REGNER T. Self-image and moral balancing: An experimental analysis[J]. Journal of Economic Behavior & Organization, 2013(93): 374-383.

[67]   PODOLNY J M. A status-based model of market competition[J]. American Journal of Sociology, 1993, 98(4): 829-872.

[68]   PODOLNY J M, PHILLIPS D J. The dynamics of organizational status[J]. Industrial and Corporate Change, 1996, 5(2): 453-471.

[69]   PUHANI P A. The Heckman correction for sample selection and its critique[J]. Journal of Economic Surveys, 2000, 14(1): 53-68.

[70]   SACHDEVA S, ILIEV R, MEDIN D L. Sinning saints and saintly sinners: The paradox of moral self-regulation[J]. Psychological Science, 2009, 20(4): 523-528.

[71]   SHANG J, CROSON R. A field experiment in charitable contribution: The impact of social information on the voluntary provision of public goods[J]. The Economic Journal, 2009, 119(540): 1422-1439.

[72]   SMITH E B, MENON T, THOMPSON L. Status differences in the cognitive activation of social networks[J]. Organization Science, 2012, 23(1): 67-82.

[73]   SPATARO S E, PETTIT N C, SAUER S J, et al. Interactions among same-status peers: Effects of behavioral style and status level[J]. Small Group Research, 2014, 45(3): 314-336.

[74]   SUSEWIND M, HOELZL E. A matter of perspective: Why past moral behavior can sometimes encourage and other times discourage future moral striving[J]. Journal of Applied Social Psychology, 2014, 44(3): 201-209.

[75]   TESSER A, MILLAR M, MOORE J. Some affective consequences of social comparison and reflection processes: the pain and pleasure of being close[J]. Journal of Personality and Social Psychology, 1988, 54(1): 49-61.

[76]   THYE S R. A status value theory of power in exchange relations[J]. American Sociological Review, 2000, 65(3): 407-432.

[77]   TVERSKY A, KAHNEMAN D. Judgment under uncertainty: Heuristics and biases[J]. Science, 1974, 185(4157): 1124-1131.

[78]   VAN DER LINDEN S. Charitable intent: A moral or social construct? A revised theory of planned behavior model[J]. Current Psychology, 2011, 30(4): 355-374.

[79]   VECINA M L, MARZANA D. Always looking for a moral identity: The moral licensing effect in men convicted of domestic violence[J]. New Ideas in Psychology, 2016(41): 33-38.

[80]   VOUSSEM L, KRAMER S, SCHAFFER U. Fairness perceptions of annual bonus payments: The effects of subjective performance measures and the achievement of bonus targets[J]. Management Accounting Research, 2016(30): 32-46.

[81]   WASHINGTON M, ZAJAC E J. Status evolution and competition: Theory and evidence[J]. Academy of Management Journal, 2005, 48(2): 282-296.

[82]   WEST C, ZHONG C B. Moral cleansing[J]. Current Opinion in Psychology, 2015(6): 221-225.

[83]   WHEELER L. Motivation as a determinant Of upward comparison[J]. Journal of Experimental Social Psychology, 1966(1): 27-31.

[84]   WOOD J V. What is social comparison and how should we study it?[J]. Personality & Social Psychology Bulletin, 1996, 22(5): 520-537.

[85]   WOOLDRIDGE J. Econometric Analysis of Cross-section and Panel Data[M]. Cambridge: MIT Press, 2002.

[86]   WRIGHT R. The Moral Animal[M]. New York: Pantheon Books, 1994.

[87]   ZHONG C B, KU G L, LOUNT R B, et al. Compensatory ethics[J]. Journal of Business Ethics, 2010, 92(3): 323-339.

[88]   高功敬, 高鉴国. 中国慈善捐赠机制的发展趋势分析 [J]. 社会科学, 2009 (12): 52–61.

[89]   高勇强, 何晓斌, 李路路. 民营企业家社会身份、经济条件与企业慈善捐赠 [J]. 经济研究, 2011(12): 111–123.

[90]   高勇强, 陈亚静, 张云均. "红领巾"还是"绿领巾"：民营企业慈善捐赠动机研究 [J]. 管理世界, 2012(8): 106–146.

[91]   李敬强, 刘凤军. 企业慈善捐赠对市场影响的实证研究——以"5·12"地震慈善捐赠为例 [J]. 中国软科学, 2010(6): 161–166.

[92]   梁建, 陈爽英, 盖庆恩. 民营企业的政治参与、治理结构与慈善捐赠 [J]. 管理世界, 2010(7): 109–118.

[93]   田雪莹. 企业捐赠非营利组织的行为及竞争优势研究 [D]. 杭州：浙江大学, 2008.

[94]   许年行, 李哲. 高管贫困经历与企业慈善捐赠 [J]. 经济研究, 2016(12): 133–146.

[95]   钟宏武. 企业捐赠作用的综合解析 [J]. 中国工业经济, 2007(2): 75–83.

图书在版编目（CIP）数据

道德型领导的培育和影响过程/张光曦等著. — 杭
州：浙江大学出版社，2022.3
ISBN 978-7-308-21977-8

Ⅰ.①道... Ⅱ.①张... Ⅲ.①领导学 Ⅳ.①C933

中国版本图书馆CIP数据核字(2021)第237218号

道德型领导的培育和影响过程

张光曦　陈　道　许　勤　李方君　著

责任编辑	杨　茜
责任校对	许艺涛
封面设计	周　灵
出版发行	浙江大学出版社
	（杭州市天目山路148号　　邮政编码　310007）
	（网址：http://www.zjupress.com）
排　　版	杭州林智广告有限公司
印　　刷	广东虎彩云印刷有限公司绍兴分公司
开　　本	710mm×1000mm　1/16
印　　张	21
字　　数	343千
版 印 次	2022年3月第1版　2022年3月第1次印刷
书　　号	ISBN 978-7-308-21977-8
定　　价	68.00元